마그나카르타 선언

The Magna Carta Manifesto

 아우또노미아총서36

마그나카르타 선언 The Magna Carta Manifesto

지은이 피터 라인보우
옮긴이 정남영

펴낸이 조정환
책임운영 신은주
편집부 김정연 · 오정민
프리뷰 이영란 · 권범철

펴낸곳 도서출판 갈무리 등록일 1994. 3. 3. 등록번호 제17-0161호
초판인쇄 2012년 8월 18일 초판발행 2012년 8월 28일
종이 화인페이퍼 인쇄 중앙피앤엘 제본 은정제책

주소 서울 마포구 서교동 375-13호 성지빌딩 101호
전화 02-325-1485 팩스 02-325-1407
website http://galmuri.co.kr e-mail galmuri@galmuri.co.kr

ISBN 978-89-6195-053-4 94300 / 978-89-6195-003-9 (세트)
도서분류 1. 인문학 2. 역사 3. 서양사 4. 세계사 5. 정치학 6. 사회학 7. 경제사

값 23,000원

이 도서의 국립중앙도서관 출판시도서목록(CIP)은 e-CIP홈페이지(http://www.nl.go.kr/ecip)와 국가자료공동목록시스템(http://www.nl.go.kr/kolisnet)에서 이용하실 수 있습니다.(CIP제어번호 : CIP2012003668)

마그나카르타 선언

The Magna Carta Manifesto

모두를 위한 자유권들과 커먼즈

피터 라인보우 지음

Peter Linebaugh

정남영 옮김

일러두기

1. 인명은 혼동을 야기할 수 있다고 생각되는 경우를 제외하고는 본문에서 원어를 병기하지 않으며 인명 찾아보기에서 병기한다. 제사에서는 작품명의 원어를 병기하지 않는다.
2. 지명은 잘 알려지지 않은 경우에만 원어를 병기한다. 즉 뉴욕, 빠리, 보스턴 등은 병기하지 않는다.
3. 규약, 법, 각종 헌장, 보고서, 부서, 단체명(위원회), 회사명은 꺾쇠(〈〉) 안에 넣는다. 선언문은 홑낫표 안에 넣는다. 마그나카르타, 삼림헌장, 미국 독립선언문, 권리장전, 권리청원 등 이미 잘 알려진 경우는 예외로 한다. '국무부'처럼 잘 알려진 부서도 예외로 한다.
4. 그림 이름, 텔레비전 프로그램 이름, 행사 이름 등도 꺾쇠(〈〉) 안에 넣는다.
5. 외래어로 굳어진 외국어는 표준 표기대로 하고, 기타 고유명사나 음역하는 외국어는 발음에 가장 가깝게 표기한다.
6. 영어에서는 외국어를 이탤릭으로 하지만, 우리말의 관점에서는 영어도 외국어이므로 병기하는 외국어에 이탤릭을 쓰지 않는다. 이탤릭은 참고문헌에서만 사용한다.
7. 지은이 주석과 옮긴이 주석은 같은 일련번호를 가지며, 옮긴이 주석에는 [옮긴이]라고 표시하였다.

씩씩하고 진솔한,
미케일러 브레넌, 암자드 도마니,
마이크 퍼너, 알 하트, 테리 롯지에게

뉴델리 후마윤 황제 무덤의 정원에서 자전거에 실린 에스토버스와 네 명의 인물. 저자의 촬영.

그 동안에 상부(喪夫)한 여성은 공유지에서 합당한 양의 에스토버스를 취한다.

마그나카르타(1217), 7장

아서 : 나는 아서, 브리튼족의 왕이다.

여자 : 누구의 왕이라고?

아서 : 브리튼족.

여자 : 누가 브리튼족인가?

아서 : 우리 모두이다. 우리는 모두 브리튼족이다. 나는 그대의 왕이다.

여자 : 우리에게 왕이 있는 줄 몰랐네. 나는 우리가 자립적인 집단이라고 생각했는데.

존 클리즈, 그레엄 챕먼, 테리 길리엄, 에릭 아이들, 테리 존즈, 마이클 플레인, 『몬티 파이손과 성배』(1975)

마그나카르타 선언

차례

'common'의 번역에 관하여

이 책에서 'common'은 명사, 형용사, 동사 등 각종 품사로 등장한다. 명사의 경우에도 복수형인 경우(commons)와 단수형인 경우(common), 그리고 사람을 나타내는 'commoner', 사상이나 삶의 방식을 나타내는 'commonism', 접미사가 붙은 파생명사인 'commonage', 합성어인 'commonwealth' 등 여러 형태로 등장한다. 이러한 여러 형태의 단어들이 이 책에서 사용될 때 가지는 의미가 일률적이지 않은 것은 당연하거니와 ─ 이는 의미의 일반적인 양상이다 ─ 그 다양한 의미들이 대부분의 경우 사전에 나오는 우리말 단어로는 적절한 번역이 되지 않는다. 이 단어의 바탕이 되는 '공유지'(the commons)의 삶이 자본주의에 의해 파괴되어 그 의미가 준거할 현실을 잃었기 때문이다. (특히 'common'이 동사로 사용되는 용법은 현재의 영어에서는 아예 사라졌다.)

예를 들어 'the commons'를 보자. '공유지'라는 번역어가 있고 이 번역어가 적절한 경우도 있지만, 'the commons'는 단순히 역사적으로 특정 시기에 존재했던 (그리고 종획과 함께 사라진) 땅만 가리키는 것이 아니라 그 땅에 속하는 모든 공통재(commons)를 가리키기도 하고, 또 역사적으로 공유지가 사라지고 난 시기(현재 포함)에도 잔존하는 어떤 삶의 방식 혹은 문화를 가리키기도 한다. 따라서 맥락에 따라 적절하게 변화시켜 옮기는 것이 필요하다.

'common' 및 그 파생어들에 대한 번역어 선택의 원칙을 정리해 보면 아래와 같다.

1) 맥락에 따른 의미를 나타내 줄 수 있는 우리말 번역어가 있으면 그것을 택했다. 'the commons'가 '공유지'로 옮겨지는 경우.

2) 우리말로 적절한 번역어가 없다고 생각되면 그냥 음역_{音譯}을 했다. 'commons'는 '커먼즈'로 동사 'common'은 저자가 자주 사용하는 동명사 'commoning'의 음역어 '커머닝'을 활용하여 '커머닝하다'라고 옮겼다. 'commoner'도 기본적으로 '커머너'로 음역했으며 'commonism'은 예외 없이 '커머니즘'으로 음역했다.

실제 번역어를 표로 정리하면 아래와 같다.

	품사	기본 번역어	맥락에 따라 변화된 번역어
commons	명사	커먼즈 / 공유지	공통재
commoner	명사	커머너	평민
common	동사	커머닝하다	
commoning	동명사	커머닝	
commonism	명사	커머니즘	
commonist	형용사	커머니즘적(인)	
common	형용사	공통의, 공통적인	공유지의
commonage	명사	커머닝 문화/공통터	
commonweal	명사	공통체	공통의 행복
commonwealth	명사	공통체	
common right	어구	공통권	
discommoning	동명사	커머닝의 폐지	
intercommoning	동명사	교차커머닝	
common of ~	어구	공통의 ~ / ~의 공통재	
common people	어구	커머너 / 평민 / 공유지의 평민	

한국어판 서문

　귀족적이고 멋진 여섯 명의 밋퍼드 자매들 중에 제시카가 어디에서나 굼벵이들이 애호하는, 마그나카르타에 대한 '게으른 해석'을 우리에게 제공한다. 그녀는 예쁜 공산주의자로서 (자매들 중 둘은 파시스트였다) 1939년에 가족으로부터 의절당하고 영국 귀족이라는 사회적 정점으로부터 디킨즈 소설에 나올 법한 런던 로더하이드 부두의 깊숙한 곳으로 추락하였다. 집세를 낼 수 없었던 그녀와 그녀의 남편은 영장 송달관을 두려워하여 변장을 하고 다니며 그를 피했는데, 이를 그 송달관이 알아챘다. "에스먼드는 침대에 누워있는 사람에게 영장을 발부하는 것은 불법이며 어떤 점에서는 마그나카르타 위반이라는 이론을 가지고 있었다."[1] 그래서 그들은 밤이나 낮이나 침대에서 벗어나지 않았으며 아메리카로 이주하기로 결정할 때까지 계속 이불을 덮고 지냈다. (톰 페인도 독립적인 아메리카는 마그나카르타의 실현이라고 생각하였다.)

일단 웃을 것 다 웃고 나면 이 이야기에서 휴식의 지혜가 눈에 띈다. 윌리엄 모리스의 놀라운 유토피아 소설 『아무 곳도 아닌 곳으로부터 온 소식』은 그 부제가 "휴식의 시기"이며 실제로 이야기가 잠자리에서 시작된다! 성경은 대지에게도 7년마다 휴식을 주라고 근엄하게 명령한다. 물론 이는 그 당시에 토양의 고갈을 막는다는 의미에서 농업의 관점에서 말이 되었다. 이는 오늘날에는 훨씬 더 말이 된다. 이전에는 공통적인 것이었던 땅·공기·물·불이 세계를 사유화하는, 자신의 착취를 "사업"이라고 부르는 자들에 의하여 완전히 소진되고 있기 때문이다. 그런데 사업은 휴식에 반대되는 것이다.

이 책의 부제인 "모두를 위한 자유권들과 커먼즈"는 옛 영국의 자유헌장들의 두 측면을 표현한다. 첫째는 왕의 정치적 권력에 제한을 가하는 것이다. 둘째는 커먼즈에서의 생계자급을 보호하는 것이다. 전자는 법적 문제들로서, 법의 지배·배심재판·고문금지·인신보호영장이 관여된다. 후자는 경제적 원칙들로서, 이웃공동체·생계자급·커먼즈·배상·여행의 자유가 관여된다. 이 책이 출판되고 나서 이 문제들과 원칙들은 어떻게 되었는가? 전세계적인 치명적 금융위기가 가져온 긴축경제에 '월가를 점령하라' 운동과 그리스·스페인·이집트에서의 반자본주의 시위들 그리고 부활된 원자력 반대운동이 새로운 요구로써 대응하였다. 마그나카르타와 그 짝인 삼림헌장은 이러한 논의에 기여할 수 있는가?

어떻게 커먼즈를 정치적 구성으로 전환시키고 정치적 구성을 커먼즈로 전환시킬 것인가? 이 헌장들에서 발견되는 수 세기 동안의 인간의 지혜가 태평양의 헤게모니를 쥐려는 미국의 의도가 함축된 해군기지 구축이 가져오는 불가피한 파괴로부터 지상 최후의 원초적 공유지를 보존하려는 제주도 사람들을 도울 수 있을 것인가?

이 책은 세계의 노동계급의 탈가치화가 체계적으로 이루어진 시기에 구상되었다. 미국은 자신이 상상하는 전능함에 만족해하며 웃었고, 자신의 권력에 대한 내적 제한들을 차례차례 파괴하였으며, 끝없는 전지구적 전쟁들로 외적 제한을 제거했다. 전쟁은 탈가치화와 종획을 손쉽게 하는 충격을 제공했다. 건강관리는 의사들과 간호원들에게서 이윤을 노리는 보험업자들에게로 넘어갔다. 주택건설은 목수들과 석수들에게서 은행가들로 넘어갔다. 음식은 채소 재배자들과 농부에게서 유전자 공학자들에게로 넘어갔다. 지식은 도서관 사서들과 학자들에게서 기계 운전자들에게로 넘어갔다. 노동은 언제나처럼 고된 일이었으며 다만 이제 '일자리'job로서 그것을 가지고 있으면 특권을 가지게 되는, 절실한 사회적 요구가 되었다. '자리를 이용해 개인적 이득을 취하는 것'은 한때 평판이 나쁜 증권 중개인 다음으로 부패한 경력으로서 조롱받았으나, 이제 분별없게도 궁극적으로 좋은 것이 되고 말았다. 감옥은 대중적 경험의 대상이 되었다. 저들은 힘을 합해서 자기존중, 창조성, 건강함, 사고의 분명함, 정신의 강직함, 실질적 유용함을 파괴하였다. 저들은 성실을 침식하고 정신·신체·영혼을 노예화하였다.

1980년 5월 광주 민중봉기는 도시 중앙의 광장을 점거하고 그것에 '민주광장'이라는 이름을 붙였다. 어떤 논평자들은 이 봉기의 세 측면, 즉 진실을 위한 투쟁, 세속적 삶의 초월, 그리고 역사적 공동체의 창출을 강조한다. 조지 카치아피카스는 이 봉기를 빠리 꼬뮌에 비견한다.[2] 우리는 이 봉기를 1381년의 공유지반란에 비견할 수도 있다. 예의 세 측면들 때문에 그러하며 동시에 도시 중심부 공간을 점거했다는 측면에서, 또한 적어도 13, 14세기에 '수군거림'에 의하여 성취된 기적적일 정도의 대규모 참여라는 측면에서 그러하다.

과거에 있었던 정의를 위한 투쟁들에 대한 지식은 여러 가지 방식으로 전해지는데, 법을 통하기도 하고 법 이외의 경로를 거치기도 한다. 후자에 속하는 것으로 기념의 방식이 있다. 예를 들어 7월 4일은 1776년에 아메리카의 13개 식민 이주지들이 독립을 선언한 것을 기념하는 날이며, 7월 14일은 1789년에 일어난 바스띠유 감옥 습격과 프랑스혁명의 시작을 기념하는 날이다. 기념 자체가 과거의 투쟁을 기념의 대상이 되는 사건들의 현재 속에 되살리는 계기가 될 수 있다. 그런데 이는 위험할 수도 있다. 향수 혹은 공식적인 경건함이 더 안전한 경로이다. '자유, 평등 그리고 우애'가 좋게 들리듯이, "모든 사람은 평등하게 태어났다"는 말도 좋게 들린다. 평등화의 실제 과정, 즉 실제의 평등이 재분배, 징발, 차별 없애기라는 필요하지만 위험한 역사적 경로를 수반하지만 말이다.

커먼즈의 유령이 영국 역사의 긴 시기 동안 출몰하였다. 1381

년 공유지반란의 지도자는 왓 타일러였으며 그는 왕으로 하여금 수탈된 공유지의 반환을 협상 테이블에 올리도록 강제하였다. 그는 1381년 6월 15일에 학살되었다. 6월 15일이 존 왕이 내전에 패배함으로써 1215년에 마그나카르타에 의해서 그의 권력에 가해지는 제한에 굴복할 수밖에 없었던 날이라는 사실은 연대기 기록자들에 의해서 언급되지 않았다. 인간 지식의 보관소는 지배자들에 의해서 통제된다. 1381년의 공유지반란이라는 계급전쟁과 1215년 마그나카르타의 휴전을 낳은 내전이 동일한 문제라거나 아니면 동일한 사회세력에 의한 것이라고 주장하는 것이 아니다. 후자의 경우 국왕봉신들과 귀족이 왕을 제한하도록 요구받았지만, 전자의 경우에는 이것이 커먼즈에 맡겨졌다. 그러나 양자 모두 공통의 행복commonweal(공통체)3 혹은 공통의 이익common good을 위한 것이었다고 말할 수 있다.

공통의 행복이라는 개념은 1381년 공유지반란 이후에 출현했으며 참여한 반란자들 중에는 가장 수가 많고 중심을 이룬 농민들 말고도 장공匠工들, 프롤레타리아들, 유랑자들이 있었다. '커먼즈'가 나타내는 의미의 장이 반란과의 이러한 연관을 포함하게 된 이후, 데이빗 롤리슨은 '행복'weal이 안녕安寧, 복지, 복리福利를 의미하는 앵글로-쌕슨 용어 'wele'에서 파생되었음을 보여주었다.4 부富 혹은 상품의 축적은 세계의 모든 종교가 한때 가르쳤듯이 복지를 침식한다. 재산은 기껏해야 안녕의 획득을 위한 도구가 될 수 있을 뿐이며 최악의 경우에는 안녕을 방해한다.

16세기에 잉글랜드 국가는 중앙집중화된 왕정과 국교가 된 종교에 의존하여 커먼즈에 대립하였다. 르네상스 휴머니스트인 토머스 엘리엇은 추밀원 서기로서 근무하였으며 성실청을 위해 일을 했다. 그는 『통치자라는 이름의 책』(1531)을 지어서 헨리 8세에게 바쳤으며, 이 책은 왕실 인쇄소에 의해서 출간되었다. 이 책은 16세기에 8판이나 인쇄되었다. 그 둘째 단락은 코뮤니즘에 대한 비판이다.

그에 따르면 사람들은 '공화국'republic을 '공통체'commonweal로 오인했다. 영어 단어 'republic'은 라틴어 단어 'res publica'에서 나왔는데, 이는 공중公衆에 속하는 일들을 의미했다. 공중은 평민plebeia, common people과 구분되는 것이었다. 'plebs'는 영어 'commonality'(평민 계층)를 의미하는 라틴어이며, 'plebeii'는 영어 'commoners' (평민들, 커머너들)를 나타내는 라틴어이다. 따라서 'res plebeia'가 'commonweal'(공통체)로 옮겨져야 한다. 공화국을 공통체와 혼동하는 실수를 하는 사람들은 "모든 것이 모든 사람에게 공통적인 것이 되"게 하려고 그렇게 한다고 엘리엇은 주장한다. " …… 만일 공통체가 존재한다면, 평민들만이 부유하고 상류층과 귀족들은 가난하고 비참하게 되거나, 상류층을 배제하고 모든 사람들이 하나의 종류가 되어 새로운 이름이 붙여지거나 일 것이다." 그는 기독교도들이 "모든 것을 공통으로 가지기"를 요구하는 성경을 두려워하였다.

왜 커먼즈에 대한 비판이 문헌학적인 혹은 의미론적인 근거 위에서 수행되었는가? 일국적 상품(거래)시장이 형성되던 시기에 라틴어가 자국어인 영어에 자리를 내주고 있었으므로, 언어를 통제하고 그것을 통해 이해력을 통제할 필요가 있었다. 성직자 계층은 정치적 담론에 대한 독점적 지위를 잃고 있었다. 이들의 목소리는 더 이상 나라의 유일한 목소리가 아니었다. 라틴어는 "문자 공화국"이라고 그들이 부른 것의 (말하자면) 소프트웨어 코드였다. 맑스가 썼듯이, 그러한 문자는 "피와 불의 문자"였다. 즉, 공유지 수탈을 기록한 문자였다.

그들은 이 주제가 지역의 실천을 넘어서 일반화되기를 원하지 않았으며, 또한 수탈에 대한 투쟁이 1381년 공유지반란에서처럼 서로 연결되는 것도 원하지 않았다. 이는 마치 한국의 당국이 광주나 제주도에서의 투쟁이 일반화되기를 원하지 않는 것과 같다. 웅성거림과 수군거림이 민중 사이의 소통의 수단이었으며, 민중은 지배자들이 이해할 수 있는 일관되고 명확한 표현에는 미치지 않는 형태로 스스로를 표현할 정도로 지혜로웠으며, 바로 그 때문에 더욱 더 지배자들에게 불길한 느낌을 안겨 주었다. 지배계급은 그러한 목소리들을 배제하고 싶었으며 따라서 인간의 이야기가 기반을 둔 기록보관소를 통제하고 싶었다.

역시 헨리 8세의 충복인 토머스 모어는 『유토피아』(1516) 원고를 인쇄소에 늦게 전달하였으며 아내, 자식들 그리고 하인들을 탓하면서 변명을 하였다. 라틴어로 쓰이고 출간된 이 책은 1551년이 되어서야 비로소 영어로 번역되었다. 번역자인 래프 로빈슨은 집필 시간이 없었다는 모어의 라틴어 변명을 "나는 집에 돌아오면 아내와 커머닝을 하고 자식들과 담소하며 하인들과 대화를 하기 때문이다 ……"라고 옮겼다.5 아내와 커머닝을 하다니!

코뮤니즘은 꿈이 아니었다! 유토피아는 아무 데도 없는 곳이 아니었다. 바로 집에 있었던 것이다! 이 번역에는 이토록 많은 것이 함축되어 있다. 이는 노퍽에서 일어난 케트의 반란 — 이는 잉글랜드의 커머닝을 보존하려는 그 세기의 노력 중에서 가장 큰 것이었다 — 직후의 일이다.6 몇 년 후인 1562년에 잉글랜드의 왕정은 유명한 〈영국성공회 39개 신앙조항〉을 작성하였다. 그 세기부터 계속해서 모든 설교자들이 설교해 왔고 모든 아이들이 공부해 온 38조는 다음과 같이 딱 잘라서 언명한다. "기독교도들의 부와 재화는 공통적이지 않다……" 국가가 한시도 방심하지 않고 설교단說教壇을 지킨다. 마치 위키리크스가 침투할까봐 인터넷을 지키듯이 말이다.

그 다음 세기에 영국 혁명의 수평파와 디거파가 이끄는, 커먼즈를 지키고 설교단에 접근하려는 또 한 번의 노력이 일어서 지배계급에게 지속적인 두려움을 안겨 주었다. 1551년과 1684년 사이에 많은 반란들과 봉기들이 그리고 혁명이 패배하면서 커머닝은 상당히 감소하였다. 가부장제는 커머닝을 할 능력이 없었다. 작업장 혹은 매뉴팩처가 가족으로부터 분리된 시설로서 발전함에 따라 가내생산제도 또한 감소하였다. 여러 번에 걸친 화형과 고문으로 여성에 대한 공격이 진행되었다.7 따라서 왕정복고 이후에 휘그 체제의 자기만족적인 옹호자였던 길버트 버넷이 『유토피아』를 새로 번역했고 이 번역에서 남편과 아내 사이의 커머닝이 사라지고 "담화"discourse가 그 자리를 대신한 것은 놀랄 일이 아닐 것이다.

미국에서는 중요한 시도들에도 불구하고 마그나카르타의

그 어떤 측면도 번영을 누린 적이 없다. 아프리카계 미국인인 포춘은, 1880년대에 미국 남부의 짐 크로우 인종차별법 — 이는 노예제를 다른 이름으로 도입하는 것이었다 — 이 절망적으로 짓누르는 가운데 "땅은 공동의 재산, 민중 전체의 재산이다"라고 썼다. 그도 인간의 과거로 깊숙이 들어갔다. "혁명의 불이 우리의 자유권들의 헌장 마그나카르타 안으로 통합되었으며, 그 어떤 인간의 힘도 베수비오 화산이 폭발하여 헤라클라네움과 폼페이를 덮쳤듯이 언젠가는 우리들을 덮칠 끔찍한 폭발을 회피하지 못할 것이다. 미국이 현명하게 되기에는 너무 늦었다. '주사위는 던져졌다.' "8

프랭클린 루즈벨트는 1930년대에 자본주의가 위기에 처했을 때 현명해지고자 하였으며, 주사위를 다시 던졌다. 1941년 자신의 세 번째 대통령 취임식에서 그는 미국인들에게 이렇게 상기시켰다. "민주주의에 대한 열망은 인간의 역사에서 단지 최근의 국면이 아닙니다 …… 그것은 중세에도 새로이 일었던 것입니다. 그것은 마그나카르타에 씌어 있었습니다." 이는 '네 가지 자유'라는 맥락에서였고, 결핍으로부터의 자유에 대한 설명은 커머너이자 프롤레타리아인 카를로스 불로싼이 해주었다.9 불로싼은 어머니 대지라는 화수분에서 일을 했다. 오렌지나무 숲, 꽃밭, 아스파라거스 밭, 겨울 완두콩 밭, 포도원, 와이오밍 비트 밭, 콜리플라워 밭, 호프 밭, 레몬 농장 등. 그러나 프롤레타리아로 일하면서 그는 구타, 도박, 성매매, 마약, 무숙자 생활을 겪었다. 커먼즈와 관련해서는, 다음의 것이 필리핀에서의 가족생활의 기억이 되었다.

우리는 어디에나 있는 익명의 사람들의 욕망이다.

이들이 넓은 대지의 윤기 있는 부를 탄생시켜

찬란하게 꽃피운다. 우리는 새로운 사상이다.

그리고 새로운 토대이다, 정신의 새로운 푸르름이다.

우리는 어디에나 있는 새로운 희망 새로운 기쁨 삶이다.

우리가 누군지 알고 싶은가 —

우리는 혁명이다.

더스트보울 시기 오클라호마의 대중 가수인 우디 거스리는 평생 "당신들이 모든 것을 공통적으로 소유하기 때문에 당신들에게 궁핍이 없어질 때"를 위해 노력했다.[10] "그것이 성경이 말하는 바이다. 공통적이라는 말은 우리 모두를 의미한다. 이것이 고래의 커머니즘이다."[11]

마그나카르타는 소송의 영역에서 계속해서 역할을 한다. 예를 들어 아일랜드 워터퍼드의 유리 절단공인 마이클 오셰이는 블랙워터 강으로 낚시를 갔다. 리스모어 성의 소유주인, 12대 데본셔 공작은 그에게 사유지 침입 및 불법낚시 죄를 걸었다. 오셰이는 배가 통행할 수 있는 감조하천感潮河川에서 누구나 낚시를 할 수 있도록 허용하는 마그나카르타를 인용하면서 스스로를 방어했다.[12] 다른 사례는 2007년 12월 〈브리스틀 급진역사 그룹〉의 독려로 잉글랜드의 지역 단체인 〈포레스트스오브딘 커머너연합〉이 숲에서 양을 방목하는 권리의 주장을 뒷받침하기 위해서 삼림헌장을 인용한 것이다. 3년 후에 토리 정부가 영국의 숲을 정부가 팔 수 있도록 허용하는 〈공공단체법안〉을 상원에 올렸을 때, 수만 명이 항의하며 숲의 판매를 막았다. 지역 신문인 『더포레스터』가 2010년 10월 행동에 돌입했다. 〈우리의 숲에서 손을 떼라〉라는 조직이 결성되었다. 지역의 보수 의원인 마크 하퍼는 포레스트오 브딘에서 군중에 둘러싸였으며, 경찰이 구출해 주어야 했다. 그는 계란을 얼굴에 얻어맞은 채로 커머너들의 분노를 피했다. 토리 정 부는 3개월 후에 꼬리를 내리고 법안을 철회했다.

2009년 10월 엘리너 오스트롬이 여성으로서는 처음으로 노 벨 경제학상을 수상했다. 그녀는 숲·어장漁場·목초지 같은 공통 의 자원을 시장가격의 책정이나 정부의 지시에 의해 할당하지 않 고 관리할 수 있음을 보여주었다. 그녀는 수학적 모델 수립이 경 제학의 방법론을 지배했던 때에 이런 작업을 했다. 그녀의 방법론 은 생산자들 즉 인도네시아의 어부들, 메인주州의 가재 잡는 어부 들에게 직접 말하는 것을 필요로 했다.[13]

커먼즈는 사회적 관계인 동시에 물질적 사물이다. 그것은 상 품이 아니며 '자원'이기만 한 것도 아니다. 이 이중적 의미는 1755 년 쌔뮤얼 존슨이 만든 『사전』에 나와 있는 두 개의 정의에서 명 확하게 표현된다. 커먼즈는 "많은 사람들이 동등하게 사용하는 개 방된 땅"을 가리킬 수도 있고 "평민, 낮은 지위를 가지고 열악한 조건에서 사는 사람"을 가리킬 수도 있다.[14] 커먼즈는 실제적 풍 경에 속한다. 이 점에서 앞의 두 의미는 분명해진다.

2010년 4월 '기후 변화에 관한 세계 민중 컨퍼런스'는 「어머 니 대지 권리의 보편적 선언」을 냈다. 이는 볼리비아의 꼬차밤바에서 발표되었는데, 이곳은 두 가지 점에서 의미심장한 장소였다. 첫째, 물을 사유화하려는 국제적 노력이 토착민의 투쟁에 완전히 패퇴했다. 둘째, 이 토착민들은 아이마라족과 께추아족이었는데, 뽀또씨Potosí에 있는 은광 산에서 이루어진 이들의 노동이 자본주의가 탄생할 무렵 화폐 체계를 떠받친 은을 생산하였으며, 은을 품고 있던 그 산은 기념비적인 학살의 관棺으로 바뀌었다. 땅으로부터 뜯어낸 것이 전지구적 분업 및 착취와 억압을 조직하는 물신화된 경화硬貨가 되었던 것이다. 그러한 역사를 가진 사람은 "우리는 모두 어머니 대지의 일부, 공통의 운명을 지니고 서로 연결된 자립적인 존재들이 이루는 분할할 수 없는 살아 있는 공동체의 일부이다"라고 선언하는 것이 무엇인지를 안다. 꼬차밤바 선언은 모든 존재에 대해서 삶의 권리, 존중받을 권리, 물·공기·건강의 권리를 포함하며, 의도하지 않았으면서도 놀랍게도 과거에 귀를 기울이면서 "모든 존재는 행복할 권리가 있다 ……"고 선언한다. "오늘날에든 미래에든, 인간의 행복의 추구는 어머니 대지의 행복에 기여한다."

스페인에서 파시스트들과 싸우다가 사망한 코드웰과 같은 시기에 활동한 스코틀랜드 코뮤니스트 휴 맥다이어미드는 둘 다 다음의 말을 인용하기를 좋아했다. "만일 자신의 의식 속에서 인류의 지적 유산 전체를 곱씹지 않는다면 코뮤니즘은 공허한 어구, 한갓 표면이 되고 코뮤니스트들은 허풍쟁이들이 된다."[15] 우와! 우리가 이것을, 즉 우리의 의식 속에서 인류의 지적 유산 전체를 곱씹는 일을 부단하게 일상적인 실천의 일부로 만들지 않는다면, 우리는 그 냉소적 악의를 숨기고 있는 홍보 산업의 표면에 쉽게 속는 바보가 되거나, 매력적인 스펙터클들을 보여주는 기업 미디어의 공허함에 속거나, 기술을 지혜라고 내세우는 사유화된 상업적 교육의 기본적 허풍에 속을 것이다. 만일 우리가 인류의 지적 유산 전체를 되새기려면, 그리고 세상에 휴식을 부여하고 우리 자신에게는 단절을 부여하려면, 우리는 동서남북에서 어느 곳에서나 커머너로서 모두 함께 그렇게 해야 할 것이다.

2012년 8월 5일 미시건, 앤아버에서
피터 라인보우

서문

FBI가 와서 문을 두드리고 동네를 엿보며 다니던, 냉전 시기에 보냈던 나의 어린 시절에 공산주의는 분명 두려운 것이었다. 그럼에도 불구하고 한편으로는 '공산주의의 몰락'에 비추어서, 그리고 다른 한편으로는 "커먼즈를 되찾는" 전지구적인 운동에 비추어서 생각해 볼 때 커먼즈의 기초는 결코 멀리 있지 않았다.

전후 런던에서 보낸 어린 시절에 나는 공습으로 망가진 건물들을 찾아다니며 위험이든 사유재산이든 아랑곳하지 않고 내가 갖고 싶은 것을 취했다. 일, 이년 후에 햄스테드히스Hamstead Heath에서 나는 도토리놀이1를 위해 철이 되면 마로니에 열매들을 모아서 마리네이드에 절였다. 한번은 공습으로 망가진 한 건물의 잡석더미에서 내가 찾아 낸 공기권총을 ("찾는 사람이 임자다") 나이가 더 많은 두 런더내기 아이들이 빼앗아 갔다. "좋아, 친구, 나랑 싸우고 싶어?" 나는 "쉽게 오면 쉽게 간다"는 철학을 재빨리 발견했으며 타박상을 안 입는 쪽으로 처신했다. 영국적인 '커머닝'commoning의 모호성 속에서 나는 그러한 어린 시절의 교훈들을 얻었다.

　미국인으로서 나는 "평민"이었다. 멋진 억양, 비싼 학교, 그리고 특권이 기준인 상층계급에 속하지 못했다. 나의 대고모 룻Ruth은 남북전쟁 참전군인들과 퍼레이드에서 행진했다. 나는 노예들을 해방시킨 공화국에 속했던 것이다. 더욱이 나의 온정적인 할아버지가 오클라호마의 문명화된 다섯 부족들의 언어들을 말하는 원주민 변호사였다는 것을 항상 알고 있었으면서도, 할아버지가 오클라호마 원주민들의 공유지들이 사유화되어 백인 관리자들에게 양도되었을 때에 고아가 되었다는 사실은 최근에서야 알았다. 나중에 보스턴의 펜웨이Fenway에서 아침 "파워 워크"를 하러 나온 주지사 마이클 듀카키스와 우연히 만났을 때, 난로에서 구워 먹으려고 바람에 떨어진 열매를 줍고 있는 나를 그는 이웃사람으로서 못 본 체 했다.

　이 책은 2002년 브룩클린에서 겨울 폭풍이 몰아치는 가운데 크리스마스 식사를 위해 모인, 빠리, 치아빠스, 보스턴으로부터 온 친구들에게 줄 선물로 준비된 팸플릿으로 시작되었다. 엘리자베스 벤저민이 흔쾌히 돕고자 했다. 『더보스턴리뷰』의 데버러 채스먼이 곧바로 뒤를 받쳤다. 시간이 상당히 지나고 나서 시카고에서 열린 〈세계 산업노동자〉 100주년 모임에서 이 작업이 발표되어 청중들의 관심을 받았다. 〈브리스틀 급진역사 그룹〉(영국)은 집필작업의 바탕을 이루는 생각들을 논의하기 위한 무대를 대서양 지역에 마련해 주었다.

나는 이 생각들을 싼 후안San Huan의 푸에르토리코 대학에서, 요하네스버그의 윗워터스랜드 대학에서 그리고 뉴델리의 싸라이Sarai에서 열린 학술대회에서 시험적으로 제시해 보았다. 뉴욕 주립대학SUNY 빙햄턴 캠퍼스의 믹키 웨스트와 〈브로델센터〉, 일리노이 대학 어바나-샴페인 캠퍼스에서 열린 세미나에서 만난 데이브 로디거와 칼 에스터부룩, 그리고 〈캐나다 역사학회〉의 브라이언 파머는 소중한 대화상대들이었다. 『카운터펀치』의 알렉산더 코번과 제프리 쓴트 클레어는 여행이 끝나고 난 후 내가 되새김질한 생각들을 항상 반갑게 맞아주었다. 오아하까2주州의 라띠에라 대학의 존경스런 구스따보 에스떼바는 이 저작을 사용함으로써 장려해 주었다. 〈캘리포니아학회〉의 유쾌한 학술대회에 이 주제에 관하여 발표를 하도록 초대해 준 제프 러스틱에게 감사를 표한다.

톨레도 대학의 학생인 마누엘 양과 존 리틀은 중서부에서 마그나카르타와 커머닝의 흔적을 찾아 여기저기 찾아다니는 도로여행을 나와 함께해 주었다. 케이트 라인보우는 꾸준한 지원을 해주었으며 라일리 앤 라인보우는 〈몬티 파이손〉에 대한 결정적 해석을 제공했다.3 이 책은 몇 년에 걸친 이언 보울과의 대화에, 그리고 리토트에 있는 그의 동료들에게 많은 빚을 지고 있다. 나는 톨레도에 있는 동료들인 스테파니 길모어와 티모시 메서-크루즈에 감사한다. 스토튼 린드, 비제이 프라샤드, 레베카 쏠닛에게는 완성된 원고를 읽고 논평해 준 데 대해 감사한다. 나는 1999년에 씨애틀로 가던 마리아 미즈를 만나는 특권을 누렸다. 그녀는 내가 쫓으려 했던 경로들을 조지 카펜치스 및 씰비아 페더리치와 함께 먼저 개척하였다. 마씨모 데 안젤리스, 테리사 터너, 그리고 리 브라운힐은 동일한 주제에 대하여 영감을 고취하는 저작들을 썼다.

물음에 대한 답변들과 도움이 되는 논평들을 해 준 데 대해서 앤서니 아노브, 앤트워넷 버튼, 톰 치숄름, 스티브 콜래트렐러, 해리 클리버, 브랜더 커플린, 로잰 던바-오티즈, 니컬러스 패러클래스, 제프 필드, 짐 플레밍, 에릭 포너, 폴 길로이, 디 디 할렉, 덕 헤이, 루스 헌든, 스티브 힌들, 와이드 홀트, 윈스턴 제임스, 피터 자시, 르왠 존즈, 치트라 조시, 조얼 커블, 테리 로지, 덕 루미스, 무쿨 만갈릭, 데이빗 몽고메리, 프라부 모하파트라, 자넷 니슨, 마이클 래트너, 데이브 라이커, 존 루싸, 쑤밋 싸카르, 데버러 발렌즈, 리처드 워커, 켄 와크, 케빈 휄런, 브루스 타일러 워, 피터 램본 윌슨, 그리고 조앤 위피주스키에게 감사한다. 〈미국 법조협회〉의 제임스 랜드맨과 『메타뮤트』 잡지에 감사한다. 톨레도 대학의 피비 밸러드에게는 9장에 나오는 그래프에 대해서 감사하고, 톨레도 대학 칼슨도서관의 마크 호란에게는 〈렉시스넥시스〉[4]와 관련하여 도움을 준 데 대해 감사한다. 캘리포니아 대학 출판부의 편집자들에게 감사한다. 닐스 후퍼는 지칠 줄 모르고 격려를 해 주었고 이디스 글래드스톤은 비할 데 없는 솜씨로 원고정리를 해 주었으며 레이철 록면은 끈기 있게 기다려 주었고 케이트 완은 모든 일이 제대로 진행되도록 애써 주었다.

우리 모두가 커머너!

1

서설

[부르주아지는] 개인적 가치를 해체하여 교환가치로 변형시켰다.
그리고 수많은 파기할 수 없는 특허받은 자유권들 대신에
저 단일한 터무니없는 자유 즉 자유무역 체제를 세웠다.

칼 맑스, 『공산주의 선언』(1848)

1994년 봉기하여 세계에 자신의 존재를 당당히 알린 원주민들의 대변인인 부사령관 마르꼬스는 중앙아메리카 라깐도나 정글에서 발표한 한 선언문에서 마그나카르타를 언급했다. 멕시코의 찬란한 탈근대적 봉기가 1215년 영국의 따분한 전근대적 전거典據를 인용했던 것이다. 이 책은 여기서 촉발되었다. 물론 이 책이 나오게 된 전반적인 배경은 부시 정권의 독재적인 공격들로 인해 발생한 비상상황이었다. 그러나 이 주제에 관하여 집필 작업에 돌입하도록 나를 실질적으로 자극한 것은 번역상의 잘못 혹은 번역의 전적인 부재였다. 멕시코에서는 공교롭게도 헌법을 누구나 마

그나카르타라고 부르기 때문이다. 의미론적 오류는 더 심층의 진실을 드러냈다. 실로 마그나카르타를 이해하는 단서는 마르꼬스가 서술하는 두 바람들, 위로부터 부는 바람(이는 지배자들의 세력이다)과 아래로부터 부는 바람(이는 원주민들, 농부들, 노동자들의 세력이다)에 있다. 마르꼬스는 어떻게 위로부터 불어오는 바람이 매일 9만2천 배럴의 기름을 빨아들이고 "생태파괴, 농업약탈, 하이퍼인플레이션, 알콜중독, 성매매, 그리고 가난"을 뒤에 남기는 한편, 아래로부터 불어오는 바람이 오꼬신고Occocingo의 농부들로 하여금 생존하기 위하여 나무를 베도록 하는지 설명한다.[1] 에히도 혹은 촌락공동체는 파괴되었으며 그것을 법적으로 보호하는 멕시코 헌법 27조는 폐지되었다.[2]

이 이야기는 세계 전역에서 되풀이된다.

나이지리아 : 2003년 여름 수백 명의 여성들이 셰브론 소유의 에스크라보스 석유 터미널을 점거하였다(에스크라보스escravos는 포르투갈어로 노예제도를 의미한다). 미국인들은 자신들이 가진 석유의 25퍼센트를 곧 아프리카로부터 얻을 계획이었다. 셰브론의 엔지니어들은 베닌만the Bight of Benin에 있는 에스크라보스 강을 넓혔으며, 이로 인해서 맹그로브 숲과 욱보로도Ugborodo 마을이 파괴되었다. 여성들은 더 이상 땔감으로 나무를 벨 수 없었고 마실 물을 길 수 없었다. 성매매가 "여성에게 상당한 돈을 가져다 주는 직업"으로서 유일했다.[3] 숲, 삼림, 맹그로브는 파괴되고 프로판, 휘발유, 등유가 대신 사용되었다. 이러한 '진전'의 결과로 사람들은 수탈되었다.[4]

베트남 : 고지의 작은 마을들에서 여성들이 땔나무, 죽순, 약초, 채소를 삼림지역으로부터 채취한다. 이 산물들 중 일부는 그 지역에서 팔리고, 대부분은 즉시 사용된다. 브룸그래스broom grass는 트랑트리Trang Tri에서 목탄을 만드는 데 쓴다. 쌀과 카사바는 주식물主食物이며 둘 다 스위든 농업에 의해서 획득된다('스위든'은 요크셔 방언으로서, 땅을 덮은 식물을 베고 태워서 확보한 땅을 지칭한다).5 놓아기르는 동물들이 단백질의 원천을 제공한다. 최근에 삼림보호구역에 금속 울타리가 쳐졌다. 작은 마을의 여성들이 특히 고통을 겪고 있다.6

뉴욕 : 이러쿼이 원주민들과 애디론댁스 산맥의 프랑스계 캐나다인들의 공동체들에게 1880년대의 보호운동은 "이전에 받아들여질 수 있었던 관행들이 불법행동으로 전환되는 것, 즉 사냥 혹은 낚시는 밀렵으로서 재정의되고, 식량구하기는 침입으로, 불놓기는 방화로, 나무베기는 목재절도로 재정의되는 것"을 의미했다. 이 주민들은 숲을 "공유지로서" 혹은 "원하는 사람이면 누구나 먹을 수 있는 선술집"으로 본다는 비난을 국가공무원들에게 들었다. 삼림위원회는 "그런 식으로 불법행위를 하는 사람들에게 실제로 공포를 주입하려고 애썼다."7

아일랜드 : 17세기에 있었던 농장의 약탈 그리고 정복자들이 들어와 기존의 인구와 섞이면서 정착하는 역사 — 이는 게일인들의 질서를 파괴했으며 자연풍경을 황폐하게 했다 — 를 겪고 나서 아일랜드인들은 이렇게 탄식했다.8

우리의 마지막 숲이 사라졌으니,

나무 없이 우리가 무엇을 할 것인가?

숲은 환상 혹은 아일링이 있는 곳이었으며9 피아나fiana 즉 아일랜
드의 수호자들이 있는 곳이었다. 따라서 정복자들은 나무를 베어
숲을 없앴다. 이는 근대 역사 초기에 일어난 탄식할 만한 일이다.
현대에 일어난 일로서 이에 부분적으로 상응하는 것은 탄광, 그
다음에는 석유갱石油坑이다. 적어도 탄화수소 에너지원 — 나무, 석
탄, 석유 — 에 따라 역사 시기를 나눈다면 이들이 실로 역사의 세
시대이다.

　　인디아 : 악바르 대왕은 숲의 파괴를 카슈미르 진출의 주된
성과로 간주했다. 영국의 식민지 정부는 다르마 칸담즈dharma khan-
dams 혹은 공동체의 공동토지를 그냥 인수했으며, 땔감, 퇴비용 나
뭇잎 거름, 농업도구들을 만들기 위한 목재의 채취를 통제하겠다
고 했다.10 나무절도의 엄청난 증가가 1919~20년의 봉기에 앞서
서 일어났다. 그 당시의 한 민족주의적 노래는 이렇게 묻는다.

　　3백 년 전에

　　회사 사람이 내려왔네.

　　그대는 침묵했고.

　　그는 나라 전체를 훔쳤네.

　　그는 모든 숲이 자신의 것이라 주장하니

　　그의 아버지가 와서 심었는가?

아마존 : 1960년대부터 오늘날까지 지역 전체가 엄청난 종획 운동enclosure movement에 의하여 들썩였다. 불도저와 전동 사슬톱이 공격을 이끌었다. 노동자들과 원주민들은 맞서 싸웠다. 1976년에 그들은 엠빠떼empate 투쟁으로 일어섰다.[11] 이 투쟁은 길게 지속되었다. 고무채취공 노동조합의 젊은 치꼬 멘데스Chico Mendes의 선생은 1920년대와 30년대의 혁명가인 까를로스 프레스떼스와 함께 일했던 사람이다. 투쟁은 또한 대서양을 가로질러 잇는 것이었다. 1985년의 「숲의 사람들의 선언」은 윈스턴리와 디거파the Diggers에 비견되었는데, 우리는 이들이 영국의 숲 공유지를 방어한 것을 4장에서 논의할 것이다.

이러한 이야기들로부터 세 경향이 출현한다. 첫째, 최근에 벌어진 종획으로 인해서 지구의 삼림지대들이 상업적 이익을 위해서 파괴되고 있다.[12] 둘째, 이제는 석유 제품들이 인간의 재생산과 세계 경제발전의 기초적 상품으로서 사용되고 있다. 셋째, 전 세계의 원주민들— 모두 커머너들commoners이다 — 이 수탈된다. 마이클 왓츠는 "석유폭력"petro-violence — 석유의 추출이 야기하는 혼란, 분리, 가난 그리고 오염 — 을 테러라고 명명했다.[13] 전쟁은 이 경향들을 강화한다. 이라크에서 바스라 유전의 석유폭력은 이른바 습지 아랍인들인 "갈대의 사람들"이 커머닝commoning을 행하는 생태계를 멸절시켰다.

라깐도나 다우림에서 원주민들이 내는 목소리는 마그나카르타가 피고인들의 사법적 권리와 관련된 것인 동시에 탄화수소 에너지원의 추출과도 관련된 것임을 시사한다. 어떻게 이럴 수 있는가? 마르꼬스가 옳다. 러니미드에서 존 왕에게 강요된 두 헌장이 있다. 우리 모두에게 모호하게 익숙해진 대헌장 말고, 삼림헌장the Charter of the Forest이라고 알려진 두 번째 헌장이 있다. 첫째 헌장이 대부분 정치적·사법적 권리와 관련된 반면에 둘째 헌장은 경제적 생존을 다루었다. 역사가들은 삼림헌장이 존재했음을 내내 알고 있었지만, 그 용어들 중 다수 ─ 예를 들어서 '에스토버스'estovers 14는 생계자급에 쓰이는 나무 산물들을 가리킨다 ─ 가 생소하고 고어적이어서 일반 대중이 그 존재를 인식하거나 그 중요성을 이해하지 못하게 되었다. 두 헌장들의 메시지와 이 책의 메시지는 명백하다. 정치적·사법적 권리는 경제적 토대 위에서만 존재할 수 있다는 것이다. 우리가 자유로운 시민들이 되려면, 그와 동시에 평등한 생산자이자 소비자가 되어야 한다. 내가 앞으로 커먼즈commons 15라고 부르는 것 ─ 모든 재산을 공동체에 투여하고 모두의 공통적 혜택을 위해서 노동을 조직하는 이론 ─ 은 사법적인 형태로 존재하는 동시에 나날의 물질적 현실 속에 존재해야 한다.

앞으로의 논의에서 나는 마그나카르타에 대한 네 종류의 해석 ─ 문서적 해석, 법률적 해석, 문화적 해석, 제헌적 해석 ─ 을 채택할 것이다. 첫째, **문서적** 해석을 통해서는 삼림헌장 전체와 함께 "상부한 여성의 에스토버스"와 같은 의미심장한 수정이 1215년 판에 추가된다. 여기서 커먼즈 개념이 나오는데, 이 개념은 폭풍 속에서 희망의 닻으로 파악된다. 이런 식으로 복구된 헌장과 그것에 추가된 것은 2장에 나오는 대로 1217년 9월 11일에 확인되었다.16

둘째, 나는 주로 8장에서 미국의 역사에 나타난 **법률적** 해석을 추적할 것인데, 이는 39조에 대한 해석과 그로부터 나오는 인신보호영장Habeas Corpus, 배심재판, 고문금지, 법의 적정절차에 대한 해석을 통해서 이루어질 것이다.

셋째 유형은 **문화적** 해석이다. 그 증거로는 음악, 벽화, 극장, 회화繪畵, 건축, 조각을 들 것이다. 이 재현물들은 때로 우상과 관련되거나 유사-제의祭儀적이기도 했다. 이것들은 쉽게 맹목적 애국주의를 낳았으며 거의 노골적인 인종적 우월성 — 그 기원이 4장과 5장에서 서술될 것이다 — 의 관념을 낳았다.

넷째, 마그나카르타는 투쟁하는 힘들 사이의 휴전으로서의 성격과, 반란을 마무리하는 협약으로서의 성격에서 나오는, **제헌적** 역사를 가진다. 마그나카르타는 교회와 국가 사이, 국왕봉신들[17]과 왕 사이, 도시 상인들과 왕실 사이, 아내들과 남편들 사이, 커머너들과 귀족들 사이의 협상을 표현했다. 그것은 반란의 자랑스러운 산물이었다. 1776년 미국의 독립선언은 페인Thomas Paine이 미국의 마그나카르타를 제안한 결과였다. 2006년 5월에 있었던 투표의 결과 영국인들은 마그나카르타의 날이 국경일로 되는 것을 선호하는 것으로 나타났다.[18] 나는 11장과 12장에서 이 해석을 갱신하려고 시도할 것이다.

만일 마그나카르타를 온전하게 복구하려면 우리가 이 해석들로부터 획득한 모든 것을 마그나카르타와 함께 놓고 보아야 한다. 첫째 해석은 커머닝을 봉쇄하는 상품형태의 부의 폐지를 요구한다. 둘째 해석은 사유화私有化하는 자들, 독재자들, 군사주의자들에 이한 침해를 막아준 보호막을 우리에게 부여한다. 셋째 해석은 우리에게 잘못된 우상들에 대한 경각심을 불러일으킨다. 넷째 해석은 저항의 권리를 새롭게 한다. 1620년대에 하원의장이자 법무장관인 에드워드 코크가 이 헌장들에 대한 해석을 제공했는데, 이것이 1640년대의 영국 혁명으로 가는 길을 닦았다. 1759년에 옥스퍼드의 권위 있는 법학교수인 윌리엄 블랙스톤은 마그나카르타를 연구하여 1770년대의 아메리카 혁명에 대한 정신적인 준비를 도왔다. 그들에게 "잉글랜드의 위대한 자유헌장들"은 통합된 법의 도구가 되었다.[19] 이 책은 이 통합성을 탐구한다. 처음 세 장은 문제를 제시하고, 중간의 여섯 장은 역사를 말해 주며, 마지막 세 장은 해결을 위한 자료를 제시한다.

　　두 헌장에서는 경제적 혹은 사회적 권리와 시민적 혹은 정치적 권리가 분리되기보다는 ─ 이러한 분리는 「유엔 인권선언」(1948)과 〈경제·사회·문화권에 관한 유엔 국제협약〉(1966)을 통해 우리에게 친숙해진 것이다 ─ 독재적 행위를 제한하는 정치적 권리가 생계자급을 위한 사용권(어엿하게 사는 데 필요한 재화 혹은 관습)을 복구하는 공통권common rights과 병행하고 있었다. 그리하여 두 헌장은 일반적 감미료인 꿀과 관련된 조항에서 보듯이 수탈을 제한했다.[20] 삼림헌장의 13조는 "모든 자유민은 자신의 숲에 있는 매, 새매, 송골매, 독수리, 왜가리의 둥지들을 가질 수 있으며, 또한 자신의 숲에서 발견되는 꿀을 가질 수 있다"고 정하고 있다.

　　이것은 13세기의 이야기다. 19세기에 〈인도 삼림법안〉(1878)은, "법안이 경찰에게 부여하자고 한 권력은 임의적이고 위험하여, 미지의 시점에 숲에서 일어난 위법행위(나무에서 야생벌의 꿀을 취한다든가 죽은 동물의 가죽을 취하는 것)와 관계된 혐의를 받는 사람이면 누구라도 영장 없이 체포될 수 있다"는 이유로 반대에 부딪혔다.[21] 20세기에 케냐에서 독립투쟁을 하는 농민인 카라이 은자마는 가족수탈을 기억했다. "어느 날 집의 잔디밭에 앉아 있는데 할아버지가 숲의 가운데, 구라 강과 차랑가사 강이 만나는 곳 바로 위의 조그만 언덕을 가리키면서 나에게 '손자야, 저기 언덕이 보이느냐'라고 물었다. '예, 할아버지'하고 나는 대답했다. '저 곳이 촘바(유럽인)가 오기 전에 내가 사냥하던 곳이다. 저 언덕은 여전히 카라리의 언덕이라고 불린다. 만일 네가 저 곳에 있는 내 동굴에 가면 요리하던 그릇들을 볼 수 있을 것이다. 저 언덕에는 꿀이 많이 나오는 꿀벌집들이 많은데 …… 오, 내가 사랑하던 꿀벌집들이 저기서 썩겠구나.'"

우리가 은자마의 할아버지의 탄식에서 미국 사회생물학자 개럿 하딘(1915~2003)의 영향력 있는 에세이의 제목이 말하는 '공유지의 비극'을 듣는 것은 아니다. 그의 생물학적이며 수학적인 논의들은 "공유지에서의 자유는 모두에게 멸망을 가져오며" "모두 망하는 것보다는 불의가 더 낫다"고 결론을 내린다. 하딘의 전제는 절대적 이기주의에 의존하며, 7백 년에 걸친 커머닝의 상호성과 교섭의 경험을 부정한다.[22] 우리가 듣는 것은 절도에 희생된 사람들의 탄식이다.

2004년 노벨평화상은 숲의 생태를 복구하고 케냐가 메마른 사막으로 되는 것을 막기 위해 생계자급을 위한 나무 — 나무땔감, 울타리, 그리고 건축용 — 3천만 그루를 심는 풀뿌리 그린벨트운동을 이끈 케냐의 왕가리 마사이에게 수여되었다. 그 정신은 "우리 모두 함께 협력하자!"를 의미하는 '하람비'harambee라는 말에 의해 표현되었다. 나무를 심을 때마다 공동체는 "모두의 생득권이자 재산인 자연의 혜택"을 미래 세대를 위해 보존하겠다고 서약했다.

꿀의 강탈과 우리의 안전의 강탈, 커머닝의 강탈과 자유의 박탈은 함께 진행되었다. 생계자급의 권리는 재판 없는 구금으로부터 우리를 보호하는 시민권과 어떻게 연관되어 있는가?

부사령관 마르꼬스는 우리에게 신자유주의와의 싸움에서 멕시코 헌법이 보호했던 에히도를 기억할 것을 권유했다. 치아파스의 라깐도나 다우림으로부터 온 이 목소리는 나로 하여금 '마그나카르타가 실질적으로 말하는 것은 무엇인가?'라고 묻게 했다. 2001년 여름 내가 이것을 곱씹어 생각하고 있을 때, 경찰이 이탈리아 제노아의 시위에 참가한 카를로스 줄리아니를 살해함으로써, 그리고 남아프리카의 더반에서 열린 인종주의에 관한 유엔회의에서 미국이 퇴장함으로써 "세상은 파는 물건이 아니다"와 "배상!"이라는 슬로건들로 요약되는 운동들에 제동이 걸렸다. 일주일 후에 납치된 비행기들이 세계무역센터의 쌍둥이 빌딩과 미국 국방부로 날아들었다. 부시 대통령은 끝없는 "테러와의 전쟁"을 선포하였으며, 이 전쟁을 2차 대전에 비견하였다. 그러나 그는 이 전쟁의 목표들(네 개의 자유)을 요약하면서 궁핍으로부터의 자유와 공포로부터의 자유에 대한 언급은 빠뜨렸다.

2003년 메소포타미아에 대한 공격과 함께 신자유주의 ─ 자유무역, 무제한의 이윤추구, 이라크의 공공 기업들을 사유화하는 악명 높은 명령 39호 — 가 부과되기 시작했다. 이러한 파렴치 행위와 유사한 것이 마그나카르타의 잊혀진 39조에서 파생된 자유권들의 상실이다.[23] 인신보호영장이 특히 훼손되었고, 배심재판은 공격을 받았으며 고문금지는 형해만 남았고 법의 적정절차는 관타나모에서 상실되었다.

부시 대통령이 역사수업 시간에 배운 것을 잊은 유일한 대통령은 아니다. 우리 영국의 역사가들도 할 일을 하지 않았다. 페미니스트들과 신보수주의 역사가들, 비판적 법이론가들, 사회사가들과 경제사가들 모두가 직무를 태만히 하여 마그나카르타를 무시했고 그럼으로써 망각의 토대를 마련했다. 저 자유헌장들에서 커머닝 관련 조항들에 대해 말하자면, 이 조항들은 철 지난 봉건적 유물로 간주되어 무시되었다. 내가 이 책에서 말하려는 바는 이제 그 조항들의 시대가 왔다는 것이다.

신자유주의는 지구화 및 사유화의 경제적 독트린으로서, 치안에 의한 안보체제와 사유화에 의존한다. 신자유주의는 마가렛 대처와 로널드 레이건이 각각 1979년과 1980년에 권력을 잡으면서 시작되었다. 신자유주의의 사유화 및 시장주의와 동행한 것이 그것과 역사적으로 분리 불가능한 동료인 신보수주의였는데, 이 신보수주의가 경찰과 군대를 공급했다. 포스트모더니즘은 반어反語, 절충주의, 높은 속도, 인식론적 주체성(따라서 "정체성 정치"와 양립할 수 있다), 그리고 역사에서 통일성을 받아들이기를 거부하는 태도로 특징지어지는 미적·문화적 양식이다. 신자유주의의 경제적 정책들과 포스트모더니즘의 문화적 정치 모두로부터 배제되는 것은 1990년대에 실제로 지구 전체에 걸쳐 일어난 전환 — 전지구적 규모의 이주, 새로운 종획[24], 가난의 여성화, 불안정노동의 발전, 신노예제도 — 이다. 이다. 대처는 "대안은 없다"라고 말한 바 있다. 마그나카르타는 노후한 '거대 서사'에서 고풍스런 요소에 불과한 것처럼 보였다. 1999년 씨애틀에서 포스트모더니즘과 신자유주의는 전환점에 도달하는 것처럼 보였다. 다양한 운동들이 씨애틀에서 WTO의 '지적 재산권' 논의에 도전했던 것이다.

이것이 〈스탠스키Stansky 보고서〉를 둘러싼 맥락이다. (이 보고서의 이름은 〈북미에서의 영국학의 상태와 미래에 대한 보고서〉를 작성한 위원회의 위원장의 이름을 딴 것이다.) 이 보고서는 1999년에 제출되었으며 그것이 추천하는 것들과 누락한 것들에는 신자유주의와 포스트모더니즘의 표시가 붙어 있다. 한편으로, 그 보고서는 미국 대학교과과정에서 오래되었으나 사라지고 있는 부분인 영국 역사를 옹호하는 동업조합 문서이다. 다른 한편으로, 그 보고서는 영미 관계에 들어 있는 격조 있는 영국성을 설명하고자 한다. 버킹엄 궁전에서 기사 작위를 받은 대통령, 옥스퍼드 학생으로서 로즈 장학금을 받은 학자들에게 둘러싸인 또 다른 대통령, 영국의 왕자를 흠모하는 미국 공화국, 제국주의의 주구들인 핏불테리어와 푸들을 정말로 닮은 두 지도자들 등. 결국 영국의 광휘가 높은 권력의 자리에 마력과 동화 같은 수정水晶들을 뿌린다는 것이다. 보고서는 이렇게 이어진다. "우리는 영국의 역사가 단지 '섬 이야기'가 아니라 세계의 이야기임을 입증할 필요가 있다. 많은 대학생들 그리고/혹은 그들의 부모들이 대학교육에서 원했던 것과 일치해서만이 아니라 자식들이 나중에 성공하는 것을 돕기 때문에 영국 역사는 번성했다. 저 특별한 가치들의 쇠퇴는 영국학의 인기에 손상을 입혔다.”[25]

여기서 '서구 전통'의 개념은 제대로 사유되지 않고 있으며 십자군을 암시하는 불길하고 어리석은 뉘앙스들을 담고 있다.[26] “특별한 가치들”이 무엇들인지는 하나도 언급되지 않는다. 민주주의의 탄생지? 자유의 고향? 법의 지배? 언론의 자유? 인신보호영장? 배심재판? 종교적 관용? 공통의 부畵? 그렇다. 우리들은 이것들을 정치가의 속임으로 알아 왔으며, 이것들을 들으면 허튼소리, 사기, 혹은 '부르주아적 권리'인 것으로 의심했다. 그러나 이것이 우리가 이것들을 무시하는 이유가 되지는 못한다. 다시 한 번 보자. 인신보호영장의 쇠퇴, 커먼즈(공유지)의 협력적 가치들의 쇠퇴, 배심재판의 부식腐蝕이 영국학의 인기에 **혹시라도 손상을 주었을지** 모르겠지만, **확실한 것은** 이것들이 지구의 민중들에게 손상을 주었다는 사실이다.

이 “특별한 가치들”이 특별히 구체화되어야 했던 몇몇 순간들이 있었다. 예를 들어 1790년대 〈미국 권리장전〉이 작성되었을 때, 혹은 영국 혁명 동안 푸트니 논쟁이 일었을 때, 혹은 1940년 영국이 홀로 나치의 제국주의에 맞섰을 때 등이다. 1215년도 분명 그러한 가치들이 구체화되었던 때이다. 우리가 이 가치들을 구체화하는 습관을 가졌더라면 우리는 재판 없이 사람을 구금하지 않을 것이며, 진술하게 하기 위해 굶기지도 않을 것이고, 숭배의 표현들을 감시하지도 않을 것이며, 고문실에서 “학대”하지두 않구,

햇빛을 빼앗을 정도로 공습을 해대면서 "그들의" 땅 아래 있는 "우리의" 석유를 찾지도 않을 것이다.

쇠퇴의 이유로 제시되는 것은 이렇다. 1990년 소련의 붕괴와 공산주의의 명백한 패배는, 맑스주의 패러다임이 옳다는 것을 입증하거나 아니면 그것을 논박하는 데 의존하여 자신의 수사적 힘을 키웠던 모든 분야들의 밑에 깔려 있던 적절성relevancy이라는 담요를 잡아 빼내었다. 맑스는 영국의 사회사를 서술한 사람으로서, 그 핵심 즉 영국과 아일랜드에서 노동일의 길이에 대한 연구, **분업**에 대한 분석, 노동의 기계화에 대한 설명, 프롤레타리아의 재구성에 대한 연구, 그리고 공유지에 대한 수탈에 대한 이해는 자본주의 분석의 토대를 이룬다. 이로써 그의 통찰들의 지속적인 적절성에 다섯 개의 문이 달리게 된다. 이 문들은 예를 들어 "상부한 여성의 에스토버스"에 대한 마그나카르타의 요구나 공유지에서의 생계자급에 대한 마그나카르타의 조항과 같은 주제들로 통한다.[28]

마그나카르타의 자유권들에 대한 기억의 보존에 실패했다는 점은 뜻밖에도 마헤르 아라르Maher Arar의 사건에서 나에게 분명하게 다가왔다. 아라르는 캐나다의 소프트웨어 엔지니어이며 두 아이의 아버지인데, 휴가를 마치고 미국 공항을 통해 귀국하다가 2002년 9월 미국 당국에 의하여 억류되었다. 미국 당국은 그에게 수갑과 족쇄를 채우고 눈을 가렸으며, 침대가 없고 불을 계속 켜놓은 독방에 가두었다. 미국 당국은 아라르로 하여금 가족이나 변호사와 접촉하지 못하게 하고 비밀리에 그를 시리아로

'인도'하였는데, 거기서 그는 3피트×6피트×7피트 크기의 독방에 12개월 동안 갇혀 있었으며, 일정한 길이의 갈가리 찢어진 전깃줄로 계속해서 구타당했다. 그의 소송은 '특별 인도'의 관행과 관련된 최초의 민사소송이었다. 2005년 미국 정부는 '국가 기밀'의 특권을 주장함으로써 이 관행을 옹호했다. 당시 정부측 수석 법정변호사는 34년 전 그녀가 아이였을 때 내가 알았던 사람이었다. 그때 나는 아티카Attica에서 대학살 직후의 감옥 개혁, 베트남전에 참전한 군대의 철군, 혹은 동부 켄터키의 탄광조합에서 일고 있던 민주화 운동 같은 희망 어린 운동들에서 그녀의 부모들과 함께 했다.

감옥 관련 운동, 평화운동, 그리고 노동자운동에서 우리는 인종적 억압과 계급적 착취에 맞서 투쟁했지만, 마그나카르타에 기반을 둔 적은 없었다. 또한 우리는 1679년의 〈인신보호법〉에 대한 지식을 주위에 전하지도 않았다. 이 법의 정식 이름은 〈국민의 자유를 더 잘 확보하고 해외에서의 투옥을 막기 위한 법〉인데, 이 법은 '특별 인도'라는 듣기 좋은 말로 알려진 부끄러운 관행에 직접 적용되는 것이다. 또한 우리는 미국의 대헌장인 1776년 독립선언문을 잘 알지도 못했는데, 이 선언문은 잉글랜드로부터의 독립을 선언하는 27개의 이유를 나열하고 있으며, 그 중 하나는 "우리를 해외로 추방하여 추정되는 범법행위들에 대해 재판을 받도록 하는" 법이 통과되도록 허용했다는 이유로 조지 3세를 질책하고 있다. 우리는 이러한 지식이 없었기에 그것을 주위에 전하지 않았다 사과가 나무에서 먼 곳에 떨어져서 못 보았던 것이다. 그렇더라도 아라르에게 범했던 그런 잘못들을 반박하지 않은 채 두는 것은 비도덕적이다.

대서양의 양쪽에서 세 명의 투사들이 마그나카르타의 깃발을 힘있는 자들의 투기장(鬪技場) 안으로 옮겨놓았다. 첫 번째 투사는 왕실고문변호사 이안 맥도널드인데, 이 사람은 2004년 12월 영국의 〈특별이주청원위원회〉에서 은퇴하였다. "당신이 사람을 막연한 이유로 가둔다면 그것은 영국의 문화적 전통의 일부를 침해하는 것이다. 이 전통은 마그나카르타로 소급된다."[29] 내가 9장과 10장에서 보여줄 것이지만, 자유헌장들의 **문화적** 전통은 왜곡되었다.

두 번째 투사는 영국의 의회에서 연설을 하였다. 2004년 12월 16일에 영국 의회는 2001년의 〈반(反)테러리즘, 범죄 및 안보법〉(미국의 〈애국법〉의 영국판이다)에 따라 블레어 수상이 테러 용의자를 재판 없이 억류한 것은 〈유럽인권협약〉에서 정해진 인권과 양립될 수 없으며 따라서 불법이라고 판정하였다.[30] 억류된 용의자들은 석방되었다. 상원의원 호프먼은 이것이 의회가 몇 년 동안에 직면했던 것들 중 가장 중요한 사례라고 설명했다. "그것은 우리나라가 지금까지 매우 자랑스러워했던 오래된 자유, 즉 임의체포와 억류로부터의 자유의 존재 자체를 문제로 삼는다." 그는 이렇게 결론짓는다. "나라의 삶에 대한 진정한 위협은……테러리즘에서 오는 것이 아니라 이와 같은 법들에서 온다." 그의 주장에서 우리는 1647년 10월 영국 혁명의 전환점에서 레인보로우 대령[31]이 한 말 — "나는 이런 일들에 대해 의심하는 사람이 영국인인지 아닌지가 의심스럽다"—의 메아리를 듣는다. 레인보로우 대령은 가장 가난한 사람들이 가장 위대한 사람들로서 살아갈 삶을 가졌는지 아닌지를 그리고 동의가 정부의 조건인지 아닌지를, 만일 아니라면 정부에 대한 복종이 구속력이 있는 것인지 아닌지를 계속 생각했다. 사회적 계약이 위반되었던 것이다.

마그나카르타의 세 번째 투사는 〈헌법권센터〉의 의장인 마이클 래트너이다. 〈헌법권센터〉는 2001년 이래 미국 정부의 가혹한 행동들에 대한 소송을 해 오고 있다. 〈헌법권센터〉는 무기한 억류, 고문, 실종 혹은 인도를 문제로 삼는 관타나모 관련 소송사건들을 맡고 있다. 〈헌법권센터〉는 2004년 6월 대법원의 라술 소송에서 승리를 얻었는데, 여기서 판사 스티븐스Stevens는 다수결 판결문을 쓰면서 이렇게 진술했다. "자유민이 구금되거나 가진 것을 박탈당하거나 법의 보호를 박탈당하거나 추방되는 것은 동료들의 판단이나 나라의 법에 의한 것 말고는 행해져서는 안 된다고 러니미드에서 존 왕이 선언한 이래 정부에 의한 구금은 억압적이고 무법적인 것으로 간주되어 왔다(쇼네시 사건, 1953년)" 이 판결이 이루어질 때 우연히 나는 러니미드에서 아름다운 들판(히스로우 공항에서 버스 한 번 타면 가는 거리에 있다)을 살펴보고 있었는데, 거기서 나는 마그나카르타가 가진 의미의 독특한 왜곡을 발견했다(이것을 나는 9장에서 논할 것이다). 천장에 별들이 박혀 있는, 원주모양의 원형구조물 안에 있는 작은 화강암 대좌臺座에 '법 아래에서의 자유'freedom under law라는 단어들이 새겨져 있었다. 래트너가 말한다. "우리는 핵심적 가치들을 위해서, 즉 인권을 위해서 그리고 **권력을 법 아래 두기** 위해서 계속적으로 싸워야 한다. 이는 마그나카르타의 문제이다."31

래트너는 자신이 1972년에 〈헌법권센터〉에 참여했을 때에는 법을 사회적 변화의 동인으로 보았는데 34년 후에 그가 "기본적인 합헌적 법과 매우 기본적이고 근본적인 인권"을 옹호하는 일을 하게 된 것은 "큰 변화"였다고 말했다. 맥도널드는 『가디언』과의 인터뷰에서 "만일 누가 마그나카르타에 들어 있는 권리들을 위해 혹은 법의 지배를 위해 싸우는 것이 혁명적 행위라고 20년 전에 말했더라면 나는 웃었을 것이다"라고 말했다. 큰 변화는 우리를 시작으로 되돌아가게 할 수 있다. 자유헌장들은 사회적·경제적 권리를 보존하려고 했기 때문이다. 마찬가지로, 맥도널드가 언급한 혁명적 행위 또한 반란과 내전의 결과인 마그나카르타에 속할 수 있다. 사과가 나무에서 멀리 떨어진 것만이 아니라 과수원에 많은 해충들이 침투한 것이다.

맥도널드와 래트너 양자 모두, 경찰의 잔인함을 겪지 않고 영국과 미국 사회에 동등하게 참여하려는 유색인들의 투쟁에 관여하면서 법률가로서의 삶을 시작하였다. 맥도널드가 다룬 문제는 영어를 사용하는 카리브해 지역으로부터의 이주였다. 래트너의 경우에는 시민권 운동에 관련되었다. 마그나카르타의 역사는 노예제에 대항하는 투쟁과 맞물려 있다. 그리고 서반구의 역사에서 노예제의 문제는 (내가 6장에서 보여줄 것인데) 아프리카 대륙과 분리될 수 없다. 마그나카르타는 흑인들의 자유를 위한 투쟁에 핵심적이었다.

상원의원 호프먼이 영국 국민에 대하여 웅변을 토한 상원 청원건의 청원자들 대부분은 북아프리카 출신의 비영국인들이었다. 그의 동료 상원의원 빙엄은 이렇게 이어서 말한다. "인신보호영장에 의한 보호는 종종 '영국 국민'에게 한정되는 것으로 표현되었다. 정말 그것은 영국인들에게 한정된 것인가? 판례법은 그 물음에 강하게 '아니요'라고 답한다는 것을 말하는 것으로 충분할 것이다." 그 다음에 그는 써머씻Somerset 사건(1772)에서 맨스필드 경이 내린 판결을 인용하여 "관할 영역 내의 모든 사람은 동등하게 법의 보호를 받을 수 있다"는 원칙을 확립하였다. 우리는 이것을 희한하게도 영국의 문장학紋章學에서 발견한다. 영국의 수호 성자인 성 조지는 팔레스타인 출신이다. 그가 용을 죽인 전설적인 사건은 리비아에서 일어났다고 한다. 영국 국기 유니온 잭은 성 조지의 붉은 십자가에 기반을 두고 있다. 1222년에 성 조지의 날이 4월 23일로 정해졌다. 영국 국민의 상징들은 마그나카르타와 북아프리카로 소급되는 것이다.[33]

역사는 전진하는가? 그럴지도 모르지만, 또한 후퇴하기도 한다는 것을 우리는 안다. 법의 나이는 그 중요성을 높이지만, 어떤 전통의 오래됨은 그것이 케케묵었음을 시사한다. 현대적인 것의 호소력은 오래된 것에 대한 존경을 거스르게 만든다. 우리는 법이나 종교처럼 생각도 일정한 사회의 생산방식에 의존한다고 생각하는 경향이 있다. 우리는 그것들을 기술적 변화들과 대대적인 물질적 생산의 와중에서도 불변하는 요소들로서 간주하는 데 익숙해져 있지 않다. 우리는 역사에 대한 철학을 필요로 한다. 실

자유주의도 포스트모더니즘도 그것을 제공할 수 없다. 새로운 것에 너무 집착해서 과거를 망각하기 때문이다.

미국 사회학자 밀즈는 "통역사적 구축물들"을 만들 것을 조언하였다. 그는 계속해서 이렇게 말한다. "작은 사실들과 그 관계들을 자세하게 연구하고 큰 특이한 사건들도 그렇게 하라. 그러나 광신적이 되지는 말라. 모든 그러한 작업을 연속적이고도 긴밀하게 역사적 실재라는 수준과 관계지우라. 다른 누군가가 다른 때 다른 곳에서 대신 이 일을 해 주리라고 생각하지 말라. 이 실재를 정의하는 것을 당신의 과제로 삼으라. 당신의 문제들을 이 실재의 관점에서 정식화하라. 실재의 수준에서 이 문제들을 해결하려 하고 그리하여 이 문제들이 끌어안는 이슈들과 난점들을 해결하라."[34] "역사적 실재라는 수준"은 천년 동안의 사유화, 종획 그리고 공리주의에도 불구하고 표면 아래에 다양하게 존재하는 커먼즈의 프락시스가 아니고 무엇인가?

이 책의 목적 중 하나는 커먼즈를 정치적 구성의 의제로 되돌리는 것이다. 경제적 이슈로서 커먼즈는 그림의 떡처럼 보이지만, 학적 연구는 그 반대로 그것이 현실적인 것임을 보여준다. 또 다른 목적은, 베네수엘라·볼리비아·멕시코의 경우처럼 정치적 구성의 관점에서 생각하기 시작해야 한다고 세계의 커머너들을 향해서 말하는 것이다. 마그나카르타는 근본적인 것으로서 정치적 구성(제헌)의 뿌리에 놓여 있는 것이다. 그런데 마그나카르타의 뿌리는 커먼즈를 전제한다. 2006년 10월 아라르는 〈정책연구원〉으로부터 레텔리에르-모핏 인권상을 받았다. 그는 자신을 계속 움직이게 하는 것은 "언젠가 우리의 지구가 폭정, 고문, 불의로부터 자유롭게 되리라는 희망"이라고 결론지었다.

2

두 개의 헌장

자유 그대는 무엇인가?
......

그대는 사기꾼들이 말하듯이
곧 사라질 그림자가 아니며,
미신이 아니고 명성의 동굴에서
메아리치는 이름이 아니다.

하루의 노동을 마치고
아담하고 행복한 집으로 온
노동자에게 그대는 빵이고
차려놓은 예쁜 식탁이다.

그대는 옷이며 불이고 음식이다.

P. B. 셸리, 「아나키의 가면」(1819)

마그나카르타는 여덟 세기 동안 존경받았다. "그것은 흰 수

염을 달고 태어났다"라고 쌔뮤얼 존슨은 말했다. 〈매사추세츠자유법〉(1641)[1], 〈버지니아 권리장전〉(1776), 미국 헌법 수정조항 제5조 및 제14조가 마그나카르타의 언어를 인용한다.[2] 정치적·법적 권리의 이야기는 알려져 있다. 실로 그것은 주로 신화 및 우상으로서 기억되는 만큼, 서구 문명의 토대의 일부로서는 너무나도 잘 알려져 있다. 1956년 윈스턴 처칠은 그의 『영어사용 국민들의 역사』 첫 권을 출판하였는데, 이 저작에서 그는 마그나카르타에 대한 어린 시절의 기억을 존경심을 갖고 언급함으로써 영국과 미국의 "우애," "운명" 그리고 제국을 미화하였다.[3]

마그나카르타는 속력을 더해 가는 국가의 독재에 비상제동을 건다. 제동기의 핸들은 39조이다. 영국 인권변호사인 제프리 로벗슨은 이렇게 쓴다. "'권리들'이 군주를 제한하는 일단의 널리 알려진 명제들로 나타나는 것은 보통 1215년의 마그나카르타에서 비롯된 것으로 본다. 그 문서는 개별 시민들의 자유와는 아무런 관계가 없었지만 말이다. 그 문서는 흉악한 국왕봉신들과 다투고 있었으며 그들의 요구에 응할 수밖에 없게 된 봉건적 왕에 의해서 서명되었다."[4] 존 왕이 글을 쓸 수 있었다는 증거는 없다. 또한 우리는 **누가** 권리를 마그나카르타에서 비롯된 것으로 보는가를 물어야 한다. 그 문서를 엘리트층에 국한시키는 보수적인 해석도 있다. 자유민들과 커머너들을 포함시키는 민중적 해석도 있다.

마그나카르타는 "판례법에 점차 진입하여 수 세기에 걸쳐서 수사(修辭)적 마법을 발휘한 몇몇 절묘한 어구들을 담고 있다"고 로벗슨우 계속 말한다. 이 "절묘한 어구들"을 마법이라고 부르는 것은 거리와 들판에서의 투쟁, 감옥에서의 투쟁, 노예선에서의 투쟁, 언론에서의 투쟁, 의회에서의 투쟁을 간과하는 것이다. 역사가인 싸이먼 샤마는 다음과 같이 경쾌하게 마법의 지팡이를 휘두른다. "한 번을 제외하고는 잉글랜드는 아서를 원하지 않았다. 그대신 마그나카르타가 있었다. 그리고 그것이 충분히 엑스캘리버가 될 것이라는 희망을 가졌었다." 〈몬티 파이손〉이 설명한다.

아서 : 나는 그대의 왕이다.

여자 : 우리에게 왕이 있는 줄 몰랐군요. 나는 당신에게 투표하지 않았어요.

아서 : 왕은 투표로 뽑는 것이 아니다.

여자 : 어떻게 왕이 되었죠?

아서 : 호수의 여인. 가장 순결한 빛나는 금란金襴을 팔에 두른 그녀가 물속으로부터 엑스캘리버를 높이 들고 있으면서 나 아서가 엑스캘리버를 가지게 될 운명임을 신의 권위에 의하여 알려주었지. 그래서 나는 왕이 된 것이네.

남자 : 들으시오. 연못에 있는 이상한 여자들이 칼을 나누어 주는 것이 통치체제의 토대가 되는 것은 아니요. 지고의 행정력은 대중이 위임한 데서 나오는 것이지 소극笑劇 같은 물의 예식禮式에서 나오는 것이 아니요.

아서 : 조용히 하라.

남자 : 단지 어떤 물에 있는 여자가 당신에게 칼을 던져 주었다는 이유로 당신이 지고의 행정력을 행사하기를 기대할 순 없소.

아서 : 닥쳐라.5

1215년 6월 중순 존 왕은 템스 강 옆의 러니미드라 불리는 초원에서 반란을 일으킨 국왕봉신들과 마그나카르타의 63개의 조항들이 정하는 방향에 따라 서로에게 의리를 지킬 것을 맹세로써 약속하였다. 이 사건의 배경에는 교황과 황제의 강력한 세력들, 프랑스와 잉글랜드의 왕조의 음모, 전능한 신의 이름으로 저질러진 학살과 편협함에서 나온 사악한 행위들, 화폐경제가 가진 해체하는 효과들, 공유지에 대한 민중의 다면적인 방어가 놓여 있었다.

우리가 (1215년에서 정점을 이루는) 장기 12세기의 경험을 평가할 때 우리의 주목을 끄는 것은 전지구적인 갈등이 21세기에 우리들에게서 벌어지는 것과 유사성을 가진다는 점이다. 2001년 여름 아프리카의 인종주의적 착취에 대한 배상 요구와 제노아의 대중집회에서 나온 '다른 세상은 가능하다'라는 주장이 현대판 십자군에 종종 비견되는 '테러와의 전쟁'에 선행했다. 지배계급의 이데올로기에서 악마화된 '타자'의 자리가 공산주의에서 이슬람으로 넘겨졌다. 자본주의 사회의 발생은 중세로 소급되었는데, 그 당시에는 이슬람과 코뮤니즘적인 이교도 운동이 교회와 왕에게 주된 위협이었다.6

십자군은 유럽 내부에서 일어난 사회적·경제적 갈등을 군사적으로 외부로 돌린 것이었다. 교황 우르반 2세는 1095년 클레르몽에서 한 연설에서 이 점을 분명히 하였는데, 여기서 그는 "오,

랫동안 강도였던 사람들로 하여금 이제 기사가 되게 하라"고 말하면서 성전聖戰 혹은 제1차 십자군원정을 선언하였다. 이 연설에서 그는 아랍과 터키의 이슬람교도들을 악마로 간주했다. 그들은 사탄을 숭배하고 고문을 행하며 추잡한 강간범들이라는 것이다. 그리고 유럽 역사상 최초의 인종주의적 민족대량학살 프로그램들 중 하나에서 그는 기독교도들에게 "저 혐오스러운 인종을 절멸시키라"고 요구했다. 다음 세기의 십자군원정 동안에 원정대 모집자들은 우유와 꿀이 흐르는 곳에 대한 비전과 조화롭고 평화로운 왕국의 지상에서의 실현이라는 비전으로 지원부대를 모집하려고 하였다.7 이는 유토피아적 사고와 민족대량학살의 결합으로서, 앞으로 유럽과 미국의 역사에서 반복될 것이었다.

12세기에 유럽 내에서 폭력을 유발했던 요소들 ― 증가된 빈민, 농노 수탈의 심화, 도시의 성장, 화폐적, 상업적 관계의 출현 ― 은 한편으로는 중앙집중화하는 군주국들과 확대되는 교황권 사이에 서로 명령권을 놓고 다투는 상황을 낳았고 다른 한편으로는 이단적이라고 간주된 매우 다양한 아래로부터의 운동들을 낳았다. 이 운동들은 그 프롤레타리아적 성격을 강조하기 위해서 '원시적 제1 인터내셔널'에 비견되어 왔다. 카타리파8, 월든스파9, 프랑스의 범신론자인 베나의 아말릭을 따르는 사람들, 프라티첼리파10, 채찍질 고행자들, '자유로운 정신의 형제들'파,11 그리고 피오레의 요아킴을 따르는 사람들은 서로 다른 신학론적·사회적 프로그램을 가지고 있었는데, 이들 모두는 봉건체제와 교회의 권력자들에 의하여 위협적인 집단으로 간주되었다. 요아킴은 교회의 권력자들이 필요 없는, 기독교인들이 비기독교인들과 단결하는 새로운 시대를, 정신의 시대를 예언했다.

예언자들과 구원자들은 모든 것을 공동으로 가지는 교의를 전도하였으며, 이는 봉건 영주들과 탐욕스런 성직자들의 침탈에 맞서서 자신들의 관습과 공동체적 관행을 단호하게 지킨 농민들에게 잘 이해되었다. 모든 것을 공동으로 가진다는 생각은 공동토지와 관련된 관습적인 권리들 및 관행들의 네트워크에 의하여 가능하게 되었는데, 이는 13세기에 이미 오래되었기도 했고 또 위험에 처해 있기도 했다. 한편으로, 경작할 수 있는 토지가 부족해서 황무지와 삼림지대에서 아싸츠assarts(나무를 뽑아내어 경작할 수 있는 땅으로 개간한 곳들)를 일구게 되었으며, 다른 한편 영주들에 의해 물가가 오르는 상황에서 가난한 농민층에 가해지는 압박이 심화되면서 13세기에 소자작농들에게 필수적이었던 커머닝의 형태들이 위협을 받았다.

이슬람에 대한 십자군원정이 동방의 상업적 경제를 통제하려는 노력이었다면, 서방 이교도에 대한 십자군원정은 서방의 토지 없는 인구에게 공포를 가하는 수단이었다. 1208년에 교황은 프랑스 남부에 있는 알비Albi의 이교도들을 멸절시키는 십자군원정을 개시하였다. 자신들을 둘러싼 세계가 악마적이라고 믿은 그들은 생식生殖을 좋지 않은 것으로 보았다. 1212년의 소년십자군the Children's Crusade에 속한 아이들은 노예로 팔렸다. 그러는 동안 잉글랜드에서는 교황이 존 왕의 뜻과 반대로 스티븐 랭턴을 캔터베리 대주교로 임명하였다. 1208년에 교황은 존 왕에 대해 성사수여를 금지했으며 다음 해에 존 왕과 그의 왕국을 파문하였다. 그의 교회의 종鐘들이 종루로부터 제거되었고 성자들의 상像이 철거되었다. 존 왕은 그의 왕국을 교황에게 봉토로 바침으로써 사태를 수습하였다.

프랑스에 대한 존의 야심은 1214년에 부빈Bouvines 전투에서 좌절되었다. 그는 1066년 노르만족의 침입 이래 잉글랜드 지배계층의 오래된 고향인 노르망디를 잃었다. 프랑스의 필립은 이제 탐욕스런 눈으로 잉글랜드를 바라보았다. 1215년 2월에 존 왕은 성스런 땅을 이슬람 이교도들로부터 빼앗기 위해서 그곳으로 십자군원정을 이끌겠다는 맹세를 함으로써 응답하였다. 그는 "신의 전사"가 되면서 그를 국왕봉신들로부터 보호하는 면제권을 누렸다. 노르망디를 되찾고 십자군원정에 참가하기 위해 돈을 모으면서 존 왕은 군역면제세scutage(기사들이 군역 대신에 내는 세금)를 부과함으로써, 삼림을 훔침으로써, 몸값을 받기 위한 인질로 아이들을 납치함으로써(그는 28명의 웨일스 아이들을 학살하였다), 그리고 여자들을 판매함으로써 국왕봉신들을 억압하였다. 그는 미성년자들, 14살의 처녀들 그리고 상부한 여성들도 판매하는 정기적인 교역을 하였다. 1214년에 그는 그의 첫 아내인 글로스터의 이저벨러를 2만 마르크의 돈을 받고 제프리 드 맨디빌에게 팔았다.[12] 이 억압들은 이교도들과 싸우려는 그의 계획의 직접적인 결과들이었다.

5차 십자군원정이 1215년에 시작되었다. 모집의 이데올로기를 담당한 주된 인물은 옥스퍼드의 필립이었다. "십자가를 드는"

이유에 대한 그의 일반적인 주장은 십자군원정이 예수를 본받는 숭고한 사명이라는 것이었다. 그가 말하는 방식은 매우 혼란스러웠는데, 이는 그가 유럽 삼림거주자들의 수탈을 직접 언급하는 표현들을 사용하기 때문이었다. "아름다운 낙원의 숲에서는 죽음이 삶의 덮개 아래 숨겨져 있으며, 반대로 왜곡되고 끔찍한 숲에서는 삶이 죽음의 덮개 아래 숨겨져 있다. 이는 십자군의 경우에 삶이 죽음과 같은 노동의 덮개 아래 숨겨져 있는 것과 같다."[13] 숲은 아름다운가 아니면 끔찍한가? 숲은 낙원인가 아니면 죽음인가? 대답은 당신이 국왕봉신(귀족)인가 커머너인가에 달려 있다. 십자군원정은 이렇듯 국왕봉신과 커머너 모두를 종교 전쟁이라는 가마솥으로 몰아넣음으로써 모순을 해결하려는 살인적인 장치였다.

마그나카르타는 기독교를 종교로 가진 유럽의 문서였다. 제1조는 기독교 교회의 세속적 왕권으로부터의 자유와 관련된다. 교회에서의 사건들과 잉글랜드에서의 사건들은 서로 연관된다. 이노쎈트 3세의 임기(1198~1216)는 존 왕의 재위기간(1199~1216)에 상응한다. 존 왕은 위대한 쌀라딘의 형제이자 그로부터 이집트의 술탄의 자리를 계승한 알-아딜과 1211년에 5년간의 휴전협정을 맺는다. 그 동안 교황은 1215년에 제4차 라테란 공회의公會義를 개최했는데, 여기서 화체化體[14], 매년마다의 고해 그리고 부활절 성찬식이라는 교의가 수립되었으며, 이단이 정의되었다. 유태인들은 신분을 나타내는 배지를 달아야 했다. 라테란 공회의와 마그나카르타가 같은 해의 일인 것은 우연의 일치가 아니다. 라테란 공회의는 그 두 번째 법규집에서 피오레의 요아킴을 이단으로 선고하였으며 무자비한 종교재판의 기초를 다졌는데, 이는 유독한 곰팡이로서 그 보이지 않는 은밀한 균사의 치명적인 작용은 나중에 몇 세기 동안 알을 낳듯이 인종주의적 결과들을 낳았다.

1215년 5월 국왕봉신들은 런던을 점령하였고 왕에게 보내던 경의와 충성을 거두었다. 6월에 존 왕과 국왕봉신들은 러니미드의 무장한 군영軍營에서 서로 대면하였다. "잉글랜드의 자유민들"에게 부여되는 자유를 기록하였으며 63개의 조로 이루어진, 양피지로 된 헌장이 조인되었으며 충성이 구두로 갱신되었다. 헌장은 교회·봉건귀족·상인들·유태인들의 이익을 보호하였으며, **이에 덧붙여** 커머너(평민)들을 인정하였다. 헌장은 공유지를 존재하는 것으로 인정하였다. 여기서 우리는 이야기를 잠깐 중지하고 헌장의 몇몇 주된 조항들의 내용을 요약해 보자.

그 조항들은 여성들에 대한 억압, 부르주아지의 야망, 탐욕과 권력이 혼합된 독재, 공유지의 독립적인 생태계를 드러냈는데, 그 중에는 나중에 인신보호영장·고문금지·배심재판·법의 지배를 파생시킨 유명한 39조도 있었다. "지위가 동등한 사람들의 합법적인 판단이나 나라의 법에 의한 것 말고는, 그 어떤 자유민도 체포 또는 구금되거나 점유한 것을 박탈당하거나 법의 보호를 박탈당하거나 추방되거나 어떤 식으로든 해를 입어서는 안 되며, 또한 짐도 직접 혹은 누군가를 보내서 그에게 강제로 법을 집행하지 않을 것이다." 그 다음 조는 "짐은 권리나 정의를 누구에게도 팔지 않을 것이며, 누구에게도 권리나 정의를 부여하고 베풀기를 거부하거나 지연하지 않을 것이다"라고 분명하게 진술하고 있다.

당대의 유일한 연대기작가— 베튠의 로버트를 따라다녔던 한 음유시인— 의 눈에는 그 개별 조항들 중 제일 가치 있는 것이 여성들의 원치 않는 결혼과 숲에서 짐승을 죽인 대가로 생명을 취하거나 사지를 절단하는 것을 다루는 조항들이었다.[15]

7조와 8조는 각각 "남편이 죽으면 부인은 자신의 결혼지참금과 상속재산을 즉시, 그리고 아무런 번거로운 절차 없이 가질수 있다"라고, 그리고 "그 어떤 상부한 여성도 남편 없이 있기를 원하는 한 결혼을 강요받지 않는다"고 분명하게 말하고 있다. 우리는 정말로 "여성 해방 초기의 위대한 단계들 중 하나를 마그나카르타로 소급해서 찾아볼 수 있다"고 말할 수 있다.[16] 이 조항들은 공동체적 삶의 대안적 모델들의 구축에 기여한 풀뿌리 여성운동에서 나왔다.[17]

마그나카르타는 도시 부르주아지의 이익을 인정하였다. 런던 코뮌은 1191년에 수립되었으며 그 맹세는 충성의 맹세와는 달리 동등한 지위를 가진 사람들 사이에 이루어졌다. 존 왕이 런던 시에 1년마다 시장 선거를 치르는 것을 내용으로 하는 특허장[18]을 부여한 최초의 왕이었다. 18세기 스코틀랜드 철학자이자 역사가인 데이빗 흄은 존 왕의 재위 기간 동안 런던교가 돌로 완공되었다고 말한다. 마그나카르타는 상인들에게 여행의 자유를 확립해주었다. 41조에는 "모든 상인들은 해를 입지 않고 두려움 없이 잉글랜드에 드나들 수 있으며, 잉글랜드 내에서는 모든 강탈로부터 자유롭게 고래古來의 합법적 관습에 따라 무역을 목적으로 머물거나 육로나 수로로 여행할 수 있다"라고 진술되어 있다.[19] 마그나카르타는 상품 형식의 토대인 무게와 크기를 정했다. "저 두 위대한 대명사들인 'meum'과 'tuum'"[20] 즉 소유물들을 의미하는 소유대명사들은 코크Edward Coke의 생각과 결코 크게 다르지 않았다고 흄은 쓰고 있다. 실제로 소유물들은 척도를 필요로 했으며 따라서 35조에 의존했다. "런던쿼터London quarter를 포도주, 맥주, 곡식을 재는 표준척도로 정한다. 염색한 천, 러쎗천, 하버젝트천의 표준 넓이를 양끝이 마감된 상태에서 2엘ell로 정한다. 무게도 이와 비슷하게 표준화된다." 이 조항들은 존 왕의 형이며 존 이전에 왕위에 있었던 리처드 1세의 대관식 때 무장해제되어 학살된 유태인들을 강탈하는 동시에 보호했다. 10조는 이렇게 정하고 있다. "만일 유태인으로부터 일정한 돈을 빌린 사람이 빚을 다 갚기 전에 사망한다면 그의 상속자는 미성년인 한에서는 그의 토지가 누구에게서 파생되었느냐와 관계없이 그 빚에 대한 이자를 갚지 않아도 된다. 만일 그러한 채권이 왕실에 귀속된다면 왕실은 증서에 정해진 원금 말고는 아무 것도 받지 않을 것이다."

　　28, 30, 31조는 군소 폭군들의 약탈을 중지시킨다. "그 어떤 보안무관장이나 기타 집행리들도 곡식이나 기타 동산들을 직접 값을 지불하지 않고 다른 사람으로부터 취하지 못한다." '동산들'chattels이라는 단어의 어원은 상품의 발전과정을 개괄하며 이 경우에는 목축경제에서 농업경제로의 변화를 시사한다. "그 어떤 주州장관이나 왕실 관리 및 기타 사람들도 자유민으로부터 그의 동의 없이 말이나 마차를 수송수단으로 징발하지 않는다." "짐이나 왕실 관리들은 소유자의 동의 없이 짐의 성城을 위해서 혹은 다른

목적으로 나무를 징발하지 않는다."

　다른 조항들은 석탄이나 기름이 아니라 목재에 기반을 둔 에너지 생태학의 관점에서 이해되어야 한다. 47조는 이렇게 말한다. "짐의 통치기에 만들어진 모든 삼림들은 즉시 폐림된다. 짐의 통치시기에 종획된 모든 강둑들도 마찬가지로 처리될 것이다." '폐림하다'는 목재를 베어 내거나 잘라 내거나 나무들을 파괴하는 것을 의미하지 않고, 왕의 관할에서 제거하는 것을 의미한다.[21] 48조는 이렇게 정한다. "삼림들과 야생 조수 사육 특허지들 및 그곳의 관리자들, 보안무관장들 및 그 부하들, 강둑들 및 그 관리자들과 관련된 모든 악습들은 즉시 모든 주에서 열두 명의 맹세한 기사들에 의해서 조사될 것이며, 조사한 지 40일 이내에 악습들은 완전히 그리고 되돌릴 수 없이 폐지될 것이다." 이 조항은 **삼림**과 관련된 공통권을 가리킨다. 삼림은 물리적으로는 숲지대이다. 법적으로는 삼림법이 적용되는 왕의 영역이며 여기서 왕은 사슴을 키운다. 삼림forest이라는 말과 법은 정복자 윌리엄과 함께 영국으로 건너왔다.

　47·48조는 마그나카르타의 일부로서 주목은 받더라도 종종 봉건적 유물이자 영국의 특성으로, 혹은 문화유산 활용사업에는 부적절한 것으로 간주되어 무시된다. 그러나 만일 우리가 숲지대를 탄화수소 에너지 저장고로 본다면 이 주제를 기꺼이 이보다 더 중하게 다룰 수 있다. 우리는 '생계자급 관점'subsistence perspective을 택할 수 있다.[22] 마크 블로흐는 이렇게 썼다. "식량을 찾아다니는 원초적 본능이 오늘날보다 더 표면에 드러났던 시대에는 아마도

우리가 소화할 수 있는 것보다 더 많은 부가 숲에 있었을 것이다. 사람들은 나무를 구하러 당연히 숲에 갔는데, 이는 우리 시대의 기름, 휘발유, 금속보다 훨씬 더 삶에 필요한 것이었다. 나무는 난방과 조명(횃불), 건축자재(지붕널, 성의 말뚝), 신발(나막신), 쟁기손잡이 및 기타 다양한 도구들에 사용되었으며, 도로를 강화하는 장작단으로 사용되었다."[23]

"옹이투성이에다가 안짱다리이며, 굽어지고 뒤틀렸으며, 팔이 긴 기형 꼽추인, 거대하고 희한한 회색 오크인^들." 이것이 스테이버튼Staverton의 오래된 오크나무들의 육중한 줄기와 조그만 우듬지 부분들을 의인화한 묘사이다. 영국의 오크나무는 수천 년 동안 가축, 염소, 사슴이 오크나무보다 더 먹기 좋은 경쟁자 나무들을 먹어 치운 곳에 여전히 남아 있다. 짐승들이 어느 나무를 먹는가가 어떤 종이 번성하는가를 결정한다. 오래된 나무들은 (1만3천 년 전 빙하시대의) 자연림의 결과가 아니라 숲이 있는 목초지의 결과이다. 숲이 있는 목초지는 수천 년 동안 축적된 조림기술을 통해 인간이 만든 것인데, 그 속성에는 **관목**, **뿌리순**, **가지를 잘라낸 나무**pollard가 포함된다. 관목은 나무의 그루터기에서 다시 자라는데, 양물푸레나무와 느릅나무는 막대기를 무한정 공급해 준다(갈퀴, 낫자루를 만드는 데 들어가며, 남는 것은 말뚝과 땔감으로 쓰인다). 뿌리순은 뿌리에서 다시 자라는데, 사시나무, 벚나무는 클론[24]이라고 불리는 유전적으로 동일한 나무들의 군집을 형성한다. 가지를 잘라낸 나무의 경우에는 나무를 땅 위로 1.8 내지 4.5미터 정도가 되도록 잘라서 영속적인 줄기를 남긴다. 이 줄기는

러니미드의 한 다용도 종획지. 풀을 뜯고 있는 가축들과 가지를 잘라낸 나무들이 보인다. 저자의 촬영.

볼링bolling이라고 불리는데 관목처럼 눈sprout을 가지고 있지만, 가축들의 입이 닿지 못하는 곳에 있다.[25]

숲이 있는 목초지는 나무들이 있고 동물들을 방목하는 땅이다. 숲이 있는 공유지는 한 사람이 소유하고 있으나 다른 이들 즉 커머너들에 의해 사용되는 곳이다. 보통 토지 자체는 영주에게 속하지만 방목은 커머너들에게 속하며, 나무들은 둘 중 어느 한 쪽에게 — 즉 목재는 영주에게 속하고, 땔나무는 커머너들에게 — 속했다. 읍 전체가 목재를 사용했다. 시골집의 버팀목과 대들보, 굽은 목재 서까래, 오크로 된 예배당의 긴 의자. 그 다음에 바퀴, 자루, 그릇, 탁자, 의자, 숟가락, 장난감 그리고 기타 도구들이 모두 나무로 만들어진다. 나무가 바로 에너지의 원천이었다.

전림할 수 있는, 즉 숲을 왕의 법 아래 둘 수 있는 왕정의 능력에서 국가 권력의 성장, 전쟁 수행능력, 그리고 왕정에 대한 불만들이 발생했다.[26] 노르만 정복과 함께 먹는 도구에 혁신이 일어났으며(포크), 새로운 언어(프랑스어), 새로운 민족(노르만인, 유태인), 전에 없던 동물들(멧돼지, 붉은 사슴)이 생겼다. 윌리엄과 그의 노르만족 정복자들은 ("무장한 도적들과 함께 상륙한 사생아 프랑스인"이라고 페인Tom Pain은 말했다) 앵글로-쌕슨 시절부터 있어왔던 삼림의 관습들을 무시했다. 삼림에 반드시 숲이 있을 필요는 없었다. "삼림에는 그 나름의 법이 있는데, 이는 나라의 판례법에 기초하지 않고 왕의 임의적인 포고에 기초한다고 한다."[27] 삼림은 왕의 지위에 대한 지고의 상징인 사냥터였다. 『토지대장』(1086)은 영국의 정착지들 중 반 정도만 숲지대를 가지고 있음을 보여준다. 1203년 7월에 존 왕은 그의 수석 임정관인 네빌에게 "숲과 아싸츠(개간지)를 팔아서 이익을 내기 위해"[28] 삼림의 특권들을 팔라고 지시한다. 1215년에 잉글랜드에 143개의 삼림이 있었다. 이들 중 반은 숲이 있는 목초지였다. 1216년 이후에는 잉글랜드에서 삼림으로 선언된 것들이 거의 없다. 한 권위자는 마그나 카르타와 관련된 주된 불만은 두 개, 즉 "주州장관의 배임행위와 삼림의 범위"라고 쓰고 있다.[29]

헌장의 조항들을 요약했고 그 당시의 물질적 삶이 숲에 기반을 두고 있음을 지적했으니 이제 존 왕의 운명을 다시 말해 보기로 하자. 러니미드의 진흙이 그의 구두에서 마르자마자 존 왕은 국왕봉신들에 대한 전쟁을 재개했으며 교황과 한편이 되어 국왕 봉신들을 공격하는 음모를 꾸미기 시작했다. 이노쎈트 3세는 헌 장을 무효화하였으며 왕으로 하여금 헌장을 준수하는 것을 금지 시켰다. 1216년 5월에 나중에 프랑스의 왕이 될 루이가 국왕봉신 들의 초청으로 잉글랜드에 침입하였다. 존 왕은 10월에 사망했다.

그의 사망 이야기는 농민 커머너들 사이에서 설화의 소재가 되었으며 입으로 전해져서 심지어는 18세기의 놀라운 장인이자 사회주의자며 시인인 윌리엄 모리스에 의해서도 구전 역사로서 기억되었다. 모리스의 버전을 여기서 풀어보자. 적으로부터 도망 치던 존 왕은 밀려오는 조류에 그의 짐을 모두 잃어버리며 기분이 상한 상태에서 링컨셔의 스와인스테드 대수도원Swinestead Abbey으 로 피한다. 그는 식사를 하다가 "이 빵 덩어리는 얼마에 팔리는 가?"라고 묻는다. 1페니라는 대답을 듣자 그는 이렇게 말한다. "이 런, 내가 만일 1년을 산다면 저런 빵 덩어리는 12페니에 팔리게 할 거야!"

가까이 있던 수도사들 중 하나가 이 말을 듣고는, 그가 죽을 때가 왔으며 이렇게 잔인한 왕이자 악한 군주를 죽이는 것은 훌륭 한 행위일 것이라고 생각한다. 그래서 그는 정원에 들어가서 자두 를 따서 씨 대신 독을 집어넣는다. 그런 다음 그는 왕 앞으로 와서 무릎을 꿇고 말한다. "전하, 성 아우구스티누스에 맹세컨대, 이것 은 우리 정원에서 나는 과실이옵니다." 왕은 사악하게 그를 쳐다 보고는 "수도사여, 먼저 들어라!"라고 명령한다. 수도사는 먼저 먹 으면서 낯빛을 전혀 바꾸지 않는다. 그러자 왕도 먹는다. 곧 왕의 바로 눈앞에서 수도사는 몸이 붓고 피부가 퍼렇게 변색되어 쓰러져 죽는다. 그 다음으로 왕도 심장에 점점 고통이 오더니 마찬가지로 몸이 붓고 병색이 돌면서 사망한다.

이것이 아래로부터의 역사이다. 위로부터의 (혹은 위와 아래 사이의) 역사처럼 아래로부터의 역사도 검토되어야 한다. 영국 수도원들의 식물원과 과수원은 집단적 노동의 오래된 사례이기도 하지만, 공동으로 사용하는 천연자원에 기반을 둔 공동체적 삶을 창시한 곳이기도 했다. 따라서 그 수도사가 정원의 과실을 왕에게 바쳤을 때 그것은 인간 노동의 산물이며 동시에 땅, 비, 햇빛 — 이는 모두에게 속한다 — 의 산물이라는 이중적 의미에서 과실이었다. 이 이야기를 한 농민들과 그것을 되풀이한 모리스는 이 점을 잘 이해하고 있었다. 서양자두는 비잔티움에 그 기원을 두고 있으며 마그나카르타가 나온 때에 귀국하는 십자군들과 함께 잉글랜드에 왔다. 따라서 존 왕은 일종의 생물학적 역류에 의해 야기된 시적詩的 죽음을 겪은 것이다.

존 왕의 임종 이후에, 그리고 새로운 왕인 헨리 3세가 아직 어렸을 때(겨우 아홉 살이었다) 마그나카르타의 운명이, 실로 그 소재所在 자체가 불확실했다. 프랑스가 잉글랜드의 반을 통제했다. 존 왕이 사망하고 아홉 살배기 헨리 3세가 즉위할 때 교황이 보낸 사절은 구알로 추기경이었는데, 그는 카타리파를 절멸시키는 데서 활약했던 인물이었다. 헨리 3세는 구알로(와 영국 주교들)의 조언으로 삼림헌장을 승인하였다. 숲이 이단을 양성하는가? 교황의 주요한 이단사냥꾼인 구알로는 이 헌장을 장려함으로써 이단의 성장을 막기 위해서 영국으로 보내진 것인가?

맥케츠니는 "프랑스의 침공이 대헌장을 구했다"고 말한다.[30] 1217년 9월 11일이 되어서야 비로소 프랑스와 잉글랜드는 킹스턴 근처의 템스 강에 있는 섬에서 강화협정을 맺었다. 맨발에다 셔츠마저 없는 루이는 잉글랜드의 왕좌에 대한 모든 주장을 포기하고 존 왕이 승인한 자유헌장들을 복원하도록 요구받았다. 이 협정은 2년 동안의 내전을 종식시켰다. 빅토리아조의 헌법역사가인 스텁스는 킹스턴 협정에 대하여 "실질적인 중요성에서는 헌장 자체에 거의 버금간다"라고 결론지었다.[31] 헌장이 국왕봉신들과의 전쟁 동안에는 협정과도 같은 기능을 한 것과는 대조적으로, 평화 시에 헌장을 다시 선포하는 것은 헌장을 통치의 기반으로서 확립하는 것이었다.

삼림헌장과 마그나카르타 사이의 관계에 대하여 당대의 주된 연대기작가인 웬도버는 존 왕이 별도의 삼림헌장을 승인하였다고 말했지만, 블랙스톤은 그럴 가능성은 낮다고 주장한다. 무엇보다도 대헌장이 쓰인 양피지의 크기가 삼림 관련 조항들을 추가하기에 충분했기 때문이라는 것이다. 블랙스톤은 두 헌장의 학자판版인 『대헌장과 삼림헌장』(1759)을 출간했다. 그는 헌장들의 정확한 텍스트를 (그가 알고 있는 바대로) 인쇄한 최초의 사람이었다. "잉글랜드의 옛 역사에서 대헌장과 삼림헌장이라고 강하게 이름 붙여진 자유헌장들의 발생과 진전, 점차적인 변이 그리고 최종적인 수립보다 더 흥미롭고 중요한 일은 없다. 그런데 이보다 더 부정확하게 그리고 역사적 엄정함을 결여한 채 우리에게 전해진 것도 없다."[32]

캔터베리 대주교와 더블린 대주교가 "48조의 일반적 단어들이 삼림의 보존에 필수적인 관습들을 폐지하는 데로 확대되도록 하는 것이 헌장의 작성에 관여한 당사자들의 의도가 아니라고 밝히면서, 48조가 가진 일반성이 삼림의 존재 자체를 위험에 빠뜨렸음을 우려하고" 있다는 것에 블랙스톤은 주목했다. 삼림 조항들은 아무 것도 해결하지 않았다. 전쟁이 재개될 근거를 제공했을 뿐이다. 폐림의 문제가 마그나카르타를 계속 살아 있게 하였다.[33]

헌장은 물리적인 역사를 가진 물질적인 대상이다.[34] 가로 17.75인치, 세로 18.25인치 크기의 양피지 문서에 '마그나카르타'(대헌장)magna carta란 용어를 붙인 것은 놀랍다.[35] 1218년에 처음 사용된 이 용어로 인해 대헌장은 그것과 짝을 이루지만 길이는 더 짧은 삼림헌장과 구분된다. 코크의 『잉글랜드법 원론』(1642) 2권 서문을 인용해 보자. "이는 마그나카르타[대헌장]라고 불리는데 양이 많아서가 아니다. 양으로 치자면 특히 요즈음에는 이보다 더 긴 헌장들이 많이 나와 있다. 그것이 삼림헌장보다 상대적으로 더 길어서도 아니다. 곧 드러나겠지만 큰 중요성을 가지기 때문이며 다루는 사안이 중대하기 때문이다. 마찬가지 이유로 '삼림헌장'Charta de Foresta은 '삼림대헌장'Magna Charta de Foresta이라고 불리며 양자 모두 '영국 자유대헌장들'Magnae Chartae Libertatum Angliae이라고 불린다."[36] 이 헌장들은 1년에 네 번, 즉 미가엘 축일, 크리스마스, 부활절, 세례요한제에서 소리 내어 낭독됨으로써 공표되었다. 이 헌장들이 라틴어로 낭송된 것은 확실하며 노르만 불어로 옮겨져 낭송되었을 가능성은 높고 영어로도 낭송되었을 가능성이 있다.

이 책에서 9월 11일은 다 합해서 네 번 등장한다. 1217년에 처음으로 등장하고 1297년에 스코틀랜드인ᐱ 윌리엄 월리스가 영국을 물리쳤을 때 두 번째로 등장하며 세 번째로는 영국 수평파가 민중 주권, 배상, 배심제, 종교의 자유, 그리고 종획지의 개방을 요구하는 청원을 제출한 1648년에 등장한다. 네 번째는 〈싸우스씨회사〉가 아프리카 노예들을 아메리카의 스페인 식민지들에 팔 수 있는 허가를 받은 것을 자축한 1713년 9월 11일이다. 이렇듯 9월 11일은 헌장들을 삼림의 공유지와, 더 위대한 브리튼 섬과[37], 수평파들과, 그리고 노예무역과 연관되도록 만든다.

두 헌장은 1225년에 함께 재ᴴ반포되었다. 맥케츠니는 "이때가 마그나카르타의 최종적 형태였다"고 말한다.[38] 그 이후에 두 헌장은 함께 확인되었다. 1297년에 와서 에드워드 1세가 두 헌장이 나라의 판례법이 되도록 명령했다. 1369년 에드워드 3세의 법 이후에 두 헌장은 단일한 제정법으로 취급되었다. 두 헌장은 영국 법령집이 편찬되기 시작하면서 함께 인쇄되었다. 블랙스톤은 이렇게 결론짓는다. "1215년 존 왕 아래에서 처음 인정된 이후 거의 한 세기의 기간 동안 종종 그 존재가 위험에 처했고 많은 변이를 겪었던 두 헌장 즉 자유헌장과 삼림헌장은 이제 영원한 기반 위에 최종적으로 자리를 잡았다."

1215년과 1217년 사이에 일어난 변이들 중 하나로서 7조가 수정되어 "그 동안에 상부喪夫한 여성은 공유지에서 합당한 양의 에스토버스를 취한다"라는 대목이 추가된 일이 있다. 공유지의 "에스토버스"란 무엇인가? 코크는 이렇게 설명한다. "에스토버스가 숲에 한정될 때 그것은 집수리권, 산울타리권, 쟁기권을 의미한다." 여기서 '권'[39]은 일반적인 목재하고만 연관된 것이 아니다. 밭이나 산울타리에도 해당된다. 땔감권이나 산울타리권은 땔감 및 담 구축에 들어갈 몫이다. 집수리권과 마차권은 집을 짓고 도구를 만들 권리이다. 코크는 에스토버스가 생계자급, 영양섭취 및 섭생을 의미하기도 한다고 말한다. 그렇다면 정확하게 말해서 에스토버스란 관습에 따라 숲에서 채취하는 것을 가리키며 종종은 생계자급 일반을 가리킨다. 마그나카르타는 사유화의 한계를 정했다. 33조에 "템스 강, 메드웨이 강, 그리고 잉글랜드 전역에서 모든 어살들이 철거된다. 해안은 예외로 한다"라는 대목은 다른 사람 소유의 물에서 소유주를 비롯한 다른 사람들과 함께 물고기를 잡을 권리를 가리킨다("공통의 입어권人漁權"). 〈경제·사회·문화권에 관한 유엔 국제협약〉은 "사람은 그 어떤 경우에도 생계수단을 박탈당해서는 안 된다"고 선언하고 있다.[40]

대륙마다 숲지에서 채취한 나뭇단을 구부정하게 지고 있는 나이 든 여성의 수수한 모습은 재생산과 관련하여 한 시기의 정수가 담긴 형상이었다. 이러한 여성을 지키는 것이 모세의 십계명 이래 인간의 역사에서 가장 오래된 계명 중 하나였다("네가 밭에서 곡식을 거둘 때에 그 한 뭇을 밭에 두고 왔다면 다시 가서 가져오지 말고 객과 고아와 상부한 여성들을 위하여 내버려두라,"『신명기』24 : 19). 이 주제가 연구되는 경우마다 여성들과 공유지 사이에 직접적인 관계가 발견된다. 우리 시대에 보이는 가난의 여성화는 바로 세계의 공유지가 울타리에 갇히면서 널리 확산되었다.

1215년과 1217년 사이에 무슨 일이 일어났기에 이 조항이 7조에 삽입된 것일까? 전쟁이다. 내전이 계속되었고, 프랑스가 침입하였다. 끔찍하고 경비가 많이 들며 가지 못하는 곳이 없는 강력한 전쟁무기들인 말 탄 기사들이 전쟁을 수행했다. 왕은 "사람들을 비천한 상태에서 벗어나게 해 주기" 위하여 자신을 따르는 사람들에게 하사금과 토지로 보상해 주고 싶어 했다. 또한 석궁을 든 병사들, 선원들이 전쟁을 수행했고 수천 명의 최하층 자유민들과 농노들이 전쟁을 수행했다. 가공할 대량파괴무기들이 공중에서 공포를 퍼부었다. 투석기는 맷돌들을 던졌고 소형투석기는 돌포환砲丸들을 쏘아댔으며 쇠뇌는 화살을 쏘아댔고 노포는 (석궁처럼) 돌과 탄환을 던져댔으며 대형 석궁은 모든 종류의 화살과 돌을 발사했다. 이것들이 무차별적으로 도시를 파괴하고 병사들의 눈을 멀게 하고 집을 불태우고 읍을 거덜 내고 사람들의 사지를 상하게 하고 절단하였다. 공중에서 떨어지는 무기들에 맞아서만이 아니라 역병, 수재, 화재에 의해 사람들이 죽었다. 전쟁은 상부한 여성들을 양산하였다. 1215년과 1217년 사이에 일어난 7조의 "변이"(블랙스톤)는 바로 이 현실을 반영하였다.

웃스탁Woodstock의 순회재판(1184)은 가난한 사람들이 에스토버스를 가질 권리를 허용하였는데 다만 엄격한 규정에 맞을 경우에만 그랬다. 맥케츠니는 이렇게 논평한다. "부자들이 재산에 손해를 입었다지만, 가난한 사람들은 그보다 더 심히게 고통을 겪었다. 주된 욕구 중 셋인 음식, 땔감, 건축재료에 대한 욕구를 충족시키는 것이 법에 의해 엄격히 금지되었다."[41] 써머셋Somerset에서는 "가난한 사람으로부터, 등에 나뭇짐을 진 모든 사람으로부터 6페니를 받는다"는 불만이 제기되었다. 스트랫포드Stratford에서는 지사知事가 "왕의 영지에서 옥수수밭을 일구고 땔감용으로 죽은 나무를 채취한 것에 대하여" 밀 1쿼터를 받았다.[42] 때때로 지역의 독재적 통치자가 본격적인 공포정치를 시행했다. 삼림헌장(1217)은 공유지를 보호한 것과 동시에, 그와 같은 정도로 공포로부터의 예방조치이기도 했다.

삼림헌장의 1조는 목초지를 "관습적으로" 사용해 왔던 사람들에게 목초지를 공통재로서 보존해 주었다. 7조는 임정관이나 교구 하급관리가 스커테일이라고 불리는 봉건세[43] 대신에 옥수숯단이나 귀릿단을 받거나 양이나 새끼돼지를 받는 것을 금지하였다. 9조는 자유민들에게 숲을 개방하고 돼지방목권을 제공했다.[44] 13조는 모든 자유민들이 꿀을 채취할 수 있게 정하였다. 14조는 목재, 재목, 나무껍질, 숯을 사러오거나 마차에 실어가는 사람들은 숲통행료를 내야 하지만 그것들을 말의 등에 실어가는 사람들은 숲통행료를 내지 않아도 되도록 정했다.[45]

코크는 이 법의 글자 하나도 그냥 넘기지 말라고 한다. 마그나카르타에 언급된 실질적인 관습들은 그 구조가 쇠나 플라스틱이 아니라 나무로 구축되는 물질적 문화를 지탱하는 숲영역에 속한 것이다. 비견할 바 없는 영국 박물학자이며 저자이자 방송인인 리처드 메이비는 영국의 숲에 관해 이렇게 썼다. "다른 어떤 종류의 풍경보다도 숲이 공동체적 장소이며, 수 세대에 걸쳐 공유된 자연사 및 인간사가 그 구조에 새겨져 있다."46

초본草本, herbage은 가축이 삼림에서 돌아다닐 수 있게 허용하는 **숲개방**처럼 목초지의 공통재이다.47 **돼지방목권**은 돼지들이 들어와서 도토리와 너도밤나무 열매를 먹을 수 있게 하는 권리이다. 개간지와 화전火田은 경작 가능한 땅에 속한다. 땔감, 꺾은 가지, 토탄채굴장, 쳐낸 가지들은 연료를 가리킨다. 에스토버스, 마차권, 집수리권은 도구 및 건축과 연관된다. 마차통행권은 수송에 해당한다. 이렇듯 상부한 여성의 공통재 에스토버스는 우리를 전적으로 다른 세계, 사용가치의 세계로 이끄는 말이다.

니슨에 따르면 숲의 효용은 이렇다. 쳐낸 가지 혹은 꺾은 가지는 가정에 사용되고, 가시금작화와 잡초는 사료로 사용되며 섶나뭇단이나 작은 가지들은 빵 굽는 사람이나 질그릇 만드는 사람이 화덕이나 가마에 사용했다. 니슨은 콩대를 어디서 찾을 수 있고 개암이 어떻게 양들에게 좋으며 굴뚝소제용 비를 어떻게 만드는지에 주목했다. 숲지는 연료의 저장고였다. 또한 맛있는 먹을 것들이 있는 식품저장고였으며 약초와 치료약이 든 약상자였다. 음식으로는 개암열매와 밤이 시장에서 팔렸으며 가을버섯이 국과 찌개에 들어갔다. 반디나물, 희향풀, 민트, 야생 백리향, 마저럼, 서양지치, 야생 바질, 쑥국화는 요리와 치료에 쓰였다. 야생 수영, 치커리, 민들레잎, 서양오이풀, 금혼초, 나도쇠채, 큰가시상추, 옥수수방가지똥, 명아주와 별꽃, 서양톱풀, 겨자류 그리고 갈퀴덩굴은 샐러드에 쓰였다. 엘더베리, 블랙베리, 빌베리, 바베리, 산딸기, 야생 딸기, 들장미열매와 산사나무열매, 크랜베리와 야생 자두는 젤리, 잼, 와인을 만들기에 좋았다.[48]

중세연구자 비렐은 13세기에 일어난, 공통권을 둘러싼 싸움을 서술했다. 비렐은 삼림 공유지의 넓이에 특별한 강조를 둔다. 삼림 공유지는 오래전부터 존재해 왔으며 동시에 관습에 기반을 둔 장소였다. "일부는 최근의 것이지만 대부분이 오래된 것이었다. 어떤 것들은 문서로 엄밀하게 정해졌지만, 대부분은 관습에 의해서만 정해졌다." 이 공유지들은 도심지들이 성장하고 교역이 증가하면서 숲이 개활지로 바뀌고 개간지가 만들어지게 되자 경제적으로 압박을 받게 되었다. 공유지의 수는 증가하였고 공동토지의 양은 감소하였으며 장원의 영주들은 공통권을 삭감하려고 하였다. 교차커머닝intercommoning과 **할당량**이 출현하기 시작했다.[49] 판례법과 직접적 행동이 공유지를 보존하였다. 워릭셔에 있는 스톤리의 사람들은 1290년에 장원의 아싸츠로 인해 자신들의 에스토버스와 방목지를 잃었으며 그래서 살아갈 수가 없다고 왕에게 청원하였다.[50]

마그나카르타는 종종 자유민들freemen을 언급한다. 그리고 그 이후의 세기에도 자유민이라는 말이 종종 외쳐진다. 예를 들어 마크 트웨인은 『아서 왕의 궁정에 간 코네티컷 양키』에서 자유민을 "법과 어구의 빈정거림"이라고 지칭한다. 따라서 자유민은 "허명의 동굴에서 메아리로 울려 나오는" 위선이요 그림자이며 미신이다. 그러나 만약 우리가 니슨이 그토록 잘 서술하는 숲의 거시경제를 염두에 둔다면 우리는 이 장의 맨 앞에서 제기된 질문 —

"자유여, 그대는 무엇인가?"라는 질문에 대한 셸리의 적절한 대답의 진가를 알아볼 수 있다.

> 하루의 노동을 마치고
> 아담하고 행복한 집으로 온
> 노동자에게 그대는 빵이고
> 차려놓은 예쁜 식탁이다.

> 그대는 옷이며 불이고 음식이다.

공통권은 인권과 다르다. 첫째, 공통권은 지역의 독특한 생태계 속에 함입되어 있다. 39조의 "나라의 법"이란 표현은 커머너들에게 주권자의 의지를 지칭하지 않는다. 커머너들은 먼저 권리증서에 대해서 생각하는 것이 아니라 인간의 행동에 대해서 생각한다. 이 땅을 어떻게 경작할 것인가? 거름을 줄 필요가 있는가? 거기에 무엇이 자라는가? 그들은 탐구하기 시작한다. 이것을 자연적 태도라고 불러도 좋다. 둘째, 커머닝은 노동과정에 심어져 있다. 그것은 밭, 고지, 숲, 습지, 연안에서 이루어지는 특별한 실천 속에 내재한다. 공통권은 노동에 의해서 가지게 된다. 셋째, 커머닝은 집단적이다. 넷째, 커머닝은 국가로부터 독립적이기에 법과 국가의 시간성으로부터도 독립적이다. 마그나카르타는 권리를 목록화하는 것이 아니라 권리에 영속성을 부여한다. 마그나카르타는 인간이 역사 속으로 깊숙이 들어간다.

마그나카르타는 내전에서 서로 싸우는 세력들 사이의 협정이었다. 홀트가 말하듯이, 마그나카르타는 정치적 문서이다. 이 헌장은 일곱 가지의 갈등을, 즉 교회와 왕정 사이, 개인과 국가 사이, 남편과 아내 사이, 유태인과 기독교도 사이, 왕과 국왕봉신 사이, 상인과 소비자 사이, 커머너와 사유화 세력 사이의 갈등을 중지시키고자 했다. 이 헌장은 이 갈등을 승리를 선포하는 식으로 해결하지는 않았다. 39조는 더 발전하여 근본적인 원칙들 즉 인신보호영장, 배심제, 고문금지 등을 구현하기에 이르렀다. 그러나 이 헌장이 할 일이 완료된 것은 결코 아니다. 다른 조항들 역시 더 발전해야 한다. 우리는 자유헌장들에서 다섯 개의 원칙들을 더 발견한다. 이웃공동체의 원칙, 생계자급의 원칙, 자유로운 여행의 원칙, 반反종획의 원칙, 배상의 원칙이다.

3

상품과 커먼즈

나는 듣네. 소설의 좋은 소재가 여기 있다고,
아니면 그것을 좋은 극으로 만들 수도 있다고
친구들이 말하는 것을.

나는 말하네. 가브리엘레 조반닛띠 할머니를
불쏘시개 더미를 머리에 인 채 아침 9시에
뻬오리아가(街)를 따라 걷게 하는 식으로
극에 등장시킬 극작가는 세상에 없다고.

칼 쌘드버그, 「양파의 날들」, 「시카고 시선」(1915)

16세기는 탐구의 시대였고 튜더 왕조의 세기였다. 그것은 개
신교가 행한 종교개혁과 함께 시작하였으며 셰익스피어의 시대
로 끝났다. 인쇄를 시작한 첫 시대였으며 피와 불로 그 역사가 쓰
인[1] 유랑의 시대였다. 중세 봉건제의 정점이자 근대 자본주의의
시작이었다. 도시와 농촌이 분리되는 시대였고 길드에 의해 부흥

받지 못하는 직인들의 시대였다. 또한 테러와 마녀 화형火刑의 시대이기도 했다. 이 시대에 감옥이 탄생했고 대서양 노예무역이 탄생했다. 방화와 강도 관련 제정법들이 시행되었던, 법에 의한 범죄 규정의 토대가 놓인 시대였다. '범죄문제'라는 것이 창조되었던 것이다. 이 시대는 영국에서 종획운동이 처음 대대적으로 시행된 시기였다. 영국의 사유화가 시작된 것이다.

마그나카르타의 역사에 관한 한, 그것이 확립된 13·14세기나 그것이 정치적으로 재탄생한 17세기와 대조적으로, 16세기는 "묘한 휴지기"라고 영국 역사학자 허버트 버터필드는 말한다.[2] 16세기의 실제 역사가 가진 이러한 역설과 비슷한 것이 16세기의 연극 역사에서 발견된다. 셰익스피어는 마그나카르타를 전혀 언급하지 않고 『존 왕의 삶과 죽음』을 썼다. 이처럼 연극무대로부터 마그나카르타가 차단된 것은 역사에서 그것이 누락된 것에 상응한다.

튜더 왕조의 국가는 중앙집중화된 권력의 제도들을 창출하였으며 새로운 계층이 들어설 여지를 만들어 주었다. 이 국가는 로마법을 채택하는 새로운 방법을 통해 통치하였는데 이 로마법에서는 관습이 들어설 여지가 거의 없었으며 성실청星室廳, the Star Chamber과 같은 법정을 설치하는 등의 사법적 혁신들이 배임·오심·독재의 별명이 되었다.

조지 페러스는 1534년에 "여러 고래古來의 제정법들"에 관한 그의 책 서두에 마그나카르타와 삼림헌장의 영역본을 실었다. 이해에 그는 링컨즈 인[3]에 들어갔으며(이로써 그는 법조인이 될 수 있었다), 이는 튜더 왕조에 일어난 통치혁명의 창시자인 토머스 크롬웰의 유용한 종복이 되기 조금 전이었다.[4] 1판의 짧막한 서문에서 그는 "이 제정법들 중 대부분은 아직 유효하며 오늘날까지 왕의 신민들을 구속하고 있다"라고 말한다. 그러나 주목할 만하게도, 그는 그 법들이 왕을 구속하고 있다고는 말하지 않는다. (마찬가지로 조지 부시도 자신을 법의 위 혹은 외부에 있다고 본다.)

법은 그렇지 않을지라도 국민국가의 지배자에게는 자신의 이유, 자신의 존재근거가 있었다. 이는 은밀하고 전쟁을 만들어 내는 폭력적인 것이며 이중의 공갈과 배반을 행할 수 있는 것이었다. 조지 페러스는 가톨릭, 개신교, 청교도, 가톨릭, 국교로 정권이 계속적으로 교체되는 가운데도 약삭빠르게 살아남았다. 그는 헨리 8세를 개인적으로 모시는 시종이었는데, 이 일을 하면서 그는 군주를 즐겁게 해 주는 법을 연구하였다. 그는 1547년에 의원이었고 동시에 반스터블의 치안판사였다. 그는 1551~52년 크리스마스 연회의 사회자로 임명되었는데, 이때는 불황기로서 런던의 연간 인플레이션이 21%였고 밀가루의 가격이 두 배로 뛰었으며 빈민들이 굶어 죽고 있었다. 그는 국가가 후원하는 구경거리를 화려하게 제공함으로써 국민의 관심을 써머씻Somerset의 처형[5]에서 다른 데로 돌렸다. 런던에서 크리스마스 연회는 큰 성공을 거두었다. 과시하고자 하는 튜더 왕조의 성향과 군중들이 모여 흥분하는 것이 어우러진 것이었다. 음악과 모리스춤morris dancing 이외에도 (페러스도 이 연회에서 인기인처럼 차려입었다) 섬뜩한 소품들이 사용되었는데, 여기에는 튜더 왕조의 테러를 보여주는 모든 것들— 간수看守, 족쇄, 자물쇠, 차꼬 달린 대, 죄인에게 씌우는 칼, 교수대, 단두대, 도끼 — 이 포함된다.6

헨리 8세는 수도원과 그에 부속된 공유지를 해체하고 새로운 계층 즉 젠트리gentry가 땅을 차지하고 **종획**을 통해 이익을 얻게 될 길을 열었다. 1535년에 헨리 8세는 조지 페러스에게 하트퍼드셔의 플램스테드Flamstead 장원을 하사했다. 그는 영국 토지의 대대적인 재분배로 이익을 얻은 새로운 계층에 속했다. 수도원의 해체는 1536년에 일어났는데, 국가가 후원하는 대대적인 사유화 작전이었다. 이 사건은 영국에서 사유재산이 확립되는 오래된 역사에서 다른 그 어떤 단일한 사건보다도 더 결정적으로 영국의 토지를 상품으로 만들었다.

이 주제를 논의하기 위해 영국의 세 사회사가의 도움을 얻어 보기로 하자. 데포와 코번이 각각 활동한 시기 사이에 영어로 글을 쓴 저널리스트 중에 가장 활발하며 가장 다작이었던 윌리엄 코벳(1763~1835)은 특별히 귀중한 증인이다. 그는 19세기 영국 자본주의에서 두 번째로 가장 근본적인 발전인 공장체계가 한창 수립되기 시작하는 시기에 활동하였기에 영국 자본주의의 주된 원리 즉 민중이 토지 혹은 생활수단으로부터 분리되는 것을 잘 알수 있는 위치에 있었다. 코벳은 개신교에 의한 종교개혁을 토지수탈(빈곤화의 원인)로 이해하는 동시에 마그나카르타의 위반으로 이해했다. "영국인들은 …… 무엇보다도 어떻게 이 구운 쇠고기의 땅이 갑자기 마른 빵 혹은 오트밀 죽의 땅으로 변했는지를 확실하게 알아보아야 한다." 수도원의 해체는 "저 '영국 고래古來의 환대풍속'Old English Hospitality을 즉시 축출하여 그 이후 우리는 이것에 대해 이름만 알게 되었다. 우리가 그 대신 얻은 것은 빈궁貧窮이다. 빈궁이란 이전의 영국에서는 그 이름조차도 알려져 있지 않았던 것이다."7

코벳은 들판에서 커머닝이 폐지됨과 함께 땅이 그 마법적 성격을 잃은 것을 개탄한다. 그는 마그나카르타와 교회를 연결시키며 따라서 파문에 관한 대목을 호의적으로 인용한다. 예를 들어 1253년에 웨스트민스터 사원에 있는 왕의 대청大廳에서 왕과 봉신들 그리고 "주교의 정장을 하고 촛불을 들고 있는" 캔터베리 대주교가 있는 가운데 파문선고가 끔찍한 형식을 갖추고 내려졌다. "짐은…… 공통의 자유권들에 관한 삼림헌장에 담긴 교회의 자유권들과 자유로운 관습을 위반하고 어기며 축소시키고 팔아먹는 모든 자들을…… 그리고 제정법들을 행동, 말, 조언으로 은밀하게 혹은 공개적으로 만들거나 지키는 모든 자들, 혹은 자유권들을 거스르는 관습을 도입하거나 그렇게 도입된 것을 지키는 모든 자들을…… 파문하고 추방하노라."8 파문이 저항의 권리를 재긍정했던 것이다.

커머너들은 다양한 형태의 커머닝에 의존했다. 어떻게 진행되었는가? 20세기 전반부에 영국에서 가장 영향력 있는 사회주의자이자 사회사가인 토니(1880~1962)는 경작지가 없지만 실제로는 공유지를 사용하여 돼지·거위·닭·암소를 키우는 많은 수의 시골집 거주자들과 일용노동자들에게 주목하도록 했다. "공동경작지 제도의 핵심 — 그 강점이자 약점 — 은 그것을 유지하기 위해서 정확한 해석이 가능한 문서기록에 의존하는 것이 아니라 일반적인 관습과 전통에 의존한다는 점이다. 그 경계는 종종 단순히 시각적으로 보이는 것이기보다는 나이가 많은 주민들이 확신하는 정도에 따라 결정되는 것이었다." 환대풍속은 살림을 잘하는 것과 관련하여 특별한 중요성을 확연하게 가지고 있었다. 그것은 쟁기질 하는 사람, 도리깨질 하는 사람, 소 치는 사람, 우유 짜는 여자, 하인들 그리고 노동자들을 포함하는 "작은 협동사회"였다. 상호부조의 **우애**, 품앗이와 공동의 보호가 토니가 "작은 공통체"[a] little commonwealth라고 부른 시골 공통체를 특징지었다. 토니는 시골 마을의 "실질적 공통체"를 두 번 거론한다. 공통권은 종획된 영국에서도 존속했던 것이다.[9]

20세기 후반부 영국에서 가장 영향력 있는 사회주의자이자 사회사가인 톰슨과 함께 협동연구를 했던 워릭 대학의 니슨은 관습을 보존하는 일에서 커머너들이 행한 역할을 강조한다. 그녀는 이렇게 썼다. "황지荒地 [10]에서 취한 땔감·식량·재료는 땅이 없고 공통권과 결부된 집이 없고 방목권이 없는 사람들을 커머너로 만드는 것을 도왔다. 황지는 그들에게 여러 가지 유용한 산물들을 주었으며 다른 것을 만들 수 있는 원료를 주었다. 또한 황지는 다른 커머너들과 교류할 수 있는 수단을 그들에게 주었으며 그럼으로써 그들을 상호관계가 자라나오는 교류 네트워크의 일부로 만들었다. 더 나아가 공통의 황지는 땅과 집을 가지고 있는 커머너들의 경제에도 도움이 되었다. 공통의 황지는 종종 여성들과 아이들의 영역이었다. 그리고 공통적인 것은 누구에게나 소득 이상의 것을 의미했다."[11]

　토지시장을 창출하는 데서 종획이 유일한 요인은 아니었지만, 종획은 땅과의 정신적 유대를 파괴했고 커머너들을 다양한 노동규율에 종속시킴으로써 프롤레타리아화의 예비작업을 했다. 케이크와 맥주의 축출, 스포츠의 축출, 춤의 회피, 축제의 폐지 그리고 남성과 여성의 신체에 대한 엄밀한 규율이 여기에 속한다. 땅과 신체는 그 마법적 힘을 잃었다. 노동계급은 범죄집단으로 간주되었으며 여성들의 힘은 해로운 것으로 비난받았다. 조지 페러스가 번역한 마그나카르타는, 상부한 여성이 "공유지에서 합당한 양의 에스토버스를 취한다"는 7조의 의미심장한 대목을 누락하였다. 곰팡내 나는 양피지나 제정법집보다는 널리 퍼진 실질적 필요가 다중을 움직이게 하였다. 그 후에 발생한 빈곤은 주로 여성에게 닥친 것이었다. 그 결과로 즉각적으로 아래로부터의 반란이 일었으며, 이는 자주 종교적 성격을 띠었다.

　'공통체를 향한 은총의 순례'(1536)는 순례자들이 "특수한 개인적 이익"을 추구하지 말고 "공통체의 조언에 따를" 것을 맹세하도록 하였다.[12] 그 지도자들은 가난 경▥, 연민 대장, 자선 대장이라고 불렸다. 이 운동이 1536년에 낸 〈요크 청원서〉의 첫 대목에는 종교단체들에 대한 억압이 "공통체에 큰 해를 주고 있고 많은 자매들이 자신들의 생계를 잃고 방치되고" 있는 것으로 제시된다. 이는 강조할 필요가 있다. 아드리엔 리치가 썼듯이, 여성들의 경험은 "무언의 혹은 부정된 경험"이었다.[13] 공동 토지에서 축출되는 것은 그 이후의 경험에 대해 침묵하고 그 경험을 부정하는 데 거대하고 다양한 영향을 미쳤다. 생계를 잃고 방치된 "많은 자매들"은 이중의 상실, 즉 생활수단의 상실과 자립의 상실을 겪었다. 이는 마녀사냥을 통해 여성의 신체에 공포를 가하는 길을 마련하였다.[14] 공통의 에스토버스가 있어야 할 자리에 불붙은 장작들이 들어선 것이다. 마녀사냥꾼들의 막대기와 머리굴레(여자들을 혼내주기 위해 여자의 머리에 씌웠다)가 여성을 침묵케하고 격하시켰다.

공통체(공통의 부)라는 수사修辭는 국가에게 위험한 것이 되었다. 「순례자의 발라드」(1536)의 다음 두 연이, 희생을 통한 구원행위의 가치를 핵심적으로 강조하는 기독교의 정신적 힘이 자신들의 물질적 공통재의 보존을 위해 무장반란을 수행하는 사람들을 얼마나 잘 뒷받침해 주는지를 보여준다.

십자가에 못박히신 예수여!
벌어진 당신의 상처가
우리 커머너들을 이끕니다.
우리는 신의 은총을 통해
고래의 부와 정신적 평화를
얻고자 하는 순례자들입니다.

교회는 이제
위대한 신의 성망盛望이
절름발이가 되고

꽁꽁 묶였음을,

가축과 곡식을

강탈당하고, 약탈당하고, 빼앗기고

집과 땅으로부터 축출되었음을

천명합니다.

10년이 조금 더 지난 1549년 여름에 웨스트컨트리에서 기도 서반란이, 그리고 이스트앵글리아에서 케트의 반란이 일어났다. 이 반란들은 **야영** 시간으로 기억되는데, 수만 명의 반란자들이 런던으로 행진하기보다는 영국 저지대 전역에 야영지를 차렸기 때문이었다. 열여덟 개 이상의 야영장이 계획되었고 연계되었다. 가장 큰 것은 노리치 근처의 마우스홀드히스에 차려졌는데, 1만6천 명의 소매상인·자작농·커머너들이 참가했다. 그들은 여기 '개혁의 오크나무' 아래에서 대안정부를 만들어 냈다.[15] 그들은 (성실청의 문서를 인용하자면) "사적 이익과 특별한 상품"만을 생각하여 "공통체를 부패시키고 완전히 파괴하는" 종획자들을 비난하였다. 그럼에도 불구하고 로버트 케트와 그를 따르는 사람들이 기도로써 소망했던 — 그들은 "요구하지" 않았다 — 29개 항목 가운데 첫째는 대담한 것이었다. "우리는 …… 지금부터 그 어떤 사람도 더 이상 종획하지 못하기를 …… 기도로써 희구한다." 셋째는 이렇다. "우리는 그 어떤 영주도 공유지에서 커머닝에 관여하지 않기를 기도로써 희구한다." 그들은 가격과 임대료가 헨리 8세 때의 수준으로 돌아가기를 기도로써 희구했다. 열한 번째는 이렇다. "우리는

[장원의 관습에 따라 토지보유권을 가지는] 모든 자유보유자들과 등본보유자들이 모든 공유지의 이익을 취하고 거기서 커머닝을 행하며 영주들은 그러지 않기를 기도로써 희구한다." 아마도 가장 강력한 요구 혹은 기도는 열여섯 번째일 것이다. "우리는 모든 속박된 사람들이 해방되기를 기도로써 희구한다. 신이 그 소중한 피를 흘리시며 모두를 자유롭게 만들었기 때문이다."[16] "커먼즈가 왕이 되었다"라고 사람들은 말했다. 그리고 "짐에게 이러저러한 것을 허용하면 짐은 집에 갈 것이다"라고 왕처럼 태연하게 말했다.[17]

니컬러스 써더튼은 "노퍽에서의 봉기"를 그 당시에 목격한 사람이다.[18] 2004년 거대한 석유회사들이 자신들의 공통권을 빼앗자 엉덩이를 드러냄으로써 항의했던 니제르 강 삼각주의 여인들처럼 마우스홀드히스의 남자들은 적들이 쏘아대는 화살 쪽으로 "바지를 벗고 엉덩이를 돌렸다." 써더튼도 공유지의 보존을 위해 일어난 이 위대한 봉기의 종말을 미리 말한 예언을 인용한다.[19]

> 곤봉을 들고 누더기 신을 신은
> 거친 촌뜨기들인 홉, 딕, 힉이
> 곧 더썬데일 계곡을 죽은 시체들의
> 피로 가득 채울 것이다.

실제로 그렇게 되었다. **누더기 신**은 시골 촌뜨기를 나타내게 되는 한편 공유지와 연관된 경멸이 담긴 연상이 그 신과 관련하여 남게 되었다.[20] "야영 시간" 혹은 대대적인 반란의 기억이 남게 된 것이다.

유럽을 돌아다니는 유령은 모든 것을 공유하는 유령이었다. 근대사의 가장 위대한 프롤레타리아 반란인 1526년 독일 농민반란은 관습적인 삼림권의 복원을 요구하였다. 로버트 크로울리는 1548년 하원에 자신의 청원서를 제출했다.[21] "나는 하느님이 초대 교회에서 그랬듯이 이 땅을 소유한 자들의 마음에서 움직이고 있다면 모를까 그렇지 않다면 변혁이 가능하다는 것을 거의 믿을 수 없다 …… 그러나 나는 소유자들이 누가 그들에게 소유물을 주었는지를 그리고 어떻게 그 소유물을 써야 하는지를 고려하기를 바란다. 그러면 (의심의 여지없이) 모든 것을 공통적인 것으로 만들 필요는 없을 것이다. 청지기가 집안의 모든 사람에게 필요한 것을 제공한다면 집안의 하인이 주인의 재화를 공통적인 것으로 만들고 싶을 필요가 무엇이 있겠는가."

1536년에 성경을 번역한 죄로 화형에 처해진 윌리엄 틴들처럼 크로울리도 글로스터셔 출신이며 또한 틴들처럼 "쟁기를 모는 소년"에게조차 호소하였다. 그는 공통체 작가들 중 가장 웅변적이었으며 영국의 사회적 양심이었다. 그는 시인이자 인쇄업자였으며, 청교도가 되었다. 그의 『필라지리』(1550) — 제목이 의미하는 바는 "은銀을 사랑하는 사람"이다 — 는 인간의 탐욕을 공격했다. 2세기 전에 쓰인 랭랜드의 『쟁기 모는 피터』를 그가 인쇄해 낸 저 유명한 판(1550)에는 이런 말이 있다. "인간의 지성은 물, 공기, 불과 같아서 사거나 팔 수 없는 것이다. 하느님 아버지께서는 이 네 가지를 이 땅 위에서 공유되도록 만드셨다." 써머셋이 한 치안 판사는 1596년의 기근 동안 실업자 무리들에 대하여 이렇게 불평했다. "사람들이 자신들의 양우리, 방목지, 숲, 밀밭을 지켜볼 수밖에 없을 정도로 모든 것이 너무나도 공통적인 것이 되고 있다."[22]

크로올리는 농장을 빼앗는 자들, 지대를 비싸게 받는 자들, 종획하는 자들, 임대업자들, 고리대금업자들을 끔찍하게 위협하며 비난했다. "유랑민들이 훔치고 강탈하고 차지하기 시작한다면 당신들이 바로 그 원인이다. 당신들은 그들이 파고 갈아서 생계를 벌어야 할 땅에 울타리를 쳐서 그들이 쓰지 못하게 하기 때문이다." 그는 인간의 평등을 주장했다. "당신들 중 누가 그를 위해서 그가 이 세상의 보물을 가져야 할 자연스러운 이유를 말할 수 있는가? 당신들이 노예로 삼은 사람에게도 마찬가지 이유가 발견될 수 있는데 말이다."

"터키보다 더한 폭정이다"라고 그는 진정으로 가톨릭적인 분별력을 가지고 결론지었다. 그는 예언적 힘을 발휘하며 소유자들을 통렬히 비난했다. "만일 내가 나라의 가난한 사람들에게 무엇이 그들의 폭동의 원인이냐고 묻는다면 그들이 뭐라고 대답할지 나는 안다. 대농장주들, 목축업자들, 부유한 도축업자들, 법조인들, 상인들, 신사들, 기사들, 영주들, 그리고 내가 말 못하는 누군가가 그 원인이라고 그들은 나에게 말할 것이다. 이들에게는 이름이 없다. 이득이 생기는 일이면 무엇이든지 행하는 자들이기 때문이다. 양심이 없는 자들. 하느님에 대한 두려움이 하나도 없는 자들. 그렇다. 마치 하느님이 없다는 듯이 사는 사람들이다! 모든 것을 손에 쥐려는 자들. 다른 사람들에게는 아무 것도 남겨주지 않으려는 자들. 이 땅 위에 홀로이고 싶은 자들. 만족할 줄 모르는 자들. 탐욕스런 가마우지나 갈매기 같은 자들. 그렇다. 남자든 여자든, 어른이든 아이든 먹어 치우려는 자들이 폭동의 원인이다. 그들이 우리의 집을 앗아가고 우리의 땅을 사서 가져가며 지대를 높이고 (실로 부당한) 벌금을 부과하며 우리의 공유지를 종획한다!"[23]

16세기 중반에는 공통체와 상품이라는, 사회적 도덕성의 두 개념이 서로 경합하였다. **공통체**는 휴머니즘적 어휘와 시민적 삶에 속하는 특수한 수사修辭로서 '공적 일'res publica과 연관되어 있었다. 그것은 온정주의와 환대를 함축했다. '공통체를 향한 은총의 순례'에 참여하는 사람들이 보기에는 땅이 없는 커머너들이 공유지의 상실에 대한 보상을 받으려 할 때 이 용어의 애매함이 부각되었다.[24] 물가가 올라서 빈민들에게 고통을 주었다. 워스터의 주교인 휴 래티머는 "노동으로 먹고 사는 가난한 사람들은 열심히 일해도 생계를 유지할 수 없다 …… 우리는 종국에는 돼지 한 마리에 1파운드를 지불해야 할 것이다"라고 말했다. 모두가 돼지가 중요하다는 것을 알고 있었으며, 비록 돼지방목권을 정한 삼림헌장 9조가 널리 알려져 있지 않더라도 돼지방목 관습은 확실히 널리 행해지고 있었다. 17세기에 영국에는 2백만 마리의 돼지들이 사육되고 있었던 것으로 추정된다. 코벳은 글로스터셔의 포레스트오브딘Forest of Dean에 있는 사람들에 대하여 "모든 집에 돼지가 한두 마리 있었다"고 말했다. 너도밤나무 열매는 "돼지 한두 마리를 살찌우게 하고 도움을 좀 받으면 더 큰 식용 수퇘지를 키울 수 있게 했기 때문에 가난한 사람들의 큰 친구였는데, 이로써 이들은 일 년 내내는 아닐지라도 대부분의 경우에 정육점에 가지 않아도 되었다." 돼지는 할당된 텃밭, 정원과 함께 궁핍을 막아주는 세 가지 중 하나였다. 이는 20세기에 들어서서 1940년의 〈돼지사육 소농가 위원회〉까지 계속 그랬는데, 이 위원회는 그 해의 경제 위기 속에서 주방쓰레기를 재활용함으로써 과거의 기억들을 불러일으켰다.[25]

래티머는 그 자신이 블랙히스커먼Blackheath Common에서 자란 농부의 아들로서, 혼합농업[26]의 복합성을 온전히 이해하고 있었으며 그것을 평민의 노하우와 단두대 농담을 섞어서 왕과 조신들에게 설명했다. 래티머는 1548년 1월 18일 그의 유명한 「밭 가는 농부에 관한 설교」에서, 두 종류의 밭 갈기, 두 종류의 신체, 두 종류의 정신이 있듯이 두 종류의 종획이 있다고 했다. 거대한 재산을 가진 자들이 독점하고 울타리 치는 동안 부유한 성직자들은 주인 행세를 하고 빈둥거렸다. 커머닝은 상호부조, 이웃 사이의 우애, 우정을 제공했으며 서로 신뢰하는 안정된 가족을 가능하게 했다. "그들에겐 돼지가 필요했다. 그것을 사냥감으로 삼거나 그것으로 베이컨을 만들었다. 그들의 베이컨은 곧 사슴고기였다. 이제 진짜 사슴고기를 먹는다면 '교살'[27]당할 것이기 때문이었다. 그래서 베이컨은 그들에게 없어서는 안 되는 필수적인 식용 고기였다. 그들에게는 다른 가축들도 있어야 했다. 쟁기를 끌고 물건들을 시장으로 실어갈 말이 필요했고 우유와 치즈를 제공할 암소가 필요했다. 그들은 이 우유와 치즈를 먹고 살면서 지대를 냈다. 이 가축들에게는 방목지가 있어야 했는데, 이게 없으면 다른 것들이 불가능했다. 만일 땅이 종획되어서 그들에게서 박탈된다면 방목지는 있을 수가 없었다."[28]

커머너는 양*으로 땅에 똥거름을 주어서 농부가 땅의 질산칼륨을 회복하는 것을 도왔다. 삼림소유자는 커머너에게 돼지방목권을 허용함으로써 사슴 부족에 대한 보상을 해 주었다. 끝두둑(땅의 경작되지 않는 자투리들),[29] 가장자리 그리고 두렁길은 스쿼터들과 커머너들에게 유제품을 제공할 암소를 키우는 장소가 되었다. 우리가 이를 '미봉경제'라고 부르든 '혼합복지경제'라고 부르든 아니면 '다양한 자원의 경제'라고 부르든 그 안에 있는 모두가 이를 잘 이해했으며, 이들은 그 당시에 그 경제의 터를 '커먼즈'the commons라고 불렀다.[30] 농민의 경제는 방목지에 의존했다. 유유, 버터, 치즈, 계란, 고기가 거기서 나왔다. 경작 가능한 땅을 보유하기 위해서는 쟁기를 끌고 짐을 운반할 말을 먹이는 것이 필수적이었다. 토니를 다시 인용해 본다. "경작지를 일구기 위해서는 쟁기를 끌 짐승을 먹일 먹이를 확보해야 했다."[31]

세기 중반의 큼직한 반란들이 촉진시킨 위기가 래티머의 강력한 설교를 낳았는데, 이 설교는 권력의 정점에 있는 자들에게 혼합된 형태의 커머닝이라는 농업경제의 소박한 세부를 알게 해 주는 것이었다. 반란이 공포로만 진압될 수는 없었으며 (공포의 주요한 사례는 유랑에 대한 형벌로 노예로 될 것을 정한 1547년의 〈유랑거지법〉이다) 국가가 개입하여 종획의 속도와 시장의 '자유'를 규제해야 했다. 따라서 우리에게 '도덕 경제'라는 이름으로 친숙하게 알려진 튜더 온정주의의 법적 보루는 선점, 매점買占, 독점을 금지한 에드워드 시대의 제정법이었다(에드워드 6세 14년 칙령 5호, 6호). 이 관행들은 **상품**의 자본주의적 도덕에 내재해 있다. 선점forestalling은 가격이 오르게 하기 위해서 굶주린 시장에 식량을 공급하지 않는 행위이다. 독점engrossing은 역시 가격이 오르게 하기 위해서 시장 전체를 독점하는 행위이다. 매점regrating은 팔기 위해서 사들이는 것이었다(상품경제의 핵심적 죄악이다). 케년 경은 또 다른 기근의 해(1795)에 이 법에 대하여 "통치 체제의 성립과 때를 같이 한다"고 말한 바 있다.32 도덕 경제는 그것을 부수려는 아담 스미스의 전력을 다한 노력에도 불구하고 여러 측면에서 19세기까지 지속되었다. 이 경제는 모두가 먹을 때까지는 아무도 이익을 보아서는 안 된다는 원리를 표현했다.

1548년에 크로울리는 이 나라의 가난한 커머너들에 대한 억압을 중지해 달라고 의회에 청원했다. 그는 십일조 교구세를 '사적 상품'으로 착복한 성직자들을 지탄하였다. 그들은 교구세를 빈민 구제, 병자의 치료, 죽어가는 사람들에게 위안주기, 아이들 가르치기에 쓰지 않고 자기이익을 위해서 썼다. 그는 '소유자들' — 큰 재산을 가진 자들, 사적 상품을 추구하는 자들 — 이 초대 교회에서처럼 자신의 소유물들을 팔아야 한다고 주장했다. 그는 네부카드네자르, 파라오, 로마제국 그리고 고트족의 운명을 간략히 설명하면서, 하느님의 벌을 상기시키고, "땅 전체는 (태어난 권리로서) 사람의 자식들에게 속하며" 역사도 권리의 연속성을 보장해 주지 않음을 소유자들에게 상기시켜 주었다. 주장할 수 있는 것은 오로지 "스스로 땀을 흘려서 얻는" 것뿐이었다.

　셰익스피어는 필시 자신이 이미 만들어 놓은 판에 기반을 두어 1596년에 『존 왕의 삶과 죽음』을 썼다. 셰익스피어는 튜더 왕조와 국교에 충성하였으며 다른 모든 것은 반역이었다. 이 극은 왕가의 일을 소재로 다루고(음모, 아서 살해 시도, 왕위계승자), 군사적 성격을 띠었으며(프랑스에서의 전쟁, 지방 영토의 상실, 영국에서의 전쟁), 종교적 성격을 가졌다(존은 파문당하여 교황 앞에 무릎을 꿇으며 영국을 바티칸에 봉토로 바친다). 프랑스 왕만이 아니라 영국 왕도 이익을 위해 악랄한 짓을 행하며 교황의 특사인 팬덜프는 양다리를 걸치는 행위를 한다. 땅은 영국 어머니들의 아들들의 피로 붉게 물든다.

　셰익스피어의 다른 모든 사극들처럼, 이 극도 튜더 왕조의 자기 이야기에 비추어 쓰였다. 헨리 8세는 수도원을 해체하고 토머스 모어를 쓸데없이 참견하는 사제라고 불렀으며 스스로 교회의 수장이 되었다. 그래서 셰익스피어의 극에서는 존 왕이 재물을 쌓는 수도원장들의 지갑을 털고 교황을 "이 쓸데없이 참견하는 사제"라고 부르며 자신을 "수장"이라고 부르고 영국에서 교황에게 내는 십일조를 금지하며 면죄부를 조롱한다.

　무대의 뒤에 많은 반란들 — "나라의 기질의 동요"(2막 1장 66행) — 이 등장하여 우려와 공포의 배경을 제공한다. 극의 뒷부분에서 왕은 "거칠어진 붉은 기질의 범람"에 대하여 말한다.(5막 1장 12행) **기질**humours은 그 당시에 의료용어였는데, 반란은 건강한 과정(잘 해결된다면 두덕 경제나 마그나카르타처럼 지속적인 혜택을 가져올 수 있는 것)으로 제시되기보다는 질병으로 제시되었다.[33] 그 밖에도 셰익스피어가 『존 왕의 삶과 죽음』을 쓰고 있던 1594~95년에 엘리자베스 여왕의 궁이 불안해질 정도로 가까이서 반란이 일어났다. 튜더 왕조의 사람들은 비록 존 왕처럼 왕위를 강력하게 틀어쥐고 있었지만 왕위가 자신들의 것이라는 그들의 주장은 확실한 것이 되지 못했다.

교수형과 고문이 극의 대사와 이미지에 등장한다. 뜨거운 쇠를 아서의 눈에 가져다 대는 장면처럼 극의 중심에 고문장면이 놓여 있다. 고문실에서 고문집행자가 아서의 혀를 잘라낼 준비를 한다. 이 끔찍한 장면에서 아서는 왕의 명령에 따를 것이냐 아니면 잔인함에 반발하는 양심에 따를 것이냐 선택해야 할 기로에 놓이게 된다. 양심의 이러한 위기는 셰익스피어가 암시할 뿐인 (그러나 확실히 암시하기는 하는) 반란을 배경으로 진행된다.

서민들의 확연하지 않은 웅성거림이 고문장면에 이어진다. 나이 든 사람들이 "이마를 찡그린 채 고개를 끄덕이고 눈을 희번덕거리며" 자기들끼리 낮은 소리로 대화하면서 위험하게 예언을 한다. 대장장이는 모루 위에서 쇠를 식히면서 슬리퍼를 짝짝이로 신은 재단사의 이야기를 입을 벌리고 듣고 있다. 이때 또 다른 "야윈 하층민 장인匠人"이 들어와 이야기에 합세한다. 한 예언자는 "거칠고 거슬리는 운율로" 노래한다. 존 왕은 아서를 교수형에 처할 것을 명령한다. 군주나 왕조를 대신할 반란이나 음모보다 더 나쁜 것은 세상을 뒤집는 혁명의 위험인 것이다.[34]

존 왕의 통치에 대한 셰익스피어의 이야기의 중심에 놓여 있는 것은 자유헌장들이 아니다. 그 대신에 우리가 발견하는 것은 두 개의 연관된 테마들(프롤레타리아가 야기하는 무질서에 대한 소문과 고문)이며 상품에 대한 긴 대사이다. 상품 혹은 매매행위가 모든 테마들— 정신적 구원, 부부간의 사랑, 국가들 사이의 전쟁— 의 모태이다. 종교적·상업적·군주정치적 벡터가 모두 상품에 존재한다. 'commodity'(상품)란 단어 자체가 보편화된 정치적 음모 꾸미기와 맹세 어기기를 요약한다. 상품의 가치가 변할 수 있듯이 단어들의 가치도 변할 수 있다. 근엄한 맹세의 형태로 행해진 말조차도 그렇다. 상품은 자기이익을 의미하며 리처드 1세의 서자인 '사생아'Bastard 35에 의해 극에 도입된다. '사생아'는 코러스 같은 등장인물로서 사건들의 중심에 가까운 동시에 그로부터 거리를 둔다. '사생아'는 왕에게 조언을 하는 동시에 벌어지는 행위에 대하여 논평을 한다.

마그나카르타가 엘리자베스 여왕과 영국의 소유자들에게 곤란한 것이기 때문에 셰익스피어가 마그나카르타를 무시한다는 것이 내가 말하려는 요점이 아니다. 그는 상품에 대한 독특한 탐구로, 다시 말해서 '사생아'의 거의 이해할 수 없는 긴 독백(2막 1장 561~98행)으로 마그나카르타를 대체한다. 독백은 광기의 테마에서 시작한다. "미친 세상! 미친 왕들! 미친 협정!" 그 내적 모순 혹은 이중구속으로부터 상품의 광기가 나온다. 한편으로 상품은 유용하고 편리하다.36 다른 한편 상품은 이윤과 이득을 위해 사고 팔린다. 간계가 정직한 거래를 대체한다. 소매치기보다 더 정직한 사람은 없어 보이다. 성노동자의 사랑보다 더 진지한 사람도 없어

보인다. 이타주의와 탐욕이 같은 형태를 가진 듯하다. 사기 전에 물건을 꼭 살펴보라. 세상은 속임수로 가득 차있다. 'cheat'(속임수)라는 용어는 장원의 영주에게 법을 위반한 벌로 내야 할 벌금을 의미하는 'escheat'(몰수)라는 용어의 준말이다.

길버트 워커는 그의 팸플릿 『분명한 간파』에서 "속임수의 제1의 원천적인 토대는 모든 일에 있어서 가짜 표정을 짓는 것이다"라고 설명했다. 이 말은 그의 팸플릿의 제목만이 아니라 로버트 그린의 1591년 소책자인 『속임수의 확연한 발견』도 설명해 준다. 엘리자베스조의 악한惡漢문학에서는 위장되고 숨겨진 모든 것의 간파와 발견에 관한 작품들이 두드러졌다. "가짜 표정"이 상품 형식에 내재하고 있었는데, 이는 "사람들 사이의 물질적 관계와 사물들 사이의 사회적 관계를" 수립하였다. '사생아'의 독백은 의인화된 상품, "저 말끔한 얼굴의 신사인 자극적인 상품"을 길게 소개하는 것으로 진행된다.

길버트 워커는 상품의 바탕에 착취가 존재함을 매우 명확히 하였다. 속임수를 쓰는 자는 "강탈과 약탈을 통해, 다른 이들의 노동의 과실을 먹어 치우면서" 산다. 어떻게 성적 폭력이 상품의 기만적 형식과 연관되는가?37 '사생아'의 독백은 장사꾼을 악마에 비유하면서 폭력과 불신을 소리 높여 꾸짖는 것으로 시작한다. 모든 사람을 이기는 악마이다. "왕, 거지, 늙은 남자, 젊은 남자", 그리고 젊은 여성들도 이긴다.

'처녀'라는 단어 말고는

외적으로 잃을 것이 없는

가난한 처녀를 속여 그것을 강탈한다.

토머스 데커의 극에는 "상품을 가지고 신사들을 망치는 방식"에 관한 장이 있다. 로버트 그린은 "사람을 속이는 상품" 역할을 하는 사람들을 묘사한다. 아내에게 몸을 팔게 하는 남편이 아내를 '상품'이라고 부른다. 성노동자는 '매물'traffic이라고 불린다. 상품은 적어도 18세기가 한참 진행되었을 때까지 속어에서 이러한 성적 의미를 지니고 있었는데, 18세기에는 그 의미가 확대되어 "정숙한 여성의 사적인 부분(음부)과 몸 파는 여성의 공적 부분"이라는 의미를 포함하게 되었다.

　　여성 노동의 폄하와 여성 신체의 격하는 개방된 들판의 종획, 공유지의 상실, 시골 마을의 인구감소와 직접적으로 연관된다. 성매매는 상품생산의 제유提喩가 된다. 성노동자는 프롤레타리아이다(즉 "외적으로 잃을 것이 없"다). 그녀는 상품에 의하여 몸이 팔리는 동시에 기만당한다. 모든 성노동자를 '상품'이라고 부르는 토머스 데커와 달리 로버트 크로울리는 젊은이들의 성매매의 기원을 강조했다. 소유자들과 임대업자들이 두세 배의 지대를 받았기 때문에 젊은이들이 "곧바로 사악한 행동에 뛰어들어 청년들은 교수대를 장식했고 처녀들은 유곽의 여성이 되어 항상 비참하게 가난했"으며 종국에는 "모든 질병과 궁핍으로 찌들어 있는 거리에서 누워 죽어갔다"는 것이다.

　　유곽과 '매춘굴'은 로즈 극장the Rose 및 글로브 극장the Globe이 있는 동네에 같이 있었다.[38] 셰익스피어는 프롤레타리아 거리의 모습을 보았지만 그 안의 모습을 보지 못했는데, 거기에서는 (특히 교외에 있는 경우) '가내수공업제도'와 '하청제도'가 길드의 기예와 신비를 대체하는 중이었다. 여성의 만성적 가난과 여성노동의 가치하락 및 확대가 광범하면서도 비가시적이 되었다. 16세기의 경제적 변화에서 여성들이 가장 고통을 겪었다. 삶의 터전인 공유지를 잃었던 것이다. 그리고 16세기의 법적 변화에서 그들의 "합당한 양의 에스토버스"는 잊혔다. 셰익스피어가 표현한 것은 상품의 셋째 의미, 즉 다른 것보다 앞서서 일어난 여성 신체의 소외와 비인간화이다.

한 단어의 여러 의미를 사용한 이러한 기교를 부리면서 '사생아'는 여성혐오증에서 물리적 현상으로 옮겨간다. 중력 자체가 상품에 의해 지배되며, 상품이 없었다면 평형상태에 있었을 세상의 목적과 방향이 포주와 브로커가 관리하는 상품에 의해 결정된다. '사생아'는 부러워한다. 그는 자신도 상품에 의해 유혹을 받기를 원한다.

> 왜 나는 이 상품에 대해 욕을 퍼붓는가?
> 아직 나에게 구애를 하지 않았기 때문이다.
> 그의 아름다운 천사들이 내 손에 키스를 할 때
> 내 손을 움켜쥘 힘이 내게는 있다.

그가 말하는 "아름다운 천사들"은 신의 소식을 전하는 천상의 사자들이 아니다. 에드워드 6세 때 찍은 10실링짜리 영국 금화를 말한다. 신성과 성ᄮ이 화폐로 환원된 것이다. 사람에 대한 충성이 명예, 신뢰, 진실의 바탕인 봉건적 유대관계를, 사적인 자기이익과 정치적 편법이 어기고 있다.

> 내 손이 아직 유혹을 받지 않았기에
> 가난한 거지처럼 부유한 자들을 욕하는 것이다.
> 그래, 내가 거지인 동안 나는 욕을 하고
> 부유한 것 말고는 죄악이 없다고 말할 것이다.
> 그리고 부자가 되면 그때 나는 거지 신세만이
> 죄악이라고 말하는 것을 덕으로 삼을 것이다.

이 대목은 운명의 무상함을 표현하고 있다. 사회적 구조가 운명의 수레바퀴처럼 — 때로는 거지로, 때로는 부자로 — 굴러갈 수 있으며, 도덕성이 빠르고 변덕스럽게 바뀔 수 있다. 계급투쟁이 소유자들과 빈민 사이에서 혹은 유산자와 무산자 사이에서 일어나는 탐욕과 부러움이라는 대조되는 악덕들로 환원된다.

> 왕들이 상품 때문에 신의를 깨는 세상이므로,
> 이득이여 나의 주인이 되어라, 내 그대를 숭배할지니!

'사생아'가 무릎을 꿇고 상품을 경배할 때에, 셰익스피어는 맑스의 노동가치론을 앞질러 포착하는데, 다만 맑스가 사회적으로 필요한 노동시간에서 가치를 보는 반면에 셰익스피어는 상품을 성적으로 능동적인 여성으로 환원한다.

상품의 이중적 성격은 그 사회적 상형문자를 숨기고 있는데, "사람들 사이의 사회적 관계가 사람들의 눈에는 사물들 사이의 관계라는 환상적인 형태를 띤다." 이로 인해 상품은 그 불투명성을 갖게 된다. 셰익스피어의 『존 왕의 삶과 죽음』에서 상품이라는 용어는 배반·탐욕·불신·이기주의·공격성 그리고 섹슈얼리티를 의미한다. '사생아'는 상품의 사회적 관계를 투명하게 만든다. 포주, 브로커 그리고 고리대금업자는 상품의 이름으로 행동한다. 강탈(강간)이 상품이 숨기는 현실이다.

셰익스피어가 처음 런던에 왔을 무렵에 한 아마亞麻 잣는 주부가 런던에서 또 다른 형태의 집단적 저항을 조직하였다. "땔감이 공통체에서 필요한" 상황에서 '레저'leger라고 불리는 속임수 쓰는 석탄 장수가 등장한 데서 이야기가 시작된다. 이 사람은 부대負袋 단위로 석탄을 팔았는데, 그 안에 표준량보다 4분의 1 더 적게 석탄을 넣어 팔았다.[39] 이런 식으로, 또 부대의 바닥에 돌을 넣는 식으로 레저는 상품경제를 실천했다. 예의 아마 잣는 주부는 속임수를 발견하고는 이웃에서 비슷한 식으로 당한 열여섯 명의 여성들을 모았다. 다음번에 레저가 그녀의 석탄통에 석탄을 부어넣으러 왔을 때 여성들은 재빨리 그를 둘러쌌다. 앞치마 아래 몽둥이를 숨기고는 있었지만 이 여성들은 그를 때리는 것은 삼갔다. 그 대신 그들은 배심원단을 구성하여 그를 사기죄로 기소하고 증언을 들었으며 그를 유죄로 선언하기 전에 부대들을 검사하였다. 그 다음에 그들은, 매질 형과 돈·석탄·부대를 놓고 쫓겨나는 형을 그에게 선고하였다. 이웃들이 뭉친 집단이 탄화수소 에너지 가격을 감당할 수 있는 수준에 붙잡아 두었던 것이다.[40]

마그나카르타의 다른 원칙들은 튜더 시대에 상황이 그렇게 좋지 못했다. 반反종획은 오래 끄는 일이었으며 비록 지고 있기는 했지만 시대의 주도적인 테마였다. 생계자급을 위한 커머닝은 굶주림과 상품이라는 큰 적을 만났다. 국가권력에 대한 제한은 이전보다 줄었다. 망명 혹은 귀환권은 일반적으로 한 방향으로만 가능했다.[41] 청교도 교회는 물론이고 국교회조차도 수도원 토지의 상실에 대한 배상을 요구했다. 마그나카르타는 소홀한 취급을 받은 16세기의 "묘한 휴지기"가 지나고 17세기에 들어와서 변형되었으며 제국에서 일어난 혁명적 투쟁에서 중심적 위치를 차지하게 되었다. 셰익스피어와 동시대인인 에드워드 코크가 상품과 마그나카르타를 양립 가능한 것으로 만들었던 것이다.

4

상실된 현장과 발견된 현장

나무에 관해서 말을 하면
그토록 많은 참사에 대해 침묵하는 셈이기에
거의 범죄가 되는 그런 시대는 도대체 어떤 시대인가?

베르톨트 브레히트, 「나중에 태어난 사람들에게」(1938)

나는 그게 어딘지 말하지 않으려는데, 그러면서 왜 나는
당신에게 무언가를 말하는가? 당신이 여전히 귀를 기울이기 때문이며,
이런 시대에는 당신이 듣게 하려면 나무에 대해 말하는 것이
필요하기 때문이다.

아드리엔 리치, 「이 시대는 도대체 어떤 시대인가?」(1991)

브레히트는 예속과 대량학살에 반대하여 글을 썼다. 예속과
대량학살은 반파시즘 세대가 나무 이야기·우애·혁명을 뒤로 미
루며 맞서 싸운 잔혹한 참사였다. 브레히트는 "나중에 태어난 사

람들"에게 인내를 당부했다. 나중에 리치가 그에게 응답했다.[1] 그 녀에게 나무들은 예배당들을 중심으로 한 더 심층적인 혁명의 기억을 숨기고 있었으며[2] 예를 들어 버섯을 딸 수 있는 여성친화적인 생태를 의미했다. 전쟁을 행하는 국가와 예속이 공유지의 강탈 및 여성에 대한 폭행과 맺는 관계는 17세기에 시작되었다. 그 당시 도끼는 머리를 자르는 것과 나무를 베는 것, 즉 국왕 시해와 '데프리시망'défrichement(삼림제거를 의미하는 프랑스어)이라는 두 가지 의미에서 승리했다.

이 장은 두 헌장에 관하여 각각 하나의 테마를 다룬다. 하나에 대해서는 그것이 어떻게 발견되어 헌정체제의 보루가 되었는가를, 다른 하나에 대해서는 그것이 어떻게 상실되어 단지 국지적이고 관습적인 관행이 되었는가를 다룬다. 이 장에서 우리는 17세기를 스튜어트 왕조의 독재정치(1603~40), 영국 혁명(1640~60), 왕정복고(1660~1700)의 세 시기로 나눌 것이다.

1649년 찰스 1세의 참수는 유럽의 왕궁들을 오싹하게 했다. 왕은 "폭군, 반역자, 살인자, 공통체의 공공의 적"으로서, 그리고 "이 왕국의 근본적인 체제"를 위반한 죄로 재판을 받았다. 이 "체제"에는 "나라의 법"도 포함되는데, 이는 마그나카르타에 있는 어구이다. 찰스 1세는 이 평결을 듣고 미소 지었다.[3] 찰스를 재판한 고등법원의 판사장 존 브래드쇼는 왕의 사형선고문에서 "잉글랜드의 위대한 옛 헌장"을 원용했다. 찰스 스튜어트는 존 왕을 떠올렸음에 틀림없다. 그가 총애하는 성직자이며 그보다 몇 년 앞서 단두대에 올랐던 대주교 로드는 "대헌장은 강탈을 통해 불명료하게 탄생하여 반란에 의해 키워져 세상에 보여졌다"라고 말했다.[4]

군주정의 몰락과 삼림의 철거 사이에 무슨 관계가 있었을까? 그 대답은 커머너들에게 있다. 미들쎅스주[州] 스탠모어에 사는 60살의 마가렛 하켓은 1585년에 마녀로 몰려서 교수형을 당했다. "그녀는 이웃의 밭에서 허락을 받지 않고 콩을 한 바구니 땄다. 주인이 돌려달라고 하자 그녀는 화가 나서 콩을 바닥에 집어던졌다. 그 이후로 그 이웃의 밭에서는 콩이 자라지 않았다. 나중에 윌리엄 굿윈의 하인이 그녀에게 효모를 주지 않았더니 그의 양조대가 다 말라 버렸다. 그녀는 어떤 사람의 땅에서 나무를 가져가다 토지관리인에게 발각되었다. 이 관리인은 단단히 화가 났다."[5] 키스 토머스는 이것을 이웃 간의 우애와 점증하는 사적 소유의 감각 사이의 갈등으로 본다. 헌장에 정해진 에스토버스에 대한 권리는 수 세기 동안 이웃공동체 관계의 일부였다. 그러나 사냥터지기이며 삼림 치안판사이고 삼림법에 대한 고전적 서적의 저자인 존 맨웃(1610년 사망)에 따르면 헌장 그 자체는 잘 알려져 있지 않았다. 그는, 삼림법은 "대부분의 장소에서 사람들에게 깨끗이 잊혀졌다"고 말했다.[6]

17세기에 영국에서 수천 명의 여성들이 마녀로 몰려 화형을 당했거나 교수형을 당했다. 1612년 (랭커셔주의) 펜들포레스트에서 일어난 여러 번의 교수형에서 시작하여 1645년 마녀수색대장 매슈 홉킨스가 3백 명을 교수형이나 화형에 처한 일을 거쳐 1692년 쌜렘의 마녀재판(19명이 교수형 당했다)에 이르기까지, 이 과

학혁명의 세기이자 이성의 시대에 여성들(특히 나이 든 여성들, 병 고쳐 주는 여성들, 약초를 사용하는 여성들, 조언자 역할을 하는 여성들, 가난한 여성들)에 대한 체계적 테러가 자행되었다. "그들은 이집 저집을 돌며 우유나 수프 한 그릇을 구걸했는데, 이렇게 하지 않으면 거의 생존할 수가 없었다"라고 1594년에 한 관찰자가 썼다. 소년이 야생 자두를 따러 갔다가 마녀들의 비밀모임과 마주친다거나, 직공織工이 토탄을 훔친 죄를 뒤집어쓰거나, 거지가 양을 훔친 죄를 뒤집어쓰거나, 아니면 암소의 우유가 더 이상 안 나오는 것 등, 마녀들을 단죄하는 증거에 들어 있는 주된 요소는 방목권·돼지방목권·에스토버스 등 공통권과의 연관이었다. 찰스 1세도 1635년에 친히 네 명의 마녀를 심문하였다.[7]

영국 역사가 전개되는 동안 마그나카르타 중에는 39조처럼 일어나는 사건들에 창조적으로 반응하면서 진화한 부분도 있지만 상부한 여성에게 합당한 에스토버스를 제공하는 7조와 삼림헌장 전체처럼 법률문서들 사이에 묻혀 먼지만 뒤집어 쓴 부분도 있다. 삼림헌장은 노예제의 재개, 식민지 정복, 공유지의 종획, 여성에 대한 다양한 공격이 중첩되어 나타나는 17세기의 위기 동안에 사라지기 시작한다. 삼림헌장이 사라지는 것과 대서양 지역 식민지들(아일랜드, 카리브해 지역, 아메리카 대륙)의 정착은 분리 불가능하다.

17세기의 위기는 임업의 위기였다. 스튜어트 왕조의 재정적 필요, 선박 건조建造, 철 주물, 혹한으로 인해서 목재에서 석탄으로의 이행이 탄화수소의 역사에서 시작되었던 것이다. 그래서 스튜어트 왕조의 왕들은 삼림에 압박을 가했는데, 필요한 경우에는 삼림법을 부활시키고 왕의 삼림들의 경계를 확대했으며 자유보유자들을 기소하고 삼림 순회법원을 열고 목재와 땔감을 배당하였으며 공유지를 줄였다.[8] 제임스 1세는 1608년에 펜들포레스트의 등본보유 소작인들보다 우월한 자신의 권리를 주장하여 수목에의 접근을 제한했는데, 이는 랭커셔의 광기 어린 마녀사냥에서 핵심적 자극제였다. 삼림법의 남용은 영국 혁명을 낳은 주된 불만사항이었다.

관습이 우리가 영국사를 이해하는 데서 중심적 위치를 차지한다.[9] 관습적 권리(돼지방목권·입어권·에스토버스·숲통행료)는 이러한 투쟁을 통해서 새로운 의미를 띤다. 'billets'(장작), 'elding'(땔감), 'bavins'(작은섶나뭇단), 'faggots'(섶나뭇단),[10] 'kids'(풋장), 'bush'(관목), 'gorse'(가시금작화덤불), 'furze'(바늘금작화덤불), 'peat'(토탄), 'whins'(가시금작화), 'cazzon'(마른 가축똥), 'bracken'(고사리), 'sedge'(사초), 'reed'(갈대) 등 한때 자연의 다양한 효용을 나타냈던 이름들은 땔감을 나타내는 이름으로 환원되었다.[11] 17세기의 위기의 일부는 바로 이렇게 **제정법**(혹은 '흑체활자 법')이 판례법(혹은 판사의 견해)으로부터 분리되고, 따라서 실질적인 공유지의 관습으로부터도 분리된 것에 반영되어 있다.[12]

삼림 순회법원은 1632년에 부활되었는데, 처음에는 윈저와 백샷에서, 그 다음에는 포레스트오브딘, 또 그 다음에는 월섬, 뉴포레스트 그리고 앨리스홀트에서였다. 찰스 1세의 법무장관이자 왕좌^{王座}법원 판사인 존 핀치 경은 프란시스 베이컨의 학생이었으며 숙련된 아첨꾼이자 노골적으로 충성을 하는 자였다("경은 우리의 코로 들어오는 숨이요 우리의 눈으로 들어오는 빛입니다"). 에쎅스의 순회재판에서 그는 지역의 관습을 거슬러 왕의 삼림의 경계를 확대하였다. 이는 그에 대한 탄핵 항목 중 하나가 되었다. 그는 1633년에 성실청에서 청교도이자 의회 의원인 윌리엄 프린(1602~69)에게 선동적 명예훼손죄로 귀를 잘리는 형을 선고하였다. 1637년 두 번째 재판에서 그는 프린의 귀를 뼈가 드러날 정도로 잘라내게 했으며 선동적 명예훼손죄를 나타내는 S자와 L자 낙인을 뺨에 찍었다.[13] 핀치에 대해서는 "그는 우리의 재화를 왕에게 주었으며 우리의 땅을 사슴에게 주었고 우리의 자유를 주장관에게 주었다"라는 말이 있다. 성실청만큼 사람들의 증오를 산 법정은 없었다. 1631년의 브레이던포레스트 반란 이후 천 명을 처벌한 것도 이 법정이었으며, 길링엄포레스트의 가난한 커머너들을 억압하는 데도 이 법정이 사용되었다.

삼림 순찰은 적어도 마그나카르타가 나온 때부터 존재했다. 이는 격식을 갖추고 영토를 돌면서 그 경계를 주장하고 재코드화하는 것이다. 다시 말해서 "경계 표시하기"beating the bounds이다. 순찰은 도보로 다니면서 일종의 지도를 그리는 것이었는데, 순찰 중에 가시에 긁힌 피부, 그루터기나 돌에 채인 발가락, 쑤시는 다리가 기억을 도왔다. 순찰은 왕의 관할구역을 확장하였다. 록킹엄포레스트의 경계는 6마일에서 60마일로 확대되었다. 부유한 사람이 숲에 침입하면 성실청에서 많은 벌금을 부과하였다.[14] 찰스 2세가

1671년에 승인한 뉴포레스트 순찰의 결과 라틴어로 된 문서가 하나 작성되었다. 그 영어본은 딱 한 문장으로 되어 있는데 길이가 6페이지에 달하고 거의 1980자에 수백 개의 전치사구(위치나 방향과 가장 관계가 큰 문법 단위이다) — to, from, by, beyond, across, in 등 사용 — 가 등장하며 인위적 혹은 자연적 경계표들 — 도랑, 기둥, 산울타리, 공유지, 계곡, 연못, 대문, 강, 오크나무, 너도밤나무, 무덤, 작은 농장, 습지, 좁은 길, 넓은 길, 여울 — 이 당시 이름, 별명, 옛 이름으로 등장한다. 따라서 이는, 의미의 역사를 이루는 여러 층들이 들어 있고 상세한 방향설명이 들어 있는 텍스트, 그러면서도 많은 발걸음에 의해 연결되는 엄청나게 많은 수의 장소들 말고는 아무런 행동도 표현하지 않는 텍스트이다. 카밀레와 가시금작화가 섞여 있는 풀밭이 오크나무와 너도밤나무 묘목들을 보호하는 뉴포레스트의 지도는 바로 이러했다. 이 묘목들은 자라서 옹이가 많은 것이 특색인 거대한 너도밤나무와 오크나무가 되었는데, 이 나무들은 영국의 조선造船에서 갑판의 가로 들보와 굽은 선재船材로 쓰기에 완벽하게 적합한 것이었다.15

순찰은 일종의 지도그리기일 뿐 아니라 싸움을 포함한 행위이기도 했다. 도끼를 가지고 다니면서 종획지의 울타리들을 찍어서 무너뜨린 순찰원들이 있었기 때문이다.16 1744년 윌리엄 굿이 연례 순찰은 반反종획 항의행위가 되어야 한다고 촉구했던 때처럼, 순찰은 민중의 권리, 심지어는 평등의 주장이 될 수 있었다. "삼림 안의 커머닝할 수 있는 숲에 사는 모든 사람들은 …… 자신의 집과 땅이 있는 사람들과 동등한 공통권을 …… 가지며 …… 숲의 소유자들이 나무와 덤불에 대해서 가지는 권리와 마찬가지의 권리를 관습과 나라의 법에 따라 가진다."17

시골집 거주자들, 장공匠工들, 노동자들, 가난한 자영농민들은 찰스 1세의 종획 시도에 맞서서 공유지를 보호하기 위해 봉기했다. 흉년이 들고 직물업에 침체가 왔을 때 이들은 삼림에서 나오는 소득보충재 — 돼지방목권·목초·땔나무·건축목재·사냥감 — 에 의존했다. 당국은 공통권, 특히 공통의 목초지가 거지들을 먹여살리고 도둑들, 부랑자들, "돼먹지 못한 건달들"이 활개를 칠 수 있게 한다고 불평했다. 기근이 들거나 모진 겨울에는 사냥감을 잡고 나무를 취하는 양이 많았다.18

여성들이 공통권을 보존하는 데서 중심적 역할을 했다. 대담한 대장 도로시는 니더데일의 여성들을 이끌고 쏘프 무어의 종획에 맞섰다. 이삭줍기는 본격적인 추수가 끝난 후에 남은 이삭들을 줍는 오래된 관습이었다. 이 작업은 거의 여성들이 통제하였으며, 추수가 끝난 밭으로 갈 때 여성들의 지도자인 추수의 여왕이 행렬을 이끌었다. 1626~28년의 길링엄포레스트 반란은 여성들이 이끌었다. "우리는 여기서 태어났으니 여기서 죽을 것이다"라고 그들은 말했다. 1627년의 레스터포레스트 반란을 지켜본 한 관찰자(이 사람은 틀림없이 학자적 성향의 사람일 것이다)는 "몇 명의 무식한 여성들"이 그 반란을 이끌었다는 점을 주목했다. 1632년의 포레스트오브딘 반란은 신비로운 인물인 레이디 스키밍턴이 이끌었다. 브리스틀에서 대포를 가져왔는데 포수砲手들은 얼버무려 넘기면서 대포를 발사하기를 거부했다. 1633년에 여성 탄압이 두

번째 파도가 펜들포레스트를 덮쳤다.[19]

록킹엄포레스트의 1607년 반란 동안 공통권을 방어하던 50명 이상의 사람이 학살당했다. 삼림 커머너들의 소요는 잉글랜드 계급투쟁의 역사에서 주된 단계였다. 왁스로 만든 공 표면을 선동문으로 싸서 ("가난한 우리들은 살아서 원할 것이고 살아서 가질 것이다") 교회 성가대에 던져 넣는다거나, 셰익스피어가 로마를 소재로 쓴 『코리올레이너스』(1608)에서 무자비한 지배자를 굶고 있는 백성과 맞부딪치게 한 것과 같은, 새로운 종류의 글쓰기가 등장하여 계급투쟁을 서술하였다.

1680년에 동東쎄쎅스의 높은 삼림지대에서 돼지방목, 목초지, 에스토버스, 건축을 위한 돌, 비료로 쓰일 이회泥灰 등에 대해 공통권을 가진 커머너들이 애쉬다운포레스트의 종획을 반대하는 청원을 했다. 1689년에 그들은 담을 무너뜨리고 법원의 명령문을 내던져 버렸다. "그리고 산울타리를 무너뜨려 도랑으로 던져 넣은 후에 그 위에 예의 문서를 던진 후 흙으로 덮었다." 실천이 법을 파묻은 것이었다. 애쉬다운포레스트의 종획은 50년에 걸친 항의·협상·타협의 과정이 되었으며, 그 결과로 삼림 전체가 종획되는 일은 결코 없었고 많은 땅이 오늘날에도 개방된 채로 있다.[20]

에드워드 코크는 의회의 주도적인 입헌주의자이며 법조계의 거물이었고 자산가이며 실업가였다.[21] 개인주의자인 그는 "영국인에게는 집이 성城과도 같다"고 썼다. 논쟁에서 코크는 "대헌장은 왕을 모시지 않으려는 자이다"라고 말했다.[22] 그는 "이 나라에서 고문을 허가할 법은 없다"고 말했다. 1616년에 왕좌법원의 판사직에서 해임되고 1621년에 런던탑에 투옥된 그는 1628년 권리 청원의 작성을 도왔다. 청원에 관해 논의하면서 러자드는 "나는 저 훌륭한, 늙어 노쇠한 마그나카르타 법을 본다면 매우 기쁠 것 이다 …… 나는 그 법이 새 힘과 광채를 얻어 다시 걷는 것을 본다 면 기쁠 것이다."[23] 코크가 그것을 다시 걷게 만들었다.

삼림 탄압에 선행한 것은 왕과 의회의 줄다리기였다. 마그나 카르타는, 자주 확인되지만 거의 인용되지는 않는 중세 문서에서 근대의 헌법으로 전환되었으며, 봉건적 특권을 상술한 문서에서 상업·재산·개인주의에 적합한 헌장으로 전환되었다. 에드워드 코크는, 첫째로 인신보호영장을 39조와 융합함으로써, 둘째로 헌 장을 대서양 지역 식민지들의 식민헌장들에 삽입함으로써, 셋째 로 마그나카르타의 '자유민'이 여성을 포함한 모든 사람을 의미함 을 확인함으로써, 넷째로 마그나카르타를 의회와 연결시킴으로 써 이 전환을 도왔다.[24]

1631년에 찰스 1세는 코크가 마그나카르타에 관한 책을 쓰 고 있다는 말을 듣고는 집필을 금지했다. 코크가 죽어가고 있을 때 그의 법률사무실들이 샅샅이 수색당했으며 그의 원고들이 몰 수되었다. 영국 혁명이 시작될 때 의회는 몰수당한 원고를 다시 돌려줄 것을 명령했으며 이 원고는 1642년에 유작으로 출판되었 다. 바로 『잉글랜드법 원론』인데, 4부로 된 이 책은 이후의 법체계 에 영향을 미쳤다. 화려하게 꾸민 속표지(이는 복잡한 디자인의 걸작이다)부터, 마그나카르타를 한 행 한 행 따라가면서 단 라틴 어와 영어로 된 논평과 각주, 방주, 설명주가 있는 본문 페이지의 엄청난 디자인에 이르기까지 이 책은 로코코식 대걸작이었다. 영국의 개혁가들은 자신들이 혁신가라기보다는 과거의 관습의 복원자임을 보여주기를 원했다.

코크는 마그나카르타에 대한 그의 논의에 삼림헌장을 포함시켰으며 그것을 "나라의 백성에게 이전의 권리를 되찾아 주는 선언적 법"이라고 불렀다. 법률가들처럼 그도 자신의 용어를 정의하면서 시작한다. 삼림은 토양, 동물들의 은신처, 법, 법정, 판사, 사냥감 그리고 일정한 경계라는 여덟 가지로 구성된다. 이 중 셋은 자연적이라고 불릴 수 있으며 나머지는 인간 사회에 속한다. "일반적으로 인간은 삼림에서 커머닝을 할 수 있다"라고 그는 말한다. 코크는 'common'이라는 단어를 동사로 사용하기를 강조하면서 우리가 그것을 사물이나 자원이 아니라 관습적 활동으로 이해하기를 원한다. 법이 16세기 초 이래 토머스 모어를 비롯한 몇몇 사람들에게는 가난한 사람들을 억압하기 위해 부유한 자들이 꾸미는 방대한 음모로 이해된 것과 달리, 관습은 전통적으로 코크가 "작은 공통체들"이라고 부른 장원 법원들에 속했으며[25] 실제로 가난한 사람들을 보호할 수 있었다.[26]

"왕의 삼림 내에서 양을 치기 위한 커머닝을 할 수 있다." "모든 사람은 삼림 내에 있는 자신의 숲에서 집수리재목과 건초를 해올 수 있다." 혹은 "관습에 따라 다른 식으로도 가능하다." 코크는 삼림에서의 '드리프트'drift 즉 가축 한데 모으기에 대해 설명했다. "첫째로, 커머닝을 해야 하는 사람들이 규정되거나 허가된 종류의 가축으로 커머닝을 하는지 아닌지를 확인한다. 둘째로, 만일 가축의 종류가 합당하다면, 정해진 수보다 많은 가축을 들여왔는지 아닌지 확인한다. 셋째로, 커머닝을 해서는 안 되는 낯선 사람의 가축이 들어왔는지 아닌지 확인한다." 한편으로 코크는 삼림헌장이 마그나카르타처럼 "백성에게 이전의 권리"를 되찾아줌을 인식했다. 다른 한편 그는 삼림법은 판례법의 범위를 넘지 못하며 의회에 의해 제정되는 법률과 맞설 수 없다고 말했다. 그는 마그나카르타를 근본적 법으로 격상시키면서 삼림헌장은 제정법과 판사들의 법에 종속시켰다.

일단 영국 혁명이 시작되자, 그 초기의 조치 중 하나로 왕실이 삼림을 침해한 것을 철폐하여 삼림을 보존하였는데, 이는 가난한 커머너를 위해서라기보다는 부유한 커머너를 위해서였다. 그래서 무엇보다도 1641년의 〈삼림확보법〉(찰스 1세 17년 칙령 16호)은 "소작인들, 땅 소유주들, 점거자들로 하여금 …… 삼림 내에서 과거에 혹은 관습에 따라 그들이 사용하고 누리던 공동의 혹은 기타의 이익과 편의를 사용하고 누릴 수 있게 했"으며 1623년의 삼림순찰에 의해 정해진 경계를 복구하였다. 대법관이 감독관을 임명하여 이 경계들이 "널리 알려지도록" 할 수도 있었다.27 1641년 12월의 〈대진정서〉— 하원이 제출한 거대한 청원 — 에는 204개의 진정 항목이 들어 있는데 21번에는 "삼림헌장에 반하는 삼림의 확장"에 대한 언급이 들어 있다.

마그나카르타는 혁명적인 팸플릿이 되었으며 그 가능성은 혁명의 진행과 함께 확장되었다. 성실청을 폐지하는 1641년의 법

(찰스 1세 17년 칙령 10호)은 마그나카르타 39조를 인용하면서 시작한다. 토머슨Thomason 모음집에 들어 있는 팸플릿들은 1640년의 24개에서 다음해에는 721개로, 1642년에는 2134개로 증가하였다. 그 해에 존 밀턴은 교회의 위계와 "바빌론의 상인들"에 반대하여 『주교제에 반대하는 이유』를 썼는데, "바빌론의 상인들"이란 "그 타락하고 비굴한 교의에 의해" 노예제를 세우고 "우리의 위대한 두 헌장의 모든 행과 조항을 폐지하고 삭제할" 자들이었다.[28]

민중의 투사이자 팸플릿 저자이며 선동가이고 투옥 경력도 있는 존 릴번(1615~57)이 최초의 민주적인 정치적 당 즉 수평파를 조직하였다. 수평파는 희생, 직접 행동, 상징적 공연을 통해 마그나카르타를 민족nation 개념과 연결시켰다.[29] 통 위에서 연설하는 연설가들과 선술집에서의 대화 그리고 모임들을 통해 듣고자 열망하는 사람들에게 말이 전해졌고, 팸플릿들을 통해 "책을 읽는 등을 켜고 앉은" 사람들에게 말이 전해졌다. 윌리엄 월원이 지적하였듯이, 자기부죄自己負罪, self-incrimination는 마그나카르타를 위반하는 것이라는 견해 때문에 감옥에 간 첫 번째 사람이 릴번이다. 런던탑에서 그는 크롬웰의 신형군新型軍, New Model Army의 사령관인 토머스 페어팩스(1612~71)가 런던에 진입할 때 발소리와 말발굽 소리에 귀를 기울였다. 페어팩스가 런던탑에 들어올 때 그는 마그나카르타를 요구하면서 "바로 이것을 위해 우리가 싸운 것이며 바로 이것을 신의 도움을 받아 우리가 지켜야 합니다"라고 말하였다.[30]

수평파의 목표는 "남녀노소 할 것 없이 잉글랜드의 모든 개인의 권리·자유·안전·복지"였다. 마그나카르타는 "영국인이 물려받은 법적 생득권"이 되었다. 릴번은 "영국민 전체의 자유"는 39조에 있다고 말했다. 그는 병사들에게 이렇게 말했다. "우리는 기껏해야 나무 베고 물 긷는 자들이다. 이 나라의 오래되고 유명한 치안제도, 권리청원, 잉글랜드의 대헌장 …… 이는 우리 선조들이 우리와 우리의 후대에 물려주기 위해서 이례적으로 비싼 값으로, 많은 피와 부를 대가로 치르며 얻은 것이다."[31]

우리가 보았듯이 코크가 마그나카르타에 다리를 달아주었다. 수평파인 리처드 오버튼은 실제로 마그나카르타를 보호하는 데 자신의 다리를 사용했다. 그와 그의 아내가 감옥까지 끌려갔던 것이다. "그들은 나를 강제로 언덕을 걸어 올라가게 할 수도 있다면서 나에게 걸어 올라가 달라고 했다. 그러나 그때 나는 그들의 일꾼이 되고 싶은 마음, 즉 내 발을 사용해서 나의 몸을 감옥에 보내고 싶은 마음이 없었으며 그래서 나는 다리가 내 것이 아닌 것처럼, 혹은 나의 무릎에 대롱대롱 매달린 4분의 1페니짜리 양초처럼 늘어뜨렸다." 오버튼은 마그나카르타를 다룬 코크의 『잉글랜드법 원론』 2권을 손에 꽉 쥐고 있었는데, 이 책을 빼앗겼다. "그들은 나를 폭행하여 대헌장을 나에게서 빼앗아갔다 …… 그리고 곧 불쌍한 마그나카르타는 영장도 없이 뉴게이트 감옥에 꼼짝없이 갇혀서 나의 동료가 되었으며 친구의 편안한 방문을 받을 수 없는 상태가 되었다."[32]

1648년 9월 11일 수평파는 4만 명의 서명을 받아서 의회에 대 청원을 냈다. 이 청원은 공유지와 배상의 문제를 제기했다. 그

27개 항목의 요구들 중에는 민중주권, "전쟁에서의 군복무" 강제 반대, 무신론·무슬림·유대교를 포함한 모든 믿음에 대한 종교적 관용, 독점과 매점에 대한 처벌, "독점자와 사기판매자"에게 고통받은 사람들에 대한 배상, 동등한 지위의 사람들로 구성된 배심원단에 의한 재판, 2인 이상의 증인에 의해서만 유죄 확정, 자기부죄 自己負罪 금지, 채무자 석방, "펜즈Fens 및 기타 공유지에서 최근에 종획된 모든 땅"의 개방에 대한 요구가 들어 있었다. 공통권을 잃는 것은 커머너가 범죄자가 되는 현상을 낳았다. 따라서 폭정에 대한 방어책은 커머닝의 보존과 연결되게 되었다.

1649년 5월 수천 명의 여성들이 치안판사들에게 자신들이 하느님의 모습대로 창조된 어엿한 청원자들임을 상기시키고, 권리청원 및 기타 훌륭한 법에 정해진 대로 공통체의 자유에 동등한 관심을 가지고 있음을 상기시키면서 하원에 〈여성들의 청원〉을 제출했다.[33] 그들은 집에 가만히 있을 수가 없어서 모여서 수평파가 투옥된 데 항의했고 로버트 록키어 ─ 아일랜드에서의 군복무에 항의하여 항명을 했다 ─ 의 죽음에 대해 규탄했으며 계엄령을 비난하고 보상을 요구했다. 청원은 받아들여졌다. "약한 수단으로 강력한 효과를 내는 것이 하느님에게는 흔한 일이기에" 청원은 "여성들의 약한 손에 의해 그대에게" 다가온 것이었다. 여기서 우리는 그 시대의 가장 웅변적인 대목들 중 하나를 만난다. "하느님은 모든 약한 것들에게 호의를 보이시며 어둠 속에 있거나 탄압 아래 놓여 있는 유약한 존재들을 특히 살피신다. 그러기 위해서 하느님은 나무뿌리에 도끼를 대시고 우리의 약한 원칙을 강하게 만들어 주신다. 하느님은 우리 안에 자유의 바탕을 놓으시고, 방이 뜨거워 불의와 부정이 견딜 수 없게 될 때까지 불을 활활 때신다." 법에 특별한 관심을 가지고 있는 급진주의자인 존 워가 이 글을 썼다.[34]

해방신학가이며 옷장수이고 소 치는 사람이며 세기 중반에 황무지에 디거파 공동체들을 창설한 코뮤니스트인 제라드 윈스턴리(1609~76)에게 와서 불은 더 뜨거워졌으며, 이는 **누가** 나무뿌리에 도끼를 댈 수 있는가와 관계가 있다. 그는 다른 43인과 함께 「잉글랜드의 가난한 억압받는 민중으로부터의 선언」(1649)에 서명을 했는데, 이 선언의 내용은 "이 땅이 당신들만이 아니라 우리를 위해서도 만들어졌다는 점을 알고 …… 공유지에 나무를 심기로" 결의하는 것이었다. 이 선언은 토지의 영주들을 향한 것이었는데, 이들은 "자신들이 왕인 양 공유지에 자라는 나무와 숲을 베어 팔게 했으며, 오로지 사적 이익을 위한 것이기에 이로 인해서 당신들[영주들— 옮긴이]이 입으로는 가난한 사람들에게 속한다고 하는 공유지가 불모지가 되고 가난하고 억압받는 민중은 권리를 박탈당했다 …… 이와 달리 그대들과 부유한 자유보유자들은 공유지에 양과 가축을 잔뜩 풀어서 최대의 이익을 끌어낸다. 가난한 사람들이 …… 공유지의 허락되지 않는 곳에서 나무, 히스, 이토泥土, 바늘금작화를 취하면 그대들에게 저지당한다." 1649년 부활절 직전에 교구 목사와 장원의 영주는 고용된 사람들을 끌고 와서 "공유지에 지어진 가난한 사람들의 집을 철거하고 그 집의 아내를 발로 차고 때렸으며 그로 인해서 임시 중인 그 아내는 유산을 하였다." 윈스턴리는 집과 나무를 모두 그대로 두는 것으로 영주와 협상하였다. 그러나 성^聖 금요일에 그 영주는 사람들 50명을 끌고 와서 불을 질러 그들을 쫓아냈으며, 그들의 물건을 "공유지의 여기저기에" 내던지고 "많은 아이들과 겁먹은 어머니들의 울음소리에도 아랑곳하지 않았다."[35]

윈스턴리는 마그나카르타가 지나치게 강조되었다고 생각했다. ("**잉글랜드**의 최고의 법 즉 마그나카르타는 …… 멍에이자 족쇄로서 한 부류의 사람들이 다른 부류의 노예가 되도록 속박한다."[36]) 반면에 토머스 태니는 "잉글랜드의 커머너"로서 글을 쓰면서 "마그나카르타는 우리의 존재 그 자체이다"라고 주장했다. 그는 당시 대안적 사고를 가진 사람들로부터 영향을 받았는데, 이들은 다른 세계가 가능하다고 생각했고 그 생각에 따라 살았던 사람들이다. 집이 없는 태니는 런던 안이나 주위의 아무 데나 자기가 치고 싶은 곳에 텐트를 치고 살았다. 그는 하원에서 모자를 벗기를 거부했으며 불경죄로 투옥되었다.[37] 그는 "진정한 유태인들" 즉 "배고픈 사람을 먹이고 헐벗은 사람을 입히고 아무도 억압하지 않고 사람들의 속박을 풀어줄" 태세가 된 사람들을 위해 예루살렘을 되찾으려는 시도로 항해를 하던 중 사망했다.

왕의 처형과 공화국 선포 이후 존 워는 『냉철한 눈으로 발견한 잉글랜드 법의 타락과 결함, 혹은 그 정당한 높이에 이르려는 자유』를 출간했다. '너무나 많은 자유'란 없다. 따라서 법이 만들어진 이유는 군주와 의회를 제어하는 데 있다. 그에게 "근본적 법"이란 잘못된 우상이다. 그는 역사적 근거 위에서 자신의 주장을 펼쳤는데, 그에 따르면 계속적으로 침입하는 정복자들의 의지는 민중의 "맹렬한 전쟁이나 부단한 대응에 의해서"만 격퇴될 수 있음을 역사는 보여준다. 노르만인들이 영주, 소작인, 토지보유라는 제도를 가지고 왔으며 이는 "본래 정복과 권력에 근거를 둔, 인간을 노예로 묶어두는 속박이자 표징"이었다. 그의 입장은 디거파의 입장과 유사하였다. 그러나 그는 마그나카르타를 평가하는 데서 윈스턴리와 갈라진다. 실제로 마그나카르타를 언급할 때 그가 강조하는 것은 삼림헌장이다. 영국 혁명에서 표현된 많은 입장들 가운데 이렇게 삼림헌장을 강조하는 것으로는 그의 견해가 거의 유일하다. 그는 삼림헌장이 삼림에 대한 자신의 지배력을 넓히려는 왕의 힘을 삭감한 점을 칭송했다. 존 워는 수평파의 패배와 디거파의 대학살이 일어난 지 겨우 몇 달 후인 1649년에 글을 쓰면서도, 벌레도 밟히면 꿈틀하듯이 민중이 다시 일어설 것이라고 생각했다.

아드리엔 리치는 혁명의 기억과 박해받은 자의 유령들을 수목들 사이에서 발견했다. 그녀가 20세기 말의 미국의 상태가 아니라 왕정복고(1660년) 후의 잉글랜드의 상태를 표현했을 수도 있다. 그녀는 공유지의 경계에 대학살, 예속이 있다는 의미에서 공포의 가장자리에서 걸었다.

이는 다른 어떤 곳의 일이 아니라 이곳의 일.
자신의 진실과 공포에 접근해 가고, 그 나름의 방식으로 사람들을 사라지게 만드는 우리나라에서의 일.

비국교도들의 권리를 빼앗고 그들의 집회를 금지한 〈클래런던 형법〉[38], 삼림과 커머닝에 가해진 제한, 대서양 노예무역, 식민지라는 감옥열도, 그리고 버년John Bunyan의 투옥, 밀턴의 시달림, 쌀렘 마녀들의 화형 — 이것들이 영국 왕정복고 당시의 공포 상태를 알려 준다. 억압은 그 이전, 즉 부유한 자유보유자들이 가난한 사람들의 관습적 권리에 반하는 태도를 결정적으로 취했던 때부터 시작되었다.[39] 1654년 크롬웰의 〈국책회의〉는 삼림 종회의 "주된 목적"은 "경작에 도움을 주는 것"이며 "모든 공유지는 경작을 파괴한다"는 보고를 받았다. 1653년과 1654년의 두 법이 모든 남아 있는 왕실 삼림의 폐림을 승인했다.

왕정복고는 또한 마그나카르타에 대해 코크의 해석 — 광범하고 관대하며 혁명적인 마그나카르타 — 과 반대되는 해석을 했다. 39조의 "그 어떤 자유민도" 대목에 대한 코크의 최초의 논평은 강력한 것이었으며("이는 농노들에게도 확대·적용된다"), 이는 수평파가 발전시킨 민주적 해석으로 향하는 길을 열었다. 찰스 2세와 제임스 2세의 어의御醫인 로버트 브래디는 1685년에 "이 나라에서 이른바 민중의 주권과 권력에 대항할 견고한 바위"로서 『잉글랜드 전사全史』를 지었다.[40] 그에게는 "그 어떤 자유민도" 대목이 재산의 자유보유자들을 지칭했다. 그는 "보통 사람들"의 상태는 노르만 정복 이전에나 이후에나 동일함을 보여주었다. 러니미드에서 노르만의 국왕봉신들은 "자유"에서 정점에 달하는 "소란"을 부렸는데, 그들이 말하는 자유란 봉건 의무금의 완화를 의미했지 근본적인 권리나 자유와는, 혹은 영국인의 생득권과는 아무런 관계가 없었다. 대주교와 주교들이 이 "춤"을 이끌었고 코크, 수평파, 디거파 등은 영국 혁명 동안 이 춤의 새로운 스텝들을 창안해 내었다는 것이다.

브래디는 고古언어학을 통해 노동계급의 구성에 접근했다. (고대 라틴의 저자들은 'villein'(농노)이나 'rustic'(시골의) 같은 용어를 사용한다.) 그런 다음에 그는 해당되는 사람이 땅에 접근하기 위해 지대를 지불하느냐 노동을 지불하느냐에 따라 여러 용어들을 구분한다. 따라서 관습적 권리에 접근하기 위한 투쟁은 노동일을 보존하기 위한 투쟁이다. 나중의 자료들은 시골집 거주자들과 관습에 따른 소작인들, 하인들과 농노들, 그리고 '오페라리이'operarii 즉 "언제나 일을 하며 영주의 명령에 따라 온갖 종류의 일을 하는 가난하고 비참한 노동자들"을 언급한다. 그들은 미군역未軍役 토지보유자들이다. 즉 화폐지대를 지불하거나 노역을 했으며, 영주의 명령으로 전쟁에 나갈 필요는 없었다. 브래디가 보기에 대다수 영국인들에게는 헌장으로 인해서 달라진 것이 아무 것도 없었다. 대다수 영국인들은 "이 대헌장 이후에도 그 이전과 마찬가지로, **아랫것들**이고 **노예**인 동시에 나무 베는 사람이고 물 긷는 자들이었다."[41]

권위주의적이고 물질주의적인 철학자 토머스 홉스(1588~1679)에게 법은 주권자의 명령에 다름 아니었다. 다른 한편 전면적 경험주의와 사유재산의 철학자인 존 로크(1632~1704)에게 법은 재산을 가진 자들의 협약이었다. 양자 모두 자유헌장들에 대해서는 별로 말한 바가 없다. "에드워드 코크 경은 이 당시 시행되고 있던 봉건법에 대해서는 듣고 싶어 하지 않으며 대헌장을 교묘하게 끌어와서 근대법에 맞추어 그것을 해석한다." 이러한 말에 들어 있는 것은, 봉건제와 근대 사이에 연속성을 설정하기에는 시간상의 거리가 너무 멀다는 생각이다. 그러나 파동역학에서 하나의 파동이 도달하는 '범위'는 그것이 주파하는 거리에서 그 힘을 도출하며, 공간상의 거리는 대양大洋 하나에 달할 수도 있다.

마그나카르타는 대서양급이 되었다. 코크는 1606년 〈버지니아 회사〉의 특허장 작성을 도왔다. 아메리카의 다른 식민지들 — 1629년 매사추세츠, 1632년 메릴랜드, 1639년 메인, 1662년 코네티컷, 1663년 로드아일랜드 — 의 특허장 또한 마그나카르타를 언급했다. 이 식민지의 개척자들은 왕의 권위에 맞서는 데 마그나카르타를 활용한 반면에 (뉴욕의 자유헌장은 마그나카르타 39조를 인용했다) 막상 자신들이 원주민의 숲지대를 침입하게 되었을 때에는 삼림에 관한 조항들을 무시하였다. 마그나카르타는 식민지의 자유와 탐욕스런 제국 모두의 도구가 되었던 것이다.[42]

디거파가 공유지로부터 축출되는 동안, 매사추세츠로 간 영국인 로저 윌리엄스는 아메리카 원주민과의 대화를 기록했다. "영국인들이 왜 여기 오는가? 자신들의 잣대로 남을 재면서, **불지르기**를 원하기 때문이라고 그들은 말한다. 한 곳에서 **숲**을 다 태워 버렸기 때문에 …… 기꺼이 **숲**을 찾아온다는 것이다. **숲** 때문에 새로운 곳으로 이동한다는 것이다." 영국의 숲들은 매우 빠른 속도로 파괴되어서 그 세기의 끝 무렵에 존 이블린은 해군이 영국의 "나무로 된 벽들"을 제공하는 바로 그만큼 국가의 안전이 무너진 것을 낙담할 정도가 되었다.[43] 대영제국의 팽창은 숲의 산물을 수단으로 해서 이루어졌으며 그 목적도 숲의 산물의 획득이었다.

아메리카 원주민들은 북아메리카 숲의 구성이 많은 자연적 변화의 결과이며 인간 역사와의 상호작용의 결과임을 인식했다. 연 2회 숲에 화재가 나는 현상은 수목들의 구성을 불에 잘 견디는 종들(테다소나무, 왕솔나무, 슬래시소나무)로 바꾸었다. 땅은 처녀지가 아니라 남편을 잃은 땅이었던 것이다! 정착민들의 생존은 "오래 살아와서 아는 것이 많은 원주민들"의 지식에 달려 있었다. 원주민들은 담배, 고구마, 감자, 호박, 수박, 강낭콩, 해바라기, 옥수수를 경작했다. "들판 너머 숲에서 주로 여성들이, 쓰러지거나 죽은 나무를 땔감으로 모았기 때문에 이 나무는 '스쿼squaw 나무'라고 일반적으로 알려져 있다."[44] 바로 에스토버스다.

왕정복고의 일기 작가이자 상류층 출신 환경주의자인 존 이블린(1620~1706)은 그의 조부가 제임스 1세와 찰스 1세 치하에서 (황, 목탄과 함께) 화약의 필수적 성분인 초석硝石을 독점하여 모은 큰 재산을 물려받았다. "초석꾼"은 질산칼륨을 찾아서 마구간, 외양간, 비둘기장을 샅샅이 뒤졌다. 손자의 프로젝트는 영국 나무들의 목록을 그 사용가치의 관점에서 작성하여 이 나무들에 대한 지식을 커머너들로부터 상업 시장, 과학 시장, 군사 시장에 전달하는 것이었다. 이블린은 단 한 번도 삼림헌장을 언급하지 않는다. 종획된 숲은 담을 치지 않은 숲보다 더 무성해졌다. 그는 "몇몇 불만에 가득 차고 무례한 커머너들을 만족시키는 것"에 대해서 경멸하는 어조로 썼다.[45] 그는 천년 동안의 관습을 피할 수 없었지만 그것을 라틴어와 그리스어의 난해함 속에 묻어둘 수 있었다. 그는 그리스 시인 테오크리토스의 시행을 의역한 에라스무스의 라틴어 속담 "Praesente Quercu ligna quivis colligit"(오크나무가 있는 곳에서는 모든 이가 땔감을 모으네)를 인용하는 것으로 끝맺었다.[46] 그는 〈불법 벌목 및 목재의 절도 혹은 손상 처벌을 위한 법〉(찰스 2세 15년 칙령 2호)을 언급하면서 옛날의 법은 나무의 "목을 자른" 죄를 손목을 자르는 것으로 벌했음을 차갑게 지적했다.[47] 그럼에도 불구하고 나무는 "어떤 수단으로든" 취해질 수 있다는 견해가 존속하였다. 관습적 권리를 불법화한 것은 다음 한 세기 반 동안 잉글랜드 사회사가의 주된 주제가 되었다.[48]

비록 커머너들의 헌장은 상실되었지만 마그나카르타는 배심원제의 보존, 인신보호영장, 고문의 금지라는 세 측면에서는 강화되었다.

1680년에 존 홀스는 자신의 『영국인의 권리, 혹은 법률가와 배심원의 대화』에서, 개념상 "자유롭게 태어나다"라고 이해되는 일련의 권리들의 본질적 부분을 정의하였다. 배심원제는 "태곳적에" 시작되었다. 그것은 "나라 자체와 동시에" 생겼다. 이 자유권들은 마그나카르타의 14조와 39조에 의해 열거되고 확인되었다. "배심원제의 목적은 인간을 억압에서 보호하는 것이다"라고 코크는 말했다. 1667년 12월 하원은 최고법원 판사가 배심원들에게 벌금을 부과함으로써 권력을 자의적이고 불법적으로 사용하고 있음을, 그가 "우리의 삶과 자유와 재산을 보호하는 위대한 대헌장을 얕보고 비방하고 훼손했음"을 발견했다. 최고법원 판사 킬링Keeling은 써머셋의 대배심원단에게 세금을 물려 살인이 아니라 과실치사를 평결로 내리도록 강제했다. 배심원 중 한 명이 항의하며 마그나카르타를 언급했을 때 그는 "마그나파르타가 이 일과 무슨 상관인가?"라고 대답했다.[49] 대헌장은 더 이상 발을 뻗지 못하고 절름발이가 되고 있었다.

1670년 8월 윌리엄 펜은 런던의 그레이스처치가Gracechurch Street에서 3, 4백 명의 청중에게 설교를 했다. 그는 평화를 깨고 "폐하의 백성과 신하들에게 **공포**와 동요"를 야기한 죄로 기소되었다. 그는 자신이 무죄라고 주장했다. 배심원단은 그가 "말하기"라는 죄를 지었다고 평결하였는데, 이는 사실상 범죄가 아니었으므로 무죄 평결을 내린 셈이었다. 토요일과 일요일 동안 구금된 배심원단은 월요일에 여전히 '무죄'라는 평결을 내렸다. 법정은 배심원들에게 각각 40마르크의 벌금을 물렸다.[50] 에드워드 부셸은 인신보호영장을 가져와서 "고문과도 같은 불법 투옥"에 항의했으며 법정은 입장을 번복하여 그에게 유리한 평결을 내렸다.

찰스 왕과 그의 **도당**은 왕정복고 시기 동안 용의자들을 바베이도스, 버지니아, 탕헤르 등지로 추방함으로써 모반과 봉기를 억눌렀다.[51] 〈인신보호법〉이 1679년에 통과되었을 때 그것은 "백성의 자유를 더 잘 확보하고 해외에서의 투옥을 막기 위한 법"이라고 불렸다. 이 법은 그 어떤 영국민도 "죄수로서 스코틀랜드, 아일랜드, 저지, 건지, 탕헤르 등지로, 혹은 해외의 다른 부분들, 주둔

지들, 섬들, 장소들로 보내져서는" 안 된다고 정하고 있었다. 대영 제국의 통치체제는 중범죄자들의 추방, 형법정책, 노예무역, 플랜 테이션 농업, 아일랜드의 형법, 아메리카로의 이주, 계약 노역 등 의 형태로 노동력이 대륙을 가로질러 재구성되는 동안 형성되었 다. 브레히트는 이렇게 썼다.

우리는 신발보다 더 자주 나라를 바꾸면서
계급들 사이의 전쟁을 거쳐
반란은 없고 불의만 있을 때에는 실망하며
나아가기 때문이다.

1680년에『삼림의 자유권들을 선언하는, 삼림대헌장』이 출 간되었으며, 책에는 당시의 필기체로 "삼림에 관한 영국민의 자유 권들의 선언"이라고 적혀 있다. 약 80년 후 몽떼스끼외는『법의 정신』에서 타키투스를 인용하여 "이 아름다운 체제는 최초에 숲 에서 발명되었다"고 말하면서 영국의 통치제도를 칭찬하였다.

자유헌장들은 다리를 발견하였고, 학적 연구·정치·직접 행 동에 의하여, 로버트 브래디가 불평한 바처럼 "춤"에 의하여 보존 되었다. 그러나 신데렐라의 춤은 허드렛일이 아름다울 수 있는 곳 에서조차도 자정이면 끝난다. 마그나카르타의 여러 측면들이 〈인 신보호법〉(1679), 부셸 사건(1671), 권리장전(1689)에 살아남아 있음에도 불구하고 그 다리 중 하나는 절뚝거렸다. 그 친구인 삼 림헌장은 신데렐라의 잃어버린 구두처럼 유실되어 그 어떤 실제적인 일에도 쓸 수가 없었다. 아드리엔 리치는 이렇게 말한다.

어둡게 뒤얽힌 숲이 표시가 없는 밝은 곳들과 만나는 곳,

나는 당신에게 그곳이 어딘지 말하지 않으련다 ―

유령이 출몰하는 교차로, 부엽토腐葉土의 낙원.

나는 누가 그곳을 사고, 팔고, 사라지게 하고자 하는지 이미 안다.

검은 얼굴의 헌장과 하얀 얼굴의 헌장

근처에 특허받은 템즈강이 흐르는
모든 특허받은 거리를 나는 헤매네.
그리고 약함의 표시, 비통의 표시를
모든 이의 얼굴에서 보네.

윌리엄 블레이크, 「런던」(1792)

종획운동과 노예무역이 근대 세계에 산업자본주의를 도입했다. 1832년 무렵에 잉글랜드는 거의 전 지역이 종획되었으며 시골 지역은 사유화되었다(어떤 지역은 심지어 기계화되었다). 한 세기 전만 해도 들판은 대체로 개방되어 있었고 — 적절한 전문용어를 사용하자면, "담으로 나뉘지 않은"champion 땅이었다 — 자작농, 아이들, 여성들이 커머닝을 통해 삶을 유지할 수 있었다. 1834년쯤에는 대영제국에서 노예제가 폐지되었는데 그 한 세기 전인 1713년 9월 11일에 아씨엔또가 영국의 노예상들에게 남북 아메리카 전역에 아프리카 노예를 팔 수 있게 허용했다.[1] 추방된 커머너들과 포획된 아프리카인들은 모두 들판의 공장에서(담배, 설탕생산) 그리고 도시의 공장에서(모와 면) 착취될 수 있는 노동력을 제공했다. 계약하인indentured servant이든 아프리카의 젊은이든 우유 짜던 처녀이든 숲을 잃은 나무꾼이든, 인류의 지배자들은 그들 모두를 잉여가치를 생산하는 노동하는 신체들로 보았으며, 이렇게 해서 이전의 커머닝의 근절에 전적으로 의존하는 대서양의 노동일이 출현하였다.

법과 관련된 상투적인 이해는, 미국은 헌법이 성문화되어 존재하고 영국은 그렇지 않다는 것이다. 엄밀하게 말해서 이는 맞지 않다. 둘 다 1215년의 마그나카르타에서 나온 것이기 때문이다. 영국 헌법의 발전과 미국 헌법의 발전 사이의 중요한 차이는 하나가 성문화되었고 다른 하나가 성문화되지 않았다는 것이 아니다. 그 차이는 아프리카와 관련된다. 노예들이 잉여가치를 생산하는 플랜테이션에서 비임금노동을 유지하고 확대하는 것은 미국 헌법과 혁명의 역사에 필수적이다. 반면에 영국의 경우에 두드러진 것은 성문화된 토지종획 그리고 모든 커머닝의 시도들을 사유화한 것이다. 대서양의 다중은 새로이 출현하는 **헌법**에서 인종에 의해 나누어졌다.[2] 자유헌장들은 이러한 과정에서 도전을 받았다. 영국의 커머너들이 반대한 종획운동은 편리하게도 삼림헌장을 무시하였다. 노예제 폐지운동은 마그나카르타를 활용하였으며 그것을 영국 노동계급의 운동에 다시 되돌려 놓는 것을 도왔다.

계몽주의의 시대인 18세기의 두 일화가 잉글랜드에서 커머닝을 보존하려는 투쟁이 어떻게 대서양 양쪽의 노예제와 교차하는지를 보여준다. 첫째, 1722년 영국의 커머너들 중 일부는 관습적 권리를 보호하기 위해서 얼굴에 검은 칠을 하고 "검둥이 행세"를 했다. 그 결과 악명 높은 〈월섬 흑인위장법〉(조지 1세 9년 칙령 22호)이 통과되었는데, 이는 범죄에 인종적 성격을 부여하고 특정 인종을 범법집단으로 모는 경향을 가진 움직임의 일부였다. 이 법은 위장(혹은 얼굴에 검은 칠을 하고 흑인 행세를 하는 것)을 범죄로 정했다. 백인우월주의의 발전에서 매우 중요한 순간에 이런 일이 일어났다. 둘째, 반세기 후인 1774년에 잉글랜드에 사는 아프리카 노예 출신의 한 흑인이 동료 노동자의 구금에 항의하는 데 필요한 인신보호영장을 얻기 위해서 얼굴을 하얗게 칠했다. 전자의 일화는 흑인으로 위장하는 것을 불법화한 사례이다. 후자의 일화는 노예제 폐지운동이 시작되던 시기에 일어난 것인데, 이때 학자이자 활동가인 그랜빌 샤프(1752~1813)는 마그나카르타가 노예제를 금지했음을 입증했다.

 헌장의 분석은 계몽주의에서 중심적 위치를 차지했다. 1681년은 "정말로 인간 정신의 역사에서 위대한 해였다"라고 20세기 프랑스의 역사가 블로흐는 썼다. 베네딕트 교단의 수도사인 장 마비용이, 문서의 진실성을 입증하는 원칙을 서술한『고문서학』을 쓴 해였기 때문이다. 마비용은 특히 중세의 헌장들을 연구했다.『고문서학』은 역사비평의 토대가 되었으며, 역사비평에는 연대학年代學, 금석학金石學, 고생물학, 필적筆跡연구, 고언어학이 포함되었다.

윌리엄 블랙스톤(1723~1780)은 법을 학문분야로 만들었다. 그는 옥스퍼드 올쏘울즈컬리지의 교수였으며, 대학출판을 개혁하였다. 그는 잉글랜드의 법에 관해 네 권짜리 주석서를 썼는데 (1765~69), 이는 "영어로 출판된 법률서 중에서 가장 영향력 있는 것이었다."3 1759년에 그는 『대헌장과 삼림헌장』을 썼는데 이는 마비용이 알려준 비판적인 비교연구법을 두 헌장에 처음으로 적용한 책이었다.4

첫째로 그는 '선행'과 '후속' ― 선행하는 조항들과 나중에 다시 반포된 것들― 이 있음을 보여주었으며, 둘째로 그는 이것들 각각을 선행하는 조항들(혹은 카피툴라5)과 비교하고 (1215년의 존 왕 판版에 이어서) 1216년 11월과 1217년에 발행된 헨리 8세 판과 비교함으로써 조항별로 분석하여, 1225년 세 번째 판이 반포됨과 함께 이후에 마그나카르타를 확인하는 여러 작업들이 인정하는 텍스트가 수립되었음을 보여주었다.6 내전을 종결짓는 평화조항들이 체결된 1217년 9월 11일 이후에 비로소 헨리 8세는 새로운 헌장을 승인하고 삼림헌장도 승인했다. 삼림헌장은 대헌장의 조항들을 확대하고 확장하고 수정한다. 바로 이 때문에 삼림헌장이 문서로서 대헌장과 함께 출판된 것이다. 블랙스톤에 따르면 "삼림헌장의 이 원판과 그에 대한 모든 원래의 문서들은 현재 유실되었다." 그는 더럼 성당에 있는 원본을 기준으로 인쇄를 하는데, 이 원본의 초록색 봉랍封蠟은 "여전히 온전하지만 헌장의 몸체는 불행하게도 쥐들이 갉아 먹었다." 다른 결함들은 "옛날의 필경사들의 성급함"으로 인한 것으로 보았다. 그는 이 훼손된 원본을 에드워드

1세 25년(1297년)의 인스펙시무스와 대조하였다.7 헌장이 1225년에 갱신된 지 한 달 후에 잉글랜드의 삼림의 경계에 대하여 순찰이 행해졌다. 왕은 "특히 삼림과 관련하여 속박의 멍에가 이전의 그 어느 때보다 무겁다"는 봉신들의 위협 아래 헌장을 다시 확인하였다. 대헌장의 7조는 상부한 여성들에게 합당한 양의 공통의 에스토버스를 허락하는 대목을 포함하도록 수정되었다.

블랙스톤이 에스토버스와 삼림의 관습에 대한 학적 연구를 보존하였다면 그 실제 존재는 검게 위장하기에 의해 보존되었다. 검게 위장하기를 처음 기록한 역사가는, 검게 위장하기가 "〈싸우스씨 회사〉의 최근의 해로운 음모들이 자신들 앞의 모든 것을 무너뜨리고 사람들의 근면과 훌륭한 경작이 쌓아놓은 모든 것을 황폐하게 했던 전반적인 혼란의 시대 무렵"에 시작되었다고 썼다.8 벼락부자가 되려는 투기의 광기가 사회의 상류층을 사로잡았던 1720년의 '싸우스씨 거품'South Sea Bubble은 영국사에서 가장 고약한 타락의 시기를 열었다.

상업적·경제적 종합국면은 유트레히트 평화조약(1714)에 뒤이은 무역의 확대로 특징지어졌다. 이 조약은, 실제로는 식민지를 차지하려는 유럽 제국들의 전쟁이었던 초기 왕조전쟁들 중 하나를 종식시켰다. 이 전쟁은 스페인 왕위계승 전쟁이라고 불렸다. 어떤 왕이 옥좌에 앉아 있느냐는 최소한의 요소일 뿐이었다. 은행, 화폐주조, 증권회사, 국가부채와 같은 국가권력의 새로운 도구들이 이전까지 축적된 자본의 가장 극심한 집중을 가능하게 했다. 더욱이 금융자본주의는 공유지의 수탈이 가장 이익이 되는 곳이면 어디로든 관심이 급격하게 몰리도록 했다. "영국은 이익의 추잡한 마력에 푹 빠졌다"고 알렉산더 포프는 썼다.[9]

정치적·군사적 종합국면의 주된 특징은 프랑스에 망명해 있는 스튜어트 왕조의 가톨릭 왕위요구자가 개신교 왕위계승에 가하는 위협이었다. 프랑스에서 영국 해협을 가로질러 잉글랜드의 남부 해안까지는 얼마 안 되는 거리였다. 노르만 정복부터 2차 대전 중 독일과의 공중전까지 이 해안은 영국의 방벽에서 공격에 취약한 곳이었다. 그래서 레이먼드 윌리엄스가 지적했듯이 영국인의 상상에서는 나라의 핵심이 위치한 곳이 이 하얀 벼랑들에서 멀지 않았다. 저널리스트인 윌리엄 코벳(1763~1835)이 서술한 억센 자작농, 생태학자 길버트 화이트(1720~93)가 서술한 평화로운 새들의 세계, 혹은 제인 오스튼(1775~1817)의 소설에 나오는 예의 바른 젠트리는 판엄Farnham 부근에서 구상되었는데, 여기가 바로 검게 위장하기가 시작된 곳이었다.[10] 판엄 근처에서는 수리하기 위해서 포츠머스에 들르는 혹은 상품무역을 세계 전체로 확대할 목적으로 처음부터 건조되는 군함과 동인도회사 선박을 위해서 목재가 필요했다.

월섬 흑인위장자들의 일화에서 사태의 발단은 다음과 같았다. "판엄 근처에 있는 자신의 토지 중 한 필지에 목재용 나무를 키우고 있던 윙필드Wingfield 씨는 나무 중 일부를 베었다. 가난한 사람들이 (관습대로) 작은 나무들을 가져가도록 허용받았다. 그런데 몇몇 사람들이 부여받은 자유권을 남용하여 허용되지 않은 것을 가져갔고 주인은 화가 났다. 주인은 본보기를 보이기 위해 몇몇 사람들에게 값을 지불하도록 했다." '허용되지 않은' 부분의 수동태로 인해서 문제가 더 혼란스러워진다. 공유지에서 일어나는 다툼을 누가 법적으로 관할했는가? "자유권"은 관습적인 것이었는가, 아니면 윙필드 씨의 임의에 따른 것인가? 누가 허용을 결정하는가? 여기서 관습은 윙필드 씨에게 속한 것으로 추정된다. 그러나 이에 대해서는 두 방향에서 반박된다. 하나는 왕실토지감독관 찰스 위더스가 제기한 것으로서 위더스는 1729년에 이렇게 말했다. "모든 시골 사람들은 삼림의 나무에 대해서 자신들이 **일종의 권리**[인용자의 강조]를 가진 것으로 생각한다. 이 생각이 왕이 삼림을 그러한 것으로 선언했던 때, 삼림을 둘러싸고 큰 싸움이 있었던 때부터 전통에 의해 전해져 온 것인지 아닌지는 그가 확정할 수 없다." 그는 자신이 자유헌장을 읽었다고는 말하지 않는다.[11]

윌리엄 워터슨은 윙크필드Winkfield의 목사이다. 그는 "숲을 사고 숲에 건물을 짓게 하는 최근의 큰 유인誘因은 삼림법의 완화 혹은 더 정확하게는 폐지였다"고 말했다. 그는 그의 교구 주민들의 공통권 행사 및 남용에 대해 조사하였다. 그가 처음 교구에 왔을 때 "사람들은 어떤 권리로 자신들이 자신의 토지를 가지고 있는지 혹은 어떤 면에서 자신들이 **삼림법**으로부터 **자유로운지** 혹은 그것에 종속되어 있는지 몰랐다." 그는 이토泥土를 취할 권리를 적극적으로 옹호했다. 그는 엘리자베스조의 특허증, 상서법원Chancery 법령들(1605)이나 1613년의 토지조사를 정당화하기 위해 노력한 지역 역사가였다.

판엄파크의 소유자가 직면한 두 번째 유형의 반대는, 흑인위장자들의 직접 행동이었다. "그러자 흑인위장자들이 동료들을 소집하여 수목들 중 몇 그루의 껍질을 벗기고 다른 수목들에는 금을 내서 자라지 못하도록 했다. 그리고 절단이 난 나무 한 그루에 쪽지를 남겨서 이것이 그들의 첫 방문임을, 만약 돈을 돌려주지 않으면 …… 검은 얼굴의 위장자들이 …… 다시 올 것임을 그 신사에게 알렸다."

흑인위장자들은 제임스 2세파에 공감하고 있었고 바다 건너의 왕위요구자에게 충성하는 태도를 **가졌을 수도** 있다. 그들의 지도자는 월섬체이스의 한 선술집에서 가까운 곳에서 하노버 왕조로의 왕위계승을 지지함을 서약하겠다는 의도를 천명했다. "이에 따라서 실제로 그렇게 천명했다. 그곳에 그의 검댕부대원 15명이 나타났다. 몇 명은 사슴가죽 옷을 입고 있었고 다른 이들은 모피 모자 등을 썼으며 모두 잘 무장을 한 채 말에 타고 있었다. 마찬가지로 적어도 3백 명의 사람들이 흑인위장자들의 대장과 가짜 검둥이들을 보려고 모였다." 따라서 월섬의 흑인위장자들은 휘그당을 지지하지 않았을 수도 있는 것이다.

3백 명이면 상당한 군중이었다. "흑인위장자들이 온다"라고 사전 공지가 나갔을 것이다. 왜 그는 "가짜Sham 검둥이들"이라고 말하는가? 검게 위장하기는 그냥 위장이 아니라 검둥이들로 즉 아프리카인들로 위장하는 것이다. 그런데 왜 가짜인가? 이는 다른 사람인 체 속여 골탕을 먹이는 것을 가리키는 당시의 속어이자 은어로서 속임수를 나타낸다. 숨기는 것만이 아니라 그 이상의 것이 포함된다. 무언가가 일어나고 있었던 것이다.

햄프셔에서는 커머너들이 삼림과 개인이 소유한 숲을 구분하지 않고 꺾은 가지를 자유롭게 취했다. 그들은 날마다 이런 숲을 지나면서 견과류 열매와 딸기류가 익어가는 것을 지켜보았고 토끼 몇 마리를 잡았다. "삼림과 공유지에서 이토泥土채굴장이 산울타리, 덤불, 땅 소유자의 숲과 공존하는 것으로 보아 특히 나무를 해가는 것은 일반적 권리인 듯하다." 커머닝의 보호는 계급의식의 필수적 요소였다. 월섬의 흑인위장자들은 "정의를 펴서 부유한 자들이 가난한 사람을 모욕하거나 억압하지 않도록 하는 것 말고 다른 의도가 없다"고 말했다. 그들은 체이스(사냥할 동물들을 키우는 데 사용되는 개방된 땅을 가리킨다)는 "원래 가축을 키우기 위한 곳이지 성직자 등을 위해 사슴을 살찌우는 곳이 아니"라고 확신했다.[12]

핵심적인 공통권은 가축을 위한 초본, 즉 삼림헌장이 말하는 "공통의 초본"에 접근하는 것이었다. 2에이커의 땅에서는 암소를 키우는 것이 가능했으며 숲이나 소택지에서는 더 좁은 땅에서도 가능했다. 잉글랜드의 시골 마을 사람들 중 반은 공통 방목의 권리가 있었다.[13] 18세기까지도 "삼림, 소택지, 일부 황야에 위치한 교구들의 모든 혹은 거의 모든 세대주들은 암소나 양을 방목할 권리를 누렸다." 가족 모두가 커머닝을 행했다. 이는 생계수단을 제공하였으며 실업이나 낮은 임금에 대한 안전망이 되었고 노인들을 위한 사회적 보장이 되었다. 땅이 없는 노동자 가족들은 종획에 반대했다. "그들은 땔감을 모았고 추수 이후에 이삭을 주웠으며 아이들은 나무 열매를 줍고 딸기류를 따고 까마귀들을 쫓아냈으며 너도밤나무 열매 수확 철에는 돼지들을 돌보았고 양을 지켰으며 목초지에서 양털을 모았다." "잔나무 덤불에는 빨리 자라는 개암나무가 있어서 양우리의 바자울 재료가 되고 산울타리를 고치고 담을 만드는 데 쓰였다. 가는 나뭇가지들은 훌륭한 콩대가되었으며 긴 개암나무 막대에 호랑가시나무 가지를 두르면 훌륭한 굴뚝 청소용 솔이 되었다."[14]

애기부들은 엮어서 바구니, 멍석, 모자, 의자방석을 만들었다. 골풀 또한 지붕을 이는 풀로 사용되었고 벽에 바르는 회반죽을 단단하게 고착시켜 주는 망網으로도 사용되었으며 침구에 쓰기도 좋았고 부드러운 치즈를 싸기에도 좋았다. 모래는 문질러 닦는데 사용되었고 일주일에 한 번 집 바닥에 뿌려서 먼지, 기름을 흡수시켰다. 커머너들은 박하로부터 멘톨을 추출하였고 디기탈리스에서 디기탈리스 제제製劑를 추출하였으며 버드나무 껍질에서아스피린을 추출하였다. 털갈매나무는 하제下劑로 사용되었고 사리풀은 마취성의 진정제로 사용되었다. 캄프리comfrey는 타박상에좋았고 애기똥풀은 사마귀를 제거한다고 알려져 있으며 민들레는 이뇨제와 하제로 쓰였고 국화는 편두통으로 고통을 받는 사람들에게 도움을 주었다.

오늘날 영국의 식물상은 이러한 노력들의 산물이다. 서양모과나무를 예로 들어 보자. 이 나무의 열매는 구운 사과 맛이 나며젤리, 잼, 파이 소에 사용된다. 서양모과나무는 산울타리에 심으면 안 된다. "절도의 유혹을 높이는 것은 현명하지 못하며, 빈민층에서 할 일 없는 사람들이 이미 약탈의 성향을 너무 강하게 가지고 있어서 모든 산울타리 나무가 생계수단을 제공한다면 일을 더 안 할 것이기" 때문이다.[15] 많은 서양모과나무는 과수원이나 정원의 유물이다. 나머지는 한때 널리 퍼졌던, 농부들이 황야에 과수원나무를 심는 관행의 산물이다. 커머닝의 매력은 공유된 자원의 상호주의에서 온다. 모든 것이 사용되며 낭비되는 것은 없다. 상호성, 자기존재감, 기꺼이 논쟁하는 태도, 오랜 기억, 집단적 축하, 상호부조가 커머너의 특징들이다.

이는 가진 것이 없다는 점을 빼고는 단지 말 잘 듣는 노예가 될 프롤레타리아의 특징들로 사람들이 선호하는 것들은 아니다. 1809년에 윈저포레스트의 상태를 조사한 위원들은 "인구가 밀집한 마을이 없고 숲 거주자들이 흩어져 있으면 사회규율이 불가능해진다"고 말했다. 주민들은 "어린 가지, 쓰러진 나무, 쳐낸 가지, 뿌리에 대한 권리 주장을 확대했다."[16] 커머닝은 사유재산의 권위 있는 해설자인 윌리엄 블랙스톤 같은 사람에게도 불가피한 것, 즉 자연의 질서의 일부로 보일 수 있었다. 그는 동물이 쟁기를 끌고 땅을 갈기 때문에 동물용 초본이 농업에 필요한 것, "사물의 필연성"이었다고 주장했다.

벽으로 둘러싸인 영국의 정원에 대한 이론가인 티모시 노스는 18세기가 시작되는 해에 커머너들을 비판하였다. 그에 따르면 그들은 "성향이 거칠고 야만적"이었으며 "권위를 인정하지 않는 원칙"을 가졌고 "오만하고 소란스러우며" "다루기 힘들"었다. 커머너들은 "추잡한 족속"에 속했다.[17] 그들은 인디언·미개인·해적·아랍인에 비견되었다. 1723년 9월 포레스트오브비어의 감독관인 리처드 노턴은 "이 아랍인들과 도적들을 끝장내"고 싶어 했다. 블랙스톤은 교황이 국왕봉신들을 십자군의 적인 무슬림과 아랍인들, "사라센인들보다 나쁜 자들"로 보고 파문했음을 기록하고 있다.

따라서 검게 위장하기는 관목숲의 지역 미시사微視史의 맥락에서만이 아니라 대서양의 인종적 맥락에서 이해되어야 한다. 위장은 검은 얼굴의 공연이었으나, 19세기 음유시인의 허가 받은 노래와 춤은 아니었다. 이는 아직은 무대 제스처도 아니었다. 1736년의 헤리퍼드셔 유료도로 봉기의 참가자들은 자신들을 "수평파"라고 부르고 얼굴을 검게 칠했다. 몰 플랜더스는 해적 앤 보니와 메어리 리드처럼 남성 복장을 했다.[18] 맥히스Macheath는 서아프리카 노예의 일원이 되기 위해서 스스로 마라노Marrano로 변장했다.[19] 월섬 흑인위장자들의 취지는 한 여관에서 당당하게 선언되었으며 그들의 의도가 명확하게 공표되었고 쪽지를 나무줄기에 붙이는 식으로 숲에 새겨졌다. 고급 기호체계는 필요하지 않았다. 그들의 신체의 경우에는 달랐다. 털이 달린 동물가죽 옷을 입고 얼굴은 검게 칠했으며 삼림의 짐승인 양 수풀에서 나온 그들의 모습은, 파우더를 바른 가발을 쓰고 뺨을 붉게 칠했으며 비단 양말을 신은 휘그당파의 모습과 구별되었다. 그들은 삼림의 동물들과 함께 살았다. 태연하고 강한 그들의 공연행동에는 이토泥土, 히스, 불쏘시개 혹은 방목을 위해 협상하는 커머너들의 속성뿐만 아니라 유랑자와 부랑자의 속성도 상당히 들어 있었다. 이 커머너들은 아메리카나 아프리카에서두 볼 수 있는 수렵꾼들이요 채취자였다.

월섬 흑인위장자들은 5월에 체포되었다. 1723년에 모두 합해서 40명이 재판을 받았다. 1723년 6월에 〈오이어와 터미너의 특별위원회〉가 열렸을 때 몇 명은 감옥에서 사망했으며 네 명은 메릴랜드로 추방되었다. 월폴 수상은 리치몬드파크의 대문을 잠그고 사람 잡는 덫을 설치했다.[20] 그는 화려한 사냥터를 가진 부자들 중 가장 상위에 있는 자일 뿐이었다. 그런데 사람 잡는 덫이라니? 사람을 절단내는 이 도구에 대한 기억은 20세기 초에도 여전히 강했다. 토머스 하디는 그의 『숲의 사람들』(1887)에서 이 도구를 서술한다. 이 도구들은 조심하지 않는 여행자들을 평생 불구로 만들 수 있었다.

아씨엔또(노예매매를 할 허가)가 주어지자 카리브해 지역과 남대서양의 부를 착취하기 위해 〈싸우스씨 회사〉가 설립되었다. 잉글랜드는 "대서양 세계에서 최고의 노예매매 국가"가 되었다.[21] 그 세기의 첫 10년이 지나기 전에 케이프코스트캐슬의 한 요원은 "저렴한 노동력만큼 식민지를 번성하게 하는 것은 없으며, 마찬가지로 확실한 것은 검둥이들이 노동자들로서 유일하게 믿을 만하다는 점이다"라고 말했다.[22] 〈싸우스씨 회사〉의 배에서 일곱 명의 노예 당 여섯 명은 성인이었고 나머지는 10살에서 15살 사이의 소년소녀들이었다. 강제로 음식을 먹이는 데에 나비나사와 턱벌리개가 사용되었다. 18세기에 인간이 매매되어 배에 실려 대양을 건너 대륙에서 대륙으로 수송되는 상품이 되었던 것이다. "모든 상사商社는 자신의 낙인을 가지고 있었는데, 보통 상사 이름의 이니

셜들을 모사한 것이었다 …… 낙인을 찍는 금속은 금이나 은으로 만들어졌다. 노예상들은 금으로 만든 것을 선호했다. 더 뚜렷하고 명확한 자국을 남기기 때문이었다고 한다."23

버지니아에서 영구적인 낙인이 실현되었다. 다시 말해서 하얀 피부이다. '싸우스씨 거품'이 일던 해는 테드 앨런의 비범한 논문의 제목을 빌자면 "백인종의 발명"이 이루어진 때와 거의 일치했던 것이다. "하얀 피부가 가져다주는 임금"은 언제 어떻게 시작되었는가? 1676년 버지니아에서 유럽과 아프리카의 노예들이 힘을 합해서 예속상태를 뒤엎고 (서쪽의 공유지로) 탈출했던 베이컨의 반란Bacon's Rebellion 중에는 아니었다. 백인 프롤레타리아에게 물질적 이득이 제공되고 흑인 프롤레타리아가 지속적인 손해를 입음으로써 농장주들과 노예상태의 프롤레타리아 사이의 완충계층이 창출되게 된다. 이러한 목표를 달성하는 데 결정적인 것은 아프리카인들, 잉글랜드의 아프리카인들 그리고 그 후손들을 영원히 노예로 만드는 버지니아의 법이었다. 노예상태에 묶인 사람들은 1723년에 런던 주교와 왕 "그리고 나머지 지배자들"에게 항의했다. "우리를 이 잔인한 속박에서 풀어 달라"고 그들은 외쳤다. 같은 해에 법무장관인 리처드 웨스트는 이 법에 반대했다. "나는 왜 단지 얼굴색을 이유로 한 자유민이 다른 자유민보다 더 나쁜 대우를 받아야 하는지 모르겠다." 그러나 총독은 "영구적인 낙인"의 필연성을 알았고, 이런 식으로 (테드 앨런이 말해 주는 바에 따르면) "끔찍한 사회적 변이"가 일어났다.24

레디커25는 해적이 황금시대인 1716년과 1726년 사이의 10

년 동안 2천4백 척의 배가 포획되어 약탈당한 것으로 추산한다. 해적들은 항구를 봉쇄하고 해로를 막았다. 어떤 시점을 잡더라도 1천 명에서 2천 명의 해적들이 활동하고 있었다. 해적선은 "다인 종적 탈주노예 공동체로 간주될 수 있었다." 수백 명은 아프리카인이었다. 1백 명의 블랙비어드Blackbeard 해적단에서 60명이 흑인이었다. 레디커는 1721년에 "고급선원이 너무 많고 일이 너무 힘들다는 등의 이유로 선상반란을" 이끈 '뎁트포드Deptford의 검둥이'를 인용한다. 해적들은 또한 노예무역의 성장을 막았다. 이것이 의원이자 영국은행의 총재이며 작은 규모의 노예무역선단의 선주인 험프리 모리스의 불만이었는데, 그는 의회 청원을 주도했으며 심상치 않은 겁게 위장하기가 시작된 1719년에 큰 손해를 보았다. 해군 소함대가 서아프리카로 보내졌다. 418명의 해적들이 그 시기에 교수형 당했다.[26]

다니엘 데포는 흑백을 모두 포함한 대서양 지역의 노동력 문제에 몰두해 있었다. 『로빈슨 크루소』는 1719년에 출판되었다. 이 책은 노동가치론을 극화하고 있으며 분업의 복잡한 구조를 자랑스러워하고 유럽인의 발(로빈슨 크루소)을 아프리카인의 목(프라이데이) 위에 올려놓고 있었다. 『로빈슨 크루소』의 원형인 실제 인물 알렉산더 쎌커크는 노예무역을 방해하는 해적을 근절하기 위해서 서아프리카로 보내진 소함대의 선원으로서 1721년에 사망했다. 『유명한 몰 플랜더스의 모험과 불운』(1721)은 공유지의 불법화와 대규모 협동노동의 문제를 다룬다. 주인공 몰 플랜더스가 성공 사다리를 타고 올라가는 첫 단계로서 노상강도와 엮인다는 점이 보여주듯이, 사회의 상층부로 이동하는 것은 긍정적 행동에 의해서가 아니라 부정적 범죄에 의해서 성취된다. 그녀가 마침내 달성하는 맨 마지막 단계는 버지니아의 담배플랜테이션이다. 그녀 역시 노예가 된 아프리카인을 등칠 수 있는 것이다. 만일 우리가 로빈슨 크루소와 플랜더스를 백인종의 대표자로 본다면(여기서 인종은 노예노동자들과 플랜테이션 소유주 사이의 계층으로서 엄밀하게 정의된다), 이는 아프리카인들과 커머너들 **모두**와 대조된다는 의미에서이다.

『뉴잉글랜드쿠랜트』는 『런던저널』에 고취되어서 시작되었는데, 후자 자체가 '싸우스씨 거품' 사건의 사기를 폭로하기 위해서 만들어졌다. 이 보스턴 신문은 "바베이도스, 자메이카, 버지니아, 수리남으로 출항하는" 선박들에 대한 뉴스를 실었다. 대서양을 가로지르는 정기적인 우편 업무가 1721년에 시작되었다. 이 신문의 1722년 7월 23일자(52호)는 마그나카르타의 유명한 39조를 인용하면서 나라의 어리석음을 바로잡으려고 하였다. "그 어떤 자유민도 체포·구금 등이 되어서는 안 된다. 이 말은 황금 글자로 쓰일 가치가 있다. 나는 이 말이 우리의 모든 법원들, 시청들, 대부분의 관공서들에 대문자로 새겨져 있지 않은 것을 종종 의아하게 생각했다. 이 말은 우리 영국의 자유와 자유권에 본질적인 것이기 때문이다." 이미 사과는 벌레 먹은 상태였다. 고용되지 않은 사람들이나, 15척의 어선을 공격하여 『뉴잉글랜드쿠랜트』에서 반란자들로 선언되었고 그 여성과 아이들이 잡혀서 던스터블로 후송된 인디언들에게는, "누구도 신리 없이 생계수단을 박탈당해서는 안 된다"는 말이 공허하게 들린다. "그 어떤 사람도 자신의 고국으로부터 유배되거나 추방될 수 없다"는 것은 아프리카의 서쪽 해안에서 아메리카로 온 남성, 여성, 아이 노예들에게는 위선이다. 이 신문의 유일한 광고 문구는 이렇다. "킹스트리트 아래쪽에 있는 크라운커피하우스에서 토머스 쎌비 씨가 일 잘하게 보이는 여자 검둥이를 팖."

　얼굴 검게 칠하기와 노예매매라는 주제들은 실질적으로 중첩되는가? 지리, 경제, 법에 의하면 그렇다. 지리적으로 월섬체이스는 포츠머스 근처이며 따라서 제국의 해상 항로에 가깝다. 실제로 18세기에 포츠머스에서 런던으로 가려는 사람이라면 그 주된 경로 중 하나가 얼굴 검게 칠하기가 일어난 장소들인 햄프셔와 버크셔의 삼림을 지나가는 것이다. 19세기의 지역 고미술품 연구가인 퍼써벌 루이스는 뉴포레스트가 노르망디에 가까우며 정복자 윌리엄의 첫 삼림이라는 점을 잘 알고 있었다. 1723년 12월 타이번에서 교수형 당한 일곱 명의 월섬 흑인위장자들 중 셋이 포츠머스 출신이다. 경제적으로, 포츠머스의 조선소들은 엄청난 양의 목재를 소비하는 곳이었다. 해군의 군수담당자가 뉴포레스트에 상주하였다. 이 숲에서 커머너들이 목재용으로 나무를 베는 것은 "해군용 나무들"이 숙소의 수리를 위하여 채취된 1719년에 특히 민감한 사항이 되었다. 야생 숲의 지척에 5대양이 있었던 것이다. 법의 관점에서 보자면, 노예매매와 얼굴 검게 칠하기 사이의 관계를 보여주는 인물은 법무차관인 필립 요크이다. 이 사람은 1723년에 〈월섬 흑인위장법〉에 따라 숲의 평민들 일곱 명을 기소했다. 5

년 후에 그는 법무장관이 되어 노예가 세례를 받았다고 해서 자유를 얻는 것은 아니라고 재정裁定하였으며, 그의 재정으로 인해 노예소유주들이 잉글랜드의 노예들을 플랜테이션으로 돌아가도록 강제할 수 있었다.[27]

해적들과 밀렵꾼들은 모의재판을 열었으며 재판의 의식儀式 속에 마그나카르타의 형태들을 보존하였다. 1722년에 쿠바 근처의 한 섬에서 토머스 안티스 선장 아래 있는 해적단이 심심풀이 삼아 "서로를 해적 행위를 한 죄로 재판하는 모의 법정"을 열었다. 재판은 판사와 배심원들 앞에서 열렸다. "어느 날 범죄자였던 자가 다음 날은 판사가 되었다." 해적 찰스 벨라미는 부자들을 통렬하게 비난하였다. "그들은 정말이지 법의 보호 아래 가난한 사람들을 강탈하고 우리는 우리 자신의 용기의 보호 아래 부유한 자들을 약탈합니다." 1723년 봄에 윈저포레스트의 흑인위장자들은 월폴에게 흑인위장자들을 일러바치는 밀고자이자 아내 구타자인 토머스 파워스 목사를 재판하는 모의법정을 열었다. 얼굴을 검게 칠한 사람들과 해적들, 커머너들과 아프리카인들이 법을 소재로 한 대항극에 계급의식을 담아 표현했던 것이다.

블랙스톤이 자유헌장에 대한 그의 학술적 연구서를 출판한 다음 해인 1760년에 자메이카의 노예들 사이에서 일어난 택키Tacky의 반란은 카리브해 지역 전역의 노예들 사이에서 저항의 한 주기週期를 개시하였는데, 이는 런던의 노동자들과 잉글랜드의 커머너들에게도 상당한 영향을 미쳤으며 아메리카 혁명에서 정점에 이르렀다. 노예제국의 확장이 그와 동시에 일어나는 잉글랜드

의 산업 노동계급의 확장과 병행하게 될 것이었다.[28]

　　1762년 템스 강 위에서 나이지리아의 노예인 올로다 에퀴아노는 자신을 〈서인도회사〉 선박에 팔려고 준비를 하고 있는 주인에게 자신은 자유인이라고 말했다. 그를 새 배에 데려다 주는 강배의 노잡이들은 "노를 젓기 싫었음에도 불구하고 어쩔 수 없이 노를 저었으며" 그에게 그는 팔릴 수가 없다고 말했다.[29] 힘을 얻은 에퀴아노는 차밍쌜리호의 갑판 위에서 계속 따졌다. "선장은 '너는 나의 노예다'라고 말했다. 나는 그에게, 나의 주인은 나를 그에게든 다른 사람에게든 팔 수가 없다고 말했다. '너의 주인이 너를 사지 않았는가?'라고 그는 말했다. 나는 산 것은 인정했다. 그러나 나는 여러 해 그에게 봉사했으며 그가 나의 모든 임금과 상금을 가졌고 내가 받은 것이라곤 전쟁 중에 받은 6페니밖에 없다고 말했다. 이것 말고도 나는 세례를 받았으며 나라의 법에 의하면 그 누구도 나를 팔 권리가 없다고 말했다. 이에 덧붙여 나는 법률가나 그 밖의 사람들이 나의 주인에게 그렇게 말하는 것을 여러 번 들었다고 말했다. 그러자 그들은 둘 다, 나에게 그렇게 말한 사람들은 내 친구들이 아니라고 말했다. 그러나 나는, 다른 사람들이 그들만큼 법을 잘 모른다는 것은 이상한 일이라고 말했다. 그러자 도런 선장은 내가 영어로 말을 너무 많이 한다고 말했다. 그리고 입 닥치고 제대로 처신하지 못한다면 자신이 나를 그렇게 만들 방법을 배에 가지고 있다고 말했다."[30]

　　그러는 동안 옥스퍼드에서는 블랙스톤이 『잉글랜드법 주석』 집필을 시작했으며, 이 책은 마그나카르타와 노예제 폐지 사이의 또 하나의 연결고리가 만들어지기 시작하는 시기인 1765년과 1769년 사이에 나왔다.

가나의 골드코스트에서 태어난 토머스 루이스는 덴마크의 노예무역상에게 팔렸다. 그는 귀족, 미용사, 판사 등 주인을 바꿔가며 모셨으며 런던에 오기 전에 뉴욕, 캐럴라이나, 자메이카, 뉴잉글랜드, 플로리다에서 살았다. 1770년에 첼씨의 노예추적꾼들이 그를 강제로 노예의 신분으로 되돌려 놓으려고 했다. 처음에는 "막대기를 입에 넣어 재갈처럼 물리려고" 하였다. 그러나 그의 외침 소리가 "몇몇 하인들의 귀에 들렸고" 이들이 그를 돕기 위해 노예폐지론자이며 그리스어학자이고 음악가인 그랜빌 샤프와 접촉할 수 있었다. 그때부터 사건은 빠르게 진행되었다. 샤프가 법에 호소하기 시작하자 노예상인들은 루이스를 강배에 태워 노예선까지 데려갔으며 노예선은 강을 따라 바다로 항해하기 시작했다. "이러한 거래에 있어서 머리, 가슴, 손의 신속함은 거의 누구도 따를 수 없다." 전환점은 7월 4일에 생겼다. 그의 일기는 나라의 독립은 아닐지라도[31] 한 노예의 독립을 얻으려는 시도를 이렇게 적고 있다.

7월 4일. 토머스 루이스를 위해서 인신보호영장을 얻으려고 시장을 찾아갔고 웰쉬 판사를, 또한 윌리스 판사와 스미스 남작을 찾아갔다.

바람은 잦아들었고 영장이 발부되었으며 루이스는 구출되었고 그의 추정상의 소유주putative owner는 재판에 회부되었다. 재판에서 배심원들은 루이스에게 유리한 평결을 내렸으며 모인 방청객들이 "사람은 재산이 아니다! 사람은 재산이 아니다!"라고 외쳤다.

사유재산은 그 당시 영국 지배계급의 머릿속에서는 신에 근접했다. 블랙스톤은 그의 『주석』에서 빛·공기·물처럼 "여전히 불가피하게 공통의 것으로 남아야 하는" 것이 있음을 인정했다. 그러나 다른 한편 그는 사적 소유를 "한 사람이 이 우주의 다른 모든 개인의 권리를 전적으로 배제하면서 세상의 외부 사물에 대하여 그 권리를 주장하고 행사하는 저 유일하고도 독재적인 공통권"으로서 정의했다.

그랜빌 샤프에게 그것은 승리였는데, 루이스의 변호사가 샤프의 소책자 『잉글랜드에서 노예제를 허용하는 것의 위법성』의 특정 부분을 언제라도 열 태세로 그곳에 손가락을 찔러 넣은 채로 들고 있었기 때문이기도 하다. 샤프는 이렇게 썼다. "얼굴색을 자랑할 이유가 인디언들만큼이나 별로 없는, 햇볕에 탄 소박한 영국인들이 많이 있다." 일부의 사람들이 조금만 노예제를 허용해도 "보통 사람들의 전반적 예속상태"가 생긴다. 그는 법상으로는 검둥이 노예도 인간일 수밖에 없음을 증명하기 위하여 에드워드 3세 28년의 칙령3호를 인용했다. "재산이나 신분에 관계없이 누구도 법의 적정절차에 의해 심리받지 아니하고는 토지 또는 보유재산을 박탈당하지 아니하고, 체포 또는 구금되지 아니하며, 상속권을 박탈당하지 아니하고, 사형에 처해지지 아니한다."[32]

샤프는 식민지의 노예 관련 제정법들을 분석하고 그것들을 계약하인들과 관련된 법과 비교하면서 24페이지에 달하는 각주를 달았다. 그는 쌕슨 시대를 노르만 정복 이후의 봉건독재와 대조시킨다. 농노제와 같은 야만적 관습은 "어둠의 시대에 문명화되지 못한 국왕봉신들이 행한 폭력적이고 비기독교도적인 강탈 말고는 토대가 없으며 종교와 도덕, 이성과 자연법이 이 지나치게 세력이 확장된 토지소유자들의 (잘못된) 상상적 이익과 통제될 수 없는 힘에 자리를 내주었다." 나중에 그랜빌 샤프는 앵글로-쌕슨의 지역 자치공동체인 **십인조**組에 기반을 둔 지역 민주주의 체계를 226페이지로 고안한다.[33] 이는 순전히 골동품적이라거나 유토피아적인 관심의 표현이 아니었다. 17세기의 법학자이자 학자인 존 쎌든은, (이웃주민들을 포함하는) **영주법원**court leet이 십인조에서 발전되어 나왔으며 영주법원은 공유지에 넣을 수 있는 암소나 양의 최대 숫자를 규정하는 것과 같은 지역 공무를 처리했음을 보여주었다.[34] 이렇듯 십인조는 지역의 커머닝을 나타내는 행정 용어였다.[35]

그랜빌 샤프는 마그나카르타 옹호의 거성이 되었다. "오랜 시간에 걸쳐 형성된 지혜는 [마그나카르타를] 숭엄한 것으로 만들었으며 그것에 헌법 자체에 맞먹는 권위를 부여하였다. 실제로 마그나카르타는 헌법의 가장 본질적이고 근본적인 부분이다. 그래서 마그나카르타를 폐지하려는 시도는 어떤 것이든 국가에 대한 반역이 될 것이었다! 따라서 이 영광스러운 헌장은 폐지되지 않고 계속되어야 하며, 현재는 무용하게 보이는 조항들도 유효한 것으로 남아 있어야 한다."[36]

투머스 루이스 재판의 판사인 맨스필드 경은 노예제 자체를 반대하는 일반적 판결은 결코 내리지 않으려는 단호한 태도를 보였다. 그가 루이스의 변호인에게 말했듯이, "나는 모든 주인들은 자신이 자유롭다고 생각하고 모든 노예들은 자신이 자유롭지 않다고 생각하기를 바라는데, 그러면 주인들이나 검둥이들이 처지에 맞게 더 잘 행동할 수 있기 때문이다." 그랜빌 샤프는 격하게 분노했다. 이 판결이

사적인 이익을 공적인 이익보다 앞세우고, 말이나 개의 주인처럼 사람을 금전적이고 추잡하게 재산으로서 소유하는 것을 더없이 귀중한 자유보다 앞세우며, 피해를 입은 신민들이 가지는 구금으로부터의 자유에서 기인한 고결한 법을 능욕하고, 그것을 가난하고 죄없는 사람들을 절대적이고 무제한적인 노예상태에 내어 주는 억압의 도구로 만들며, 이 죄없는 사람들을 말이나 개로 취급하여 단순한 재산으로서 사적 개인에게 끌어다 바치는 …… 헌법의 원칙에 대한 공공연한 경멸

을 드러냈다는 것이다.[37]

1772년 1월 제임스 써머씻 사건이 인신보호영장과 관련하여 왕좌법원에 회부되었다. 그리고 6개월 후에 유명한 판결이 내려졌다. 써머씻은 아프리카에서 태어났으며 버지니아에 노예로 팔렸고 보스턴 세관 관리의 재산이 되었다. 이 관리는 그를 런던으로 데려왔고 런던에서 써머씻은 탈주했다. 그는 잡혔지만 인신보호영장으로 인해서 다시 노예로 내보내지지 않았으며 재판에 회

부되게 되었다. 판결 자체는 모호했으며 심지어는 "난해했다." 그 럼에도 불구하고 많은 사람들은 "맨스필드 경이 그렇게 내린 판결 은 상급법정변호사 데이비가 제안한 공리, 즉 **어떤 노예라도 영국 땅 에 발을 들여놓자마자 자유로워진다**는 공리를 확립했다"고 믿었다.[38]

"영국 땅"이 자유를 준다는 생각은 블랙스톤이 노예제에 대 해서 한 악명 높은 이중적 발언에 다시 등장한다. 써머씻의 변호 인은 『주석』에서 다음 대목을 인용했다. "그리고 이러한 자유의 정신은 우리의 헌법에 매우 깊게 심어져 있고 우리의 토양에 뿌리 를 내리고 있어서 노예나 검둥이는 잉글랜드에 상륙하는 순간 법 의 보호를 받으며 모든 자연권과 관련하여 즉시 자유민이 된다." 1766년 판에는 이 말이 들어 있다. 그러나 1년 뒤에 나온 2판에는 "비록 노예의 노역에 대한 주인의 권리는 여전히 계속될 수 있지 만"이라는, 맨스필드가 블랙스톤에게 시사한 단서가 붙어 있다.

땅이 자유를 부여한다는 생각은 독특하다. 그 땅이 (담이 세 워지고 나뉘고 산울타리가 쳐지고 종획되어) 이전보다 덜 자유로 운 바로 그 때에 이러한 표현이 사용되고 있기에 더욱 그렇다. 블 랙스톤과 맨스필드는 오래된 친구였다. 맨스필드는 『주석』에 매 우 탄복하고 있었으며 (그는 첫 판의 초안 작성을 도왔다) 그 저자 인 블랙스톤을 "거칠고 난해한 저자"인 코크와 대조시켰다.[39]

커머닝은 그 사건에 두 가지 방식으로 등장한다. 써머씻에게 는 조카가 있었는데 이 조카는 써머씻이 자유로운 몸이 되었다는 소식을 듣고는 자신이 하인으로 있는 곳에서 도망쳤다. 주인은 "내 물건을 가지고 사라진 것은 아니다. 자기 옷을 몽땅 가지고 갔는데 그가 그럴 권리가 있는지는 모르겠다"고 불평했다. 하인들이 옷을 소유하는 것은 **베일즈**vails라고 알려진 부수입 관습이었다. 실로 이 산업화 시기 동안 농경지나 숲 형태의 공유지에 더 이상 접근하지 못하는 영국 노동자들은 여러 업종 관례들과 베일즈와 같은 관습적 부수입을 만들어 냈다.[40] 이것이 이 사건에 커머닝이 등장하는 첫째 방식이다.

둘째는 이렇다. 맨스필드의 조카인 존 린지 경은 다이도라고 불리는 흑인 여자아이의 아버지였는데, 이 아이의 어머니 린지는 스페인 선박에 타고 있다가 포로로 잡혔다. 맨스필드 경이 이 아이를 돌보았다. 다이도는 글을 읽을 줄 알았으며 반듯하고 읽기 쉬운 글씨체를 가지고 있어서 때때로 판사의 서기 역할을 하였다. 아프리카계 아메리카노예의 딸인 이 아이는 또한 맨스필드의 큰 저택인 켄우드하우스의 낙농장과 가금家禽장을 관리하면서 햄스테드히스에 있는 공통의 목초지에 가축을 방목시키는 커머너였다.[41]

1774년 봄에 올로다 에퀴아노는 터키의 스미르나로 향하는 앵글리카니아호의 선원으로 등록하였으며 "매우 똑똑한 흑인 존 아니스를 요리사"로 추천하였다. 이것이 비극의 시작이었다. 부활절 월요일에 두 척의 보트를 타고 온 여섯 명의 남자들이 강제로 아니스를 노예선으로 데려갔다. 에퀴아노는 재빨리 그리고 전심을 다하여 대응했다. 또 한 번 질풍같이 항해하고 달려서 영장을 가져왔다. "내가 그들에게 이미 알려졌기에 나는 다음과 같이 속임수를 쓸 수밖에 없었다. 나는 얼굴을 하얗게 칠하여 나를 몰라

보게 했고 이로써 바라는 효과를 얻었다." 그는 인신보호영장을 송달할 능력이 있었다. 그러나 그의 얼굴을 하얗게 칠했음에도 불구하고, 아니스의 주인이 되는 길로 가는 문턱(말 그대로의 선線이 자 인종의 선)을 넘었음에도 불구하고, 그는 소송에서 졌다. 알고 보니 그의 변호사가 충직하지 못했던 것이다. 노예선은 쓴트키츠 St. Kitt's를 향해 떠났고 거기서 아니스는 베이고 채찍질 당하고 땅에 박힌 말뚝에 묶이고 쇳덩이들에 눌려서 결국 사망했다.[42]

그러나 역사가 비극으로만 이루어진 것은 아니다. 이 경험으로 인해 에퀴아노는 잉글랜드의 노예폐지운동에 확연한 형태를 부여하는 데서 뛰어난 역할을 할 뿐만 아니라, 인신보호영장이 아메리카의 민킨스 사건(1851)과 번스 사건(1854)에서 투쟁의 일부가 되었던 것이다. 민킨스와 번스는 모두 버지니아의 노예로서 보스턴으로 실려 가던 중 탈출했으며 보스턴에서 다시 잡혔다. 사람들은 그들을 위해 인신보호영장 청구를 하여 〈탈주노예법〉(1850)에 맞섰으나 성공하지는 못했다. 그러나 (공성攻城 망치를 사용하여) 법정에 들어가서 구금자를 석방시키는 인신보호 직접 행동 ─ "그대의 신체는 그대의 것이 될 것이다"[43] ─ 이 두 경우 모두에 시도되었으며, 민킨스의 경우에는 성공을 거두었다. 윌리엄 로이드 개리슨이 1829년에 7월 4일을 "365일 전체 중에서 가장 나쁘고 '비참한 날'"이라고 하면서 희년禧年을 부르짖었을 때, 그는 1770년 바로 그날 있었던 루이스와 샤프의 승리를 알지 못한 상태였다.[44]

잉글랜드에서의 투쟁 덕분에 마그나카르타는 아메리카에서

노예제 폐지운동의 일부가 되었다. 삼림헌장은 잊혔거나 고딕 시대로 보내졌다. 아메리카에서 공통권을 지키기 위한 활발한 투쟁이 있었던 것은 분명하지만, 아메리카 혁명 이후에는 그 권리들이 사회의 헌법적 기초가 될 기미가 없었다.[45]

내가 이 장에서 언급한 세 법학자 중 한 사람은 교구목사이고 다른 한 사람은 교수이며 나머지 한 사람은 노예폐지론자이다. 윌리엄 워터슨은 공통권의 기초가 되는 문서들을 찾아서 희귀고서 연구자의 길을 갔다. 윌리엄 블랙스톤은 마그나카르타와 사유재산을 모두 옹호했다. 그랜빌 샤프는 마그나카르타가 어떻게 노예제에 맞서 싸우는 데 사용될 수 있는지를 보여주었다. 블랙스톤은 공통권을 "비물질적 상속재산"이라고 불렀다. 그는 커머닝을 상속될 수 있는 것에 국한시켰기 때문이었다. 샤프는, 영국의 역사에서 농노계층은 등본보유자의 신분으로 변형되었으며 등본보유자는 아주 오래전부터 계속되어 온 커머닝을 누릴 수 있음을 보여주었다. 샤프는 노예제에 반대했다. 워터슨은 커머닝의 옹호자였다. 블랙스톤은 양자에 대해 모호한 태도를 취했다.

그랜빌 샤프는 예전에 노예였던 노예폐지론자들로부터 배운 것의 도움으로 대안적 역사를 썼다. 그는 마그나카르타에 관심을 기울였고 그 이전의 시대에 관심을 기울였다. 그리하여 앵글로족과 쌕슨족의 십인조에서 민주주의의 순수한 형태를 발견했으며, 이것을 프랑스 혁명가들, 시에라리온에 정착한 자유민 흑인들, 그리고 힌두의 신분제도를 민주화하려는 사람들에게 추천하였다. 이는 모두 ─ "자유민이든 농노든"(브랙턴Bracton) ─ 를 위한 자

치의 형태로서, 지키고 보호하며, "이웃끼리의 자유로운 관계"를
유지하고, "얼마나 많은 암소나 양을 공유지에 넣을지"를 규정하
는 것과 같은 세칙들을 만들면서 영주법원으로 발전되었다.

6

1776년과 러니미드

서리의 한기에 가련한 늙은 뼈가 시려
견디기 어려운 지금
구디 블레이크에게 오래된 산울타리만큼
유혹적인 것이 있을 수 있는가.
그리고 꼭 말해야 할 것이지만
때때로 늙은 뼈가 차가워질 때
그녀는 불가나 침대를 떠나
해리 길의 산울타리를 찾아간다네.

윌리엄 워즈워스, 「구디 블레이크와 해리 길」(1798)

토머스 제퍼슨의 독립선언문(1776) 초안은 워싱턴 D. C. 국가기록원의 원형홀에 "자유헌장"으로서 미국 헌법 및 권리장전과 함께 보관되어 있다. 1952년 12월 해리 S. 트루먼은 문서들이 우상이 되는 것을 경계하면서 이 원형홀을 봉헌했다. 2003년 9월 조지 W. 부시는 독립선언문에 서명한 사람들이 "제국의 적"이 된 것을 찬양하면서 이 홀을 재봉헌했다. 더 나아가 부시는 그 자신이 우상의 주변을 맴돌면서 하늘의 뜻을 암시했다. "진정한 혁명은 하나의 세속적 권력에 항거하는 것이 아니라 모든 세속적 권력 위에 있는 원리들을 선언하는 것, 즉 만인의 신 앞에서의 평등과 만인의 권리를 보장해야 하는 정부의 책무를 선언하는 것입니다."

1984년에 텍사스의 억만장자 로스 퍼로우는 에드워드 1세가 통치할 때(1297년경) 작성된 마그나카르타 판을 150만 달러에 구입한 후에 그것을 이 건물에 다른 자유헌장들과 함께 영구임대로 전시하였다. 그렇게 마그나카르타는 수 세기 동안의 친구인 삼림 헌장으로부터 수천 마일 떨어진 곳에 있다. 잉글랜드 제국의 헌장인 마그나카르타가 미국의 헌장들 옆에.

『상식』(1776)에서 페인은 마치 자유가 고통스런 상황에 처한 처녀이고 독립이라는 정치적 기획이 기사의 협객행의 한 형태인 듯이 썼다. "구舊세계는 온통 억압으로 뒤덮여 있다. 자유는 오랫동안 세상 어디에서나 사냥당해 왔다. 아시아와 아프리카는 오랫동안 자유를 추방했다. 유럽은 자유를 낯선 사람 취급하고 잉글랜드는 자유에게 떠나라는 경고를 주었다. 오! 도망자를 받아들이고 인류를 위해 피난처를 준비하라." 이런 생각은 미국으로 들어가는 항구들에는 더 이상 쉽게 적용될 수 없으며 히스로우 공항에도 쉽게 적용될 수 없다. 그러나 페인이 책을 썼을 때에는 많은 이주민들이 종획운동으로 인해서 삶의 터전에서 추방된 도망자였고 피난처를 찾는 사람들이었다. 아직 세계의 모든 곳이 종획된 것은 아니었지만, 1776년의 아일랜드·스코틀랜드·잉글랜드는 종획운동이 성공적으로 시작된 상태였다. 1775~76년 겨울에 자유가 여성적이라고 생각하는 것은 손이 뼛속까지 시린 병사들에게는 따스함을 주는 것이었다. (페인은 『상식』의 초판을 팔아서 모은 돈이 병사들에게 벙어리장갑을 사주는 데 사용되기를 바랐다.)

『상식』은 독립을 해야 한다는 주장을 공화국을 건설해야 한다는 주장과 연결시켰다. 왕이란 "안달하는 불량배 패거리의 두목"이다. 페인은 1066년의 노르만 정복을 기억한다. "정복자 윌리엄이 잉글랜드를 굴복시켰을 때 그는 칼을 들이대고 잉글랜드에 법을 부여하였다." 물론 이는 마그나카르타에 의하여 바뀌었다. 노르망디의 윌리엄은 (바로 이 사람이 잉글랜드의 군주정치의 계보를 창시했다) "무장한 도적단과 함께 상륙한 사생아 프랑스인"이었다. 그를 사생아라고 부르는 것은—"잉글랜드 군주정치가 처음 시작되던 시기는 조사해 보면 문제가 많다는 것이 명백한 사실이다"—마치 그의 어머니의 행위가 잉글랜드를 정복한 자들의 체면을 깎기라도 하는 것처럼 비춰지도록 하기 위한 것이다. 억울함을 당한 여성을 구하려고 하는 『상식』이 여성의 정조를 필요로 한 것이다.

페인은 아메리카인들에게 "(잉글랜드의 마그나카르타라고 부르는 것에 상응하는) 대륙 헌장, 혹은 〈단결한 식민지들의 헌장〉"을 작성하기를 요구한다. 이 헌장이 "모든 이에게 자유와 재산을, 그리고 무엇보다도 양심에 따른 종교의 자유를, 헌장에 담길 필요가 있는 다른 것들과 함께" 보장할 것이었다. 『상식』은 식민지들을 전쟁에 동원하였으며 "종교든 개인의 자유든 재산이든 모든 개별 부분의 권리가 유지되도록 전체가 관여하는, 근엄한 의

무의 맹약으로서 이해될" 특정 종류의 헌장을 작성할 것을 제안하였다. 그는 상품소유자들·농장주들·수공업자들·소매상인들에게, 즉 자신이 그러한 헌장을 찬양하는 것을 이해하는 사람들에게 호소했다. 그러한 사람들이 거래하고 계산할 상품을 가지고 있었기 때문이다. "견실한 거래와 바른 계산이 오랜 친구를 만든다."

그는 한 의식儀式을 묘사한다. "헌장을 선언하는 날을 따로 정하자. 그 헌장을 신성한 법, 즉 신의 말 위에 놓고 사람들에게 공개하자. 그 위에 왕관을 놓고, 우리가 군주제를 인정하는 한에서는 아메리카에서 **법이 왕이라는 것**을 세상이 알게 하자. 절대왕정에서는 왕이 법이듯이, 자유로운 나라에서는 법이 왕이 되어야 하며 다른 왕은 없어야 하기 때문이다. 그러나 나중에 오용이 생기지 않도록, 의식을 마친 후에 왕관을 부수어서 그 조각들을 권리를 가진 사람들 사이에 뿌리도록 하자." 그는 성서를 언급하지만, 이름을 사용하지는 않고 왕관 혹은 법과 왕관의 지주支柱로서 언급한다.

그는, "다른 나라들과 어깨를 나란히 하기 위해서는" "우리가 견뎌온 참상들을 설명하고" 독립을 옹호하는 선언을 하기를 제안하는 것을 결론으로 내린다. 이 팸플릿은 "공개적이고 단호한 독립선언만큼 우리의 일을 신속하게 처리할 수 있는 것은 없다"는 말로 끝난다. 그리고 그는 네 가지 이유를 제시하는데, 넷 모두 동맹국들로부터 도움을 얻기 위해서 독립이 필요하다는 데로 이른다. 고문서의 새로운 의미는 이제 헌장에서 국민국가로 확대된다.[1]

블랙스톤은 1760년대에 시작된 거대한 사회변동 동안 대서양 지역 지배계급의 법학자였다. 그의 『잉글랜드법 주석』은 성문

법에 지고의 주권이라는 외관을 제공하는 것을 도왔다. 식민지들이 이제 아메리카합중국으로 독립하면서 'diplomatics'(고문서)는 문서와 관련된 전문용어가 되기를 그쳤고 'diplomacy'(외교)를 의미하기 시작했다. 국가들 사이의 관계가 이렇게 새로운 방식으로 '문서적'이 되었기 때문이다. 외교는 국가들 사이의 관계와 관련된다. 훌륭한 민중으로부터 권위를 얻은 지고의 재판관에게 호소하는, 독립선언문의 마지막 단락은 "자유로운 독립 국가들"의 활동을 냉정하게 서술한다. 그 단락은 전쟁의 개시, 강화조약 체결, 동맹 결성, 사업의 확립을 언급한다. 페인이 예상하는 관계는 상업의 관계이다. 그러나 여기서 상업은 삼림헌장의 상업 — 이는 국민국가들이 아니라 공유지를 가리킨다 — 과 다르며, 삼림헌장에서 커머닝은 생산 및 소비와의 관계에서만 이해된다. 인디언들·노예들·여성들은 다양한 비공식적인 공유지에서 행복을 추구했다. 공유지에 있는 개방된 모든 것과는 대조적으로 상업은 생산을 (그것의 기계화, 분업, 연장延長을) 숨기며, 마찬가지로 소비자의 가난 혹은 사치를 숨긴다. 토머스 페인과 독립선언문은 독립 국가를 소비사회로 생각한다.

독립선언문은 조지 3세의 전제적 절대주의의 사례로 약 27개의 "사실들" 혹은 "강탈들"을 열거한다. 이들 중 일부 — 배심재판(39조), 특허장의 반환(49조) — 는 마그나카르타로부터 직접 도출되며 다른 것들은 간접적으로 도출된다. 후자에 해당하는 것으로 몇 개를 말해 볼 수 있다. 선언문은 특별관할 법원으로서 해사海事법원을 언급한다. 마그나카르타도 특별관할 법원으로서 삼림법원을 언급한다. 조지 3세는 인신보호영장의 적용 없이 "공해에서 잡힌 동포 시민들을" 구속했다. "자유로운 영국법 체계"에 대한 언급은 **법의 적정절차**와 관련된다. 선언문에는 조지 3세가 해외 무역을 차단했다고 되어 있다. 마그나카르타는 여행하는 상인들을 특별히 보호한다. 선언문은 조지 3세와 의회가 동의 없이 세금을 부과한다고 불평한다. 마그나카르타는 그 어떤 군역면제세나 특별세도 일반적 동의 없이 부과될 수 없다고 정한다. 마지막으로 선언문은 조지 3세와 의회가 "범법을 했다는 이유로 우리를 해외로 추방하여 재판을 받도록 하는 것"에 반대한다.[2] 그러한 "범인 인도"를 허용한 〈강제법〉은 보스턴티파티 사건에 대한 의회의 대응이었다.

마그나카르타와 독립선언문 사이에는 중요한 차이가 있다. 선언문의 목적은 전쟁·평화·동맹·상업과 관련하여 국가의 힘을 **정당화**하는 것이다. 이에 반해 마그나카르타의 목적은 왕권의 힘을 **삭감**하는 것이다. 마그나카르타는 전쟁을 종식시킨다. 독립선언문은 동맹국을 얻고 병사들의 싸움의 의지를 굳게 하려고 한다. 양자의 재산관도 상이하다. 마그나카르타는 삼림을 돌려주는 배상의 문서인 반면에, 선언문은 취득의 문서이다. 그것은 페인이 "알려진 바에 따르면 연령·성·지위를 막론하고 사람들을 무차별하게 살생하는 전쟁규칙을 가지고 있는 잔인한 인디언 미개인들"이라고 부른 집단에 맞서 "우리의 국경"을 방어하는 것을 허용하는 대륙적 토지수탈이다.

페인은 커머너들로부터 공통 감각을 박달했나. 그의 쌤플릿

『상식』이 설파한 독립 기획은 사유화의 기획이다.[3] 아프리카 노예들과 토착민들은 배제되며 여성들도 수사修辭와는 달리 제외된다. 비록 그는 "많은 사람의 평등한 대의代議"를 요구하지만 이들을 배제하는 것이 공유지의 사유화와 연관된다. 사유화가 수탈의 결과가 아닐 때조차도 그렇다.

공유지의 수탈은 여성들의 경제적 역할을 축소하였다. 아이비 핀치벡의 계산에 따르면 이삭줍기로 6부셸의 알곡을 마련하는 것이 가능했다. 이삭줍기는 여성들과 아이들의 일이었다. 에스토버스 혹은 땔감의 취득은 대체로 여성의 일이었다. 암소 키우기를 가능하게 했던 목초 혹은 방목권 또한 여성의 것이었다. 따라서 여성은 건강한 식단을 위해서 치즈·버터·우유를 마련했으며 여성이 키우는 가축은 텃밭과 들밭에 영양소를 채우는 거름을 제공했다. 공유지에의 접근은 두 종류의 자립성을 주었다. 첫째로 "농장을 경영하는 농민들이 가축, 텃밭이 있고 토탄과 에스토버스에 대한 권리를 가진 노동자들을 늘 마음대로 부릴 수는 없었다." 둘째로, 커머닝은 가족 내에서 여성의 자립성을 제공했다. 커머닝은 군집적이었다. 공유지의 상실은 인식론적 효과 — 세상을 어떻게 보는가, 세상에 대해서 무엇을 아는가 — 를 낳았는데 이는 예를 들어 존 클레어의 시와 같은 데서 드러난다.[4]

공통 감각이 실천적이라면 그 실천성은 해당 세계의 사회적 상호작용에 의해 일어난다. 그 세계의 성격은 변하고 있었으며, 주된 사회적 상호작용 — 재생산과 생산, 즉 노동 — 도 우리가 막연하게 산업혁명이라고 부르는 것, 즉 담장 세우기, 산울타리 치기,

나무 심기, 제조하기, 벌채하기, 도로건설, 운하 파기로 변하고 있었다. 존 프리스틀리(1775)는 공통 감각을 "공통적인 것들을 판단하는 능력"이라고 정의했다. 존 비티(1770)는, 공통 감각은 논리적 주장에 의해서 인식되는 진실이 아니라 자연에서 (교육이 아니라 자연에서) 도출되는 거역할 수 없는 충동에 의해서 인식되는 진실이라고 말했다. 그보다 몇 년 전에 글래스고 대학에서 아담 스미스를 이어받은 토머스 레이드는 『인간정신 연구 ― 상식의 원칙에 관하여』(1764)를 출간하였다. 그는 스코틀랜드의 고원지대에서 집이 불태워져서 추방되었거나 공동체적 런릭5 밭에서 축출된 사람들의 잊지 못할 경험6에서 'common sense'라는 어구를 가져온 것이 아니라 키케로에서 가져왔다.7 전자의 것이 그의 세대의 스코틀랜드인에게는 지배적인 경험이었는데도 말이다.

따라서 페인이 책을 쓸 때에 이 어구가 널리 퍼져 있었다. 그의 팸플릿은 흥분시키는 힘이 있고 시의적절하기도 했지만 그럼에도 불구하고 세 가지 모순을 가지고 있었다. 첫째, 그는 "억압은 종종 부의 **결과**이지만 부의 **수단**인 적은 거의 없거나 결코 없다"고 주장했다. 공장생산이 널리 퍼진 뒤에는 이런 문장은 쓸 수가 없다. 이 문장이 플랜테이션 생산 이후에 쓰였다는 점은 그가 노예를 독립의 기획에서 배제하고 있다는 것을 우리에게 상기시켜 준다. 둘째, 잉글랜드에 대한 비난의 일부는 잉글랜드가 "인디언들과 니그로들을 부추겨 우리를 파괴하도록 했으며, 우리에게는 야만스럽게 대하고 그들에게는 기만적인 태도를 취한다는 점에서 그 잔인함이 이중적으로 사악하다"는 점이었다. 셋째, 그는 '최대

벌목점' 현상이라고 불릴 수 있는 주장, 즉 주된 탄화수소 에너지 원에 한계가 있고 이것이 독립의 기획을 위기에 빠뜨릴 수 있다는 생각을 가지고 있었다.[8] 숲이 사라지고 있으며 따라서 전쟁의 무기인 배를 지을 수 있는 능력이 앞으로 감소되리라는 것이었다.

미국은 한편으로 분리와 독립의 근엄한 공표에 마그나카르타를 활용했으며, 다른 한편으로 공격적인 강국으로서 병사들에게 보수를 지불하고 동맹국들에게 보상해 주기 위해서 땅(처녀림)을 사유화했다. "부서져 생긴 가장 작은 금도 이제 어린 오크나무의 껍질에 바늘 끝으로 새긴 이름과 같을 것이다. 상처는 나무와 함께 확대될 것이며 후세는 완전히 커진 글자로 그것을 읽을 것이다."

페인은 잉글랜드로부터 독립해야 함을 가장 웅변적이고 근대적으로 호소하면서 영국 헌정체제의 가장 근본적이고 고딕적인 부분을 언급한다.[9] 이유는? 식민지 이주자들의 자유 개념에서 제1의 요소는 마그나카르타이며, 그 다음이 1381년의 농민반란과 1647년의 찰스 1세 타도이다.[10] 1761년에 제임스 오티스는 영국의 가택수색영장(이는 정부가 시민의 집이나 개인 기록에 접근할 수 있게 허용한다)에 맞서서 연설 — "불꽃"이라고 존 애덤스는 불렀다 — 을 했는데, 이 연설에서 그는 자연권과 마그나카르타를 결합시켰다. "아메리카의 독립은 바로 그때 태어났다"고 애덤스는 결론지었다. 1766년에 행한 설교에서 매사추세츠 해버힐의 에드워드 버나드 목사는 〈인지조례〉에 대한 저항을 마그나카르타를 위한 싸움에 비견하였다.[11] 실제로 매사추세츠 의회는 〈인지조

폴 리비어가 도안한 지폐. 1775년과 1776년. 〈미국 고서 학회〉 제공.

례〉를 무효라고, "마그나카르타와 영국인들의 자연권에 반하는" 것이라고 선언하였다. 폴 리비어는 1775년에 매사추세츠에서 쓸 지폐를 도안했는데, 여기에 한 식민지 이주자가 "마그나카르타"를 들고 있는 모습을 그려 넣었다. 그다음 해에 그 이주자가 들고 있는 것은 "독립"이(라고 잘못 쓰이게) 되었다.

그러는 동안 영국에서는 마그나카르타가 연극의 소재가 되었다. 존 로건은 1748년에 에든버러의 남쪽에 있는 곳에서 태어났다. 그는 에든버러 대학을 다녔다. 〈빠리평화조약〉이 체결되고 미국이 독립국가 대열에 합류한 1783년에 그의 비극 『러니미드』를 코번트가든에서 상연하려는 시도가 있었으나 체임벌린 경으로부터 온 명령으로 인해서 중단되었다.[12] 이 명령은 "영국으로부터 미국 식민지들을 쟁취한 독립정신에 10년 동안 적대적이었던 당시 왕궁의 정치적 성향을 일부 대목이 비판적으로 언급하고 있다는 점 때문에 나온 것인데, 바로 이 정신이" (그의 편집자의 설명에 의하면) "존 왕으로부터 자유헌장을 쟁취해 낸 것이었다."

이 극의 해석에서 여성의 역할은 실질적 생산과 무관하다. 여성은 낭만적 가치를 가지고 있지 노동이나 재생산과는 관계가 없다. 여성은 또한 욕구가 없으며 따라서 에스토버스는 언급될 수 없다. 여성이 남편을 잃을 수 있다는 사실은 진술되지 않는다. 여성은 인종적 통합의 수단이다. 노르만족과 쌕슨족이 통합되어 브리튼족이 되는 것이다. 캔터베리 대주교 스티븐 랭턴이 하는 연극의 마지막 대사에서는 여성이 브리타니아로, 대영제국의 여신으로 신격화된다. 『상식』에 미국의 잡색부대가 없듯이 『러니미드』의 등장인물 중에는 영국의 커머너들이 없다.

주인공 전사戰士를 돋보이게 하는 것은 최근에 성지에서 십자군으로 활약하면서 보여준 용기이다. 이렇듯 잉글랜드는 이슬람과의 대립을 통해 옹호되고 통합된다. 앨버말은 노르만의 귀족으로서 십자군에서 싸웠고 쌀라딘을 무찔렀으며 초승달 위로 십자가를 들어올렸다.13 아든은 쌕슨의 귀족이다. 앨버말의 딸 엘비나가 아든과 결혼한다면 노르만족과 쌕슨족이 화합하게 된다. "나는 환호로 맞이하네/ 하나의 영국민이 탄생하는 날을." 페인이 서술한 노르만 압제의 전복은 결합을 통해, 두 인종으로부터 하나의 국민을 만듦을 통해 이루어지게 될 것이었다.

그런데 엘비나의 젊은 시절 애인인 엘빈이 막 성전聖戰에서 돌아온다. 프랑스가 잉글랜드를 침공하고 엘빈은 그들과 함께 한다. 교황의 특사는 엘비나를 속여서 군주가 아니라 프랑스 왕세자를 지지한다고 선언하게 하고, 그녀는 반역자 취급을 받는다. 그녀는 단두대에 올려진다. 순수의 상징인 "엘비나가 하얀 옷을 입고 옆쪽으로 등장한다." 엘빈이 그녀를 구한다. 그도 누명을 쓰고 있었다. 국왕봉신으로서의 위치를 박탈당한 그는 "시간이 경과하면 세상에 불을 지를/ 대의大義"의 옹호자가 된다.

고트족은 로마제국에서 노예의 상태를 받아들이기보다

우리에게 야생의 숲을 다시 달라.
그리고 우리의 위대한 조상들의 사나운 자유를!

라고 외친다. 거의 화자 역할을 하는 스티븐 랭턴은 말한다.

그러한 소요로부터 혁명이 일어나며,
이는 이 섬나라의 성향상 계속될 것입니다.[14]

엘빈이 "자유의 대의를 위해 무장한" 영국 군대를 이끈다. 다음은 존과 엘빈의 대화에서 엘빈의 말이다.

브린턴족의 권리와 인간의 권리
이는 왕이 준 적 없으니
왕이 결코 가져갈 수 없다.
폭군이 자의대로 지배하고
나라의 주인 행세를 한다면

인류의 위대한 헌장은 어디에 있는가?

용감한 사람들의 고귀한 생득권은 어디에 있는가?

그리고 인간의 존엄은 어디에 있는가?

일반적으로 자유는 정신, 인신 그리고 재산의 자유이다. 세부적으로는 의회("단합한 나라의/ 공동의 목소리와 모두의 투표권"), 인신보호영장("감옥 벽의 비밀을 폭로하라/ 그리고 지하 감옥에서 들리는 신음이/ 대중의 귀에 들리게 하라"), 그리고 배심재판("하늘이 브리튼의 아들들에게 부여한/ 섬의 수호신, 즉 지위가 동등한 사람들의 재판")이 포함된다. 이러한 호언은 나라를 여성으로 의인화하는 데서 결론에 도달한다.

섬 여왕이 바위 옥좌에 숭고하게 앉아서

폭풍이 몰려온 지역을 보리라!

여왕은 오른손으로 바다의 홀笏을

내뻗고 왼손으로는 땅의 균형을 잡는다.

세계의 수호자인 여왕은 법을 부여한다.

바람을 부르면 바람이 응한다.

천둥같은 그녀의 힘을 날라

충성하는 땅들 위에 울리게 하고

왕들과 나라들에, 여왕을 모시는 세상에

숙명을 실어 나른다.

여왕은 세계의 거대한 파괴자들과 달리

그리스 혹은 로마의 이름 너머

아름다운 자유의 대의를 위해 싸우고 정복한다.

여왕의 승리의 노래는 나라의 노래이고

여왕의 승리는 인류의 승리이다.

파도의 지배, 하늘의 명령, 공중에서 터지는 폭탄, 저 높이 이루어지는 신격화. 마그나카르타는 온전한 지배의 도구가 된 것이다.

존 로건은 존 씽클레어의 선생이었는데 씽클레어는 1793년에 준공식적인 〈농업위원회〉의 첫 위원장이었다. 이 위원회는 잉글랜드 주州들의 농업감독을 수행하는 조직이었으며 의회의 종획 법안들의 통과에 앞장섰다. 〈의회 황지 특별위원회〉의 보고가 있었던 1795년에 씽클레어는 이렇게 썼다. "사회가 야만적인 상태에 있었던 때, 즉 사냥꾼이나 양치기보다 더 높은 직업을 몰랐던 때, 혹은 땅을 경작하는 데서 거두어들이는 이득의 맛을 보기 시작한 지 얼마 안 되는 때로부터 땅을 공동으로 소유한다는 생각이 도출될 수 있다는 말은 옳은 말이다."[15] 공유지는 복구할 수 없는 먼 과거, 혈거인의 시대에 속한다는 것이었다.

존 로건의 극 『러니미드』가 체임벌린 경으로부터 런던 공연 허가를 얻을 수 없었던 것은 아메리카 혁명이 마그나카르타에서 채택한 주장들을 지지한다는 이유에서였다. 문제는 존 밀러에 의해서 풀렸다. 밀러는 경제학과 계급갈등에 의거하여 마그나카르타를 해석했다. 마그나카르타는 그 나름의 불변적 발전단계들을 가지는 경제 혹은 테크놀로지의 맥락 속에서 계급갈등으로 자리매김되는 한, 사회의 소유질서에 거의 위협을 가하지 않는 안정의 토대로서 존중될 수 있었다. 그것을 이미 지나간 역사단계에 속하는 것으로 봄으로써 마그나카르타에 대한 거리가 획득되었던 것이다.

밀러는 자본주의에 대한 심원한 이론을 알고 있었다. 당시이 이론은 아담 스미스의 "보이지 않는 손"과 "분업"만이 아니라 자본주의가 불가피하다는 주장도 준거로 삼았다. 미국의 대의를 지지한 존 밀러는 아담 스미스의 수제자였다. 그는 『영국 통치의 역사』(1787)를 썼는데, 이 책은 마그나카르타에 대한 최초의 유물론적 해석을 담고 있었다. 그는 역사에 4단계론 — 야만, 미개, 봉건, 상업사회 — 을 적용했다. 이 시기들은 각각 사냥, 가축사육, 농업, 제조업에 기반을 두었다. 재산, 친족, 언어, 예법, 정치제도는 생산방식의 진전에 의존했다. 그리하여 인간 본성 자체가 시대에 의해 조건지어졌다.[16]

마그나카르타에 대한 밀러의 설명에서는 마그나카르타가 "세부적으로 더 다양하다는 점" 말고는 그 당시의 다른 헌장들과 다르지 않다. 이 세부들은 주요 귀족들 혹은 국왕봉신들과 마그나카르타 20조에 나오는 "낮은 지위의 사람들"에게 공히 적용되어서, 농노일지라도 그의 마차와 농사도구를 박탈당하지 않는다. 세부에 대한 그의 분석은 또한 "다른 계층의 사람들의 이해관계"도 드러낸다. 그가 말하는 것은 상업에 종사하는 사람들이다. 35조는 상인들의 면제권, 척도를 보호할 것을 정하고 있으며, 41조는 외국 상인들에게 안전을 마련할 것을 정하고 있다.

마그나카르타에는 삼림법과 관련된 조항들이 몇 개 있었는데, 이것들이 1217년 삼림헌장이 따로 마련되면서 (즉 "위대한 헌장이 그렇게 나뉘게 되었을 때") 확대된 것이다. 밀러는 "삼림헌장은 오늘날 그 주제가 아무리 사소한 것으로 생각될지라도 그 당시에는 최고의 중요성을 가진 것으로 간주되었다"고 말한다. 그는 어떻게 "고딕 국가들"이 로마제국을 대체하고 "야만적이고 군사적인 상태"로 남아 있었으며, 그래서 "육체의 힘을 발휘하는 성향을 가진 반면 근면을 경멸하게 되고 예술에 대해 매우 무지하게 되어 안일과 게으름의 원천이 되었"는지를 설명한다. 젠트리와 그들이 거느리는 사람들은 사냥꾼들이었다. 독립적 재산을 가진 사람들은 자신의 땅에서 사냥감을 죽이는 배타적 특권을 확보하려고 노력했다. 영국은 섬이라서 전쟁으로부터 보호를 받았으며 따라서 사냥 등으로 여가를 더 즐길 수 있었다. 이러한 상황으로 인해 "사납고 해로운 종의 야생동물들"이 근절되었으며, 사냥이 세련된 추구의 대상이 되었다.

윌리엄과 그의 노르만 군대는 "잉글랜드 여러 지역의 광대한 땅을 전림하기 위해서 황폐하게 만들었으며 그 목적으로 많은 집들을, 심지어는 시골마을조차 부수고 그곳에 사는 사람들을 쫓아냈다. 왕의 사냥감을 건드리거나 왕의 삼림에 침범한 사람들에게 새롭고 야만적인 형벌들이 가해졌다. 그리고 이와 관련된 법이 가장 엄격하고 억압적인 방식으로 시행되었다." "거대한 삼림의 조성은 비록 이것이 왕실 소유지에 국한되었다고 하더라도 그 자체로 민중의 불평을 많이 불러일으켰다. 거대한 토지가 경작지에서 목초지로 변하고 그럼으로써 많은 소작인들이 생계를 잃은 것은, 우리 시대에 그렇듯이, 종종 많은 증오와 원망의 원천이 되었다." 밀러에 따르면 정복자 윌리엄의 삼림정책은 "사유재산의 침해"에 기반을 두고 있었다. 돼지방목권, 목초권, 숲통행료, 에스토버스에 대해서는 언급이 없다. 이것들은 "사소한" 세부인 것이다.

세 요인들이 헌장의 의미를 확대하여 전체 공동체를 이롭게 한다. 기술혁신의 진전, 근면 혹은 생산성의 증가, 그리고 농민의 상황변화가 그 셋이다. "그 헌장들에서 평민의 자유는 의도되고 있지 않지만, 결국은 자유가 그들에게 확보되었다. 농민 혹은 낮은 지위의 사람들이 나중에 그 근면과 기술 발전에 의하여 열등하고 의존적인 상태에서 벗어나 풍요로움을 획득했을 때 그들은 점차적으로 독립적인 재산을 가진 사람들이 요구하는 것과 같은 특권들을 누리게 되었기 때문이다. 그리고 물론 이미 수립된 자유로운 정치체제의 혜택을 받을 권리를 갖게 되었기 때문이다." 위로 향하는 사회적 이동이 가능하고, (그 당시의 슬로건으로는) 재능이 있는 사람들에게 좋은 경력을 가질 가능성이 열려 있으며, (우리 시대의 슬로건으로는) 기회가 동등하다. 그러나 공유지에 기반을 둔 평등은 주도면밀하게 배제된다.

스코틀랜드 철학자 흄은 영향력 있는 영국사를 썼다. 그는 마그나카르타에 대한 17세기의 해석을 받아들였다. 마그나카르타는 "매우 중요한 자유권들과 특권들을 성직자들, 국왕봉신들, 일반 백성 등 나라의 모든 부류의 사람들에게 부여 혹은 보장하였다." 왕이 필요성에 굴복했듯이, 국왕봉신들 역시 그러했다. 국왕봉신들은 "헌장 안에 더 광범하고 혜택을 더 많이 주는 조항들을 필요상 삽입할 수밖에 없었다. 그들은 자신들의 이해관계와 함께 낮은 지위의 사람들의 이해관계를 포함시키지 않고서는 일반 백성의 동의를 바랄 수 없었다." 마치 이 점을 증명하기 위해서인 듯 그는 다음과 같이 정확하게 지적한다. "농노나 농민조차도 벌금으로 마차, 쟁기, 경작 도구들을 박탈당하지 않는다. 이것이 아마도 그 당시에 왕국에서 가장 수가 많은 이 계층의 사람들의 이익을 위해 계산된 유일한 조항이었다."[17]

흄의 견해는 마그나카르타를 보는 존 밀러의 관점을 설명하는 데 도움이 된다. 밀러의 관점은 재산을 보호하기는 하지만 실제적인 농업경제, 목축경제, 혹은 삼림경제를 참조하지는 않는다. 존 로건의 희곡의 제목이 '러니미드'이지만, 그 옛날 회합에 사용된 실제 목초지인 의회 초지council meadow 에 대한 언급은 거의 없다.[18] 'council'을 의미하는 쌕슨어는 'rune'이다. 1814년에 러니미드에 있는 160에이커의 좋은 땅(에이커 당 24실링이며 십일조 교구세가 없다)을 열 명이 소유하고 있었으며, 3월부터 8월 12일까지 이 땅을 그들만 전용專用할 수 있었다. 8월 12일부터 이 땅은 엑엄Egham의 교구민들의 공유지가 되었으며 교구민들은 "몇 마리인지 모를 가축을 방목하였다." 8월 말에 이곳은 (인근의 종획된 땅과 함께) 2마일 경마에 사용되었다. "텐트를 치고 말들이 짓밟고 해서 이 놀이는 일시적으로 풀들을 파괴하였다. 곧 더 좋은 상태로 더 풍성하게 풀이 다시 자라지만 말이다."[19]

마그나카르타의 이름으로 이루어진 아메리카 독립은 스코틀랜드의 고원지대에서 아일랜드의 런데일을 거쳐 의회의 종획 관련법들에 이르기까지 대서양 지역에서 공유지가 수탈되는 와중에 일어났으며, 이러한 사유화 형태들과 부합된다.[20] 로스 퍼로우가 독립선언문과 함께 전시하기 위해 영국 자유헌장을 샀을 때 삼림헌장을 사는 것을 잊은 것은 놀랄 일이 아니다. 조지 W. 부시 대통령은 그 결과를 우상화하지만 (그것은 "모든 세속적 권력 위에" 있다) 이는 18세기 말에는 불가능했다. 이때에는 공유지가 사라지는 것이 정당하다는 주장이 세속적 방식으로, 즉 밀러의 4단계론에서처럼 불가피론을 만드는 식으로 이루어졌다. 그러나 잉글랜드의 노동계급은 ─ 1790년대의 급진주의자들에서 1830년대의 차티스트들에 이르기까지 ─ 마그나카르타가 허용하는 공유지의 세부 항목들을 무시할 생각이 결코 없었다.

공유지의 옹호자들이 아직 남아 있었다. 토머스 스펜스는 1750년 잉글랜드 북부 뉴캐슬에서 태어났다. 그는 제임스 머리의 『당나귀들에게 하는 설교』(1768)에서 영향을 받았는데, 이 책은 마그나카르타를 드높이 칭찬했다. 1775년에 그는 〈철학학회〉에서 땅을 모든 사람에게 동등하게 되돌려 주는 것을 주장하는 유명한 강연을 했다. 그는 읍에서 쫓겨났고 런던으로 이사했으며 혁신을 주장하는 선전가이자 농업코뮤니즘의 인기 있는 이론가가 되었다. 그는 또한 특허에 반대하면서 지적 재화의 공유를 요구하였다. 그는 개혁가들 및 급진주의자들 중에서 자신과 토머스 페인이 다르다고 보았다. 페인이 자원의 평등이라는 점에서 충분히 나아가지 못했기 때문이었다. "그 어떤 민족의 나라이든 그 나라는 그들의 공유지이며 동물, 과실 및 기타 산물들로 자신과 가족을 부양할 자유로운 권리와 함께 나라를 동등하게 소유한다." 스펜스의 주장은 법·관습·계약에 기반을 둔 것이 결코 아니었다. 삼림헌장이나 마그나카르타에 대한 언급은 없다. 그러나 그는 인신보호영장이 정지되었을 때 세 번 구금되었다. 1803년에 그는 타인 강 상류의 헥섬 근처의 시골 지역에서 개암열매를 따면서 겪은 것을 이야기했다. 한 임정관이 포틀랜드 공작의 땅을 침범한 죄로 체포하겠다고 위협했다. 그러나 스펜스는 다람쥐를 체포할 수는 없다고 대답했다. 열매는 "열매를 따고자 하는 사람과 짐승 모두의 생계를 위해 정해진 자연발생적인 자연의 선물이며 따라서 공통의 것이기" 때문이다. 포틀랜드 공작에 대해서 말하자면, 그가 만일 열매를 원한다면 민첩해야 할 것이었다.[21]

개암 열매는 켈트족이 매우 소중하게 여긴 열매이다. 전설에서 개암 열매는 집중된 지혜의 상징이며 이 지혜가 개암 열매를 먹는 연어와 사람에게 전해지는 것이다. 17세기에 개암 열매는 시장에서 밀 1부셀과 동일한 가격으로 팔렸다. 그러나 에섹스 햇필드포레스트의 소유주는 1826년에 이렇게 불평했다. "열매가 익기 시작하자마자 …… 성격이 나쁜 게으르고 지저분한 사람들이 …… 큰 무리를 지어 …… 와서 …… 열매를 따거나 열매를 딴다는 핑계로 무리를 지어 빈둥거린다 …… 그리고 저녁에는 …… 숲에서 맥주와 화주火酒를 마시고, 숲은 온갖 방탕한 행위를 할 기회를 그들에게 제공해 준다." '열매 까는 밤'Nutcrack Night에는 열매를 교회에

가져가서 설교 중에 소란스럽게 까도 괜찮았다.[22]

1779년에 "제2의 러니미드"에서 의회개혁을 위한 주州협의회가 만들어졌다. 회원들은 미국인들이 "미국의 마그나카르타"를 위해 싸우고 있다고 믿었다.[23] 1794년 1월 20일에 열린, 잉글랜드 최초의 노동계급 조직인 〈런던교신협회〉의 총회에서 「영국과 아일랜드의 민중에게 고함」이 낭독되고 합의되었다. 이 글에서 〈런던교신협회〉는 "마그나카르타와 1689년 권리장전의 조항들은, 판사들이 벌금을 산정하게 하는 관행, 법무장관이나 밀고자의 주장에 기반을 둔 재판, 배심원들의 평결 무효화, 엄청난 보석금의 요구에 의하여 침식되었다"고 주장했다. 〈런던교신협회〉를 이끄는 사람 중 하나로서 1794년에 체포된 존 리처는 다음과 같이 자신을 변호했다. "우리는 마그나카르타, 권리장전, 그리고 영국 혁명에 준거했으며, 우리의 선조들이 현명하고 건전한 법을 만들었음을 분명히 안다. 그러나 마찬가지로 분명한 것은, 우리의 선조들의 훌륭한 헌법이 흔적도 남아 있지 않다는 사실이다."[24] 1790년대에 여러 "민중의 벗들"이 마그나카르타를 영국 혁명과 연결시키면서("존, 찰스, 제임스의 통치 동안 민중이 행한 노력이 후손들에 의해 결코 잊히지 않기를!") 혹은 〈월섬 흑인위장법〉을 암시하거나("노예무역과 수렵법의 신속한 폐지"), "배심원의 권리"를 언급하고 "그들이 자유의 편에서 그들의 권위를 행사하기를 바라면서" 축배를 제안할 수 있었다.[25] 노동계급 급진주의자들의 기획은 의회의 개혁과 연결되어 있었다.

1816~17년의 겨울 기간은 특히 수동방직기 직조공들에게

극히 힘든 때였다. "담요시위대"blanketeers는 고난의 구제를 위한 청원을 섭정에게 제출하기 위해서 노숙을 하며(그래서 담요를 가지고 갔다) 맨체스터에서 런던으로 행진할 계획을 세웠다. "맨체스터의 18살 견습공이며 행진을 이끄는 사람 중 하나인 존 배글리는, 그들의 집회는 곧 해산될지 모르지만, '법에 따르면 왕이 만일 40일 이내에 청원에 답을 해 주지 않으면 왕도 그의 가족 모두와 함께 체포될 수 있고 답을 할 때까지 감옥에 갇힐 수 있다'고 주장했다." 배글리는 마그나카르타를 언급함으로써 자신의 주장을 뒷받침했다.

토머스 울러는 1817년 『검은 난장이』의 창간호에 쓴 글에서 기조를 제대로 잡고 있었다. "민중이 행동하고자 하면 힘은 항상 민중의 편에 있기 때문에, 하나의 문제가 무력의 시험에 부쳐질 때마다 당연하게도 민중이 항상 궁극적으로 승리한다······ 이 나라는 마그나카르타가 시행되었기 때문에 자유로움을 자랑해 왔다. 그런데 조금만 사태를 꿰뚫는 눈이 있어도 마그나카르타가 시행된 것은 오로지 우리의 선조들이 자유롭고자 하는 단호한 태도를 취했기 때문이라는 점을 알 수 있을 것이다." 스펜스의 사상을 따르는 제임스 왓슨 박사와 윌리엄 셔윈과 같은 공화주의자들은 1818년에 "보통 **마그나카르타**라고 불리는 우리의 위대한 자유헌장은" "민중에게 이미 내재하는 **적극적 권리의 인정**"이었다고 주장할 준비가 되어 있었다. "이 권리는 왕이나 정부가 합법적으로 부여하거나 박탈할 수 없는 것이다."26 윌리엄 혼의 「잭이 지은 정치 저택」은 영국 노동계급의 형성에서 구절적인 순간 즉 1819년의 피털루 대학살 때에 마그나카르타를 옹호하기 위해서 아이들의 동요놀이 형태를 사용한다.[27] 1838년 하츠헤드무어에서 열린 거대한 집회에서 조셉 레이너 스티븐스 목사는 군중을 향하여 이렇게 선언했다. "'우리는 우리의 권리 위에 서 있습니다. 우리는 변화를 구하지 않습니다. 우리는 잉글랜드의 훌륭한 옛 법을 그 당시 그대로 우리에게 달라고 말합니다.' 그리고 그는 '이 법이 무엇입니까?'라는 그의 질문에 군중이 마그나카르타라고 외치는 소리를 듣고는 이렇게 대답했다. '그렇습니다, 마그나카르타입니다! 영국의 자유를 정한 훌륭한 옛 법입니다. 자유로운 집회 – 표현의 자유 – 종교의 자유 – 가정의 자유 – 자유롭고 행복한 난로가 있고 구빈원이 없는 세상.'"

존 필리포는 대영제국에서 노예제를 폐지하는 1833년 5월의 법을 "흑인 권리의 마그나카르타"라고 불렀다. 토머스 클락슨은 영국의 노예무역을 폐지하는 1807년의 법안에 대해 "영국에 있는 아프리카를 위한 마그나카르타"라고 썼다.[28] 이는 단지 비유가 아니었다. 그랜빌 샤프가 그 연관을 증명한 바 있다. 아메리카에서 1830년대의 노동자 정기간행물인 『노동자의 옹호자』와 『사람』은 "우리의 헌법, 우리의 **자랑스러운** 자유권들의 마그나카르타"라고 선언했다.[29] 영국의 노동계급과 관련해서는, 맑스가 10시간 노동법에 관하여 이렇게 썼다. "'양도할 수 없는 인간의 권리'의 화려한 목록 대신에 법적으로 제한된 노동일에 대한 소박한 마그나카르타가 제시된다."[30] 여기서도 비유 이상의 것이 관여된다. 맑스는 경제상태에 대한 그의 연구를 라인란트Rhineland의 숲의 관습에 대한 수탈에서 시작한다. 더 나아가, 노동일의 연장이 자본주의 체제에 가지는 중요성에 대한 그의 성숙기의 연구에서는 노동일의 연장을 유럽에서 공통권이 제거되는 것과 연결시킨다.

「구디 블레이크와 해리 길」은 상부한 여성의 에스토버스의 중요성을 가장 애처롭게 표현한 시이다. 이 시는 가난의 여성화를 표현하는 동시에 공유지에서 여성이 가지는 강점들도 표현한다. 이 시가 가진 힘의 일부는 저주만이 해결책인 도덕적 교훈을 도입하는 개인 이야기라는 점에 있다.[31] 정감, 도덕적 가치, 공통 감각이 그 물질적 기초를 잃고 있음이 분명해지지 않는다면, 인간의 공감은 과도한 감상성으로 빠질 것이다.

월터 스콧은 민족성과 민족주의에 기반을 둔 『아이반호』(1820)에서 삼림헌장을 언급한다. 로빈 훗의 이야기는 "상부가 넓적하고 줄기가 짧으며 가지가 넓은 수백 그루의 오크나무들"로 이루어진 영국의 숲을 묘사하면서 시작한다. 거스Gurth는 앵글로-쌕슨의 돼지치기로서 그의 돼지들은 너도밤나무 열매와 도토리를 포식한다. 그는 이렇게 설명한다. "우리가 숨쉬는 공기 말고는 남은 것이 거의 없다. 그것도, 그들이 우리의 어깨에 지우는 과제를 견딜 수 있게 할 목적으로만, 매우 망설이며 보존된 듯하다." 그는 노르만 정복자들을 저주한다. "나는 위대한 삼림헌장에 따라 숲이 폐림되었다는 것을 그들에게 가르쳐 주겠다."

1822년에 토머스 러브 피콕은 또 다른 로빈 훗 이야기인 『처녀 마리안』을 썼다. 피콕은 동인도회사의 서기였으며 증기를 동력으로 하는 항해를 인도에 도입한 사람이라고 한다. 로빈 훗은

"야생 수퇘지들이 잔뜩" 있는 숲의 왕이다. 그의 부관인 리틀 존은 정당성의 네 조항, 평등의 세 조항, 환대의 두 조항을 읽는다. 상부한 여성의 에스토버스에 대한 언급이 있다. "모든 숲의 사람들은 …… 처녀들, 상부한 여성들, 고아들, 그리고 모든 약자들과 고통받는 사람들을 돕고 보호할 것이다." 숲통행료에 대한 언급도 있다. "파발꾼, 짐꾼, 시장사람, 농민, 직공, 농장주, 방앗간 주인은 방해나 괴롭힘을 받지 않고 우리의 삼림지역을 통과할 것이다."

윌리엄 모리스는 『존 볼의 꿈』(1888)에서 농민들이 로빈 훗에 대해 어떻게 말하고 어떻게 노래했는지에 대해 이렇게 썼다.

그렇게 평원 너머 그리고 히스 황야 너머
　　저 멀리 야생 숲으로 우리는 갔네.
주장관의 말은 하나도 중요하지 않은 그곳에서
　　우리 농민들은 대담하고 명랑하게 사네.
백합 초원 위 가시나무와 오크나무 사이에서
우리는 활시위를 당길 것이네.

읍의 벽은 돌과 석회로 지어졌고
　　함정과 감옥은 튼튼하고 강하네.
많은 진실한 사람들이 거기서 피를 흘리고
　　많은 올바른 사람들이 불의에 의해 파멸당하네.
그래서 우리는 나아가 활시위를 당길 것이고
도로는 왕의 영장을 알지 못할 것이네.

모리스는 꿈을, 목적을 가진 인간의 집단적 행동으로 바꾸었다. 존 볼의 연설을 기다리면서 그는 "어떻게 싸우고 졌는지를, 그리고 그들이 쟁취하려는 것은 패배에도 불구하고 온다는 것을, 올 때에는 그들이 의도한 바가 아닌 것으로 판명되며, 다른 이들이 다른 이름으로 그들이 의도한 것을 위해 싸워야 한다는 것을 ······ 깊이 생각했다."32 커먼즈 — 코뮌 — 코뮤니즘 — 다시 커먼즈.

1803년에 제국의 기획은 공유지의 수탈과 긴밀하게 연결되었다. 씽클레어는 이렇게 말한다. "이집트의 해방, 혹은 말타Malta의 정복에 만족하지 말자. 핀칠리커먼을 굴복시키자. 하운슬로히스를 정복하자. 에핑포레스트를 개량의 멍에에 굴복하도록 강압하자."33 국내에서 행해지는 억압의 필수적 부분 중 하나는 해외로의 팽창이었다. 영국 커머너의 운명은 인도의 정글에서 결정되었다.

정글의 법칙

자정이 되기 전에 죽이려면 소리를 죽이고 울부짖는 소리로 숲을 깨우지 마라.

농작물 사이의 사슴을 깨우고, 형제들이 빈손으로 돌아갈지도 모르니까.

무리를 지어 죽인 것은 무리의 고기가 된다. 고기가 있는 곳에서 먹어야 한다.

누구도 자신의 굴로 고기를 가져가면 안 된다. 가져가면 죽는다.

러자드 키플링, 「정글의 법칙」(1895)

『공산주의 선언』의 첫 영역본의 서두는 이렇다. "A frightful hobgoblin stalks throughout Europe. We are haunted by a ghost, the ghost of Communism."(끔찍한 도깨비가 유럽을 활보하고 있다. 우리에게 유령이 들러붙어 있다. 코뮤니즘이라는 유령이다.)

번역자는 랭커셔의 차티스트인 헬렌 맥팔런이었는데, 그녀가 선택한 단어들은 삼림의 공유지로부터 도출되었다. "hob"은 시골 노동자의 이름이며, "goblin"은 장난기 있는 도깨비이다. 그래서 『공산주의 선언』에서 코뮤니즘은 농업 공유지의 담론으로, 즉 모든 것을 공유의 대상으로 하기 위해서 싸운 16세기의 누더기 신들의 자취를 드러내는 언어로 표현되었다. 공유지(커먼즈)에서 코뮤니즘으로 이행하는 궤적은 과거에서 미래로의 이행으로 투사될 수 있다. 맑스 개인에게 그것은 자신의 지적 진전과정에 상응했다. 모젤밸리Moselle Valley 농민의 숲지대 공유지가 불법화된 것이 경제적 문제들에 관한 최초의 경험을 그에게 제공했으며 그를 곧바로 정치경제(학)에 대한 비판으로 이끌었다.[1]

정치경제의 "과학"은 상품교환과 사적 소유가 자연의 법칙이며 인류의 최고선이라는 공리에 입각하여 만들어진 겉만 그럴 듯한 보편자를 제공하였다. 실제로 그 주된 옹호자들 중 일부인 제임스 스튜어트, 토머스 맬서스, 제임스 밀James Mill, J. S. 밀J. S. Mill은 〈동인도 회사〉에 고용된 사람들이었다.[2] 도깨비가 유럽에서는 유령처럼 살고 있을지 모르지만, 인도에서는 숲 공유지 혹은 정글과 그 안에 사는 존재들이 번성하고 있었다. "잉글랜드에서는 패배한 대의가 아시아나 아프리카에서는 되살아날 수 있었다"고 톰슨은 식민지 봉기의 와중에 썼다.[3]

1867년에 최고법원 판사인 알렉산더 코번은 악명 높은 '에어 총독 논란'에서, 그 전해에 자메이카에서 일어난 머랜트베이 반란 동안 수백 명의 사람들이 약식 재판으로 교수형에 처해진 것은 범죄라고 주장했다.[4] 그는 대헌장과 권리청원을 언급하면서 "모든 영국 시민들은 피부색이 무엇이냐에 관계없이 막연하지 않고 확연한 힘에 종속되어야 한다"라고 법의 지배라는 원칙을 설파하였으며, "오늘날 식민지에서 행해지는 것은 내일 아일랜드에서 행해질 수 있으며 차후에 잉글랜드에서 행해질 수 있다"고 덧붙였다.[5] 이는 제국주의의 부메랑 혹은 역수입이다.

쑤밋 구하는 인도의 현대 생태사를 요약하면서, 20세기 말 인도에서는 그 표면 넓이의 대략 절반이 경작되고 있는 반면에 실질적인 숲지대는 전체 면적의 13% 혹은 14%를 이룬다고 말했다. 경작지의 바다 가운데에 숲의 섬들이 있는 셈이다. 2세기 전의 비율— 숲의 바다 가운데 경작지의 열도가 있었다 — 이 뒤집어진 것이다.[6] 무슨 일이 일어난 것인가? 벵갈의 노벨상 수상자 시인 타고르는 자신의 시집 제목을 영어로 『길 잃은 새들』*Stray Birds* (1916)이라고 옮겼다. 그는 이렇게 썼다. "나무꾼의 도끼는 나무에게 자루를 구걸했다. 나무는 자루를 주었다." 이는 제국주의에 대한 부드러운 은유이다.

이는 다음과 같은 식으로 작동했다. 왕은 인도의 숲에 대한 권리를 독점했다. 티크나무는 전함과 인도의 생산물을 수출하는 상선의 갑판에 쓰는 판자를 제공했다. 나폴레옹을 패배시킨 것은 티크나무였다. 티크나무는 산에서 대규모로 벌목되어, 인도의 부를 내륙에서 항구도시들로 나르는 철로의 침목으로 쓰였다. 철로의 증기기관은 탐욕스럽게 점점 더 많은 나무를 먹어 치웠다. 영국의 지배를 위해 사용되는 기선들과 철로는 인도의 목재와 땔감 없이는 움직이지도 못하면서 인도의 부를 인도 바깥으로 실어 날랐던 것이다. 인도는 자신을 파괴하는 물질을 스스로 제공하는 것처럼 보였다.

생계수단으로부터의 잔인한 분리에 테러가 동반되었던 시

초 축적의 역사적 제유^{提喩}에 해당하는 사례들의 대열 — 영국의 종획, 아메리카의 국경 확장, 스코틀랜드의 숲파괴, 아프리카의 노예제, 아일랜드의 기근 — 에 인도의 기근이 합류했다. 모두 빅토리아조에 일어난 참사들이다. 1857년 인도 반란 이후에 "영국의 분노"가 일었다. 영어 말투에 '니거'nigger라는 단어가 우세해지기 시작했다.[7] 테러·인종주의·수탈에 의해 형성된 쇠 트라이앵글을 지배라는 피비린내 나는 쇠막대가 쳐서 소리를 냈다. 인도 기근의 성격이 변하여 그 빈도·범위·혹독함이 악화되었다. 기근은 철로의 확대로 인해 지역 차원을 넘어섰다. 수백만의 사람들이 기아·콜레라·천연두·열병으로 사망했다. 새로운 원인 즉 구매력의 결핍이 강우량의 부족에서 직접 파생되는 식량의 부족을 악화시켰다. 농업 임금노동자들이 가장 큰 고통을 겪었다. 정부는 기아임금으로 토목공사를 시행했다 — 돌을 깨는 공사, 도랑을 파는 공사, 철로 노반을 놓는 공사. 힘이 있고 기회가 있는 사람들은 정글로 도망갔다.

1876~78년의 대기근 동안 머드래스 관구에서 150만 명의 사람이 사망했다.[8] 정원에서 과일 등을 훔치거나 밭에서 이삭을 주운 여성과 아이들은 "낙인이 찍히고 고문당하고 코를 잘리고 때로는 살해당했다." 파디케는 1879년에 푸나^{Poona}에서 미수에 그친 모반을 주도하여 "마라타족[9]의 로빈 훗", 즉 인도의 전투적 민족주의의 아버지가 되었다.[10] 조티로 풀은 이렇게 말했다(1881). "우리의 맘 좋은 정부에 고용된 교활한 유럽인들은 그들의 외국인다운 뇌를 써서 삼림청이라는 거대한 상부구조를 세웠다. 모든 산과 구릉들, 그리고 미개간지와 방목지가 삼림청의 통제 하에 두어져서

가난한 농부들의 가축은 땅 위의 어디에도 숨쉴 곳이 없었다."11 민족주의자 다다바이 나오로지는 19세기 말에 이렇게 썼다. "유럽인들은 모든 면에서 이방인이고 또 자신들을 그렇게 만든다. 그들이 효율적으로 하는 일은 물질적인 것이든 도덕적인 것이든 인도에서 사는 동안 인도의 것을 먹는 것이며, 갈 때에는 취득한 모든 것과 연금 그리고 그것에 덧붙여 미래의 유용함을 가지고 간다." 그는 계속해서 이렇게 쓰고 있다. "영국의 지배자들이 가뭄이 야기하는 모든 파괴의 주된 원인이 결국은 그들 자신이라는 점을 보지 못하는 것, 그리고 수백만 명의 비참·기아·사망이 그들의 탓인 이유는 그들이 인도의 부를 고갈시킨 데 있다는 점을 보지 못하는 것은 참으로 이상한 일이다."12

정부는 〈인도기근위원회〉 보고서에서 "사망률은 높든 낮든 백성들의 무지, 고집, 일을 싫어하는 성향 때문"이라는 견해를 제시했다. 이 위원회의 위원들은 인도 삼림의 커머너들의 "대책 없는 거덜 내기"가 표토表土를 파괴하고 삼림의 나무들을 제거하며 지하수면을 낮추고 있다고 비난했다.13 이들의 생각으로는 정부가 개입하여 "자연이 제공한 방대한 자원을 가장 효율적으로 이용해야 한다." 삼림의 산물을 취하는 **습관**을 가진 사람들로 하여금 그러지 못하게 "조치를 취해야 한다." 그러한 관습은 "공공 재산을 무분별하게 파괴하는" 것이었다. 위원들은 이렇게 결론지었다. "가뭄에 대한 방비와 관련하여 삼림의 확장으로부터 직접적인 이익을 구하려는 한, 우리의 견해로는 주로 삼림 지대의 현명한 종획과 보호의 방향으로 가야 할 것이다."14 통치 세력은 관습을 기근의 맥락에서 불법화한다. 기근의 탓을 인도 커머너들의 무지·고집·게으름의 탓으로 돌리는 것이다.

삼림 내의 공유지는 풍요의 시대와 기근의 시대에 자급농업의 토대를 제공했다. 쿰리kumri는 서인도에서 시행된 이동경작방식이었다. 줌jhum은 그와 유사한 삼림경작방식으로서 일정한 넓이의 삼림지대를 불로 제거하고 한동안 머물면서 경작하다가 다른 곳을 찾아 떠나는 제도였다. 바이가족에게서는 이러한 경작형태가 베와르bewar라고 불렸다. 이는 화전농업이다. 숲의 일부를 태우고 흩어진 재 속에 씨를 심는 것이다. 이 경작자들은 "도끼가 우리에게는 우유를 주는 암소이다"라고 말한다.[15] 숲은 민중의 안전망이었다. 이 망의 보존은 부분적으로 마을 배심원단 혹은 마을 의회인 판차얏panchayat의 책임이었다. 기근 동안 쌀sāl나무의 씨앗들이 식량의 한 품목으로서 상당히 필요하다. 먹이가 부족할 때에는 가시투성이의 배나무에서 가시를 제거하고 배나무를 잘게 쪼갠 다음 가축에게 줄 수 있었다. 카카필리karkapilly나무의 "잎과 가지는 젖 염소들을 키우는 가난한 사람들에게는 끊기는 일이 없는 먹이였다. 새들, 짐승들, 소년들은 나무에 올라서 씨앗들을 싸고 있는 통통한 가종피假種皮[16]를 땄다." 야생 아카시아나무는 "기근이 들 때에 먹을 껍질"을 제공했다. 인도 마로니에는 "가축과 염소에게 먹이로 주었으며, 기근이 들 때에 산지 주민들은 나무의 눈芽을 물에 불린 다음 갈아서 밀가루와 섞어 먹었다." 배단향나무의 경우 "동인도회사에 할양된 지역에서는 기근 철에 사람들이 그 잎을 많이 먹었다."[17]

구자랏주^州의 당족the Dang에게는 망원경으로 포착한 영국인에 관한 옛 이야기가 있다. "그는 '여기 황금의 숲들이 있군. 내가 이 숲들을 가져야 하겠어'라고 말했다. 정글을 거쳐 가면서 그는 나무의 이름을 물었고 즉시 그의 공책에 받아 적었다. 이름을 적고 나서는 더 이상 인도의 왕들이 필요하지 않았다. 인도의 숲에 대해 모든 것을 직접 알고 있기 때문이었다."[18] 이름붙이기와 수탈은 병행한다. 그 이전에 아담이 그랬듯이, 존 불은 앉아서 피조물들의 종^種들에 이름을 붙였다.[19] 1902년에 존 싸익스 갬블은 『인도 목재에 관한 입문서 ― 인도와 실론의 나무와 관목의 성장, 분포, 효용』을 출판했다. 갬블은 인도 삼림청 소속이었다. 4,749종이 확인되고 설명되었다. 유럽의 과학이 포착하는 사실의 "뿌리 없는 세부항목들"이었다.[20] 그는 세 부로 나뉜 색인을 제공했는데, 하나는 유럽명 색인이고, 다른 하나는 라틴어명 색인이며, 나머지 하나는 인도어명 색인이다. 그 목적 중 하나는, 그가 설명하는 바에 따르면, 영국 삼림이 "아랫사람과 노동자의 진단에 의존해야 하는 명백한 위험으로부터 자유롭도록" 돕는 것이었다. 왜 이 위험이 명백한가?

아룬다티 로이가 우리를 답변으로 이끌어 준다. 그녀는 한 숲지 주민과 나눈 대화를 기록한다. "내가 방문한 재정착지인, 바로다Baroda 근처의 바다지Vadaj에서 그는 그의 아픈 아기를 안고 흔들어 주면서 말을 하였고, 자고 있는 아기의 눈꺼풀에는 파리 떼가 들러붙어 있었다. 맨 피부가 그들이 집이라고 부르는 창고의 뜨거운 양철벽에 닿아서 타지 않도록 조심하면서 아이들이 우리

주위에 모여들었다. 그 남자의 정신은 아픈 아기의 고통에서 멀리 떨어져 있었다. 그는 나에게 숲에서 따곤 하던 과일의 목록을 만들어 주었다. 그는 48종류를 열거했다. 그는 나에게, 자신이나 자신의 아이들이 다시 과일을 먹을 수 있으리라고 생각하지 않는다고 말했다. 훔치지 않는다면 말이다."[21]

그리고 이름붙이기 다음에는 법이 온다. 인도 삼림청은 1864년에 독일의 임정관인 디트리히 브란디스를 최초의 산림 총감독관으로 임명하면서 개설되었다. 최초의 삼림법에는 "관습적 권리의 정의·규제·전환·폐지"에 관한 조항들이 있었다. 1878년의 인도 삼림법은 대륙 차원의 대대적인 징발을 위한 법이었다. 이법은 자급경작과 수렵 및 채취를 무너뜨림으로써 마을 숲 공유지를 파괴했다. 라마찬드라 구하는 이렇게 쓴다. "행정 담당자가 단한 번 펜을 놀려 쓴 것으로 인도 전역의 시골 인구가 수 세기에 걸쳐 행한 관습을 말살하려고 시도했다."[22] 브란디스는 그 결과들 중 하나를 다음과 같이 표현했다. "냇물들이 흘러내려 가는 협곡들에 있는 풍요로운 모래톱 땅들이, 훌륭한 수목들을 파괴한 커피경작자들의 관심을 끌었으며, 이것이 도끼가 가한 피해를 확대하는 바람을 몰고 왔다." 브란디스는 "민중이 전용^{專用}하는 마을 숲의 형성"을 옹호했다. 1878년 삼림법에 앞서 일어난 논쟁에서 헨리 바덴-파우얼은 기존의 관습적 권리·규범·관행의 폐지 및 삼림의 땅과 자원에 대한 접근의 금지와 함께 인도의 삼림들에 대한 총체적 국가통제를 주장했다. 인도 고등법원의 판사인 바덴-파우얼은 이 관습적 권리 등을 오래된 권리라기보다는 성문화되지 않은 특권들로 간주했다. 그 근거가 된 것은 "동양 전제주의"의 이론[23]이었다.

　마드라스에는 반대 견해가 우세했다. 마드라스의 세무국은 1871년 8월에 이렇게 보고했다. "마드라스 관구 전체에서 어떤 숲이라도 시골 마을의 경계 내에 있지 않은 것은 거의 없다. 그리고 세무국이 확정할 수 있는 한, 아주 최근까지 국가가 그 소유권을 주장한 숲은 하나도 없다. 티크, 백단향, 생강나무 등을 벌목할 때 국가에 내는 돈이 그러한 것으로 간주되지 않는 한 그렇다. 숲은 예외 없이 모두 부족의 권리 혹은 공동체적 권리에 종속되어 있다. 이 권리는 태곳적부터 있었으며 시골 인구에게 필요한 만큼이나 정의하기가 어렵고 그 가치를 정하기가 어렵다. 이 권리가 보상받을 수 있다고 말하기도 어렵다. 수많은 경우에 땔감·거름·목초에 대한 권리는 현재의 세대에게 삶에 필수적인 것인 만큼이나 아직 태어나지 않은 세대에게도 그러하기 때문이다. 이곳에서 숲들은 지금까지 늘 그랬듯이 공유재산이다."

　마드라스 삼림법은 "관습적 이용권"에 대한 논쟁 때문에 1882년까지 연기되었다. 마드라스의 총독은 1878년의 삼림법안이 "정부에 의한 취득을 목적으로, 그리고 모든 그러한 사적인 권리들 혹은 시골 마을의 권리의 궁극적 소멸을 목적으로 작성된다"고 진술했다. 영국 총독들 사이에서 삼림정책에 대한 논쟁은 노르만족의 영국 정복과의 유사성을 염두에 두고 행해졌다. 이 유사성은 1878년의 의사록에 이렇게 언급되었다. "우리가 따르고 있고 이제 합법화하려고 하는 체제는 노르만 정복의 시대에만 어울린다." 당시 마드라스의 총독이 작성한 의사록 8조에 따르면 "이것은 필시 노르만의 왕들이 그들의 삼림의 확장을 위해서 잉글랜드에서 취했던 것과 동일한 과정이다." 주목할 만하게도, 현재 델리에 그 기록이 보관되어 있는 이 논쟁은 인쇄되어 출판되었다.[24] 이 논쟁에는 노르만의 속박과 마그나카르타라는 유령이 들러붙어 있었다.

1885년에 타나 지구의 산악지역에 사는 경작자들이 봄베이 총독에게 제출한 한 청원에 생계자급을 위한 삼림 이용의 사례들이 열거되어 있는데, 이는 잉글랜드 자유헌장에서 언급된 것들과 비교될 수 있었다. 벽난로에서는 숲에서 해 온 장작이 태워지며, 소박한 오두막들은 때때로 숲에서 주워온 서까래들을 필요로 하고, 가축은 방목할 곳을 필요로 하며, 쟁기와 같은 도구들을 만들기 위해 목재가 필요하다. 곡식이 떨어지는 철에는 정글의 열매와 식물들, 그 "야생의 산물들"이 필요하며, 개방지에서 따온 꽃들과 망고열매를 파는 능력은 얼마간의 현금을 공급해 주었다. 9조에는 이런 내용이 있다. "경찰에게 부여하자고 제안된 권력은 자의적이며 위험하다. 예를 들어 특정되지 않은 시간에 삼림의 침범(나무에서 야생벌의 꿀을 따거나 죽은 동물의 가죽을 취하는 것)에 관여한 것으로 의심되는 사람을 영장 없이 체포하는 것이 그렇다."[25] 이 청원은 생계자급의 원칙과 자의적 체포로부터의 자유라는 원칙을 연결시켰다. 마그나카르타의 39조와 "모든 자유민은 …… 자신의 숲에서 발견되는 꿀도 가질 수 있다"라고 말하는 삼림헌장 13조의 내용에 해당한다.

1875년에 헨리 바덴-파우얼은 독일 임업전문가인 쉴리치아 함께 『인디언포레스터』를 창간했다. 이 잡지는 과학적 사업(관찰과 실험)을 주도면밀한 기록("이름에 값하는 모든 삼림관리는 공책을 가지고 다녀야 한다") 그리고 권위에 대한 비굴한 충성("우리는 정부의 모든 사원寺院의 문턱에서 탄원하는 사람들이다")과 결합시켰다. 그 최초의 기사는 쿰리 농업에 대해 적대적이었다. 바덴-파우얼은 데라둔Dehra Dun에서 받은 인상을 전하면서 "화재가 가져온 끔찍한 피해"를 경고하고 강제적 삼림명령을 냈다("나는 가능한 한 **모든 벌목**을 금지할 것이다"). 우리는 이 강력한 일반적 금지의 용어들("그곳에 불을 질러서는 **절대적으로 안 되며 방목도** 마찬가지이다")에서 영국인 나리가 단장短杖을 휘두르는 소리를 듣는다.26 데라둔의 산지 주민 한 사람은 이렇게 말했다. "삼림은 태곳적부터 우리의 것이었다. 우리의 조상들이 나무를 심었고 보호했다. 이제 숲이 가치를 갖게 되니, 정부가 개입하여 우리에게서 강탈해 가려 한다."27

바덴-파우얼과 그의 동료들은 제국주의자의 맹목적 우월감을 가지고 썼다. 그 잡지의 창간사는 "숲의 활용"을 강조했다. 산물 수확, 고무 추출, 과일 생산, 숯 굽기, "숲의 산물의 육로 및 해로에 의한 수송, 즉 끌기, 손으로 나르기, 마차로 나르기, 눈썰매로 나르기, 목재 굴리기, 물에 띄우기 및 배로 나르기, 그리고 무엇보다도 도로 건설." 그리고 이 창간사에는 숲의 산물을 처분하는 여러 방법들이 언급되어 있다. 판매에 의한 처분, 면허에 의한 처분, 정부기관에 의한 처분, 경매에 의한 처분. 쿰리, 줌 및 기타 인도의 농업방식들은 완전히 빼 버렸다. "다음으로 우리는 숲과 그 산물을 사람과 짐승으로부터 보호하는 것에 대해 언급한다." 실수로 비밀이 누설되었다. 창간사는 지식과 힘을 제국주의적으로 연결시키면서 끝맺는다. "들판은 넓다. 성공적으로 점령해 보자."

파우얼은 1893년에 그의 『삼림법』을 출판했다. 거의 5백 쪽에 달하는 이 책은 어느 모로 보나 결정판이라는 외양을 띠고 있다. 27개의 강의, 각 부의 개요, 관련되는 독일 법 및 법이론에 관하여 풍부하게 붙인 각주 등. 비록 이 책은 깔짚을 채취할 권리, 나뭇가지를 잘라 갈 권리, 풀을 베어 갈 권리, 건축용, 땔감용, 산업 및 농업 도구용 및 기타 사소한 용도로 나무를 할 권리를 고려하고 있지만, "권리"에 대한 그 정의는 인도의 롯ryot 즉 삼림거주자들을 안심시키는 것이 결코 되지 못했다. 권리가 법률로 정해지기 위해서는 확증되고 정의되어야 한다고 이 책은 설명했다. 관습은 불변적이고 중단되지 않으며 오래 지속되는 한에서만 인정되었다. 비록 그는 존 맨우드의 『삼림법 논고』(1598)을 언급하지만 삼림헌장에 대한 언급은 하나도 없다. 그가 판차얏의 조언을 구했다는 증거도 없다. 그의 말에 따르면 삼림법이 필요한 이유는 이렇다. "숲은 정말로 과수원이나 정원만큼이나 재산의 소재素材이다. 그러나 그 자연적 기원으로 인하여 대부분의 경우 무지한 민초들은 숲을 '특정인에게 속하지 않은 재화' 혹은 모두가 자유롭게 쓸 수 있는 것으로 간주하는 경향이 몸에 밴다. 금반지를 상점에서 훔치면 절도이고 심지어 과수원에서 사과를 훔치거나 정원에서 장미를 훔쳐도 절도지만, 나무를 베거나 아니면 방목하기 위해 암소 몇 마리를 숲으로 몰고 가는 것은 괜찮다는 것이 이들의 생각이다."28

숲에도 코뮤니즘이라는 유령이 출몰한다. 바덴-파우얼의 견해는 1871년의 빠리 꼬뮌 이후 세계 전역에서 일어난 논쟁의 일부를 담당한다. 『영국 지배하 인도의 토지체계』에서 그는 마을의 형성과정에 부족部族 단계는 없었으며 따라서 부족 전체가 공유하는 소유형태 같은 것은 없었다고 주장했다. 베블렌이 그의 책에 대한 서평을 썼는데, 이것이 국제적 논쟁의 일부가 되었다. 그러한 소유형태가 법적으로 존재하지 않기 때문에, "'집단적 소유' 혹은 '공동으로' 보유하기라는 사전事前적 전제 위에서 설명할 필요"가 없었다는 것이다. 이러한 학술적 견해는 사회적인 커머닝의 존재 (과거든 현재든)를 의심스럽게 만들어 사유화를 후원해 주었다. 마을 커먼즈는 전적으로 무효였다. 브란디스는 그의 저서 『마드라스 관구의 공립 삼림들의 구획에 관한 메모』(1878)의 결말 부분에서 프랑스와 독일 마을들의 공유 삼림들에 대하여 "이 숲들은 이론이나 유토피아적 도식에 기반을 둔 것이 아니었다"고 말하고 있다.[29]

이름붙이기 다음에 법이 오고, 법 다음에 과학이 온다.

다윈은 인도 반란이 일어난 1857년 여름에 『종의 기원』의 집필에 정성을 쏟았다. 여기에는 인도에 위치한 통신원들의 증거도 포함되었다. 풀 대령은 인도의 북서부 전선에서 카티야르Kattyar종의 말들에게 일반적으로 줄무늬가 있다는 내용의 보고를 했다. 블리스 씨와 인도의 허튼 대위는 보통의 거위와 중국 거위로부터 파생된 잡종 거위 떼들을 키우고 있었다. 1849년에 그의 친구 후커가 티베트에서 산길을 통해 돌아오다가 씨킴Sikkim에서 납치되었다. 그는 큐가든스를 위해 로도덴드론의 씨앗을 채집하고 있었다.[30] 이에 대한 대응으로 1개 연대가 다질링을 향해 이동했으며, 씨킴은 영국에 합병되었다. 이로써 "식물채집하기"botanizing — 이 불법적 생물채집biopiracy은 이렇게 불렸다 — 가 더 안전해졌다. 그러는 동안 잉글랜드에서는, 히말라야의 고도가 각기 다른 여러 곳에서 채집된 로도덴드론 씨앗들이 "각기 냉기를 이겨 내는 타고난 힘"을 가지고 있다는 것이 발견되었으며, 다윈에게 식물이 상이한 온도에서 환경에 순응하는 사례를 제공해 주었다(변이의 법칙에 관한 장).『종의 기원』에서 다윈은 어릴 적에 스코틀랜드의 전나무 생태계를 종획된 히스밭과 종획되지 않은 히스밭에서 공히 관찰한 경험을 언급했다. 이는 나중에 써리주州의 판엄 근처에서 (여기에서도 히스밭은 종획된 곳도 있고 종획되지 않은 곳도 있다) 유사한 관찰을 함으로써 확인된다.[31] 1876년에『인디언포레스터』의 한 기사는, 수목농장이 번성하려면 방목 가축이나 나무꾼들의 출입이 모두 금지되어야 한다는 취지로 다윈을 인용했다.[32]

과학 다음에는 신화가 온다.

러자드 키플링은 1895년에 그의『정글북 속편』에 대한 시적, 웅변적 코다coda로서「정글의 법칙」을 썼다. 그 내용은 영국 울프컵스[33]의 부원들이 하는 의식儀式과 게임에 들어가게 되었을 뿐만 아니라, 미국 미식축구 코치들이 격려하는 말에도 등장하게 되었고, 미국 해병대의 편람과 지식에도 들어가게 되었다. 이는 남성적인 약육강식의 신조로서 그 결속의 리듬은 행진하는 군화들이 내는 소리로 착각될 정도이다.

나무줄기를 둘러싼 덩굴처럼, 법칙은

　　앞뒤로 달리네 —

무리가 강한 것은 늑대의 무리이기 때문이고, 늑대가 강한 것은

　　무리를 짓기 때문이네

감각을 마비시키는 리듬에도 불구하고, 이것을 자세히 들여다보면 사회주의적 행동규율이 드러난다. 그것은 시초적 형태이든 아니든 축적에 반대하며, 무리·새끼·어미·아비에게 도덕 경제를 제공한다. 그것은 정글 공유지에 기반을 둔다. 「정글의 법칙」의 열여덟 개의 연聯은 씻고 자고 평화를 지키고 겸손하게 살고 전쟁이 일어나지 않도록 가만히 앉아 있으라고 명령한다. 죽이는 것을 즐겨서는 안 되며, 약자에게도 고기를 남겨주고, 죽인 고기는 공유되며, 사장私藏은 금지되고, 아이들도 무리의 식량을 나눠먹을 수 있으며, 어미에게는 식량에 대한 특권이 부여된다. 그러나 정글 어디에나 공포가 스며들어 있다. 폭력이 환경상실의 모든 측면들에 내재하는 사유화의 시기 동안에 정글의 법칙이 덕 있는 행동으로 이끌 가이드를 제공한다.

모우글리 연작은 인도 삼림청에 관하여 키플링이 썼던 한 이야기에서 시작되었다. 모우글리는 늑대가 키운 아이이다. 「어떻게 공포가 왔는가」[34]는 아담과 이브가 에덴동산에서 쫓겨난 이야기와 유사한데, 사탄의 자리를 "인간" 혹은 평원과 제국의 사람들이 차지하고 있다. 그들이 정글의 짐승들에게 재난을 가져왔다. 코끼리 하시Hathi는 이렇게 설명한다. "자네들은 그 이래로 우리

모두에게 어떤 피해가 왔는지 알지. 올가미, 구덩이, 보이지 않는 덫, 나르는 막대기, 하얀 연기에서 나오는 쏘는 파리, 우리를 숲이 없는 곳으로 몰아가는 붉은 꽃 등을 통해서 말이야."35 맬서스의 암운이 드리워지기 시작했고, 살기 위해 동류끼리 뭉친 것이었다.

키플링은 1865년 봄베이에서 태어났으며 3대에 걸친 감리교 목사 집안 출신이었다. 모우글리 이야기는 그의 복음주의적 배경 (버년의 『천로역정』)에 상당히 빚을 지고 있다. 그는 자신의 포르투갈인 유모ayah에게 헌신적이었으며, 어린 시절 힌두스타니어語로 꿈을 꾸었다. 그의 아버지는 한 파시교도 독지가의 이름을 딴 봄베이 예술학교에서 일했다. 이 파시교도 독지가는 이웃의 자이나교 동물병원에도 기부를 하고 있었는데 이곳은 인도의 "동물 사랑"의 사례로서 잉글랜드에서 평판을 얻고 있었다. 1891년에 그의 아버지 존 록웃 키플링은 『인도의 동물과 인간』을 썼다. 유럽의 관찰자들은 "대체로 총을 겨누듯이 자연을 본다." 하지만 "인도에서 우리는 동물들이 말하고 생각했던 시대에 더 가까이 있다"고 그는 생각했다.36 따라서 그의 책에는 동물들이 내는 소리에 관한 짧은 장이 하나 있다.

이 해는 또한 그가 자신의 아들 러자드를 배에 태워 잉글랜드에 보내서 청교도적 후견인들에 의해 혹독하게 키워지도록 한 해였다. 이렇게 어릴 적에 살던 곳을 떠난 경험은 동네 병원에서 개들이 겪는 비참한 잔인함에 의해 키플링의 기억에 새겨져 있었다. 윌리엄 모리스의 사회주의적 세계관에 공감하는 사람이 학장을 하는 유나이티드써비스컬리지에서 젊은 키플링은 농업노동자들 및 시골집 거주자들과 접촉하게 되는데, 이들로부터 그는 밀렵, 밀수, 난파선 털기 등, 도덕 경제와 사회적 강도짓 사이에 있는 공동체적 전유형태들에 관하여 들었다.[37] 이 이야기는 기근 동안에 일어나며 그것이 시사하는 바는 법이 특히 필요한 때는 바로 먹는 것이 부족할 때라는 것이다. 키플링의 묘사는 그 생태학적 함축으로 인해서 주목할 만하다. 나무mahua는 꽃을 피우지 않고 야생 고구마wild yams는 말라 버린다. '물 휴전'water truce도 주목할 만하다. '물 휴전' 동안 육식 동물은 사냥을 멈추고 물웅덩이는 모두를 위한 모임 장소 즉 엔꾸엔트로'encuentro'가 된다.

월블던커먼[38]의 조지 쇼-르페브르는 1865년에 〈공유지보존회〉를 창설했다. 런던의 중심으로부터 15마일 이내에 그러한 공유지가 74개 있었다. 이 회는 두 개의 목적을 가지고 있었다. "사람들이 나라의 땅에 일정한 관심을 가져야 한다"는 것과 "일상생활의 문화시설은 빈자와 부자가 공히 접근할 수 있는 곳에 위치해야 한다"는 것이었다.[39] 이 회는 런던의 큰 공원들을 사회적·경제적 평등의 연단으로서가 아니라 도시 프롤레타리아의 건강을 위한 '문화시설'로서 지키기 위해서 고결하게 싸웠다.

보이스카우트의 창립자인 로버트 스티븐슨 스미스 바덴-파우얼도 마찬가지로 영국 산업도시들에서 빈민가 아이들의 건강을 증진시키고 싶어 했다. 그는 자신의 이복형제인 헨리 바덴-파우얼이 쓴 책을 "삼림법(그것이 무엇이든)에 대한 안내서"라고 깎아내렸다. 『소년단 활동』은 1908년에 출판되었으며 울프컵스는 1916년에 출범하였다. 그들의 활동과 의식儀式은 키플링의 『정글북』 연작에 나오는 모우글리의 의인화된 이야기들에 기반을 둔다.[40] 로버트 바덴-파우얼도 인도에서 복무했다. 이렇듯 20세기 영미권 소년들의 행동規律은 ─ 키플링과 바덴-파우얼의 중개를 통해 ─ 인도의 정글에서 생겼으며, 그 시기는 숲과 숲이 지탱하는 인간의 문화가 도끼 아래 몰락하고 있던 바로 그때였다. 영국 노동자들이 고대 영국의 공유지를 개발한 공원에서 휴식을 찾았던 바로 그때에 인도의 숲은 종획되고 있었고 숲에 살던 커머너들은 수탈당하고 있었다. 인도에서는 숲이라는 방대한 안전망이 기근의 와중에 수탈당한 반면에, 키플링의 『정글북』에 구현된 인도 숲의 상상된 이국적 모습은 영국 유년 보이스카우트 운동에서 프롤레타리아의 아이들에게 건강한 활동의 본을 제공했다.

키플링은 알라하바드Allahabad에 친구들과 함께 머물렀는데, 이들이 그에게 쎄오니 정글을 소개해 주었다. 키플링은 베리어 엘윈과 대조될 수 있는데, 엘윈은 옥스퍼드에서 인도로 가서 신비주의적인 기독교 부락에 합류했으며 거기서 모한다스 간디와 그가 이끄는 비협조운동의 추종자가 되었다. 마지막에 그는 독립운동을 버리고 쎄오니에서 곤드족과 함께 살았으며, 독립 후에는 인도 시민이 되었다. 그는 이 "부족들"이 모아 가지고 있는 말하는 동물 이야기 몇 개를 기록했다. 모우글리의 이야기들에서는 활동의 젠더적 성격이 남성인 경향이 있는 반면에 영국 삼림에서 커머닝의 젠더적 성격은 여성인 경향이 있다.(채취, 열매 따기, 정원 가꾸기, 이삭줍기, 돼지 기르기, 암소 돌보기) 키플링이 묘사한 모우글리 이야기와 현실 사이의 차이를 엘윈이 서술한다. "곤드 마음에는 여성의 종속"이 없다는 것이다. 1929년에 개혁가들은 간디에게 그곳의 "비도덕성" ─ 여성들이 춤을 추고, 음주가 허용된다 ─ 을 알려 주었다. 그리고 그의 개혁 운동이 쩨오니에 도달했을 때 그것은 삼림청의 수탈만큼이나 쩨오니를 피폐하게 만들었다.[41]

정글은 황무지 혹은 삼림을 의미하는 북인도어 단어에서 나왔다. 서부 인도의 숲지 주민들 사이에서는 '장글리'jangli가 특정의 생태계와 연관될 뿐만 아니라 야생의 담론과도 연관된다. 아자이 스카리아는 "숲의 정신 집중" 혹은 그 정동과 에너지가 토착족인 당족에 의해 제공되거나 식별된다고 본다. 당족은 역사를 두 시기, 즉 세리稅吏들·토지구획·삼림경비원들의 시기와 사냥, 낚시, 채취, 이동경작, 나무의 꽃과 씨앗 모으기와 함께 자유가 우세했던 그 이전의 시기로 나눈다. 이 후자의 시기가 '모글라이'moglai라고 불렸다.[42] 이렇듯 키플링은 그의 모우글리 이야기에서 황금시대나 에덴동산을 요약하는 것이 아니라, 그 무렵에 상실된 공유지의 특수하게 인도적인 특징을 제시하고 있는 것이다. 키플링이 대영제국의 사생아였던 것은 사실이지만, 그의 "지하" 자아 혹은 "모우글리" 자아는 민족적으로 혹은 민족주의적으로 이해되어서는 안 되며 선행한 민족에 대한 공감적 관계 속에서 이해되어야 한다. 늑대 무리에서 키워진 모우글리라는 이름의 소년은, 그들의 눈앞에서 사라져 가고 있는, '모글라이'라고 알려진 자유의 시기를 나타내는 인물이었던 것이다.[43]

모우글리는 도깨비이긴 해도 코뮤니스트는 아니다. 바덴-파우얼의 도움을 받은 키플링의 성취는 커머닝에 대한 고대의 담론과 코뮤니즘에 대한 근대의 정치적 담론을 어린 시절로 이동시킨 것이었다. 20세기 초, 사유화된 핵가족의 전성시대에 공유지의 인간관계는 (마치 일종의 프로이트적 공유지에 있는 양) 억압되었거나 어린 아이들의 유토피아들의 형태 ─『피터 팬』, 『보물섬』, 『오즈의 나라』, 『버드나무에 부는 바람』─ 로 침실과 육아실에 할당되었다. 『정글북』은 모우글리가 인간 사회에 다시 합류하여 커머닝의 폐지를 담당하는 "거대한 상부구조"인 인도 삼림청에 직장을 가지게 되는 것으로 끝난다.

간디는 1888년에 잉글랜드에 도착하여, 법정변호사가 되기 위해 법조학원 중 하나에서 법을 연구했다. 시험(1891년)에 통과하기 위해서 그는 브룸의 『판례법』과 윌리엄스의 『부동산』을 읽어야 했다. 브룸의 책에서 그는 "잉글랜드의 민중"에게 "삼림헌장의 면제권들이 마그나카르타의 면제권들만큼이나 열렬한 요구의 대상이었고 또 왕으로부터 마찬가지로 힘들게 얻어 낸 것"이 되기 전까지는 삼림법이 견디기 힘들게 고통스러운 것이었음을 읽게 될 것이었다.[44] 그 당시 노르만 정복에 대한 지식에서는 왕실 삼림의 폭력적인 형성이 강조되었다. 조슈어 윌리엄스는 1877년에 그레이즈 인[45]에서, 왕이 집과 교회를 무너뜨렸다고 강의했다. 그는 또한, 삼림헌장에 언급된 첫 번째 것으로서, 폐림을 위해 "조부인 헨리 왕께서 전림한 모든 숲들을 훌륭하고 합법적인 사람들이 조사"한 것을 강조한다.[46] 비록 간디는 윌리엄스의 『부동산』이 소설처럼 읽힌다고 썼지만, 그는 거기서 목초 혹은 돼지방목권에 대한 언급을 찾을 수 없고 에스투버스에 대한 두 번의 언급만을 받견할 것이었다. 간디가 10년 전 윌리엄스가 그레이즈 인에서 '공유지의 권리들'에 관해 강의한 것을 읽지 않았다면 말이다. 만일 읽었다면, 간디는 삼림헌장을 알게 되었을 것이고 관습적 사용권에 대한 수많은 언급(목초 스물여덟 번, 에스토버스 스물한 번, 돼지방목권 여덟 번)을 알게 되었을 것이다.[47] 그는 영국법보다는 채식, 신지학神知學, 볼룸댄싱, 영국 신사 패션의 자질구레한 격식에 더 관심이 있었다. 간디는 그저 "공유지의 권리는 …… 대부분 원시적인 사회 상태에서 발생한 권리이며 현재 존재하는 바의 사회에는 적합하지 않다"는 대목만 읽었는지도 모른다.[48] 코뮤니즘은 어린아이에게나 어울리는 것이고, 모우글리는 성장해야 한다는 것이다.

존 로크의 이론에서는 유용한 인간 활동이 '시효에 의해 얻은 권리'prescriptive right를 부여한다. 소유권이 노동으로부터 직접 발생하는 것이다. 조슈어 윌리엄스도 그레이즈 인에서의 강의에서 이런 취지로 말했다. "집에서 땔 땔감을 취할 권리는 만일 시효에 의해 주장된다면 오래된 집과 관련하여 주장되어야 한다. 시효에 의한 권리는 인간의 기억이 그 반대로 작용하지 않을 만큼 오랜 시간 동안의 사용에 의해 획득된다."[49] 기억의 문제는 중요하다. 기근처럼 정신적 외상을 주는 사건에 의해서 교란될 수 있기 때문이다. 기근이 들면 나이 지긋한 사람들이 아무래도 취약하여 가장 빨리 무너지는데, 이들이 바로 공동체의 관습적 지식을 가지고 있는 사람들이다. 다음은 1916년에 제출된, 삼림정착에 관한 어떤 보고서의 한 대목이다. "최상층에서 최하층까지 모든 이들의 머릿속에 정부가 그들의 삼림을 빼앗아 가고 있으며 그들의 재산을 강탈하고 있다는 생각이 완강하게 존속했다 …… 따라서 가장 나이가 많은 주민이 당연하게도 가장 권위 있는 사람으로 간주되며, 그가 삼림을 무제한적으로 사용하는 민중의 권리가 매우 오래되었다는 점을 가장 확신하고 있는 사람이었다 …… 그러나 최선을 다해 노력을 했지만 사람들로 하여금 상태의 변화를 파악하게 하는 데, 혹은 정부 소유라는 역사적 사실을 믿게 하는 데 실패한 것 같다." 엘윈이 저항이 실패한 결과를 관찰한 바 있다. "그는 소심하고 순종적이 되었다. 그에게서 시민권에 대한 인식을 발전시키는 것은 거의 불가능했다. 그가 자신의 나라에서 더 이상 편안하게 느끼지 못했기 때문이다."

1913년 5월에 한 마을 서기가 강제노동으로부터 면제받기를 청원했다. "그들은 일상생활에 쓸 땔감을 얻기 위해 나무를 베도록 허용받지 못했으며 동물들의 먹이용으로 나뭇잎을 따는 것도 일정 정도를 넘으면 안 되었다." 사회 질서는 숲 절도 관련 통계에 의해서 감시되기 시작했다. 이 통계는 다가오고 있는 싸트야그라하의 폭풍을 더 이상 미리 알려주지 않았다.[50] 이는 모젤 강 통계가 1848년 혁명을 미리 알려주지 않은 것과 같다. 삼림규제에 대한 도전이 1920~22년과 1930~32년에 〈인도민족회의〉가 이끈 항의운동의 일환이 되었다.[51] 여성들과 아이들이 대부분의 "삼림법 위반"을 범했다.[52] 1911년에 쏜지Sonji는 자신의 집을 다시 짓기 위해 나무를 필요로 했으나 삼림규제로 인해 영국 당국으로부터 허가를 얻어야 했다. 그는 허가를 얻지 않고 자신이 족장에게 말했으며 이 족장은 자신이 "숲의 주인"이므로 티크나무를 취해도 좋다고 말했다. 쏜지는 정당하게 나무를 취했으나, 법의 도전을 받았고 커머너들이 모였으며 항거의 불길이 번져 나갔다.[53]

싸트야그라하의 비폭력, 수동적 저항, 정신적 순수성은 인도의 독립운동에서만이 아니라 아메리카의 시민권 투쟁에서 강력한 영향력을 발휘했지만, 이 운동은 공유지를 과거의 것으로 넘겼다. 싸트야그라하는 에스토버스를 포함하지 않았다. 1921년에 한 영국 선교사는 이렇게 썼다. "무지한 사람들이 [〈인도민족회의〉의] 선동가들에게 자극되어 이제 간디가 왕이라고 믿게 되었으며 영국의 지배는 종말의 시점에 와 있다. 그 결과로 시골 마을 사람들이 보존된 삼림에 침입하여 나뭇잎과 가지들을 땔감용으로 멋대로 취하고 있다."[54] '멋대로'란 '자기 하고 싶은 만큼'을 의미한다. 그러나 마을 사람들은 취하고 싶은 만큼 취하지 않았다. 우리는 쏜지가 집을 개축할 나무를 베기 전에 자신의 족장과 상의를 했음을 이미 보았다.

1959년에 나는 라왈핀디 북쪽의 구릉지에 있는 읍인 머리Muree를 방문했다. 여기서는 마을 사람들이 동물들을 방목하고 풀을 벨 권리, 죽은 나무들을 가져가고 16피트가 넘는 나무들의 가지를 쳐 낼 권리, 장례비용에 쓰기 위해 나무 하나를 베고 5년에 한 번 건축을 목적으로 315 입방피트의 목재를 취할 권리 등을 가지고 있었다.[55] 그 당시 잉글랜드가, 마그나카르타가 저 멀리에 보이는 듯했다.

1973년에 찬디 프라싸드 바트는 나무를 껴안아서 도끼로부터 구했고, 그럼으로써 칩코chipko 운동을 시작했다. 이 운동은 페미니즘, 환경, 개발에 관한 논쟁이 세계 전체로 번지는 발화점이 되었다. 이 운동은 북을 두드려 알리기, 신성한 존재를 불러내기 이외에, 1763년까지 소급하여 관습적 권리를 상기하는 깊은 역사 인식이 또한 그 특징이었다. 실제로 여성들이 지역 전통의 저장고였다. "따라서 그들은 나무를 껴안는 행동을 하면서 단지 여성으로서 행동하는 것이 아니라 조각조각 해체될 위협을 받는 공동체에서 과거와의 연속성을 담지하는 존재로서 행동하는 것이다."56 이제 우리는, 그 연속성이 자유헌장들로 소급된다고 말할 수 있다. 유럽을 배회하는 공유지라는 유령은 인도에서 온전한 신체로 체현되었다.

남부 웨일스에서 앨프리드 러쓸 월리스의 첫 직업(1840년)은 철로와 종획을 염두에 두고 토지를 측량하는 것이었다. 강력한 광부들, 분노한 장공들, 뚱한 노동자들, 원망이 서린 소농장주들이 '레베카의 아이들'이라고 알려진 야간 불법조직들을 통해 저항했다. 이 사건을 다루는 역사가는 이렇게 썼다. "담 바깥에 나라가 생겼다."57 나중에 러쓸은 종획은 "포괄적인 토지강탈 씨스템"이라고 불렀다.

러쓸은 아마존과 오리노코로 여행을 가서 그곳에서 토착민들과 함께 살다가 인도네시아의 섬으로 파라다이스의 새를 찾아 떠났다.58 "나는 남아메리카와 동양에서 미개인들과 함께 살았다. 이들에겐 법도 없고 법원도 없었으며 자유롭게 표현되는 마을의 여론이 있었다 …… 교육과 무지, 부와 가난, 주인과 하인이라는 큰 구분이 없었다. 이 구분은 우리의 문명의 산물이다."[59]

가난과 범죄가 상업 및 부의 확대와 병행했다. "많은 토지를 보유한 사람은 그의 전 재산을 합법적으로 숲이나 사냥터로 전환시키고 지금까지 거기서 살아온 모든 사람들을 쫓아낼 수 있었다. 이는 잉글랜드처럼 인구밀도가 높아서 모든 땅이 주인이나 점유자가 있는 나라에서는 동포들을 합법적으로 파멸시키는 힘이다." 토지보유제도는 노르만 정복 때 시작되었다. 이때 왕국의 모든 땅은 왕에게 복속되었다. 커머닝의 관습적 권리에 의한 보유는 농노제villeinage로부터 진화해 나왔다.[60]

황금시대, 진정한 모글라이의 시대가 존재했는가? 인도에서 이 논쟁이 활발했다. 곤드족은 정부가 삼림을 차지했을 때 "암흑의 시대"가 시작되었다고 생각했다. 영국법을 훈련받은 간디는 "시효에 의한 권리는 인간의 기억이 그 반대로 작용하지 않을 만큼 오랜 시간 동안의 사용에 의해 획득된다"라는 대목과 마주쳤을 것이다. 데라둔의 산지 주민 한 사람이 말했듯이, "삼림은 태곳적부터 우리의 것이었다." 러쓸은 이렇게 말한다. "그토록 오랫동안 인류의 구속 받지 않는 열정의 극장이었으며 상상할 수 없는 비참의 무대였던 땅을, 견자見者 혹은 시인의 꿈에 나타난 것만큼이나 빛나는 낙원으로 전환시키기 위해서는, 더 상위의 본성에 상응하는 능력들을 개발하는 것이 필요했을 따름이라는 점을 인류는 마침내 발견할 것이다."[61]

8

마그나카르타와 미국 대법원

그녀를 보았을 때 그는 참으로 기뻤다.
구디는 나뭇가지를 하나하나 모았고
그는 그녀가 앞치마에 가득 채울 때까지
양딱총나무 숲 뒤에 서 있었다.
그녀가 다 채우고 돌아서서
다시 옆길로 가려할 때
그는 소리 지르며 나와서
가난한 구디 블레이크를 덮쳤다.

윌리엄 워즈워스, 「구디 블레이크와 해리 길」(1798)

만일 우리가 지금까지 마그나카르타에 관해서 발견한 것을
요약하여 미국의 헌법에 이르는 역사를 한 세기 단위로 듬성듬성
훑어본다면, 아마도 다음과 같을 것이다.

13세기에 내전의 휴전을 추진하는 맥락에서 창출된 자유헌
장들은 둘 모두, 영국 군주정체가 성장하고 왕국을 구성하는 기타
요소들인 교회·읍·가족·공유지가 성장하는 과정에서 점차로 제
정법·법·공통권익 토대가 되었다. 16세기에 근대 자본주의가 시

작될 때에 마그나카르타는 두 가지 이유로 무시되었다. 첫째, 중앙집중화된 튜더 왕조의 군주정체가 힘을 독점하는 경향을 가진 반면, 마그나카르타는 왕의 권력을 제한하는 경향을 가졌다. 둘째, 16세기에 상품이 지역 규모, 일국 규모, 제국의 규모에서 경제적 축적형태가 되기 시작하여 많은 형태의 커머닝을 대체하였다. 그러나 17세기에 상황이 변하여, 사적 소유(상품의 법적 형태)가 영국 혁명 동안 혼합된 여러 형태의 정치권력과 화해하게 되면서 마그나카르타는 그 근대적 형태 — 개인의 권리와 자유 무역의 보호자 — 를 띠었다. 그러나 이 변화에는 마그나카르타가 삼림 헌장으로부터 분리되는 것이 필요했다.

커머닝은 도시의 조건에도 적응하면서 존속했다. 그러나 상품교환과 사유재산은 국제무역의 강탈적 탐욕으로 폭발적으로 확대되었으며, 이는 18세기에 인간이 상품이 되면서 행해진 인종차별적 노예무역에서 수십만의 사망자를 남겼다. 백인우월주의라는 새로 출현한 문화는 커머너들과 노예들이 빈번하게 걸림돌이 되었음에도 불구하고 마그나카르타의 가능성을 제한하였다. 비록 1770년 7월 4일에 마그나카르타가 노예폐지운동의 일부가 되었기는 하지만 말이다.[1] 17세기에 마그나카르타의 39조를 수용했던 북아메리카의 이주 식민지들은 1770년대에 마그나카르타를 저항 헌장의 본보기로서 그리고 독립선언의 본보기로서 활용하면서 단결했다. 18세기에 카리브해 지역과 대륙의 이주 식민지들에서 노예들이 봉기한 이후에 마그나카르타는 그 커머닝의 의미와 노예폐지의 의미가 삭제된 채 연방 헌법에 채택되었다. 그럼에도 불구하고 동시에 이 의미들은 종획과 공장에 대항해서 싸운 영국 노동계급에 의해 되살려졌다. 일반적으로 커머닝은 숲이 변함없이 남아 있는 곳에서 존속했다. 숲의 파괴가 거대한 수탈수단이었던 인도의 역사에서 우리가 보았듯이, 숲이 파괴되고 그 특허받은 기반이 사라진 곳에서는 커머닝의 문화적 잔존물이 남았다. 커먼즈가 불법적이 되었다는 점이 커먼즈의 "비현실주의적인" 형태들 — 원시적·낭만적·유아적·문화적·예술적·유토피아적 형태들 — 이 발생한 것을 부분적으로 설명해 준다. 미국에서 마그나카르타는 법과 헌법의 토대를 이루는 문서였다. 그러나 그것은 또한 원주민의 토지를 강탈하고 인종차별적 노예제를 확대한 것과 공존하였다. 어떻게 이런 역설이 유지되었는가?

이 물음에 접근하는 한 방법은 그래프 하나를 검토해 보면 가능할지도 모른다. 이 그래프는 한쪽은 마그나카르타를 언급하는 미국 대법원 사건들의 수를, 다른 쪽은 그 사건들에서 마그나카르타가 인용되는 횟수를 시간 순으로 보여준다. 세 특징이 부각된다. 첫째는 마그나카르타를 평균보다 훨씬 많이 인용한 세 개의 사건이 두드러진다는 점이다. 둘째는 대법원의 역사에서 마그나카르타가 전반적으로 우세하다는 점이다. 셋째는 미국 역사의 두 시기 — 초기 공화국 시절과 두 대전 사이의 시기 — 동안 마그나카르타가 부재한다는 점이다. 나는 연대순에 집착하지 않고, 또한 법적 추론의 표준적 원칙들에 집착하지 않고 이 세 특징을 살펴보고자 한다.

첫째는 낮은 지평에서 불쑥 솟은 산봉우리들처럼 그래프에

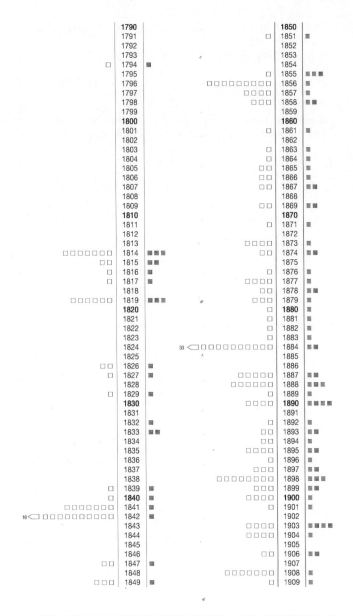

대법원 사건에서 마그나카르타의 인용 횟수를 보여주는 그래프. 피비 제인 밸러드 제공.

□ 마그나카르타가 대법원 사건들에서 인용된 횟수

■ 마그나카르타를 인용하는 대법원 사건들의 수

서 상당히 멀리 튀어나온 세 사건이다. 그중 첫째 사건은, 실로 그 것이 커먼즈와 연관된 것처럼 보이기 때문에 빛이 난다. 마틴 대^{ft} 워들 임차인 사건(1842년 2월 9일)은 동부 뉴저지의 래리턴베이 에 있는 굴 어장을 놓고 벌어진 논란을 해결했다. 메릴랜드의 담 배플랜테이션 소유주들과 노예소유주들의 후손인 토니가 대법원 장으로서 법원의 판결문을 발표했다. 그는 마그나카르타를 열여 섯 번 인용했다.

판결은 찰스 2세가 1664년에 동생 제임스(요크 공작)에게 준 특허장(뉴저지에 대한 권리를 부여한다)의 의미와, 그 이후에 특허장에 따라 소유자들[2]이 사적 소유권은 보유하면서도 통치의 모든 권력은 국왕에게 양도한 것(1702)을 중심으로 했다. 어업 공 통권은 잉글랜드의 커머너에게 속하는가, 아니면 왕에게 그의 재 산으로서 혹은 그의 왕권의 일부로서 속하는가, 아니면 백성을 위 해서 그가 맡고 있는 것인가? 갑각류와 일반 물고기를 구분하는 문제, 갯벌이 육지인가 물인가가 문제가 되었다. 토니는 사적 소 유자들에게 불리한 판결을 내렸다. 이는 찰스리버브릿지 사건 (1837)에 대해 판결한 바와 같았는데, 이 판결에서 그는 "공공 이 익" 혹은 "공동체 권리"가 사적 소유의 독점행위와 충돌했을 경우 전자의 원칙을 지지했다. 그는 과거에 왕권이 허용했던 공통권은 주권의 이전 및 미국 독립과 함께 공적 재화가 되었다고 주장했다.

애초에 찰스 2세가 예의 땅에 대한 권리를 부여할 권리가 있 는가? 그 권리는 정복에 근거해서가 아니라 발견에 근거해서 주 장되었다. 그곳이 사람이 살지 않는 황폐하고 야생적인 곳으로 간주된 것이었다.[3] 토니는 왕의 그러한 권리는 "오늘날 문제 삼을 수 없다"고 말한다. 여기서 오늘날이란 그 사건이 처음 일어난 1836년부터 판결이 난 1842년까지를 말한다. 이는 '눈물의 행렬'이 있었던 때, 즉 체로키족, 치카쏘족, 촉토족, 크릭족, 그리고 쎄미놀족이 자신의 땅으로부터 강제로 이동된 때였다.[4] 토니가 밝힌 커먼즈에 대한 생각에는 실제 커머너들의 경험·관행·생각들이 완전히 빠져 있었다. 공동체 권리에 대한 그의 생각은 공중公衆의 생각이 그렇듯이 토착민들과 아프리카계 아메리카인들을 공히 배제하는 것이었다.[5] 우리의 그래프의 역설 — 미국의 사법부에서 마그나카르타를 처음 빈번하게 활용한 것이 공통권과 관련되었으면서도 사유재산의 보호와 확대에 바쳐졌다는 것 — 은, 일단 그 현실이 아메리카 원주민의 멸망과 그 뒤를 이은 법적 허구('주인이 없는 집'vacuum domicilium)에 기반을 둔다는 점을 이해하면 풀린다. 마틴 사건은 공통권을 보는 데서 결코 파격적이지 않으며, 미국 사법부의 중심 테마인 인종차별적이고 민족말살적인 전제의 사례를 보여준다.

"마그나카르타 이래 지난 6백 년 동안, 어업 공통권을 공중에게 보장해 주는 잉글랜드의 정책은 정성스럽게 보존되었다." 알래스카의 어업에 관한 1918년의 사건에서 법원은 "마그나카르타이래 …… 국왕이 독점권을 부여하는 것은 명백하게 금지되었음"을 확인했다. 당시 법원은 삼림헌장뿐만 아니라 어업 공통권을 알고 있었다. 1922년에 법원은 "마그나카르타와 삼림헌장 이래, 새·생선·사냥감의 소유는 …… 모든 사람의 공통의 이익을 위한 위탁물로서 …… 한결같이 간주된다"[7] 언명했다. 1920년에 법원은

"야생 사냥감과 그에 대한 권리는 모든 영어를 말하는 사람들에게 항상 '민감한' 주제였으며, 마그나카르타와 '삼림헌장'의 일부가 되는 것은 충분한 중요성을 가진다"고 밝혔다.[6] 이 사건은 그래프에서 예외적인 사례이다.

이제 두 번째로 큰 마그나카르타 인용 사건인 허타도 사건 (1884년 3월 3일)을 보자. 이 사건은 마그나카르타를 서른세 번 인용했다. 살인사건에서 조셉 허타도는 대배심원단에 의해서가 아니라 고발 절차에 의해서 기소되었다. 수정조항 제14조의 법의 적정절차 대목에 의하면, 대배심원단에 의한 기소를 정하고 있는 수정조항 제5조를 주(캘리포니아)가 따를 필요가 없다는 것이 다수 견해였다. 허타도는 처형되었다. 할런 판사는 이의를 제기했다. "공적 권리와 법에 관한 광범한 헌장으로 간주되어야 마땅한 마그나카르타에는 모든 제도와 모든 시대의 최고의 생각들을 배제하게 만드는 요소가 하나도 없다. 정의의 모든 수원水原으로부터 영감을 끌어내는 것이 판례법의 특징적 원칙이므로 우리는 그 원천이 말랐다고 생각해서는 안 된다. 이와 반대로 우리는, 우리의 상황과 제도의 모든 새롭고 다양한 경험들이 정의를 새로운 형태, 전보다 더 나을 수도 있는 형태로 만들 것이라고 생각해야 한다."

마그나카르타를 여러 번 인용한 세 번째 사건은 〈브라우닝-페리스 인더스트리〉 대 〈켈코 디스포절〉 사건(1989년 6월 26일)이다. 이 사건은 마그나카르타를 마흔네 번 인용했다. 버몬트주州 벌링턴에 있는 오물처리회사에 51,146 달러가 보상금으로 지급되었으며 6백만 달러가 처벌적 손해배상금punitive damages으로 지급되있다. 이 사건에서 논쟁의 한 부분은 마그나카르타 중 인정벌금 부과amercements와 관련된 세 장에 걸친 것이었다.[7] 이 벌금은 형법에 속하는가, 민법에 속하는가? 처벌적 손해배상금이 과했는가? 마그나카르타의 세 장은 나중에 「권리선언」에, 그리고 (미국 헌법 수정조항 제8조에 통합된) 잔인하고 이례적인 처벌의 금지에 영향을 미쳤다. 과도한 처벌을 금지하는 원칙과 형평의 원칙은 형벌 일반의 지침이 되었다. 그러나 이 사건에서 블랙먼 판사는 수정조항 제8조가 적용되지 않는다고 판시했다.[8] 형평의 원칙은 형벌이 범죄에 비례해야 한다고 정하고 있다. 이는 18세기에 체자레 베카리아가 이끈 법개혁운동의 기반이었다. 우리는 그 기원이 마그나카르타에도 있음을 알고 있다.

마그나카르타에 나타난 형평의 원칙은 20세기 말에 종종 사형 사건들에서 인용된다. 카모나 대 워드 사건(1979년 1월 8일), 러믈 대 에스텔 사건(1980년 3월 18일), 쏠름 대 헬름 사건(1983년 6월 28일), 스패지아노 사건(1984년 7월 2일), 월튼 사건(1990년 6월 27일), 그리고 하믈린 사건(1991년 6월 27일) 등이 그 사례들이다. 사형의 일시적 중지를 개시하게 만든, 1972년의 퍼먼 사건 판결에서는 과도한 인정벌금에 대한 메이틀랜드의 논평이 인용되었다. "필시 마그나카르타의 조항 중에서 민중 대중에게 이보다 더 고마운 것은 없을 것이다." 그 조항의 역사는 곧바로 수정조항 제8조 중 잔인하고 이례적인 형벌 관련 조항에서 고문금지 대목으로 이어졌다. 맥클레스키 대 켐프 사건(1987년 4월 22일)에서는 이성理性과 통계를 거슬러 인종분할이 유기되었다. 다수 견해와

의견을 달리하는 브레넌 판사는 마그나카르타를 인용하였으며, 다수 견해가 "너무 많은 정의"를 두려워하는 것 같다고 말했다.

이 두드러진 사건들을 요약해 보자. 우리의 논의는 그래프의 설명에서 시작했다. 그러나 설명을 해 나가면서 사회의 구성에 근본적인 중요성을 가지는 강력하고도 논쟁적인 주제들이 급속히 제기되었다. 마그나카르타는 미국의 사법에서, 특히 커먼즈("민감한" 주제)·불법체포·사형의 문제에서 능동적인 작용을 할 수 있다는 것이다.

그래프의 두 번째 특징, 즉 마그나카르타의 전반적인 우세로 논의를 돌려보자. 1790년에서 2005년까지 마그나카르타를 인용하는 사건들의 분포를 보여주는 연표를 보면, 미국 대법원의 219년 역사에서 195개의 사건이 마그나카르타의 이름을 언급하였다는 점이 두드러진다. 이는 평균 1년당 한 번에 조금 못 미친다. 마그나카르타를 실질적으로 언급한 횟수는 407번, 즉 평균 사건 당 두 번이다.

마그나카르타의 우세는 놀랄 일이 아니다. 마그나카르타의 원칙들은 미국 헌법의 배심원과 인신보호영장에 관한 조항들에서 등장하기 때문이다. 헌법이 수정되었기 때문에 ― 특히 수정조항 제5조(연방 사건에서 법의 적정절차)와 제8조(잔인하고 이례적인 형벌의 금지)가 두드러진다 ― 미국의 사법에서 마그나카르타의 권위는 높아졌다. 그 권위는 또한 다른 상징적인 형태로도 생겼다. 1787년 헌법이 제정되기 한참 이전에, 심지어는 독립선언문 이전에 마그나카르타의 이미지가 반란을 일으킨 이주 식민지들의 화폐에 등

장하기 시작했다. 폴 리비어는 1775년에 그가 만든 매사추세츠주
州 인장印章 도안에 마그나카르타를 넣었다. 법과 화폐는 근대 국가
에 필수적이며 하나는 재산을 보호하고 다른 하나는 가치를 나타
낸다. 마그나카르타는 양자 모두 뒷받침한다. 마그나카르타는 교
환의 공정함과 법 앞에서의 평등을 나타내는 듯 **보인다**. 그러나 더
글러스 헤이가 『앨비언의 죽음의 나무』에서 지적했듯이, 법 앞에
서의 실질적 평등은 거대한 불평등의 사회에서는 불가능하다. 우
리가 앞으로 보겠지만, 마그나카르타는 39조의 핵심적 어구를 통
해서 미국의 특징적인 착취형태들을 정당화하는 법적 도구가 되
었다.

대법원은 밀리건 사건(1866년 4월 3일)에서 헌법, 의회의 제
정법들, 마그나카르타, 판례법, 자연적 정의를 미국 법의 원천으
로 보았다. 대헌장의 우세는 그것이 미국 법의 원천이었다는 점,
혹은 할런 판사의 영원한 이미지를 빌자면 그 "수원"水原 중 하나였
다는 점을 인정한 데서 발생한다.

마그나카르타는 종종 실질적으로 법으로서 사용되었다. 그
리고 수원으로서는 많은 원칙들에게 물을 대주었다. 이는 아마도
배심원제와 관련하여 가장 명백할 것이다. 배심원단은 "이웃의 열
두 명의 정직하고 공정한 남성들"로 구성된다(톰슨 사건, 1898년
4월 25일). 배심원단은 ([이웃에서 선발된]) "인근지역의 배심원
단"이 되어야 한다(팰리써 사건, 1890년 5월 19일). 배심원단은 열
두 명의 사람으로 구성된다(윌리엄스 사건, 1970년 6월 22일). 대
배심원단은 정부의 도구가 되지 않는다(마라 사건, 1973년 1월 22

일). 배심재판을 받을 권리가 긍정된다(부커 사건, 2005년 1월 12일). 재판은 해당 지역에 기반을 두어야 한다(〈내셔널 이큅먼트 렌탈〉 대 쑤켄트 사건, 1964년 1월 6일). 재판은 신속히 이루어져야 한다(클로퍼 사건, 1967년 3월 13일).[9]

마그나카르타는 다른 많은 중요한 문제에서도 사용되었다. 채무로 인한 구금에 반대하는 취지에서 인용되었다(스터지스 대 크라우닌실드 사건, 1817년 2월 17일). 상이한 종류의 영장을 구분하기 위해 인용되었다(캐쓸 대 캐럴 사건, 1826년 3월 20일). 양도불능 소유권, 즉 영속적 소유권의 사건들에서 인용되었다(러년 대 레씨오브코스터 사건, 1840년 2월 1일, 페린 대 케어리 사건, 1861년 2월 25일). 동일한 사건을 이중으로 재판한 사건에서 인용되었다(레인지 사건, 1874년 1월 30일). 채무절차를 억압의 목적으로 사용하는 것에 반대하는 취지로 인용되었다(머리 대 〈호보켄랜드앤임프루브먼트 회사〉 사건, 1856년 2월 19일). 해사법원의 힘을 제한하는 취지로 인용되었다(잭슨 대 맥놀리아 사건, 1858년 4월 13일). 보안관이 치안판사 역할을 하는 것을 금하는 취지로 인용되었다(에스 사건, 1856년 4월 21일).반역사건에서 인용되었다(챔버스 사건, 1940년 2월 12일). 강제적 자기부죄自己負罪에 반대하는 취지로 인용되었다(트위닝 사건, 1908년 11월 9일). 강제이송에 반대하는 변론에서 인용되었다(퐁 유에 팅 사건, 1893년 5월 15일). 여행을 할 권리와 관련된 사건들에서 인용되었다(켄트 대 덜스 사건, 1958년 6월 16일, 벨 사건, 1964년 6월 22일). 병역기피 사건(케네디 대 멘도사-마르띠네즈 사건, 1963년 2

월 18일), 청원권과 관련된 사건(애덜리 사건, 1966년 11월 14일), 합법적 구금과 관련된 사건(스미스 대 베넷 사건, 1961년 4월 17일), 복지 관련 사건 (씬즈 대 로 사건, 1999년 5월 17일), 일반영장에 반대하는 사건(카터 사건, 1998년 12월 1일), 작업장의 위험과 관련된 사건(콜린스 사건, 1992년 2월 26일), 유산流産 관련 사건(플랜드 패런트후드 대 케이시 사건, 1992년 6월 29일), 포르노그래피 관련 사건(『향락의 여인에 대한 존 클리랜드의 회상』이라는 책 사건, 1966년 3월 21일)에서 인용되었다.

　미국 헌법에서 마그나카르타의 우세는 장식적·수사修辭적·이데올로기적이기도 했다. 18세기 후반부에 활동한 헌법학의 주된 권위자인 토머스 쿨리는 "헌법적 차원의 힘의 부여를 해석해주는 것은" "마그나카르타의 격률들"이었다고 썼다.[10] 대법원은 마그나카르타를 법적 격률格率들의 원천으로서 장식적으로 인용했다(커밍스 사건, 1867년 1월 14일) ─ "적어도 마그나카르타 이후로는 정의를 지체하는 것은 정의를 부정하는 것이라고 생각한 사람들이 있었다"(폴리지 대 〈카울스매거진 회사〉 사건, 1953년 6월 1일).). 혹은 골동품애호가의 관심을 끌 금괴처럼 인용된 사례도 있다(마이어스 사건, 1926년 10월 25일). 여기서 "'조언과 동의'는 마그나카르타를 통해서 온다"는 어구가 그렇다. 마그나카르타는 오래되어 진부한 것으로서 인용되기도 했다(〈애치슨티앤에스알알 회사〉 대 매튜스 사건, 1899년 4월 17일) ─ "우리의 통치 체제에서 모두가 평등하고 정확한 처우를 받을 위치에 있어야 하는 하나의 장수가 있다면 그것은 법원이다. 이는 내 생각에는 마그나카르타만큼이나 오래된 원칙이었다." 혹은 "**법의 정당한 적용**이라는 목적은 과거의 마그나카르타에 귀를 기울인다"(엔터스 대 아펠 사건, 1998년 6월 25일). 마그나카르타는 법원의 학술적 각주에서 자주 인용된다.[11]

마그나카르타는 종종 수사적으로 채택된다. 마그나카르타는 비유적 표현으로서 혹은 하나의 법으로 다른 법을 대신하는 제유提喩로서 사용된다. 다음은 대법원에 의해서 "마그나카르타"라고 불렸던 것들이다. 1679년의 〈인신보호법〉(여거 사건, 1869년 10월 25일; 페린 대 케어리 사건, 1858년 2월 22일; 팰리써 사건, 1890년 5월 19일; 뉴욕기아棄兒병원 대 가티 사건, 1906년 12월 3일과 1973년 5월 29일), 상속법 (잭슨 엑스 뎀 쎄인 존 대 추 사건, 1827년 2월 8일), 제1조에서 제10조까지의 헌법 수정조항들(케프너 사건, 1904년 5월 31일), 미국 헌법(브릭 아미 워릭 사건, 1863년 3월 10일), 상업적 서한(더 쎄인 니콜라스 사건, 1816년 3월 21일), 헌법 수정조항 제14조(윈십 사건, 1970년 3월 31일), 〈클레이턴 반트러스트법〉(〈앨런 브래들리 회사〉 대 〈전기노동자 국제조합 제3지부〉 사건, 1945년 6월 18일), 그리고 〈셔먼 반트러스트법〉. 수사修辭의 느슨함은 헌장들의 법적 정합성을 위협한다. 예를 들어 "근본적 원칙"을 의미하기 위해서 마그나카르타를 비유로서 사용하는 것은 그 실질적 조항들이 무시되는 정도만큼만 성공하는 것이다.

마그나카르타는 사법에서 민족과 연관된 함축을 지속적으로 지녀 왔다. 대법원은 마그나카르타를 가족으로서의 민족, 즉

"부모 나라"라고 불리는 영국 가족과 연관시켰다(맥스웰 대 도우 사건, 1900년 2월 26일). 이는 또한 마그나카르타에 기록된 "독특하게 소중한" 특권을 지닌 "영국 민족"이라고 불릴 수도 있다. "이 나라의 민중은 영국인의 권리를 가지고 이곳에 상륙했다"고 말한다. 마치 선주민들이, 아프리카인들, 아일랜드인들, 유태인들, 스페인 사람들 혹은 아시아인들이 없었다는 듯이 말이다. 마그나카르타는 "그들의 생득권"이었다(벡워드 대 빈 사건, 1879년 1월 6일). 19세기의 주도적 역사가인 찰스 앤드루스는 1903년에 미국 고등학생들과 대학생들을 위해서 『잉글랜드 역사』를 썼는데, 여기서 그는 "그 역사의 대부분이 우리의 역사인 민족의 이력"을 서술했다. 그에게 마그나카르타는 "잉글랜드의 모든 계급들이 단결하여 쟁취한 것이었다." 1960년대에 오면 이런 민족중심주의는 "영어권 세계"라는 표현에 의해 대체되거나(〈리퍼블릭 스틸〉 대 매독스 사건, 1965년 1월 25일), '영어권 편애'anglophonophilia라고 부를 수 있는 것에 의해서 대체되었다. "영국의 법 전통 및 역사적 전통을 물려받은 영국인들의 후손에 의해" 형성된 이 상상적 공동체를 세계의 목적론적 운명이 기다리고 있었다. "그러나 그것은 분명하게 정의되지 않은 팽창하는 미래를 위해 만들어진 것이며, 다양한 언어를 가진 많은 나라들에서 모인 그리고 모이게 될 국민을 위해 만들어진 것이었다"(올리버 사건, 1948년 3월 8일; 맥고사 사건, 1971년 5월 3일).

마그나카르타는 이렇듯 원천이며 비유이고 민족의 부적符籍이며 학술적 기호이다 마그나카르타가 미국의 법에서 차지하는 위치는 모순적이다. 지배계급의 이데올로기는 효과를 발휘하기 위해서 피지배계급의 특정 주장들 — 만일 인정하지 않는다면 지배 전반에 대한 대안들이 될 위험이 있는 그런 주장들 — 을 인정해야 한다. 비상상태라는 독재의 변덕(예를 들어 인신보호영장의 정지나 관타나모)이나 비공식적인 국가테러의 행사行使(예를 들어 파머 일제 검속[12] 혹은 〈KKK〉)에도 불구하고 법은 오랫동안 공정함과 형평성이라는 외관을 필요로 했다. 이러한 이중성이 마그나카르타와 미국 법의 오래된 관계를 표현해 준다. 친숙한 **동시에** 무관심하고, 강박적인 **동시에** 장식적이며 근본적인 **동시에** 부차적이다. 대법원은 마그나카르타를 미국, 사적 소유, 상업, 자본주의, 노예제를 뒷받침하는 지배적인 제도와 사회적 세력의 것으로서 채택했던 것이다.

미국에서 마그나카르타의 위치를 이해하는 데 열쇠가 되는 것은 사적 소유이다. "개인의 자유권들과 재산권들이 …… 마그나카르타의 위대한 원칙들이다"(윌킨슨 대 리랜드 사건, 1829년 2월 23일). 블랙스톤은 사적 소유가 권리청원보다 마그나카르타에 의해 더 보호를 받는다고 말했다(베이츠 대 브라운 사건, 1867년 2월 18일). "최초의 13개의 주들은 모두 사유재산의 불가침성을 보장하려고 했다. 그 방법은 마그나카르타의 유명한 39조에서 용어들을 추출하고 채택하는 것이었다"(리건 대 〈파머스론앤트러스트 회사〉 사건, 1894년 5월 26일). "모든 법체계는 모든 사람이 자신의 재산을 향유하는 데 있어서 보호를 받아야 한다고 정하고 있으며, 정당한 보상 없이 타인의 재산을 취해서는 안 된다고 정하고 있다. 마그나카르타에 들어 있는 가장 초기의 헌법은, '지위가 동등한 사람들의 판단이나 나라의 법에 의한' 것 말고는 그 어떤 자유민도 자신이 자유롭게 보유한 것을 박탈당하지 않을 것을 보장한다"(카스테어 대 코크런 사건, 1904년 2월 23일). "사유재산권은 '적정절차'의 보증이 없이는 존재할 수 없다"(오초하 대 헤르난데스와 모랄레스 사건, 1913년 6월 16일).13

미국은 부르주아 공화국으로서 시작했으며 마그나카르타는 그 목적에 복무해야 했다. 공해에서의 위험이 컸고 중립적 해운업의 안전이 불확실했던 나폴레옹전쟁 동안 대법원은, 마그나카르타 중에서 "외국 상인들"의 이익을 보호하는 취지의 조항을 여러 번 언급하였다.14

미국은 자본주의 국가이다. 〈탑코 어쏘시에이션〉 사건(1972년 3월 29일)이 자주 인용되었다.15 이 사건은 스물다섯 개 슈퍼마켓의 공동구매조합과 관련된다. "일반적으로는 반트러스트법이 그리고 특별하게는 〈셔먼 반트러스트법〉이 자유로운 기업의 마그나카르타이다. 이 법들이 경제적 자유와 우리의 자유기업체제를 보존하는 데 중요한 것은, 권리장전이 우리의 근본적인 개인적 자유를 보호하는 데 중요한 것과 같다. 그리고 모든 사업체에 보장되는 자유는 (그것이 아무리 작더라도) 경쟁할 자유이다. 즉 힘·상상력·헌신·창의력을 가지고 가용한 모든 경제적 근육을 보여줄 자유이다."

미국은 또한 노예사회였다. 헌법수정조항 제5조의 적정절차 조항은 드레드 스콧 판결에서 토니에 의해 처음 실체적으로 사용되었다.[16] 노예를 다른 영토로 이동시키는 것을 금지하는 것은 법의 적정절차 없이 개인의 재산을 박탈하는 것인가? 대법원장 토니는, 노예는 "백인이 존중해야 하는 권리를 가지고 있지 않다"고 판결했다. 토니는 예의 적정절차 조항이 노예라는 "재산"에 적용된다고 주장했다.[17] 반대자들은, 입법의 힘으로 (노예제의 확대를) 제한하는 것은 "마그나카르타에서 빌려왔다고, 즉 선조들이 그들이 물려받은 자유권들의 일부로서 아메리카에 가져온 것이"라고 주장했다(드레드 스콧 대 쌘포드 사건, 1857년 3월 5일). 이 문제는 남북전쟁의 촉매가 되었다.

남북전쟁이 법 영역에서 낳은 결실들 중 하나인 헌법 수정조항 제14조는 이렇게 정하고 있다. "그 어떤 주州도 미국 시민들의 특권이나 면책권을 축소하는 법을 만들거나 시행해서는 안 된다. 또한 그 어떤 주도 개인의 생명, 자유 혹은 재산을 법의 적정절차 없이 박탈해서는 안 되며, 또한 그 관할 내의 개인에 대한 법의 평등한 보호를 거부해서도 안 된다." 이는 마그나카르타에서 미국 법으로 옮겨온 법적 요소 중 가장 결정적인 것이다. 적어도 15건의 사건에서 대법원은 "법의 적정절차"라는 어구가 어떻게 "나라의 법"이라는 마그나카르타의 어구에서 파생되었는지를 설명한다. (에드워드 3세가 그의 1354년 마그나카르타 확인본 39조의 종결 부분에서 처음으로 후자의 표현을 사용했다.)[18] 이런 맥락에서 볼 때 산업사회의 삶에 대한 미적 반응이기도 하고 일종의 공상이기도 한 중세 취미는 도피적 형태로 노예제를 피하는 것이었다.

수정조항 제14조에 대한 의회의 논쟁에서 종종 대헌장이 언급되었다. "민중에게 선언되어야 할 것은 '지위와 능력에 대한 그대의 이 증명서, 즉 권리와 자유권들의 대헌장을 잡으라'이다." "정당하게 해석하자면, 이 수정조항들은 새로운 마그나카르타의 위엄을 지니게 되는 것이라고 말할 수 있다." "본 법원은 적정절차를 그 역사적 배경 속에서 고찰하였으며, 그것이 마그나카르타의 시대부터 오늘날 수정조항 제14조의 채택에 이르기까지 영미법에서 하나의 개념으로 발전되는 과정을 재검토하였고, 이것이 사유와 경험 — 깊은 확신들을 표현하는 법적 견해의 견고한 몸체에 반영되는 경험 — 에 반응하는 유연한 개념으로 설정되었다는 결론을 내렸다"(바커스 사건, 1959년 3월 30일).

마그나카르타는 미국 법의 중심에 놓여 있는 역설, 즉 인신 人身이 소유의 대상이라는 것을 유지하기 위해서 채택되었다. 수정조항 제5조의 적정절차 조항은 14조에 의해서 주州들에 적용되었다. 그러나 원래 의도대로 자유롭게 된 사람들을 돕는 대신에, 기업체의 확대를 통하여 새로운 유형의 노예제를 조장하는 수단이 되었다. 처음에 마그나카르타는 노예소유주들을 옹호하기 위해 사용되었고 그 다음에 '도금시대'의 악덕 자본가를 옹호하기 위해서 사용되었던 것이다.[19] 미국에서 일어난 마그나카르타에 대한 이러한 왜곡은 영국의 헌장이 노예국가에서 기업국가로 이어지는 이데올로기적 연속성의 요소로서 사용되는 것을 도왔다.

도축장 사건들(1873년 4월 14일)은 "미국 헌법사에서 획기적인 사건"이었다. 이 사건의 판결들은 수정조항 제14조의 특권과 면책권 관련 대목이 권리장전에 서술된 권리들을 보호한다는 주장을 거부했다.[20] 북부파인 입법부는 뉴올리언스의 한 회사에 도축屠畜 독점권을 부여했다.[21] 이에 반대하는 캠벨Campbell은 수정조항 제14조가 "자유방임주의의 원칙을 미국 헌법에 도입했다"고 주장했다. 따라서 법원은 사업가와 노예를 동시에 보호할 수 없었다.[22] 자유시장에 방해가 되는 법은 실체적 적정절차를 위반한 것이었다. "판결은 흑인들에게 저질러진 범죄들에 대한 국가의 기소를 연방주의의 이름으로 실질적으로 불가능하게 만들었으며, 테러행위들(이와 관련해서는 지방의 관리들이 법을 집행할 수 없거나 집행하지 않으려 했다)에 녹색신호를 주었다."[23] 브래들리와 필드는 판결에 반대하여, 한 사람의 직업 혹은 생업은 그의 재산이라고 주장했으며 그들의 이러한 주장이 나중에 우세하게 된다. 예를 들어 그레인저Granger 사건들에서 기업 변호사들은 국가의 규제가 법의 적정절차 없는 재산의 탈취라고 성공적으로 주장했다.

19세기 말의 시민권 관련 사건들에서는 좁은 해석이, 그리고 기업 관련 사건들에서는 넓은 해석이, 기업자본주의를 위해 인종차별주의를 유지하고 착취를 심화하는 데 법의 적정절차(마그나카르타의 저 핵심적 개념)가 사용될 수 있도록 허용했다. 1886년의 〈쌘터클레어러 회사〉 대 〈써던퍼시픽레일로드 회사〉 사건의 변론에서 대법원장은 법원에 있는 누구나 '인'person이라는 단어가 기업들corporations에게 적용된다고 생각한다고 말했다. 법인으로 인격화된 기업이 자본가계급의 주된 부수현상이 되었다. 허구적인 개인 혹은 법적 개인이 특권을 얻은 반면에 실제의 개인들은

책임을 피했다. 처치오브크라이스트의 〈레이트코퍼레이션〉 사건
(1890년 5월 19일)은 "개인들이나 기업들로부터 그들이 합법적으
로 획득했을 재산을 정부가 취할 권리"를 부정했다. "가장 자의적
인 시대에는 그러한 행동은 순전한 폭정으로 인식되었다. 그리고
그것은 마그나카르타 이래 잉글랜드에서 금지되었고 이 나라에
서는 항상 금지되어 있다. 재산이 어떤 식으로 획득되었는가는,
즉 일반적인 직업에서 행하는 노동에 의해서인가, 선물에 의해서
인가, 상속에 의해서인가, 특허를 수지맞게 사용해서인가는 중요
하지 않다."[24]

1895년의 소득세 사건에 대한 법원의 심리에서 코뮤니즘에
대한 공격이 명시적으로 되었다. 캘리포니아의 골드러시에서 총
을 차고 칼을 휘두르는 포티나이너Forty-Niner였던 필드 판사는 이
렇게 동의했다. "자본에 대한 현재의 공격은 시작일 뿐이다. 이는
다른 것으로, 더 크고 더 광범한 것으로 가는 디딤돌일 뿐이다. 그
리하여 종국에 우리의 정치적 싸움은 빈자의 부자에 대한 전쟁이
될 것이다. 그 강도와 맹렬함이 계속적으로 높아지는 그러한 전쟁
이." 로치너 사건(1905)은 제빵 노동자들에게 주당 최대 60시간
노동을 정하는 법은 고용주와 고용자 사이의 계약의 자유를 방해
한다고 판결했다. 수정조항 제14조의 적정절차 조항이 확대되어
계약을 할 권리도 포함하게 된 것이다. 만일 우리가, 마그나카르
타의 39조에서 수정조항 제5조로, 그리고 다시 수정조항 제14조
에서 제빵노동시간을 제한하는 주州법으로 가는 추론의 과정에서
역사적이고 법적인 중간단계들을 뺀다면, 우리는 왕에 의한 억압

을 제거할 의도에서 나온 조항이 이제 제빵 노동자들을 억압하는 것으로 사용됨을 발견하게 된다. 존 왕의 전설적인 기도 — 1페니의 빵을 12페니의 빵으로 부풀리는 것 — 가 마침내 실현된 것이다. 우리는 똑같은 추론을 나중의 사건들에서도 발견한다. 아동노동사건(1918)은 아동노동을 제한하는 법을 만드는 데서 의회를 배제했다. 이 또한 자유방임주의의 작용에 맡겨야 한다는 것이다. 앳킨스 대 아동병원 사건(1923)에서 법원은 성인 여성의 최저임금 수준을 낮추었다.[25]

휴고 블랙 판사는 수정조항 제14조의 왜곡된 변형을 다음과 같이 요약했다. "그것은 부와 특권의 힘을 제한하고 견제할 목적으로 만들어졌다. 그것은 재산권에 맞서 인권을 위한 자유의 헌장이 되어야 할 것이었다. 변형은 급속하고 완벽하게 이루어졌다. 오늘날 그것은 인권에 손상을 입히고 재산권을 보호하기 위해서 작동한다. 그것은 축적되고 조직된 자본의 마그나카르타가 되어 버렸다."(애덤슨 사건, 1947년 6월 23일).[26]

마그나카르타의 역사를 곰곰이 생각해 보는 것은 법원에게 그 나름의 변화를 할 용기를 주는 것이었던 듯이 보인다. "미국 식민 이주지들이 분리되던 때에 마그나카르타의 단어들은 원래 그것들이 가졌던 의미와는 매우 다른 것을 나타냈다." "법은 사회적 유기체이며, 진화는 생물학적 영역만이 아니라 사회학적 영역에서도 작동한다. 법의 힘, 따라서 그 유효성은 그 기원起源의 상황에 의해서 중지되는 것이 아니다. 현재의 마그나카르타는 러니미드의 봉신들의 직접적 목적과는 실로 매우 상이하다."(그린 사건,

1958년 3월 31일).

　미국 대법원에서 마그나카르타가 인용된 횟수를 나타내는 그래프와 연표는 셋째 특징 즉 두 개의 큰 공백을 보여준다. 미국 역사의 첫 20년 동안에는 마그나카르타가 거의 인용된 적이 없다. 대공황의 시기인 1927년과 1940년 사이에는 한 번 언급되었다. 그러나 마그나카르타는 19세기 말, 1887년에서 1903년까지의 시기에 있었던 사건들에서 자주 인용되었으며, 또한 20세기 후반부의 사건들에서 자주 인용되었다. 그러나 97개의 해에는 그 어떤 사건에서도 언급되지 않았으며, 반면에 49개의 해에는 세 번 이상 인용되었다.

　나는 그래프에서 나타나는 공백들이 미국 법의 내적 논리에 의해 설명될 수 있다고 생각하지 않는다. 미국 법의 역설과 모순이 직접적인 추론에 계속적인 문제를 제기하기 때문이다. 첫 공백은 한편으로 아메리카의 노예체제가 남부 전역에 확장되고 있고 다른 한편으로 상업을 기반으로 하는 북부가 영국의 은행업과 상업으로부터의 독립을 주장하고 있었던 때에 일어났다. 두 번째 공백은 〈사회당〉, 〈세계 산업노동자〉, 〈공산당〉이 이끄는 혁명적인 계급갈등의 시기를 반영한다. 이 두 번째 공백은 사법 영역 바깥에서, 즉 마그나카르타의 문화적 재현 같은 데서 증거를 찾을 것을 우리에게 요구한다. 그러면 이제 이 영역을 살펴보기로 하자.

9

아이콘과 우상

토지보유는 평등을 기반으로 할 것이다.
즉 토지는 일하는 사람들에게 지역의 상태에 따라
노동수준과 소비수준에 맞추어서 분배될 것이다.
가구, 농장, 공동체, 협동조합 등 토지보유의 형태에 대해서는
절대적으로 제한이 없을 것이다.

토지에 대한 농민의 명령, 「이스베스찌아」, 뻬트로그라드, 1917년 8월 19일

20세기의 일정 시간 동안 마그나카르타와 관련된 문화적 상황전개의 결과로 마그나카르타는 사물화되었다. 마그나카르타는 능동적인 헌법적 힘이 되기를 멈추었으며 모호함·신비·난센스를 특징으로 하는 상징이 되었다. 마그나카르타는 엄밀한 법으로서는 사라지기 시작했다. 법적 해석과 확장이라는 꾸준한 작업이 없이 마그나카르타의 의미들은 느슨해지고 있었고 1957년에 오면 그 의미들이 실제로 전도되었다. 마그나카르타는 지배계급의 우상이 되었다. 원래는 그런 식으로 시작하지 않았는데 말이다.

19세기 말에 클리블랜드의 진보적 시장인 존슨은 영국의 도시들로 순례를 했다. 그의 주된 조언자가 영국의 자치도시 정책을 칭찬하는 책을 한 권 쓰고 도시를 "민주주의의 희망"이라고 부르는 또 한권의 책을 썼다. 그들은 힘을 합해서 유럽 모델에 따라 도심 지대를 조직했다. 지방 법원 건물, 도서관, 연방사무실 건물, 기차역을 지어 "모든 계층을 가장 가깝게 모으"도록 했다.[1] 조그맣고 귀족적인 사람인 뉴턴 베이커가 시장일 때 법원이 완성되었는데, 그는 라틴어 어구로 연설을 시작하는 습성이 있었으며 "3센트" 시장이라고 알려져 있었다. 전차 요금도 3센트, 춤도 3센트, 아이스크림도 3센트, 도시의 예인선에서 잡힌 물고기도 1파운드 당 3센트였다.[2]

법원 건물의 한 쪽은 도시를 향하고 있고 그 반대쪽은 이리호(湖)를 향하고 있다. 건물 안에서는 우아한 2층짜리 홀이 방문객을 맞는다. 난간 뒤 큰 반월창 안쪽으로 2층에 있는 벽에는 마그나 카르타 서명 장면을 그린 초승달 모양의 벽화가 있다. 1913년에 완성된 이 벽화는 러니미드의 국지적 요소들에 대한 세부적 지식을 보여준다. 이 벽화는 굴복하기 싫어하는 존 왕의 모습을 강조한다. 이 벽화는 다중에게 경의를 표하고 있다. 누더기 신을 신은 잉글랜드 평민들이 과정을 지켜보고 있다. 가장 두드러진 것은 16피트짜리 노로 강바닥을 밀어서 배를 전진시키는 사람이다. 나룻배 사공들이 없었다면 왕이든 주교든 국왕봉신이든 서기든 그 누구도 러니미드 섬에 모일 수가 없었을 것이다. 그는 배의 뒤쪽에 있는 작은 대(臺)에 서 있다. 그는 자신의 무게를 노에 싣고 팔과 어

프랭크 브랭윈 작, 오하이오주 클리블랜드시 카이호거군(郡) 법원의 마그나카르타 벽화. 오하이오주 클리블랜드시 〈웨스턴리저브 역사학회〉.

깨로 막대기의 끝에 힘을 줄 것이다. 그는 오른쪽 다리, 넓적다리, 등에 힘을 주어 배를 전진시킬 것이다. 이런 식으로 배는 인간의 힘과 호의 덕분에 강 위를 전진한다.

그린 사람은 프랭크 브랭윈(1867~1956)이다. 그는 벨기에의 가난한 웨일스 가족에서 태어났다. 마루에서 잤으며, 빵과 설탕을 먹고 살았고, 학교에 갈 돈이 없었으며, 그의 가족은 살던 집에서 퇴거당했다. 그는 나중에 "나의 불쌍한 아버지는 좋은 사람이었다"고 회상했다. "그래, 왜, 왜 그들은 세금을 낼 수 없다는 이유로 무고한 사람들을 집에서 쫓아내야 하는가! 푸! 젠장! 이런 종류의 일들은 나 같은 사람을 **격노시킨다**. 피를 끓게 만든다. **들들 끓게!**" 그는 부두를 빈둥거리며 돌아다니다가 영국 공예가이자 사회주의

자인 윌리엄 모리스의 도제가 된다. 나중에 그는 벽화를 그리기 시작했는데 그의 말로는 "물론 모리스와 함께 작업한 것이 그 방향으로 일이 흘러가도록 한 것이 틀림없다." 1888년에 그는 도망가서 선원이 된다. "그의 팔은 문신으로 가득했다······ 큰 닻을 포함하여 온갖 종류의 희한한 형상들로."[3] 그가 배를 타고 콘스탄티노플로 간 해는 이스트엔드East End 부두노동자 파업이 일어난 해였다.

　그가 마그나카르타에 어떻게 다가갔는지를 이해하기 위해서는 두 가지 맥락을 고려할 필요가 있다. 하나는 시장 존슨 — 1901년에서 1909년까지 네 번의 임기 동안 시장을 했다 — 의 대중 지향적 개혁을 발판으로 하고 있는 클리블랜드시이다. 다른 하나는 ㅂ

랭원식 중세 찬미로서, 이는 라파엘전파pre-Raphaelite 예술가들의 가르침에 따라 실제로 몸으로 하는 노동의 아름다움과 함께 수공업을 강조하였다.

클리블랜드는 노동도시였다. 1880년대에 창립된 〈클리블랜드 중앙노동조합〉은 그 시대의 사회주의자들의 신조를 명확히 표명하였다. "노동계급의 해방은 노동계급이 스스로 이루어야 한다. 다른 계급은 노동계급의 상태를 향상시키는 데 관심이 없기 때문이다. 노동계급의 손에 우리의 자유로운 제도의 미래가 달려 있으며, 현재의 사악한 사회제도를 평등과 모든 유용한 노동의 고결성에 기반을 둔 제도로 대체하는 것이 노동계급의 운명이다." 1차 대전 직전에 계급투쟁이 극도의 긴장상태에 도달했다. 호수 선원들이 행한 가장 긴 파업이 1909년부터 1912년까지 계속되었다. 그들의 조합은 1913년에 〈세계 산업노동자〉— 이 조직은 "워블리스"Wobblies로 알려지게 되었다 — 에 합류하였는데, 바로 이 해에 브랭원은 벽화를 완성하였다.4

전전戰前 시기는 계급관계에 과학적 관리를 도입한 시기로서 시간동작time-and-motion 전문가들에 의해 특징지어졌다. 이들은 부품조립의 연속적 국면들을 중앙집중화하였고, 구분되는 작업들을 체계화하였으며, 상세한 지시와 감독을 제공하였고, 임금체계를 명령체계에 연동시켰다. 유진 뎁스는 이 과정을 이렇게 요약했다. "인간이 손으로 환원된다 …… 뇌 하나에 천 개의 손이다. 손은 일하는 노동자의 손이요 두뇌는 자본가의 두뇌이다. 인간의 형태를 띤 천 마리의 우둔한 동물들, 무지라는 족쇄를 차고 머리가 손으로 되어 버린 천 명의 노예들 ─ 이 모든 노동자들이, 증권을 거래하고 이윤 챙기기에 혈안이 된 한 명의 자본가에 의해 소유되고 부려지고 강탈당하는 상태. 이것이 자본주의다!"5 인간을 **손으로** 환원하는 노동개념은 전전 시기의 사회주의자들, 코뮤니스트들, 아나키스트들의 개념과 정반대되는 것이었다. 이들은 강렬한 계급투쟁에서 노동의 신체 전체의 해방을 위해 싸웠던 것이다.

클리블랜드 법원에 있는 브랭윈의 마그나카르타 벽화는, 윌리엄 모리스가 소중하게 생각했던 소외되지 않은 13세기 장인匠人들의 상을 오만한 지배계급(왕실 및 주교단)과 당당한 노동자 다중 사이의 긴장관계가 일정한 성찰의 순간에 도달한 모습 속에서 구현해 보려는 직접적 시도이다. 여기에 반反자본주의의 비전이 있다.

이 비전은 그 시대를 충실하게 반영했다. 전쟁이, 그리고 그 다음에는 혁명이 제국의 지정학적 질서와 자유방임주의적 자본주의의 안정성을 위협하자, 마그나카르타의 재현물들은 누더기 신, 농민, 프롤레타리아 혹은 그들과 연관되는 공유지의 세계를 더 이상 포함하지 않게 되었다. 토지에 대한 볼셰비끼의 명령(1917)과 멕시코 헌법이 보호한 에히도(1912)는 공유지의 세계가 상실되지 않았음을 보여주었다.

1년 뒤 앨버트 허터(1871~1950)는 생생하게 그려진 브랭윈의 마그나카르타와 대조적인 마그나카르타 벽화를 매디슨의 주州 의사당 건물에 있는 위스콘신 대법원에 그렸다. 이 그림은 민중 혹은 노동계급이 사라진, 마그나카르타에 대한 민족적·가족적·

앨버트 허터 작. 위스콘신주 매디슨시 의사당 건물의 마그나카르타 벽화. 〈위스콘신 역사학회〉.

가부장적 이해를 보여준다. 허터는 성공적인 사업가였으며, 부유한 부인들의 초상화를 그려 주는 화가였고, 우아한 수직手織 섬유와 태피스트리를 만드는 회사의 소유주였다. 그가 그린 형상들은 홀쭉하고 그의 색채는 옅으며 장면들은 연극적이다. 벽화의 크기

는 가로 18피트6인치, 세로 8피트이다. 그림의 오른쪽 아래 문장
이 그려진 방패 너머로 왕과 봉신 사이에 흐르는 긴장을 두 소년
이 열심히 귀를 기울이며 쳐다보고 있다. 이는 마그나카르타에 대
한 교육적 해석이다. 그들은 마치 법원에 견학온 학교 아이들이

벽화를 올려다보듯이 서명이 이루어지는 무대를 올려다보고 있다. 초록색 타이즈를 입고 있고 금발에 뺨이 불그스레한 앳된 소년 하나가 연단상의 앞쪽에 개를 데리고 앉아 있다. 허터의 아들 크리스천 허터가 이 소년의 모델이었는데, 이 아이는 나중에 아이젠하워 밑에서 국무장관을 지냈다.

19세기 후반과 20세기 초에 영국 및 미국 제국주의의 정치적 수사는 세계의 다른 곳으로부터 분리된 정치·역사적 표현으로서의 서양 문명이라는 개념을 발전시켰다.6 1915년 러니미드 7백 주년 기념일에 컬럼비아 대학의 총장인 니컬러스 머리 버틀러는 올버니에서 뉴욕 정치가들에게 강연을 했다. 그것은 종족·혈통·자유·민족·개인의 노력을 연결시키는, 감정이 과장된 연설이었다. 서두에서 그는 쌕슨과 노르만이라는 "두 혈통의 뒤섞임"이 "영어를 말하는 종족"을 형성함을 언급한다. '영어권 편애'의 또 하나의 사례이다. 이 종족은 "부계혈통에서 파생된 방계혈통"을 세계 전체에 보냈다. 보이드 배링턴도 1900년 그의 마그나카르타 연구에서 "앵글로-쌕슨 종족"을 언급했다.7 키플링은 백인의 피부에 소름이 돋게 할 의도로 다음의 시행들을 썼다.

러니미드에서, 러니미드에서
러니미드에서 갈대는 뭐라고 말하는가?
주고받으며, 많이 구부러지지만
부러지지는 않는 저 유연한 갈대는.
갈대는 러니미드의 존 이야기로

졸린 템스 강을 깨어 있게 하는구나.

　마그나카르타가 서명된 지 701번째 되는 해이며 전쟁회담이 한창 중인 1916년에 찰스 웍스는 협동가금농장을 설립하고는 러니미드라고 이름 붙였다. 이 닭유토피아에서는 각 가구가 닭들에게 고급의 먹이가 될 근대·케일·양배추에 물을 댈 물탱크를 개별적으로 가지고 있었다. "우리는 벽으로 우리를 구획한다"라고 그는 썼다. "왜 사람들은 건강에 나쁜 곳에서 평생 동안 매일매일 단순히 먹고살기 위하여 지루하게 오랜 시간을 일해야 하는가?"라고 그는 물었다. 그는 자유헌장들에서 발견된 반종획의 원칙을 구현하지는 않았다. 그 반대로 가금을 놓아기르는 방식에서 특별하게 구획된 닭우리에서 닭들이 먹이를 먹고 횃대에 앉고 잠자고 알을 낳고 새끼를 치는 방식으로 바꾸었다. 그 슬로건은 '1에이커와 자유'였다. 그리고 그 이데올로기는 '소토지소유자운동'the Little Landers Movement의 창시자인 윌리엄 스마이드에 의해 제공되었다. 이 운동은 "관개灌漑를 향상시킴으로써 황폐한 곳들을 정복하는 것"을 추구했다. 찰스 웍스는 신선한 공기, 훌륭한 야외, 신선한 닭 먹이를 설교했다. 그는 1천2백 명의 정착민을 러니미드에 끌어들였다. 다수가 미혼의 독립적인 여성들이거나 최근에 1차 대전에서 귀국한 퇴역군인들이었다. 캘리포니아 러니미드는 웍스의 가금 목가주의에서 보이는 것만큼 순수하지는 않았다. 스마이드는 캘리포니아에서 중국인 노동자들을 쫓아내는 것을 옹호함으로써 그 당시에 우세한 인종주의적 코드를 공유하였다. 이 코드에

따르면 스스로를 앵글로-쌕슨이라고 생각하는 사람들이 러니미드 같은 이름을 그냥 지나칠 리 없었다.[8]

1930년 1월 잉글랜드의 〈내셔널트러스트〉는 템스 강 러니미드에 있는 초원과 섬을 취득하였다.[9] 해밀턴은 미네소타주州 쎄인폴에 본부를 두고 있는 〈국제 마그나카르타의 날 연합〉의 설립자(1908)이자 사무총장이었는데, 이 단체에는 미국만이 아니라 캐나다·뉴펀들랜드·호주·뉴질랜드·남아프리카 등 "백인" 이주지들에서 대표자들을 보냈다. 이 단체는 6월의 셋째 일요일을 "마그나카르타 일요일"로 하자고 제안했다. 1934년에 러니미드에서 영국 왕세자의 후원 아래 5천 명의 배우, 2백 마리의 말, 네 마리의 코끼리가 동원되는 야외극이 공연되었다. 1937년에 "영어권에서 가장 유명한 초원"이 부동산개발업자로부터 구출되었다. 장미 재배자들은, 양홍洋紅색이 조금 섞인 분홍색을 띤, 사철 내내 피는 잡종 장미를 '마그나카르타 장미'라고 불렀다.[10]

잉글랜드에서 마그나카르타는 인도의 '신성한 암소'와 같은 존재가 되었다. 1930년 9월 『펀치』는 이렇게 풍자했다. "누구도 이유 없이 살해되어서는 안 된다 ─ (평민들 말고는). 모두 자유로워야 한다 ─ (평민들 말고는) …… 귀족들은 자신들을 이해하는 다른 귀족들로 이루어진 특별배심원단에 의해서 말고는 재판받을 수 없다." 『펀치』는 이렇게 결론짓는다. "그러므로 마그나카르타는 잉글랜드에서 민주주의의 주된 원인이며 따라서 모두에게 '좋은 것'이다 (평민들 말고는)."[11] 이 풍자에는 와시에서 존 왕이 옷을 잃어버리는 삽화가 곁들여져 있다. (와시the Wash는 존 왕이 최후를 맞이한 잉글랜드 동부 해안의 조류를 지칭한다.)

마그나카르타가 대서양의 한 쪽에서 풀이 죽었다면, 다른 한 쪽에서는 이전보다 어깨에 힘이 더 들어가서 백인우월주의 체제의 화려한 배경막이 되고 있었다. 워싱턴 D. C.에 있는 미국 대법원 건물은 캐스 길버트에 의해 설계되어 법과 질서가 근사한 대건축물을 필요로 했던 1935년에 개원했다. 길버트의 설계에는 로마제국에 대한 의식적인 암시가 들어 있다. 길버트는 베니토 무쏠리니의 친구였는데, 무쏠리니 또한 그의 통치의 기반을 고대 로마의 웅대함에 두려고 했다. 이 우정으로 인해서 길버트는 건물 안의 장식기둥들에 쓸 씨에나 대리석을 구할 수 있었다. 이 건물은 대리석궁이라 불렸다. 스톤Stone 판사는 이 궁이 "과장되게 허세 부리는" 것으로 보았으며 다른 판사는 "우리가 코끼리라도 타고 들어가야 한다는 것인가?"라고 의아해했다.12

설계는 길버트가 했다면, 짓기는 어떤 노동자들이 지었는가? 브레히트는 1935년에 모스크바의 지하철 건설에 매우 큰 인상을 받고 동시에 이탈리아의 에티오피아 침공에 심란해져서 그의 잘 알려진 「문학노동자의 물음」에서 건설과 파괴를 혼합했다.

누가 테베의 일곱 대문을 지었는가?

책들은 왕들의 이름으로 가득하다.

울퉁불퉁한 바윗덩어리들을 운반한 것이 왕들인가?

그리고 수없이 파괴당한 바빌론,

누가 이 도시를 매번 다시 지었는가? 리마이 짓든 중 어느 집에서,

황금으로 빛나는 도시, 그것을 지은 사람들이 살았는가?

만리장성이 완성되었던 저녁에

석공들은 어디로 갔는가? 로마 제국은

승리의 아치들로 가득하다. 누가 이것들을 세웠는가? 누구에게

씨저들은 승리했는가?[13]

대법원의 장식품 중에는 마그나카르타와 연관된 것들도 몇 개 있었다. 전면의 문들은 아일랜드 이주민인 존 도넬리와 그의 아들에 의해서 도안되고 만들어졌다. 프리즈는 독일 이주민인 아돌프 바인만에 의해 도안되었으며 이탈리아 이주민인 핏치릴리 형제에 의해 조각되었다.[14]

청동 문들은 높이가 거의 18피트이며 무게가 13톤이다. 1925년에 도넬리에게 고용된 석수들은 대리석을 자르는 데 공기 해머를 사용하는 것에 반대하여 파업을 했다. 공기 해머의 사용은 "왼손을 마비시킨다고 그들은 말했다."[15] 문들에는 여덟 개의 패널화가 있는데, 각각 한 쌍의 서 있는 남성들이 그려져 있었다. 대화를 나누는 두 남자 연작은 우아한 변증법의 사원寺院에 접근함을 시사한다. 그리스 에피소드 하나, 로마 에피소드 셋, 영국 에피소드 셋, 미국 에피소드 하나가 각각 법에 대한 이야기를 한다. 『일리아드』, 집정관의 칙령, 줄리안과 법학자, 유스티니아누스 법전, 마그나카르타, 웨스트민스터법[16], 코크와 찰스 1세 그리고 마베리 대 매디슨 사건(1803년 사건으로서 대법원이 헌법의 궁극적인 중재자가 되도록 만들었다)이 이 여덟 개의 에피소드이다. 마그나카

르타 패널화는 발레에서 우아한 대무對舞, pas de deux와도 같다. 아일랜드계 미국인들이 만든 이 문들을 열고 들어가면 최고의 법정이 나오며 그 네 벽은 이탈리아계 미국인들이 조각한 프리즈로 장식되어 있는 것이다.

법정의 각 벽에 하나씩 있는 네 개의 프리즈는 1931년과 1932년에 바인만에 의해서 도안되었다. 각 프리즈는 길이가 40피트이며 높이가 7피트 2인치이다. 북쪽과 남쪽의 프리즈는 "역사의 위대한 입법자들의 행렬"을 재현한다. 메네스, 함무라비, 모세, 쏠로몬, 리쿠르구스, 쏠론, 드라콘, 공자, 아우구스투스, 유스티니아누스, 무하마드, 샤를마뉴, 존 왕, 루이 14세, 그로티우스, 블랙스톤, 마샬, 그리고 나폴레옹. 이 인물들이 나타내는 법에 대한 이해는 보편주의적이고 제국적이다. 미국의 사법은 전지구적 야심을 가지고 있다. 그러나 힌두의 법학자들처럼 누락된 것도 있다. 프리즈는 소련에서 이루어진 법에 대한 논의들도 배제했다. 소련에서는 (소련의 옹호자들이 믿기로는) 인간의 역사의 새로운 시기가 형성되고 있었다. 멕시코 헌법도 배제되었다. 관습법 혹은 문자로 쓰이지 않은 전통적인 관행들도 배제되었다. "위대한 입법자들"의 선택의 토대가 되는 것은 뉴욕주州 대법원 건물의 벽화들이 나타내는 바와 같다. 즉 오리엔탈리즘적 서양법 개념이다.17

이들 중 존 왕이 여러 면에서 두드러진다. 그는 갑옷을 입고 있는 유일한 인물이다. 미늘갑옷(수천 개의 연결된 고리들이 대리석에 새겨져 있다)이 그의 목 위를 지나서 원뿔형의 쇠투구 아래로 그의 머리를 덮고 있다. 그의 자세는 저항을 암시한다. 그의 십

워싱턴 D.C 미국 대법원 건물의 문에 있는 패널화 : 에드워드 코크와 제임스 1세. 프란즈 얀첸 촬영, 미국 대법원 소장품.

리를 보여주는 초상화인 셈이다. 최근에 전장에 나와서 역경을 거친 표정, 패배를 하고 그 때문에 불만이 있는 사람의 꽉 다문 얇은 입. 이는 입법자의 모습이 아니라 그가 오른손에 사납게 쥐고 있는 헌장을 어쩔 수 없이 받아들여야 하는 사람의 모습이다. 당시와 같은 독재자들의 시대에는 그의 왼손도 주먹을 쥐고 있다. 존왕의 모습은 예술적 섬세함과 정치적 신중함으로 그려져 있다.

주셉페 핏치릴리(1844~1910)는 피사 근처에 있는 카라라

워싱턴 D. C. 미국 대법원 건물의 패널화 : 스티븐 랭턴 주교와 존 왕. 프란즈 얀첸 촬영, 미국 대법원 소장품.

Carrara 채석장에서 온 대리석 석공으로서 1887년에 이탈리아인들이 대거 미국으로 이주했을 때 아내와 함께 미국에 왔다.[18] 주셉페는 "붉은 셔츠 대원" 즉 가리발디의 전투적 추종자였다. 그에게는 여섯 아들이 있었는데 ─ 아필리오, 푸리오, 페룻치오, 제뚤리오, 마자니엘로, 그리고 오라지오 ─ 이들은 건축조각 작업에서 협동을 했다. 이들은 수 세기에 걸쳐 전통을 이어온 장인들의 후예였다. 콰드라타리들(석수들)과 마르모라리들(대리석 석수들)은 337년에 콘스탄티누스가 등록한 동업조합에 속했다. 로마의 지하묘지들이 지하 감옥이 되기 전에는 최초의 채석장들이었다. 그것은 과거였고 그들 앞에 미래가 놓여 있었다. 1890년에 그들은 브롱크스에 이탈리아 대리석을 수입하는 자신들 소유의 작업장을 세우게 된다.[19]

1913~36년의 시기에 마그나카르타는 미국의 법원 홀들과 "주권의 사원들"에서 근엄하게 묘사되어 있었다. 마그나카르타는 대법원의 법적 절차에는 거의 소용이 없고 통치를 구축하는 데서 지속적으로 크게 두드러졌다. 1932년에 네브래스카주州 의사당 건물이 개원했다. 미국의 일류 건축조각가인 리 로리는 그 외부의 네 벽에 23개의 양각 패널화를 새겨 넣었다. 〈역사에서 드러난 바의 법의 정신〉이라고 불리는 남쪽 벽의 중앙 벽화에는 주교와 국왕봉신이 서 있고 수도사가 무릎을 꿇고 있으며 존 왕이 한 손에는 두루마리를, 다른 손에는 검을 들고 앉아 있는 장면이 그려져 있다.[20] 이는 안정·통일·기념의 이미지이며, 공유지나 커머너는 완전히 삭제된 이미지이다. 멕시코와 러시아의 혁명은 부정되는 방식으로 다루어진다. 법처럼 이 벽화들도 자유헌장들에 대한 진실을 숨기고 있다.

길버트의 대법원 건물이 로마의 광휘를 입고 개원한 바로 그해에 인디애나주州 테르오트에 있는 연방 법원도 아르누보art nouveau 건축스타일로 개원했다. 여기에도 마그나카르타 벽화가 있었다. 판사석 뒤에 있는 벽은 인디애나주州 셸비빌Shelbyville의 프레더릭 웹 로스가 그린 마그나카르타 서명 3부작으로 덮여 있다. 중앙에

미국 대법원 법정들에 있는 프리즈 : 존 왕. 스티브 페트웨이 촬영, 미국 대법원 소장품.

그려진, 손에 깃촉펜을 쥐고 막 앞에 놓여 있는 두루마리에 서명을 하려는 존 왕에게 시각적 에너지가 집중되어 있다. 그는 50명이 넘는 사람들에게 둘러싸여 있는데 이들 중 다수는 손에 검을 들고 있다. "이 문서를 통해 정부는 권력이 아니라 법에 따른다"라고 중앙 패널의 장식 벽판은 설명한다. 1935년 대법원에 제시된 마그나카르타와 테르오트에 있는 벽화에 제시된 마그나카르타의 큰 차이는 후자에서는 왕이 법을 승인하고 전자에서는 법이 그에게 강제된다는 점이다.

　　로스의 이 그림들에 담긴 해석에서 러니미드가 그 그림들이 장식하는 법정처럼 공적公的 상황을 이룬다. 법정의 판사석 왼쪽으로 성조기가 깃봉에 걸려 있고 깃봉은 날개를 펼친 황동 독수리로 되어 있다. 그 뒤에 있는 그림에서도 집합해 있는 군대의 깃발들 중 하나에 날개를 펼친 황금 독수리의 이미지가 있다. 사람들은 즐겁게 지켜본다. 전쟁으로 인해 불구가 된 사람들도 아니고 부상자도 아니며 병자도 아니고 못 먹은 사람들도 아니다. 그들은 십자군원정에서 돌아왔으며 몇몇은 예루살렘의 십자가가 겉옷에 수놓아져 있다. 모든 것은 예쁜 동시에 군사적이며, 우호적인 동시에 백인적이다. (그들 중에는 북아프리카인도 없고 팔레스타인인도 없다.) 존 왕은 의상이 엄청나게 많은 것으로 잘 알려져 있었는데, 그림에서 그의 신발은 여러 개의 섬세한 흰 가죽끈으로 고정되어 있다.[21] 그는 황금 요대를 차고 있다. 왼쪽 패널에서 중심이 되는 인물은 성별을 알 수 없는 날씬한 젊은이인데, 이 젊은이는 분홍색 튜닉을 입고 엉덩이를 올리고 다리는 굽혀 애교 있고

프레더릭 웹 로스 작, 인디애나주 테르오트 연방 법정의 벽화 3부작, 〈인디애나 역사학회〉 마틴 소장품.

굴곡 있는 자세를 취하고 있다. 색조는 호전적이라기보다 즐거운 쪽이다.

　　미국의 법조계는 늘 이러한 기념물들을 통제하고 싶어 했다. 냉전 동안 미국 법조계는 일신론, 군사주의, 마그나카르타를 연결시켰다. '우리는 신을 믿는다'가 1957년에 국가의 모토로 선언되었으며 또한 미국의 지폐에 인쇄되게 되었다. 그 해에 〈미국 법조협회〉는 지배계급의 상징이 빽빽하게 들어선 풍경으로 둘러싸인 러니미드에 마그나카르타 기념관을 개관했다. ㄱ 우아한 원형구

9장 아이콘과 우상 / 249

조물을 설계한 건축가는 에드워드 모프로서, 이 사람은 시골 저택들과 운치 있는 교회들 그리고 대학 건물들을 설계한 유력 인사였는데, 그가 설계한 분홍색, 담자색, 크림색으로 된 파스텔조의 건물 내부는 양 대전 사이에 잉글랜드에 "풍미 있는 모더니티"라는 스타일의 취미가 정착되는 데 기여했다. 원형구조물의 중앙에는 대좌臺座가 있다. 그 위에는 파란 원 안에 꼭짓점이 다섯 개인 별이 있는데, 이는 미국 공군을 나타내는 표시로서, 영국의 문장紋章이나 기호체계에서는 아무런 의미가 없는 표지標識이다.

개관식에 여왕이 참석했으며 연설은 BBC로 방송되었다. 필립 왕자는 폴로 경기를 마치고 말을 타고 개원식에 왔다. 5천 명의 고관들이 "성스러운 터"에서 거행되는 "의식"儀式에 참석하러 와서 〈미국 법조협회〉의 전前회장인 스마이드 갬브렐이 어떻게 모든 "사람이 신성한 의미를 가진 존재이며" 어떻게 마그나카르타의 진실이 "보편적이고 영원한가"에 관한 연설을 들었다. "켈트와 쌕슨, 덴마크와 노르만, 픽트족과 스캇족의 피가 혼합된, 공통의 피가 우리의 핏줄에 흐르고 있습니다." 모든 인류가 참배할 수 있는 "사원"이, "성소" 혹은 "제단"이 봉헌되었다는 것이다.[22]

다음 연사는 항소법원 판사인 에버셰드 경이었는데, 그는 "지상의 자유로운 민족들의 신" 아래에서 이제 지도자의 짐이 미국의 어깨에 놓여 있다고 말하면서 연설을 맺었다. 에버셰드 다음 연사는 찰스 라인이었다. 그는 〈미국 법조협회〉의 후임 회장이며 아이젠하워의 법률고문이고 가장 먼저 마그나카르타 기념관의 건립을 제안했던 사람이었다. 그는 포틀랜드산産 돌에 새겨진, '법

애드워드 모프 작, 러니미드의 기념관 원형구조물. 저자의 촬영.

아래에서의 자유'라는 표현의 의미를 설명했다. 그는 이 표현에 담긴 진실이 영국과 미국을 강력한 국가로 만들었다고 주장했으며 그것은 "코뮤니즘의 이질적인 폭정"에 맞서는 진실이라고 덧붙였다. 그러나 실상 이 '진실'은 빅토리아조의 헌법역사가인 스텁스가 "왕이 법보다 아래에 있으며 앞으로도 그럴 것이다"라고 표현했던 마그나카르타의 의미를 전도시켰다. 냉전이 의미를 거꾸로 뒤집었던 것이다. 더욱이 커먼즈는 마그나카르타에 이질적인 것이 결코 아니었다. 19세기에 인상주의가 빠리 꼬뮌의 물귀신같은 악몽을 역사의 기억으로부터 말소했듯이 20세기에 예술적 상징이 진실을 숨길 수도 있는 것이다.[23]

왕실고문변호사이며 의원인 하틀리 쇼크로스 경이 마지막으로 연설을 했는데, 이 연설은 글루스터 공작이 심은 오크나무

9장 아이콘과 우상 / 251

한 그루를 포함하는 어떤 종획지를 중심으로 한, 고대 켈트족의 성직자를 연상시키는 상류층 스타일의 비합리적인 신비로 가득했다. 1994년에 그곳에 인도의 수상이 또 한 그루의 오크나무를 심었다. 바로 그 해에 여왕 엘리자베스 2세도 그곳에 오크나무를 심었다. 1987년에는 미육군장관24인 마쉬 2세가 "신세계 최초의 영구적 정착지"인 버지니아주州 제임스타운에서 가져온 흙으로 어린 오크나무를 심은 바 있었다. 〈엑엄 앤 쏘프 왕립 농업 및 원예 협회〉는 1215년에는 어렸을 한 거대한 오크나무가 막 베어져 있는 것을 발견하고는 그 나무의 일부로 장식판을 만들어서 〈미국 법조협회〉에 선물했다. 그 오크나무는 한때 흑인으로 위장한 사람들이 사슴을 밀렵하고 자신들의 관습을 보호하기 위해 모의재판을 열었던 곳인, 이웃의 윈저포레스트에서 자라고 있었다. 사실 그 오크나무는 그 자리가 어떤 공유지에 속했고 메이데이May Day 같은 계절축제들을 포함한 커머닝 제도에 의해 보호되었기 때문에 그 자리에서 그토록 오랫동안 자신의 자리를 굳건히 고수할 수 있었다. 찰스 라인은 이것 또한 폐지하려고 했다. 그가 러니미드 기념비를 제의했던 바로 그 해에 그는 메이데이를 법의 날Law Day로 바꾸자는 제안도 했으며, 아이젠하워는 1958년에 미국에서 지체 없이 메이데이를 법의 날로 바꾸었다.25 영국 인종주의의 기원들 중 하나인 〈월섬 흑인위장법〉이 바로 이 숲에서 1722년에 촉발되었다. 1957년에 앨라배마주州 몽고메리의 로저 팍스와 인도네시아 반둥에 모인 제3세계 국가들은 백인우월주의의 인종주의적 영향들에 도전하기 시작했다. 미육군이 영국의 토양에 뿌린

러니미드의 원형구조물의 중앙에 있는 대좌. 저자의 촬영.　　러니미드의 대좌에 새겨진 문구. 저자의 촬영.

제임스타운의 흙이 정복의 과정에서 저질러진 대량학살을 숨기듯이 〈미국 법조협회〉의 기념비는 마그나카르타의 커머니즘적 기원을 숨기며 그 정치적 의미를 전도시킨다. 상징들은 기만적인 소통수단이다.

　　2005년 6월에 대법원장 렌퀴스트는 반 오든 대 페리 사건에서 다수결 판결을 언도하면서 법정의 네 벽을 둘러싼 대리석 프리즈("역사의 위대한 입법자들")를 올려다보는 자신을 발견한다. 그는 7피트짜리 모세 그림과 모세가 들고 있는 석판에 쓰인 일부 해독 가능한 헤브라이어 글자들이 교회와 국가의 분리라는 헌법의 원칙을 위반하지는 않는다고 설명한다. 마찬가지로, 출애굽기 20장 6절에서 17절까지의 내용(십계명)이 요약되어 새겨진, 높이 6

피트 넓이 3피트반의 석비石碑가 텍사스 의사당의 풀밭에 세워지더라도 헌법을 위반하는 것은 아니라고 했다. 쑤터 판사는 이와 견해를 달리한다. 그는 텍사스의 십계명 석비는 "예술작품이 아니"라고 말했다.[26] 아마 그는 법정의 대리석 프리즈에 담긴 고양된 입법자들의 상像과 드밀이 1956년에 리메이크한 영화 『십계명』(찰턴 헤스턴이 모세 역할을 한다)을 모델로 한 그림이 새겨진 석판들을 미적으로 대조했나보다.[27]

바로 그날 대법원은 또 다른 십계명 사건인 ACLU 사건에 관한 변론을 들었다. 법원 건물에 십계명의 재현물들을 전시하는 것을 찬성하는 사람들은 십계명의 그림과 함께 다른 여덟 개의 문서들—즉 마그나카르타, 독립선언문, 권리장전, 미국 국가의 가사, 메이플라워 맹약, 국가의 모토, 켄터키 헌법 전문前文 그리고 레이디 저스티스[28]를 그린 그림—을 포함시킴으로써, 정부가 기독교를 국교로 삼는 것처럼 보이지 않을까 하는 대법원의 우려를 경감시키려 했다. 쑤터가 켄터키 법정의 복도에서 전시물들을 철거할 것을 명령하는 다수결 판결문—「미국 법과 정부 전시물」—을 작성했다.[29] 그런데 마그나카르타는 정확하게 무엇을 추가하는가? 그것 또한 일신론을 전제하는 문서이며, 교회와 왕 형태의 국가에 속한 문서이다. 대헌장과 삼림헌장을 주의 깊게 읽으면 이 헌장들이 공유지를 전제로 함이 드러나며 마그나카르타가 개인주의, 사유재산, 자유방임주의 및 영국 문명을 찬양한다는 이야기는 그 위에 칠해진 흰색 도료임을 똑똑히 알 수 있기 때문에 대부분의 사람들에게는 마그나카르타가 낯설다는 것이 이 장章의 논지이다. 따라서 그 아이콘화된 재현물들이 중요한 것이다. 이 아이콘들은 그 다음에 우상이 되며 우상은 존경할 만한 것조차도 "파리 대왕"처럼 중독과 파괴를 행할 수 있다.

쑤터가 작성한 법원의 판결문은 십계명과 다른 문서들 사이의 "입증된 분석적·역사적 연관의 결핍"에 반대했다. 십계명은 야훼로부터 재가裁可를 얻고 독립선언문은 "피통치자의 동의로부터" 재가를 얻기 때문에 양자 사이에는 연관이 없다는 것이다. 더 나아가 쑤터는 "최초 헌법이 제정된 이래 채택된 것들 중 가장 구조적으로 의미심장한 조항"인 수정조항 제14조의 누락에 아연했다. 그는 계속해서 "마찬가지로 아연케 하는 것은 1215년의 마그나카르타를 '템스 강에서 모든 어살들이 철거된다'라는 선언에 이르기까지 자세하게 인용하면서도 1787년 제정된 원래의 헌법을 누락한 것이다"라고 말했다.

이 땅은 그대와 나에 의해 만들어졌네

그리고 그는 그녀의 팔을 덥석 잡고

꽉 쥐고 놔주지 않으면서

사납게 그 팔을 흔들었다.

그리고 외쳤다. "드디어 널 잡았어!"

그때 아무 말 없던 구디는

무릎에서 보따리를 떨어뜨리고

나뭇가지들 위에 무릎을 꿇고

만물의 재판관인 신에게 기도했다.

윌리엄 워즈워스, 「구디 블레이크와 해리 길」(1798)

쑤터 판사는 템스 강의 어살들에 관한 말을 비웃는다. '한 줌의 학자들이나 그 지방 사람 한둘을 제외하고는 아무도 이해하려고 하지 않는 중세의 관습이 행해지는 수천 마일 떨어져 있는 강에 관한, 8세기 전의 문서를 우리 시대에 전시하는 것은 얼마나 우스운가!'하고 그는 말하는 듯하다. 추상적으로 사고하는 법원 사람들은 뉴저지의 래리턴베이에서 일어난 굴 양식장에 관한 분쟁을 마찬가지로 비웃을 가능성이 높다. 그러나 우리가 보았듯이, 마틴 대 워들 임차인 사건은 커머닝에 관한 것으로 보이지만, 인디언들의 학살과 토지의 강탈이라는 전제 위에 서 있는 것이었다.

템스 강은 미국 대법원으로부터 수천 마일 떨어져 있다. 그럼에도 그 초원들 중 하나인 러니미드의 그림이 미국 정부의 건물 중 둘 이상에 그려져 있다. 카이호거군^郡의 법원에 있는, 브랭원이 마그나카르타에 경의를 표한 그림에도 러니미드가 들어 있다. 존 왕의 발은 템스 강의 초원들에 특징적으로 많이 피는 노란 붓꽃들 사이에 묻혀 있다. 브랭원은 (그의 스승인 모리스처럼) 한때 해머스미스에 살았기 때문에 템스 강을 잘 알았다. 나룻배 사공이 너벅선을 움직이는데, 이는 중세 이스트앵글리아의 소택지대에 그 기원을 두는 배이다. 그 당시 이 배는 습지와 갈대밭을 조용히 저어 나가는 데 필수적인 배였다. 이 너벅선이 에드워드조^朝에 구애와 오락을 위한 배가 되면서 (<템스 너벅선항해클럽>이 1897년에 결성되었다) 영국 소택지와 노퍽 늪지대의 들새사냥꾼·어부·갈대꾼이 그들이 가졌던 많은 공통권에 접근하지 못하게 되었다.

커먼즈는 미국에서 민감한 주제이다. 우리는 또 다른 민감한 주제인 코뮤니즘을 이것과 함께 탐구해야 한다. 양자의 관계가 은폐의 대상이었기 때문이다. 마그나카르타 우상화는 양자에 대한 논의를 효과적으로 차단한다. 그러나 커먼즈라는 생각은 (그리고 커먼즈와 관련된 많은 관습들은) 영국 및 미국 사회주의자들의 협동을 거쳐서, 이탈리아계 미국인들의 아나키즘에 들어 있는 확대된 이상들을 거쳐서, 특히 게르니카에서 명백히 드러난 스페인 내전을 거쳐서 존속했으며, 파시즘 및 대공황과 연관된 억압에도 불구하고 1940년의 위기에 다시 출현했다. 우리는 마그나카르타를 그린 벽화들과 재현물들의 표면 아래를 긁어서 파헤쳐야 한다.

브랭윈이 모리스의 도제였을 때 모리스는 미국인 헨리 조지(1839~97)가 쓴『진보와 가난』(1879)을 읽고 있었다. 그 당시 저자 조지는 잉글랜드와 아일랜드를 여행하면서 상업적 가치들에 대한 비판, 가난의 폐해를 바로잡고자 하는 결단, 토지의 공동소유에 기반을 둔 공동의 행복이라는 생각을 제시하고 있었다. 그는 문제가 무엇인지를 분명하게 밝혔다. "토지의 사적 소유는 노예제처럼 대담하고 노골적이며 엄청난 폐해이다." 그리고 그는 해결책도 분명하게 밝혔다. **"우리는 토지를 공동의 재산으로 만들어야 한다."** 그는 윈스턴리, 차티스트들, 그리고 미국 평원에 울려 퍼지는 인디언들의 외침에 공명하면서 이렇게 말했다. "모든 사람이 땅을 사용할 권리를 동등하게 가진다는 것은 숨을 쉴 권리를 동등하게 가진다는 것만큼 분명하다. 이는 사람들이 존재한다는 사실 자체에 의해 선언되는 권리이다."[1]

조지는 그 자신이 필라델피아 출신의 가난한 소년이었으며 학교는 중학교 1학년 이상 다녀보질 못했다. 그는 배의 선실 사환으로 샌프란시스코에 갔으며 돛대 앞에서 그 다음에는 인쇄소의 석판 앞에서 공부를 했다. 그는 노동의 생산성을 젠더의 관점에서 파악하였는데, 이는 지구 전체에 걸친 유용한 활동을 환기하는 것으로 표현되었다. 캘리포니아에서 추수하기, 라플라타La Plata의 팜

파스에서 밧줄 돌리기, 캄스탁Comstock에서 광석 캐기, 북극에서 고래 추적하기, 온두라스에서 커피콩 따기, 하츠Hartz 산맥에서 장난감 만들기 등등. 그의 임금이론은 아쉬운 점이 많다. 조지는 "내가 나의 노동을 새알을 모으거나 야생 딸기류를 따는 데 쏟는다면, 그렇게 얻은 새알이나 딸기류가 나의 임금이다"라고 말했다. 어린 시절의 모젤 농민들의 공유지에서 자신의 코뮤니즘의 출발점을 본 맑스나, 게르만의 마르크 공동체 혹은 공유지에 관한 선언(이 선언은 주목을 받지 못했다)을 쓴 엥겔스와 달리, 헨리 조지는 딸기류 따기의 현실성을 다루지 않는다. 임금형태의 사기성(이는 이윤·이자·지대의 기원을 은폐한다)은 그의 정의에는 생소한 것이다. 맑스는 임금노예들의 신체로부터 잘 익은 딸기류를 따는 사람은 바로 자본가들임을 발견했던 것이다.

사회주의는 실로 크고 고결한 사상이다. 그러나 이 사상을 실현하는 수단이 조지가 주변부에 있는 것으로 보는 커머너들 — 그가 시골을 특징짓는 것으로 보는 미개한 흑인들·아메리카 인디언들·베두인족 아랍인들·플랫헤드족 여성들과, 그가 도시 프롤레타리아를 특징짓는 것으로 보는 룸펜·술주정뱅이·범죄자들 — 에 의존하여 찾아질 수는 없다. 인종에 따른 그러한 계급구성은 프랭크 쿠싱(1857~1900, 인종학자)이 1879년에 주니족the Zuni에게서 발견하기 시작한 원시 공산주의와도 마찬가지로 거리가 멀다. 뉴멕시코에 있는 주니족의 푸에블로(원주민 부락)들은 그에게 "오랫동안 찾았던 유토피아 사회"처럼, 혹은 1886년 시카고 헤이마켓스퀘어에서 노동일의 축수를 위해 봉기했던 도시의 전투적 활동가들이 제안했던 반자

본주의처럼 보였다.[2]

그러나 헨리 조지의 역사서는 동등한 공유에 기반을 둔 법과 관습의 존속을 인정했다. "봉건제 아래에, 그리고 옆에, 경작자들의 공통적 권리에 기반을 둔 더 원시적인 구성체가 뿌리를 내리거나 소생하였고, 유럽 전역에 그 흔적을 남겼다." 이 구성체는 경작되는 땅에 대한 동등한 공유몫을 분배하며 경작되지 않는 땅에 대한 공동의 사용을 허용한다. 그러나 이러한 잔존물이 "그 의미를 잃었다"는 것에 그는 주목한다. 커머너들이 부랑자들·유랑자들일 뿐이듯이 템스는 어쨌든 그저 강일 뿐이며, 사유화하는 자들이 다시 한 번 웃게 될 수도 있다는 것이다.

조지는, 이집트와 모세에게로 소급되며, 그리스와 로마를 거쳐 독일의 삼림들로 이어지고 그런 다음 다시 이탈리아의 도시들로 이어지는 사유화의 역사를 제시했다. 토지소유자의 의지가 판례법이 되었다. "플랜태지넷[군주정]을 마그나카르타로 구속한 사람들은 주교관을 쓴 주교가 이끄는 요대를 찬 국왕봉신들이었다. 스튜어트 왕조의 오만을 깬 것은 중간계급이었다. 그러나 단순히 부에 기반을 둔 귀족층은 독재자에게 뇌물을 먹일 희망을 가질 수 있는 한 결코 투쟁하지 않을 것이다." 이러한 모순이 거친 민족주의를 가능하게 했다. 그는 영국이 프랑스에 승리한 사례들을 언급하면서 "크레씨Crécy와 아쟁꾸르Agincourt의 전투를 승리로 이끈 것은 마그나카르타에서 탄생한 힘이었다"고 말했다. 앵글로-쌕슨 제국주의가 극성을 부린 이 시기에 인종적·민족적 본질주의는 지배적 이데올로기의 일부였다.

노동계급의 구성에 관한 헨리 조지의 파악, 커먼즈에 대한 그의 생각, 그리고 그가 보는 마그나카르타의 역사에는 일련의 문제들이 있었다. 이 문제들은 윌리엄 모리스에게는 발견되지 않는 것들이었는데, 그는 1882년에 "불의 강"을 건너서 노동계급과 운명을 같이했다. 1883년에 모리스는 〈사회민주연맹〉에 가입했으며 사회주의를 설명하는 강연들을 하기 시작했고 하이드파크의 '연설자코너'Speakers' Corner에 공개적으로 등장하기 시작했다. "잉글랜드에서 삼림에 사는 사람들의 오랜 반란이라고 불릴 수 있는 것이 대중의 머리에 깊은 인상을 새겨서 그 신화적 인물인 로빈 훗의 이름으로 알려진 설화시를 낳았다. 권위에 대한 저항과 '재산권'에 대한 경멸이 이 거칠지만 고결한 시에 나타난 주도적인 생각들이었다." 이는 실로 사실이었다. 영국 역사에서 그 어떤 인물도 배상과 재분배의 정의라는 생각을 로빈 훗만큼 지속적으로 구현하지 못하기 때문이다. 마그나카르타의 시대에는 정말로 로빈 훗의 실물 원형이 영국 내륙 지방의 삼림을 돌아다녔던 것이다.3

모리스는 부자로부터 강탈하여 가난한 사람들에게 주는 신화만이 존속하는 것은 아님을 상기시켜 주었다. 노동계급의 실천은 다음과 같은 관행들·상징들·경험들에서 커먼즈라는 생각을 유지하고 있었다. "옛 부족적 자유권들, 민회folk-mote, 동구 오크나무 주위에서 열리는 모임들, 면책선서에 의한 재판 등, 자유민들의 평등을 함축하는 이 모든 관습들은, 봉건 권력집단의 자의적인 권위에도 불구하고 진정으로 사회의 일을 하는 그러한 사람들의 억제할 수 없는 삶과 노동이 없었더라면, 퇴색하여 단순히 과거의

상징이나 전통이 되었을 것이다."⁴

　　브랭원의 스승의 생각은 그러했다. 이 생각은 미국 산업의 심장부인 시카고로 날아갔으며, 거기서 칼 쌘드버그(1878~1967)가 1차 대전의 파괴의 와중에 이 생각에 경의를 표했다.⁵

> 윌리엄 모리스, 당신은 우리에게 거짓을 말한 적이 없소. 당신은 쌓아서 조각한 저 돌들의 형태를 사랑하여 그것에 대해서 꿈꾸고 신기해했소, 장공匠工들은 삶의 기쁨을 돌들에 불어넣기 때문이죠.
> 앞치마를 두르고 망치질을 하면서 노래하고 기도하는, 노래와 기도를 벽과 지붕, 능보稜堡와 초석과 석누조石漏槽에 새기는 장공들 — 그들의 모든 아이들과 여성들의 키스와 밀과 자라는 장미를.

여기에는 **민회**에 대해 생색내듯이 인정하는 태도는 없고 오직 동료로서의 감사함만이 있다. 〈미국시민자유권연합〉의 설립자인 로저 볼드윈은 자신의 가족 계보를 정복자 윌리엄의 시대까지 추적하고 싶어 했다. 1차 대전 후에 그는 다른 급진주의자들 및 개혁가들— 존 리드, 스콧 니어링, 케이트 리처즈 오해어, 에머 골드먼 — 과 함께 그리니치빌리지에 모여 살았다.⁶ "그 사람들은 잉글랜드에서 전개될 수도 있는 일에 큰 강조를 두었다 …… 1918년에 페이비언 사회주의자 씨드니 웹이 노동당 강령의 4조를 작성했다. '생산수단의 공동소유에 기반을 두어, 손으로 혹은 머리로 생산하는 사람들에게 그 근면의 모든 결실을 보장하고 그 결실의 가능한 한 가장 균등한 분배를 보장한다.'" 이는 조지가 말하는 토지 공동소유도 아니고 모리스가 말하는 자유민들의 평등도 아니다. 이는 의회사회주의가 되었다. 『월드투모로우』의 1922년 4월호에서 로저 볼드윈은 이렇게 썼다. "사회적·지적 자유라는 이상은 재산을 향한 이 경쟁의 몸부림을 제거하기 전에는 다수에게 현실화될 수 없음을 우리는 인정한다. 우리는 '각자는 능력에 따라, 각자에게는 필요에 따라'라는 코뮤니즘 사회의 윤리를 이론상으로 기꺼이 받아들인다."[7] 이것이 노동계급의 자기해방과 화해될 수 있었는가?

브랭윈은 1차 대전 후에 상원의 대관식戴冠式방의 벽화를 의뢰받았다. 그의 작품은 두 번 퇴짜 맞았다. 처음에는 전쟁의 이미지들이 너무 강하다는 이유였다. 두 번째는 그의 무성하고 다채로우며 유기적이고 잎과 열매가 많은 초록색의 모리스풍 제국 도안들이 제국을 나타내기에 불충분하다는 이유였다. "상원이 하는 일 전체가 웃기는 것은, 상원의원들이 화법畵法에서 우리의 제국을 하나도 느낄 수 없다는 이유로 내 작품을 퇴짜 놓았다는 점이다. 하하!"라고 그는 비웃었다. 2년 뒤에 그는 록펠러센터에서 디에고 리베라와 함께 일을 맡아서(디에고는 도중에 해고되었다),[8] 예수가 설교하는 패널화에서 정점에 이르는, 인류의 테크놀로지의 진보 과정을 묘사한 네 개의 따분한 패널화를 그렸다. 1913년에 그가 그린 클리블랜드 벽화는 노동계급의 자기해방 정신으로 활력이 넘치고 살아 있는 작품이었다. 그는 러시아 혁명이 다른 영국 제국주의자들과 미국 자본가들에게 준 공포의 희생물이 되었다. 그는 한때 그가 경멸했던 것을 받아들였다. 록펠러센터의 벽화는 색채는 지저분하게 보이고 인물들의 얼굴은 끔찍한 만화 같으며 하법은 펄프 스타일로 천박하게 화려하다. 시대가 변한 것이다.

잉글랜드에서 탄화수소 에너지원은 19세기와 20세기 사이에 목재에서 석탄으로 대대적인 변화를 겪는다. 인도에서 산업화가 기근과 숲의 파괴를 의미하고, 미국에서는 산업화가 도축장과 공장이라는 도시의 정글을 의미했다면, 잉글랜드에서 산업화는 지하 탄갱으로 내려 보내는 사람들의 수를 다섯 배 증가시켰다. 잉글랜드 탄광에 고용된 광부들의 수는 1854년의 21만4천 명에서 1920년에 1,248,224명으로 증가했다. 실질적인 공유지와 상상적인 공유지가 변했다. 영국 작가인 로렌스가 이 문제를 설명해 주는 사례이다. 광부인 그의 아버지는 아들에게 꽃에 대한 사랑, 영국 내륙지방의 식물군에 대한 지식, 그리고 탄광촌 텃밭에서의 노동을 물려주었다. "아이일 때와 청년일 때의 나에게 그것은 숲이 있고 과거의 농업이 이루어지는 옛 잉글랜드였다."

그의 『시 전집』의 첫 시 「야생의 공유지」의 배경은 커먼즈이다. 커먼즈는 협동이 이루어지는 실제의 장소인가? 아니면 애국 게임의 일부인 민족 개념인가? 1915년에 로렌스는 그의 『잉글랜드, 나의 잉글랜드』에서 대답을 시도했다. 이 소설은 윌리엄 어니스트 헨리의 국수주의에 대한 냉정한 반론이었다. 헨리의 시 「잉글랜드, 나의 잉글랜드」는 애국적인 징병 장려 시였다.

내가 그대에게 무엇을 해 주었는가,

잉글랜드, 나의 잉글랜드여?

내가 하지 못할 일이 무엇이 있겠는가,

잉글랜드, 나의 조국이여?

로렌스는 옛 잉글랜드의 춤과 관습을 사랑하는 한 사람을 묘사하며 이야기를 시작한다. "그는 정원의 아래쪽에 있는 우묵한 땅에 흐르는, 정원길을 공유지와 연결해 주는 널판다리가 있는 작은 개울 너머 공유지의 가장자리에서 일하고 있었다." 그는 획득과 이익불리기라는 자본주의적 가치를 거부하는 '이탈자'가 된다. 전쟁은 잉글랜드의 시골에 나타나는 바의 커먼즈를 파괴했다. 로렌스는 잉글랜드에서 커먼즈를 발견하지 못했으며, 막 등장하는 볼셰비끼 혁명의 대안에서도 커먼즈를 발견하지 못했다. 그는 오직 뉴멕시코의 인디언 푸에블로들에서 자신의 뜻에 맞는 커먼즈에 근접한 것을 발견하기 시작했다.9

지난 장에서 우리는 1916년에 샌프란시스코베이에 세워진 협동가금농장 러니미드가 마그나카르타의 문화적 재현물들에서 발견되는 인종주의적 함축의 일부를 설명해 주는 사례임에 주목했다. 협동의 측면(예를 들어 마케팅 방식이나 회관)이 있는 것도 맞고 다른 단명한 소토지소유자들의 공동체들보다 성공적이었던 것도 맞지만, 우리는 (그 이름처럼) 이 농장의 설립을 그 시대적 맥락에 놓고 보아야 한다. 그 시대는 바로 〈세계 산업노동자〉의 정치운동 그리고 서양 노동시장 어디에서나 특징적으로 나타나는 고정된 직장이 없는 이주 노동자와 연관된 혁명적 계급투쟁의 시대였다. 러니미드의 설립자 찰스 윅스는 스탠포드의 교수나 쌔크라멘토의 정치가가 쓸 법한 말루 이렇게 읊조렸다. "우리는 등에 봇짐을 지고 멍하고 난잡하고 따분하고 목적도 없고 삶을 이어가게 해 주는 의지도 없이 쉴 새 없이 떠돌아다니는 동포들을 삶의 고속도로에서 마주친다." 그러나 1913년 북부 캘리포니아에서 일어난 휘틀랜드 호프hop봉기에서 충분한 목적이 표현되었다. 이 봉기에 2천8백 명의 남성·여성·아이들이 (이들 중에는 힌두인들과 일본인들도 있다) 물을 요구하며 파업을 했다. 그들은 섭씨 40.5도의 열기 속에서 아침 4시부터 일을 시작했다. 그들의 고용주는 물을 사유화했다. 네 사람이 살해당했다. (여기에는 한 명의 푸에르토리코인과 영국 소년이 포함된다.) 이 봉기는 캘리포니아 계급투쟁의 전환점이었다. 워블리 소속 파업 지도자들에 대한 재판은 몇 년을 끌었으며, 이 과정에서 마그나카르타 탄생 7백 주년되는 해에 마그나카르타의 정치적 원칙들 ─ 고문 금지·배심재판·인신보호영장·적정절차 ─ 이 위반되었다. 베블런은 1918년에 주州입법부에 내는 보고서에서 봉기자들의 요구를 "불법적 제한으로부터의 자유"와 "제대로 된 숙식"으로 요약하였는데, 자유헌장의 정치적·경제적 원리들을 이보다 더 간결하게 표현할 수는 거의 없었을 것이다.[10]

브랭원의 벽화들은 우리로 하여금 영국에서 헨리 조지를 따르는 사람들과 미국에서 윌리엄 모리스를 따르는 사람들이 이해하는 바의 커먼즈에 대해 숙고하도록 했다. 그들의 생각은 1차 대전과 러시아 혁명의 경험을 통해 형성되어서 영국 노동당에서 발견되는 국가사회주의를 일정한 형태로 보유하고 있다. 이제 미국 대법원의 예술작품에서 그 표면 아래를 들쳐보면 이와 유사한 이

행이 발견된다. 전쟁 전에는 사회적 상상력이 넓게 확대되었으나 전쟁 후에는 황량한 억압과 퇴색한 정신이 들어섰던 것이다.

미국 대법원의 조각 작품들에서는 커먼즈에 대한 생각이 발견되지 않는다. 그러나 핏치릴리 형제는 섬세한 예술가들이었다. 그들에게 해학 감각이 좀 있었던 것 같다. 아니라면 왜 존 왕의 왼쪽 눈 위에 피부 모양의 유피類皮 낭포囊胞를 새겼겠는가. 비록 커먼즈가 조각에 들어 있지 않았다고 해도, 조각가들에게는 들어 있던 것이다. 브롱크스에 있는 그들의 스튜디오는 예술적 삶의 중심이었다. 1919년에 방문한 어떤 사람의 말에 따르면 이 스튜디오는 "대리석과 화강암이 산같이 쌓여 있고 그리스와 로마 예술을 재현한 고풍스런 흉상과 석고작품들이 놓여 있"어서, 르네쌍스 시대 대가大家의 보떼가를 닮았다.[11] 여기서 예술가 형제와 그의 많은 조수들이 일했다. 조수들은 모양을 대략 깎는 초벌 작업을 했고, 얼굴·손·옷은 형제들에게 맡겨졌다. 토요일 오후가 되면 일꾼들은 스튜디오의 먼지를 막는 신문으로 만든 종이 모자를 쓰고 내려와서 이주자 문화에 속한 방문객들(여기에는 성직을 박탈당한 사제들·음악가들·후원자들·교육자들·아나키스트들이 포함된다)과 함께 거대한 직사각형 모양의 대리석판에서 식사를 했다.

아나키스트들? 미국에서 발행되는 1백 개의 이탈리아어 아나키즘 신문들은 매우 강한 교육 전통이 르네쌍스 휴머니즘에서 파생되었음을 말해 주는 증거이다. 그들의 관심은 예술을 민중에게로 가져가는 것이었다. 반자본주의적·반제국주의적 운동의 탐구적이고 개방적인 정신은 바르톨로메오 반제띠의 신조에 요약되어 있다. "나는 아나키스트-코뮤니스트이고 (내가 잘못되었음을 알게 되지 않는다면) 최후의 순간까지 그러할 것이다. 코뮤니즘이 가장 인간적인 형태의 사회적 계약이라고 믿기 때문이며, 인간은 자유로울 때에만 일어나서 고결하게 되고 완벽하게 될 수 있다는 것을 알기 때문이다."12 이탈리아계 미국인 아나키스트로서 덜 알려진 사람은 오노리오 루오톨로였다. 1908년 이탈리아의 체르비나라에서 미국에 온 그는 (1912년 로렌스 파업에서 희생된 위대한 워블리 시인이며 조직가인) 아르투로 조바닛띠와 같이 『일푸오코』라고 불리는 이탈리아계 미국 잡지 일을 하고, 그 다음에 사회와 문학에 관한 주제를 다루는 또 다른 잡지인 『미노쎄』에서 일을 했다. 그리고 그 후 1923년에 핏치릴리와 합류하여 16번가에 레오나르도 다빈치 미술학교를 설립했다. 19세기의 첫 수십년 동안 〈술주정뱅이〉와 〈저주받은 자〉("씽씽교도소의 사형수") 같은 그의 조각 작품들은 강력한 사회적 양심을 나타냈으며 ("돌로 하는 설교"라고 불렸다) 이탈리아계 미국인 예술가들이 가진 평등 및 인간의 존엄이라는 이상을 구현하였다(그들은 아나키즘을 "아름다운 생각"이라고 불렀다).13

그러한 설교들은 1919년 파머 일제검속에 의해 침묵당했다. 파머 일제검속은 〈이주민 및 선동에 관한 법〉(1798)에서부터 매카시즘의 시대에 이르기까지 주기적으로 한바탕씩 미국 공화국을 뒤흔든, 커머너에 대한 억압행동들 중 하나였다. 멘켄은 법무부가 "미국의 역사에서 전혀 전례가 없으며 러시아·오스트리아·이탈리아의 역사에서도 유례가 별로 없는 스파이활동 체계"를 유지하고 있다고 비난했다. "이는 일상적으로 사람들을 사찰함으로써 그 사람들이 가진 헌법상의 권리를 무시하고 침해했으며, 성역인 거주지에 침입하였고, 결백한 사람들을 불리하게 만드는 증거를 날조하였으며, 나라에 불법행위를 선동하는 공작원들이 넘쳐나게 만들었고, 이웃끼리 서로 불신하도록 만들었으며, 여론을 선동적인 거짓들로 가득 채웠고, 은밀하고 악의적인 자들의 최악의 비겁한 짓들을 조장하였다."[14] 마그나카르타의 자유권들 — 고문금지, 인신보호영장, 법의 적정절차, 배심재판 — 과 삼림헌장의 원칙들 — 생계자금, 반종획, 이웃공동체, 여행의 자유, 배상 — 이 사라지기 시작했던 것이다.

　　제리 캐퍼는 소년일 때 두 사람을 잘 알게 되었고 말년에 그들에 대한 회고록을 썼다. 소년 캐퍼는 루오톨로를 유니언스퀘어 근처에 사는 "과장된 제스처를 하는, 몸이 크고 대가 센 사람"으로 기억했다.[15] 루오톨로는 자신의 아나키즘 정치를 완화하고 카를로 트레스카 및 아르투로 조반닛띠와의 친구관계를 부정했지만, 〈의류노동자연합〉을 위해서는 계속 활동했다. 1930년대가 제법 진행되었을 때 그는 탈당자가 겪는 쓰라림의 흔적이 없는 「유니언스퀘어파크에서」라는 시를 썼으며 제국의 도시 내에서도 인간의 동포애가 가능하다는 인식을 명확하게 유지했다. 유니언스퀘어는 정복당한 자, 살아남은 자, 빈곤한 자, 실망한 자, 길을 잃은 자, 반란자에게 오아시스였다. 포옹하는 연인들, 코 고는 술 취한 사람들, 야윈 시인들, 긴 머리의 예술가들, 개 산책시키는 사람들, 떠도는 사람들, 학식 있는 사람들, 아이스크림을 들고 있는 굴유머 판매원들,[16] "새로운 이단적 사고방식들과 옛 유토피아"를 간직한 동지들.[17] 왜 범죄는 없었는가?

아마도 저 오아시스가,
탐욕스럽게 소유하려는 존재들로 득시글거리는
무한한 도시의 중심부에
파묻혀 잊혀진
잘못 알려져 있고 악명이 높은 저 섬이
진정하고 온전한 민주주의이기 때문이다.
그래서 수백의 다채로운 색의 비둘기들처럼
온갖 시대 온갖 인종의,
온갖 신앙 온갖 이상을 가진
방랑하는 순례자들이
유니언스퀘어에서
피난처, 출구, 평화를 찾는다.

자유롭고 동포애 어린 관용과
모든 이의 시민으로서의 자유권들에 대한
상호존중 말고는
법이 따로 존재하지 않는 작은 공원!

1943년 유니언스퀘어에서 겨우 두 블록 떨어진 곳에서 아나키스트 지도자인 카를로 트레스카가 암살당했다. 2년 뒤에 핏치릴리

스튜디오는 문을 닫았다. 유니언스퀘어에서 나타난 시민의 자유와 도시의 커머닝 전통은 계속 존속했으며, 그곳은 2001년 9월 11일 이후 줄리아니 시장이 폐쇄할 때까지 남부 맨해튼에서 뉴욕 시민들의 일반적인 집회장소가 되었다.

대법원의 저 대리석 조각물들의 표면 아래에는 이탈리아에서 미국으로 이주한 사람들의 사연이 들어 있다. 이 이야기는 우리를 이탈리아에 있는 아나키즘적 채석장에서 버몬트에 있는 유사한 채석장으로 데려온다. 그들이 가져온 "아름다운 생각"은 그 옹호자들이 암살당했던 바로 그때 말소되었다. 이 생각이 주州 당국에 의한 해결을 요구하지 않은 것은 분명하다. 이는 1936년 스페인 내전에서 나타난 반파시즘 운동 내에서 이루어진, 커먼즈를 위한 투쟁에도 해당된다. 수백만의 노동자들이 토지를 집단소유로 바꾸었으며, 마을의회를 열고 여러 세대에 걸친 아나키즘의 도움을 받고 페러 학교들에서 영감을 얻었다.[18] 아라곤과 카탈로니아의 시골 지역에서는 "스페인의 전통적인 마을 사회의 집단주의적 유산" 또한 기반이 되었다.[19]

콘돌 군단의 폰 리히트호펜 대령이 이끄는 독일 공군은 1937년 4월 26일 테르밋 소이탄들을 게르니카의 바스크 마을에 투하했다. 이 공습은 시장이 열리는 날에 이루어졌다. 동물들과 사람들이 학살되었다. 이는 도시의 화재폭풍이요 지옥이었으며, 드레스덴·런던·함부르크·도쿄·히로시마·나가사키의 공습을 앞질러 구현한 것이었다.

미국 최초의 부통령이 (그 사태의 관찰자가 될 수는 없지만)

게르니카의 파괴가 가진 의미를 이해하도록 돕는다. 존 애덤스는 공화국을 연구하는 사람으로서 바스크 지역으로 여행을 했으며 거기서 놀라게 된다. 바스크에는 "노예든 농노든 토지를 가지지 않은 계층이 있어본 적이 없"었다. 근대 유럽 혁명의 국왕 시해가 일어나기 한참 전에 "그들이 강조했던 특권들 중 하나는 왕을 가지지 않는 것이다"라고 애덤스는 썼다.[20] 통짜로 된 모직 베레모가 바스크의 사회적 평등의 상징이 되었다. 그 베레모는 바스크의 망명자들을 통해 하나의 정치적 스타일로서 프랑스로 전달되었으며 프랑스에서 레지스땅스로, 레지스땅스에서 메트로폴리스의 비트족族으로, 체 게바라로, 그리고 〈흑표범당〉으로 전달되었다.

바스크의 자유권들은 전통적으로 게르니카 땅에 서 있는 한 그루의 오크나무 옆에서 갱신된다. 이 자유권들은 11세기에서 13세기의 푸에로들fueros 즉 헌장들에서 파생된다.[21] 이것들은 마그나카르타와 유사하여 사법을 제공하고 관습을 정의하며 토지보유를 서술하고 목초지 권리를 문서화한다. 게르니카에서 까스띠야Castilla의 왕은, 자신과 자신의 후손들이 나라의 "푸에로들, 관습들, 참정권들, 자유권들"을 유지할 것을 맹세했다.[22] 헌장들은 구두로 전해지는 관행과 관습의 규약들로서 시작되었다. 커머닝의 세부사항은 계곡마다, 마을마다 다르지만, 그것들이 상품 이전의 체제를 가리킨다는 점은 분명하다.[23]

미국이 이라크를 공습하고 침공하기 직전에 뉴욕의 유엔 건물에 있는 피카소의 〈게르니카〉를 덮어 가린 일화는 상징물에 대한 국가의 불안을 나타낸다.[24] 미국 국무부장관이 게르니카 이야기를 덮어 가리려고 한 최초의 사람은 아니다. 리히트호펜 대령 자신도 그것을 숨기려고 했다. 잉글랜드, 스페인 그리고 독일의 보수주의자들은 그 이야기를 숨기고 싶어 했지만, 대담한 저널리스트 조지 스티어가 진실을 드러냈고, 게르니카가 바스크 자유권들의 중심이며 지역 의회가 수 세기 동안 그 주위에서 열렸던 오크나무가 있는 장소임을 보여주었다. 피카소는 1937년 메이데이에 〈게르니카〉를 그리기 시작했으며 1년 뒤에 빠리 만국박람회에서 전시했다.

따라서 그의 벽화를 덮어 가린 것은 민간인을 폭격한 기억을 파괴하려는 의도적인 시도 이상의 것이었다. 그 폭격은 유럽에서 볼 수 있는 군주정과 자본주의에 대한 가장 지속적이고, 실제적인 대안을 제시한 장소, 바로 그렇기에 헌법(통치체제)과 관련하여 존 애덤스의 관심을 끌기도 했던 장소를 친 것이었다. 〈게르니카〉의 뒤에는 커먼즈가 있었다. 게르니카의 이야기는 이렇게 우리를 중세와 자유헌장들에게로 돌려보낸다. 20세기에 가장 영향력 있는 중세연구가인 마르크 블로흐(1886~1944)는 구체제 전체에 걸쳐 중세의 공통권이 존재했음을 문서로 입증했다. 그의 주저작인 『봉건 사회』(1940)는 "저항의 권리"로 끝을 맺는데, 이 권리의 싹은 이미 스트라스부르 맹세(843)에, 그리고 대머리왕 샤를과 그의 봉신들 사이의 협정(846)에 존재했다. 그리고 13세기와 14세기에는 잉글랜드의 1215년 대헌장을 비롯한 수많은 텍스트에서 울려 퍼졌다. 이 헌장의 독창성은 "지배자들을 구속할 수 있는 협약을 강조한다는 데 있었다."[25] 블로흐는 프랑스의 함락 이후 나치에게 잡혀서 수용소에서 사망했다.

스페인 내전은 사회주의, 코뮤니즘, 아나키즘 운동에서 노동자들 사이의 국제적 연대에 의존했다. 그 힘과 깊이의 일부는 바스크족에게서도 왔는데, 그들의 자립심과 자긍심은 중세로 소급하며 그 시대의 봉건제에 영향을 받지 않는다. 따라서 소문자 c로 시작되는 코뮤니스트들은 8세기의 커먼즈와의 연속성을 언급할 수 있던 반면에, 대문자 C로 시작되는 코뮤니스트들은 이것을 진보에 대한 경직된 관념들로 숨겼다.

1939년에 잭 린지와 에절 릭워드는 영국 병사들이 전장에 가지고 갈 수 있도록 『자유 편람』을 썼다. 이 책은 둘째 행에서 대헌장을 언급했다. "토지 자체가 숲과 습지에 노력을 들인 결과이듯이, 우리가 소유한 자유도 수 세기 동안의 노력에 의하여 쟁취되어야 했다."[26] 그러나 많은 자유들이 숲 **안**에서의 것이며 숲과 **관련된** 것이기에 자유의 소유는 숲의 파괴보다는 숲의 보존에 의존했다. 소련은 1939년 8월 독일과 불가침협정을 맺었으며 1941년까지는 전쟁에 참가하지 않았다. 1940년 6월 프랑스가 함락된 이후 영국은 혼자였다. '소문자 c의 코뮤니즘은 무엇인가?'라고 대문자 C의 '공산주의자들'Communists은 물을지도 모른다.[27] 무차별적인 공습이 시작된 상황에서 공동의 복지common welfare가 가진 의미는 과연 무엇인가? 피, 땀, 눈물이 흔한 것(공통적인 것)이 되었다. 다른 무엇이 그러한가? 이것이 1940년에 점점 더 많은 대답들 — 과거로, 마그나카르타로 다시 깊게 파고 들어가는 대답들 — 을 낳았던 그 당시의 성찰적 물음들이었다.

1940년 2월 4일 일요일 오후, 미국인들이 느긋이 안락의자에 앉아 또 한 주일의 지루한 일상생활을 보내기 전에 라디오에 귀를 기울이고 있을 때, 그들은 예전에 브레히트와 함께 일을 했던 독일 망명자 쿠르트 바일의 음악과 인디애나 출신의 희곡 작가인 맥스웰 앤더슨의 느릿한 인디애나 사투리가 흘러나오는 것을 발견한다. 같이 공연하리라고 생각하기 어려운 이 두 사람이 중세 영국 역사극 〈마그나카르타 발라드〉를 공연하고 있었던 것이다.

컬럼비아 방송은 이들에게 일요일 오후에 〈행복의 추구〉라는 라디오 프로그램에 내보낼 작품을 만들어 달라고 의뢰했다. 이 작품은 바로 한 달 후에 폴 롭슨이 같은 프로그램에서 선정적인 〈미국인들을 위한 발라드〉를 공연하면서 새해를 맞이한 후에 방송되었다. 고등학교와 대학교의 남성합창단용으로 작곡된 〈마그나카르타 발라드〉는 히틀러에 맞선 전쟁에 사용되었다. "폭군에 대한 저항은 신에의 복종이다"라는 말로 이 작품은 끝맺는다.[28]

잉글랜드의 존 왕은 1215년에 노년이었다. 그는 오랫동안 부당하게 통치했으며 그의 삶의 말년에 귀족들과 평민들이 분노하여 필사적이 되었다.

허버트 버터필드는 '자유민'liber homo을 '평민'the common people으로 옮기는 것을 미신이라고 부르고자 했다.[29] 17세기의 보수주의자들이 그런 생각을 잘못된 학식이라고 불렀듯이 말이다. 버터필드는 영국의 관점을 신의 섭리의 관점에서 독해하는 것("우리는 신의 선민이라는 믿음")을 제안했다. 이는 마그나카르타를 의도적으로 곡해하는 것에 의존했다. "역사 자체는 어떤 면에서는 미신이 될 수 있으며 특히 사회적 대격동이 닥칠 때 그렇다."[30]

〈영국 공산당〉이 가지고 있는 것으로 유명한 상대적인 지적 자유의 분위기를 정착시키기 위해 많은 일을 했던 도나 토르(1883~1957)는 1940년에 "역사의 바깥에 있는 수백만의 사람들이 역사를 만드는 사람들이 되었다"고 말했다. 그녀는 특히 인도와 중국을 언급했다. 그러나 그녀가 독단주의로부터 자유로운 것은 아니었다. "물질적 혹은 공동체적 기반을 가진 민주주의의 전통이 존속하는 것은 완전한 평등과 균등한 분배가 이루어지는 이전의 상태에 대한 기억을 통해서가 아니라 계급사회에서 작동하는 동등한 권리와 불균등한 분배의 결합을 통해서이며, 여기서 불균등은 부와 함께 증가한다."[31] 마치 그녀를 후원하려는 듯이, 영국의 맑스주의 역사가 크리스토퍼 힐(1912~2003)은 황금시대는 과거가 아니라 미래에 있다고 썼다.

힐의 책 『영국 혁명, 1640년』은 전장에 나가는 병사들과 런던 대공습을 겪은 민간인들을 위해 쓰였다. 이 책은 밀턴과 윈스턴리를 동원하여 인간이 행동의 주체임을 주장했다. "윈스턴리의 코뮤니즘 사상은 어떤 의미에서는 회고적이다. 자본주의가 이미 해체시키고 있는 마을공동체에서 생겼기 때문이다." 그러나 윈스턴리는 과거만을 본 것이 아니라 미래에도 시선을 던졌다. 그 미래에는 "생계를 같이하는 공동체에 의해 하나로 통일된 민중이 있는 곳이면 어디나 세상에서 가장 강한 나라가 될 것이다. 그곳에서 그들은 자신들이 물려받은 것을 한 사람처럼 지킬 것이기 때문이다."32

이는 톰슨이 1940년 학생이자 병사인 자신에게 결정적이었다고 말한 '약진'breakthrough이었다. 바로 이 약진으로 인해 전쟁 후에 〈공산당〉의 역사그룹이 형성되었으며 20세기 말의 영국의 사회사 — 헌법이 빠진 사회사 — 가 형성되었다.

같은 해인 1940년에 나온 〈마그나카르타 발라드〉는 다음과 같이 이어진다.

> 그는 근거 없이 그리고 사정없이 세금을 부과했다. 그는 재판 없이 처형했다. 그리고 그는 자신이 총애하는 자들에게 부와 명예를 몰아주었다. 부유한 유태인들에게 돈을 강탈하기 위해서 하루에 이빨을 하나 뽑는 관행을 발명한 것도 그였다.

반유태주의가 강했다. 유태인들에게 세금부과를 시행하기 위해서 존의 관리들은 고문을 광범하게 사용했다. 브리스틀의 한 유태인은 이빨을 하루에 하나씩 일곱 개나 뽑히고서야 존 왕이 요구하는 액수를 내기로 동의했다. 1189년 런던에서 유태인들이 학살되었다. 기독교의 군주들에게는 고리대금업이 금지되어 있었다. 마그나카르타의 10조는 유태인에게 빚을 진 사람의 상속자는 이자를 갚지 않아도 된다고 정하고 있다.33

공정한 재판 없이 자유민을 처벌하지 못한다

일반적인 경우가 아니고서는

세금을 부과하지 못한다.

기독교들과 유태인들에게 고문을 사용해도 안 된다.

그리고 그는 "마그나카르타"의 사본 하나를 내밀었다.

바일과 앤더슨은 토지문제에 대하여 (그리고 그와 함께 옛 공유지의 지위에 대하여) 아나키즘적이거나 코뮤니즘적이거나 사회주의적 입장을 취하지 않는다. 그러나 그 입장들을 전적으로 회피하지도 못한다.

그는 손에 거위깃 깃촉펜을 들고 양피지에 썼다.

그는 우리의 땅을 빼앗아가는 왕들의 권리를 내놓는 데 서명했다.

그는 당신의 이빨과 눈을 뽑는 왕들의 권리를 내놓는 데 서명했다.

그 이후로 왕들은 보통 인간의 크기로 축소되었다.

커먼즈란 무엇이었는가? 1940년에 여러 심층적인 대답들이 나왔다. 우리는 도나 코르와 크리스토퍼 힐의 성찰들을 언급했다. 여기에 우리는 네 개를 더 추가하고자 한다. 영국계 아일랜드인 작가인 루이스(1904~72)는 베르길리우스의 『농경기』를 번역하면서 미적 피난처로 물러나는 것처럼 보인다. 그러나 그는 그곳에서 "갈라이소스 강 옆/ 버려진 땅에 텃밭을 만든/ 퇴역군인"을 발견한다. 이것이 황지 커먼즈이다. 1940년에 미국의 작가 헨리 밀러(1891~1980)는 이렇게 외쳤다. "대지는 짐승의 우리가 아니며 감옥도 아니다. 대지는 파라다이스로서, 우리가 아는 유일한 것이다. 우리는 눈을 뜨는 순간 그것을 깨달을 것이다. 우리는 대지를 파라다이스로 만들 필요가 없다. 대지는 이미 파라다이스이다. 우리는 우리 자신을 이곳에 살기에 적합하게 만들기만 하면 된다."[34] 이것이 미국의 커먼즈이다. 1940년 5월 작가이자 휴머니스트인 버지니아 울프(1882~1941)는 "우리는 커머너들, 국외자들이 아닌가?"라고 물었다. 계급사회의 종말은 인간에게 자신의 기계의 상실, 자신의 총의 상실, 가부장제에의 감금에 대한 보상의 기반이 되어야 했다. "우리는 행복을 만들어야 한다"고 그녀는 결론지었다. 페미니즘적 커먼즈. 그보다 몇 달 전에 서인도 제도의 맑스주의자인 제임스C. L. R. James(1901~89)는 이렇게 썼다. "맑스주의자로서 우리가 보아야 하는 것은 봉건제에서 자본주의로 문명이 전화하는 데서 흑인들이 한 엄청난 역할이다." 범아프리카 커먼즈이다.

듣는 이여, 지금과 그때의 차이는
바로 우리가 인간에 의한 통치를 원망한다는 점이다.
우리는 우리의 문 뒤에 안전하게 앉아 있고
이빨도 뽑히지 않는다.
그날 귀족들이 존 왕의 이빨을 뽑았기 때문이다.
그렇다. 그들은 그날 늙은 존 왕의 이빨을 뽑았고 그 운명의 시간 이래
정부의 권력에 분노해도 반역이 아니게 되었다.
사람들은 더 이상 고개를 수그려
겸손하게 권장權杖에 입맞춤을 하지 않는다

폭군에 대한 저항은 신에의 복종이다.

나는 더스트보울 시기의 작곡가인 우디 거스리(1912~67)가
그날 오후 라디오를 들었는지 아닌지 궁금하다.[35] 두세 주 후에
그는, (공유지의 박탈이 간교하고 폭력적이고 번지르르했던) 오
클라호마에 대한 국민의 기억 속에 공유지 광장이라는 생각을 집
어넣는 노래를 작곡했다. 그는 어빙 벌린의 자기만족적인 노래
〈신이여 아메리카를 축복하라〉에 대한 대안으로서 그 곡을 작곡
했다.[36] 아래는 검열에 의해 금지당한 두 절을 포함한 가사이다.

이 땅은 그대의 땅이요, 이 땅은 나의 땅이네.
캘리포니아에서 뉴욕 섬까지,
레드우드포레스트에서 멕시코 만류까지,
이 땅은 그대와 나를 위해 만들어졌네.

그곳에 나를 막으려는 크고 높은 벽이 있었네.
사유재산이라고 쓴 표지판이 붙어 있었네.
그러나 그 뒤에는 아무 말도 쓰여 있지 않네.
이 땅은 그대와 나를 위해 만들어졌네.

어느 화창한 날 아침 구제사무소 옆
뾰족탑의 그림자 속에 나의 사람들을 보았네.
그들이 배가 고파 서 있을 때, 나는 생각하며 서 있었네.

이 땅은 그대와 나를 위해 만들어진 것이 아닌가 하고.

우디 거스리는 수탈당한 사람으로서 단순한 열망을 품고 — 이 열망이 이후 이 노래를 민중의 노래로 만들었다 — 주린 시선으로 땅을 바라보며 히치하이킹으로 여기저기 돌아다니고 있었다. "이 땅은 그대와 나를 **위해** 만들어진"이라는 노래의 결말 부분은 뉴딜과 연관된 권리의식을 표현했다. 그런데 이 부분을 "이 땅은 그대와 나에 **의해** 만들어진"이라고 자유헌장들의 정신과 더 일치하도록 조금 바꾸면, 배상에 대한 인식이 표현될 수 있고 이로써 이 노래는 좀 덜 "백인적"이 될 수 있을 것이다.

11

커먼즈의 구성

세계를 종획하려는 자칭 계획자들은 자유롭고 순수한
미래를 나의 정신으로부터 탈취하고 빼앗았다.
하지만 무언가가 또 시행될 것이다.
나와 소녀들을 어둡게 하고,
(우리의 정신을 장악하지는 못할지라도)
결국에는 우리의 몸을 수탈할 어떤 것이 말이다.
우리의 남아 있는 땅을 보호하기 위해서
우리는 정신을 모은다.
지구 위의 어떤 곳, 종획되지 않는 곳이
우리를 절대적으로 살아 있게 할 것이다.

요시모토 타카키, 「지구가 종획되고 있다」(1951)

코크나 블랙스톤이 "영국의 위대한 자유헌장들"이라고 부른
마그나카르타는 법률서가 인쇄된 이래 잉글랜드 법률서의 맨 첫
쪽을 차지해 왔다. 헌장은 왕의 영역에 대한 제한을 정했고 커머
너의 영역에서는 자급적 생계를 제공했다. 우리는 헌장이 봉건주
의의 케케묵은 유물이라고 배웠다. 혹은 우리는 헌장이 영국적인

것의 특성이라고 배웠다. 나는 유물함은 우상을 창출하며 우상은 그것이 보존하려고 하는 것을 파괴한다고 주장했다. 영국적인 것의 특성에 대해서 말하자면, 커머닝의 관습은 항상 지역 차원의 것이며 따라서 명백하게 고유하다peculiar. (로마 시대에 'peculium'은 실제로 노예 몫의 땅을 가리켰다.[1])

이러한 원칙들은 어떻게 미국의 헌법과 연관되는가? 『페더럴리스트 페이퍼즈』 10호에서 제임스 매디슨은 "재산의 상이하고 불평등한 분배"에 의하여 야기되는 파당의 폭력에 대한 경각심을 표현했다. "재산을 가진 사람들과 재산이 없는 사람들은 사회에서 늘 판이한 이해집단을 구성한다"고 그는 말했다. 매디슨은 유산계급의 입장에서, 유산계급을 위해서, 그리고 유산계급을 향하여 썼다. 헌정 체제가 상이한 유형의 재산 — 토지, 제조업, 상업, 은행업 — 사이에 조화를 이루어줄 것이었다. 매디슨은 "재산의 평등한 분배 혹은 다른 부적절하고 사악한 기획"을 추구하는 "이론적 정치가들"을 직접 반박하였다. 만일, 그가 설명했듯이, 미국 헌법이 유산계급을 위해서 제정되었다면, 우리는 이로부터 무산계급의 헌법은 후일로 미루어졌다고 추론할 수 있다.

재산이 없는 사람들도 동질적이지는 않기에, 나는 아메리카의 위대한 헌장들을 이해하기 위해서 재산이 없는 계급 전체를 노동계급의 역사적 구성을 포괄하는 네 개의 세력 혹은 벡터들로 나누고자 한다. 각 세력은 역사적 행위의 결과이다. 즉 상당한 세월의 능동적 투쟁을 통해 창출되었다. 이 무산자 벡터들은 (아직 인정은 받지 못하지만 실질적으로는) 생태, 생산 기반, 경제, 공동체를 구성했다. 그들은 지상의 소금이다.

창립의 시점時點상으로, 즉 시간상으로 가장 앞선 것은, 어렵·수렵·원예를 혼합한 커머닝 형태의 생산방식을 통해 대륙의 생태적 특징들을 보호하거나 보존해온 이들의 노동이다. 숲·토마토·옥수수는 자연의 선물이 아니라 최초의 아메리카인들이 일군 토착적 문화의 산물이다. "1만 년에 걸쳐 그들이 보존한 방대한 땅"이라고 필 델로리아는 썼다.2

경제적 중요성에서나 시간적 순서로 둘째인 것은 나무 베는 사람들과 물 긷는 사람들이다. 이들의 노동은 습지의 물을 빼고 숲의 나무를 베어 들판을 만듦으로써 농업 기반과 상품 생산의 기반을 마련했다. 이 프롤레타리아 노동은 아프리카계 아메리카 노예들의 몫이었다.

셋째, 공장 프롤레타리아들, 탄광과 제조업의 이주 노동자들 — 대체로 남성으로서 한 가정의 벌이를 하는 사람들이다 — 그리고 시민 노동자들이다. 이들의 협동적 노동이 미국의 산업을 구축했다.

넷째는 먹고 살고 아이를 돌보아 키우고 미래의 세대를 낳는, 보이지 않는 재생산 노동을 수행하는 사람들이다. 재생산이 사회적 생산에 선행한다. 여성들을 건드리는 것은 바위를 건드리는 것이다.

소금이 맛을 잃었는가? 나는 신성한 고리, 공성攻城 망치, 7조 (a)항, 배심원석이라는 네 가지 축약된 상징물이 상기시키는 바를 통해 이 물음에 답하고자 한다.3 이것들은 새로운 것을 발견하게 해주는 상징적인 범주들이며, 그렇기에 단순화된 형태를 띤다.

(독자는 예외적인 사례들 혹은 중첩되는 사례들을 만날 것이다. 저임금 장시간 노동의 공장에서 바느질을 하거나 플랜테이션 밭에서 등이 굽어진 여성들, 로키산맥에서 나무를 베며 철로를 놓는 중국 이주민들, 마천루를 세우는 모호크족, 자동차 공장에서 "니거메이션"에 동원되는 아프리카계 미국인들이 그러한 사례들이다.)[4] 나는 이 네 범주들을 계급구성의 경제적 범주, 우리의 사회적 구성의 구성부분들, 인종주의적이고 성차별주의적인 분할에 의해 유지되는 본질주의적인 정체성들, 투쟁의 맥락에서의 특수한 차이들 — 민족을 말살하는 정복, 인종적 노예화, 경제적 착취, 젠더 억압 — 의 성격을 각각 부분적으로 가지는 것들로서 제시할 것이다.

소금이 맛을 잃었는지 아닌지는 북아메리카에 잠재해 있는 커머닝 문화가 현실화되면서 밝혀질 것이다. 아메리카 원주민들, 아프리카계 미국인들, 산업노동자들, 그리고 여성들과 연관된 커머닝은 때에 따라 마그나카르타를 언급했다. 그렇다면 우리에게 이중의 과제가 주어진다. 과거의 미국에서 커머닝이 어떻게 행해져왔는가와 마그나카르타가 무엇을 의미했는가이다. 우리는 그 역사에서 마그나카르타에서 보이는 공유지 관련 5원칙 — 반^反종획, 배상, 생계자급, 이웃공동체 및 자유로운 여행 — 을 밝혀낼 수 있다.

신성한 고리

델로리아는 "언제가 이 나라는 그 헌법, 법률을 재산의 관점이 아니라 인간의 관점에서 개정할 것이다"라고 썼다. 이전에 이미 토착적인 헌법이 발생한 바 있다. 이로쿼이족은 매디슨의 연방주의 원칙과 맑스주의의 유산인 원시 공산주의를 모두 가지고 있었다. 델로리아는 "만일 아메리카 인디언의 힘이 이 나라에서 실제로 발휘된다면 이는 그것이 이념적이기 때문이다 …… 인간의 삶의 궁극적 가치는 무엇인가? 그것이 문제다." 아메리카에 처음 살던 부족들은 그들의 수에 비해 월등하게 우월한 도덕적 권위를 존중하고 있었는데, 이는 우선권이 아니라 생태적 커먼즈에서 파생되는 권위였으며, 이 커먼즈에 대한 물질적 기억은 정신적 개념인 신성한 고리에 의해서 유지되었다. 대학살에서 살아남은 블랙 엘크는 1931년에 위대한 영靈에게 이렇게 기도했다. "이 신성한 고리의 중앙에 나무가 꽃피우게 하라고 당신은 말씀하셨습니다 …… 여기 늙은 나는 서 있고 나무는 시들었습니다 …… 신성한 나무의 뿌리 일부가 아직 살아 있을지도 모릅니다 …… 오 나의 부족이 살게 해 주소서!" 에드먼드 윌슨이 1930년에 자본주의가 가져오는 고통을 기록하기 위해 나라를 가로질러 여행할 때에 노인 하나가 그에게 이렇게 말했다. "인디언의 종교와 통치는 동일한 것이며 인디언에게 장갑처럼 들어맞는다. 반면에 우리의 법은 어느 점에서도 우리에게 들어맞지 않으며, 우리의 종교도 그렇다."[5]

『뉴욕타임즈』는 1934년 〈인디언재조직법〉을 언급하면서 이렇게 썼다. "이 법은 중요하다. 인디언의 마그나카르타로 간주되어도 좋다."[6] 이 법은 1887년의 〈도스법〉을 뒤집어서 잉여 토지의 부족 소유를 복구하였다. 이 법은 사업체들에 신용을 제공하고 일정한 자치를 제공했다. 뉴딜의 인디언 문제 담당 위원이며 윌리엄 모리스와 크로포트킨을 열심히 읽은 존 콜리어(1884~1968)는 이상주의적 기획을 이렇게 설명했다. "우리의 의도는 인디언의 영혼을 개발하고 인디언을 다시 자신의 정신의 주인으로 만드는 것이다." 존 콜리어는 에히도, 게일 부흥, 크로포트킨의 상호주의에 감복했으며 그가 1922년에 방문한 뉴멕시코 푸에블로(원주민 부락)의 "붉은 피부의 대서양"에 감복했다.[7]

테쿰쎄는 19세기 초의 토지 횡령에 반대하여 1810년에 이렇게 말했다. "이러한 폐해를 억제하고 중단시키는 방법, 그 유일한 방법은 모든 인디언들이 단결하여 애초에 가졌던, 그리고 앞으로 가져야 할 토지의 공유와 동등한 권리를 주장하는 것이다. 이 땅은 결코 분할되지 않았고 각자가 사용하도록 모두에게 속해 있기 때문이다." 그에 앞서 조셉 브랜트가 "숟가락이 하나인 접시" 혹은 공유 토지를 공동으로 사용하기 위한 부족들의 연맹을 요구한 바 있다. 캘리포니아의 나이 든 윈투Wintu 여성("우리는 나무를 베지 않는다. 우리는 죽은 나무만 사용한다")에서 '씨팅 불'Sitting Bull("나는 백인들이 강을 따라 서 있는 우리의 수목을, 특히 오크나무를 베지 못하게 할 것이다"라고 그는 맹세했다)에 이르기까지 보이는 대지와의 신성한 관계는 놀림의 대상이 되거나 과찬의 대상이 되었다.[8]

땅은 도둑맞았다. **그리고** 사유화되었다. 동화同化의 기획 혹은 민족말살의 기획은 토머스 제퍼슨에 의하여 표현되었는데, 그는 1801년에 그들이 역사의 종말을 예고하기 시작했다.[9] 그 역사는 공유 토지에 의존하고 있었다. 1830년의 〈인디언이동법〉에 따라, 체로키족, 치카쏘족, 촉토족, 크릭족, 그리고 쎄미놀족 — 문명화된 다섯 부족들 — 이 강압에 의해 자신들의 땅을 떠나서 오클라호마로 이동하는 '눈물의 행렬'Trail of Tears이 형성되었다. 이 다섯 종족들은 지금은 동부 오클라호마에 해당하는 곳의 대부분을 공동토지로 보유하게 되었다. 로잰 던바-오티즈는 뉴멕시코의 토지보유 방식에 대한 자신의 연구에서 스페인인들이 인디언 공동체에 교부한 토지가 어떻게 공통의 목초지를 포함했으며 관개 및 강기슭 소유자의 권리와 관련하여 어떻게 부락공유제를 보존했는지를 설명했다.[10]

매사추세스의 상원의원인 도스Henry L. Dawes가 새로운 공격을 이끌었다. "그들은 갈 수 있는 데까지 갔다. 땅을 공유하고 있기 때문이다. 그것은 헨리 조지의 체제이며 그 체제 하에서는 당신의 집을 이웃의 집보다 더 좋게 만들 진취적인 사업이란 없다. 문명의 바탕에 있는 이기적 태도가 없다." 〈인디언문제위원회〉는 시민권과 토지할당을 규정한다. 1887년의 〈도스법〉은 오클라호마 토착민의 공유 토지를 파괴했으며 "착취의 잔치"를 벌여 그것을 인디언 개인들의 사적 할당지들로 전환시키거나 백인들에게 팔 잉여토지로 전환시켰다.[11]

오클라호마의 '즐거운 짐꾼'Pleasant Porter은 돼지방목권·숲통행료·아싸츠의 언어로 이렇게 증언했다. "만일 우리 마음대로 했다면 우리는 땅을 공유하고 살았을 것이며 이 초원들과 우리의 몇 마리 되지 않는 가축들을 모두 개방하고 사슴 떼가 모든 분지에서 뛰어놀게 하고 칠면조 떼들이 모든 언덕을 달려오르게 했을 것이다."

인디언들에게 협정의 경험은 배반·불신·거짓말의 경험이었다. 협정서에 서명한 사람들은 "대지를 먹는 자들"이라고 불렸다. 파인릿지의 옥랄라 쑤 부족에 속하는 러쓸 민즈는 그의 할아버지로부터 이런 말을 들었다. "나는 백인이 기도도 없이, 금식도 없이, 그 어떤 종류의 존중심도 없이 나무를 베어 넘기는 것을 본다. 여기서는 나무가 그에게 사는 법을 말해 줄 수 있는데도 말이야." 그는 성인 남성의 4분의 3의 찬성으로 할양되지 않는다면 초원의 공유지를 쑤족의 소유로 남겨놓는 1868년의 "협정" — 〈포트 라라미 협정〉 — 을 지지했다.[12]

미국 아나키즘의 발전은 인디언 전쟁과 일치하고 평원·호수·숲에서 영위되던 삶의 방식과 일치한다. 조셉 라바디(1850~1933)는 열네 살이 될 때까지 미시간의 포타와토미족과 함께 물고기를 잡고 사냥하고 요리하고 잤다. 그는 "경제적 조건의 동등함이 이웃을 친족으로 만들었다"고 기억했다.[13] 그는 미시간에서 가장 잘 알려진 노동선동가, 조합활동가, 반자본주의자가 되었다.

아메리카 원주민들의 반종획투쟁은 아메리카 역사의 생태와 풍경에 근본적인 중요성을 가진다. 씨에라네바다의 동쪽 사면에 있는 롱트레일의 양떼 관리는, 메어리 오스틴의 말을 빌자면, "유목에서 공통의 부로의 전진"을 기록한다.[14] 신성한 고리가 개방된 공유지를 둘러싸고 있다. 그것이 마그나카르타에 인정된 공유지(커먼즈)의 제1의 원칙이다.

공성 망치

　　미국 사회를 구성하는 두 번째 세력은 아프리카계 아메리카인 노예들이다. 프레더릭 더글러스는 1854년에 "마그나카르타의 엔진이 노예제라는 예리코 벽을 두들기게 하라. 그러면 7일 동안 양뿔 나팔을 불 필요가 없을 것이다"라고 말했다.[15] 더글러스는 잉글랜드와 아일랜드를 돌아보는 여행에서 돌아온 상태였는데, 투쟁의 살아 있는 문서인 마그나카르타에 대한 그의 지식은 그곳에서 차티즘이라고 알려진 영국 노동계급의 운동에 의해 새롭게되었다. 차티즘은 아동노동과 감옥 건축에 반대하고 토지 재분배, 여성 참정권, 10시간 노동일을 지지하였다. 아일랜드에서 그는 단일 경작과 사유화의 끔찍한 결과 즉 기근을 접하게 되었다.

　　2년 전에 윌리엄 구들은 노예폐지론의 혁명적 성격을 그가 아는 바대로의 마그나카르타의 관점에서, 즉 삼림헌장이 없는 마그나카르타의 관점에서 이렇게 표현했다. "우리의 시대는 인간의 자유를 위한 투쟁이 더 진전된 시대이다. 우리는 국왕봉신들이 무제한의 권력을 가진 독재자와 싸우는 싸움에 불려간 것이 아니다. 중간계급이 국왕봉신들과 싸우는 싸움도 아니다 …… 이제 자유의 요구는 더 깊이 들어가서 수 세기 동안의 격하라는 쓰레기 더미 아래 묻힌, 인류의 밑바닥 층에 이른다. 거의 인간으로서 간주된 적이 없는 계층이며 마그나카르타가 …… 그 약속된 축복의 10분의 1이라도 준 적이 없고 미리 맛보게라도 해 준 적이 없는 …… 계층이다."[16] 인류의 "밑바닥 층"에 해당하는 것이 커머너들이다.

마그나카르타의 법적 엔진 — 공성 망치 — 이 어떻게 노예제의 벽을 허물 수 있었는가? 매사추세츠의 노예폐지론자인 라이쌘더 스푸너는 영국 역사를 그의 주장의 기반으로 삼았다. 여기에는 "인신보호영장(그 본질적 원칙은 …… 사람을 소유할 권리를 부정하는 것이다)과 배심재판이 속했다."[17] 스푸너는 1793년과 1850년의 〈탈주노예법〉이 인신보호청원 혹은 배심재판을 탈주노예에게 적용하기를 거부했음을 보여주었다. 투쟁과정에서 인신보호청원이라는 법적 과정과 함께 실제로 탈주노예의 신체를 노예추적꾼의 손아귀에서 빼앗아오는 직접 행동이 병행하였다.[18] 1852년쯤에는 탈주노예들을 다시 잡으려는 법적 시도와 법 외부에서의 시도가 60회 이상이나 기록되었다. 그리하여 1851년 탈주노예 민킨스 사건으로 노예폐지론자 법률가들이 법원에서 두 번째 인신보호 청원의 근거를 토론하고 있었을 때, 한 무리의 노예폐지론자들이 법원에 들어와서 민킨스의 몸을 "불에 타고 있는 나무를 집어내듯이" 들어내서 몬트리올로 데리고 가 자유로운 상태로 만들어 주었다.[19]

1865년 1월 16일 (우연찮게도 마틴 루터 킹 2세가 탄생하기 54년 전이다)[20] 윌리엄 테쿰쎄 셔먼 장군[21]은 해방된 노예에게 "40에이커의 땅과 노새 한 마리"를 제공하는 야전명령 15호를 냈다. 그런데 40에이커의 땅은 개인주의적 자영농민들의 농장의 기반이 된 것이 아니라 공동경작지 제도를 닮은 어떤 것의 기반이 되었다. 각 가구 몫의 땅뙈기들이 분산되어 상이한 용도(목초지, 어렵, 수렵, 원예)로 공동으로 사용되었던 것이다. 이러한 실제적인 커머닝

의 경험이 미국 헌법의 수정조항 제14조의 배경이었다.[22]

　　남북전쟁은 국왕봉신들과 존 왕의 전쟁에 비견되었으며 "풍부하고 영속적인 산물"이 그 결과였다. 전자의 경우 마그나카르타가 그 결실이고 후자의 경우엔 수정조항 제14조가 그 결실이었다. 이 결실들이 "헌법상의 자유의 이마에서 빛났다." 수정조항 제13·14·15조에 관한 (특히 제14조에 관한) 논쟁이 의회에서 진행되는 동안 마그나카르타에 대한 언급이 풍성하게 이루어졌다.[23] 거리를 걸을 능력, 대중교통을 사용할 능력, 재판에서 증인이 될 능력, 배심원이 될 능력 ― 이것들이 수정조항 제14조와 마그나카르타가 인정하는 "공통권"의 사례들이다. 재건 기간 동안 마그나카르타의 원칙들이 확대되었다. 재건기가 끝났을 때 그 원칙들은 1877년의 뉴올리언스 도살장 사건들에 대한 미국 대법원의 판결과 함께 왜곡되었다.[24]

　　20세기 중반 시민권 운동에서 없어서는 안 될 조직가였던 엘라 베이커는 노스캐롤라이나에서 자랐는데, 이곳에서 이루어지는 거대한 상호부조망을 통한 재화·써비스의 교환에는 공동구매와 비싼 농장도구의 공동사용이 포함되었다. 그녀는 어릴 적에 커먼즈의 가치들을 내면화하였으며 성인이 되어서는 〈청년흑인협동동맹〉을 구성하면서 이 가치들을 현실화하였다. 그녀가 1935년에 쓴 바에 따르면 이 단체에서는 "모든 힘이 평회원의 손에 있었다." 그녀는 "땅과 땅의 모든 자원을 그 올바른 소유자인 세계의 일하는 대중이 되찾게 될 날"을 고대했다.[25] 나락에서 하늘 꼭대기로의 이행은 커먼즈에 의하여 가능하게 된 것이다.

프레더릭 더글러스는 〈신시내티 여성 반노예제 바느질회〉가 조직한 논쟁의 맥락에서 마그나카르타를 언급했다. 이 논쟁에서 그는, 미국 헌법은 노예소유자의 문서라는 루씨 스톤의 입장에 반대하여 노예제는 위헌이라고 주장했다.[26] 법률 문서와 직접 행동의 통일은 아프리카계 아메리카인들의 자유투쟁의 특징이었다. 따라서 더글러스의 강력한 이미지에 "엔진"이 등장하는 것이다. 그랜빌 샤프에서 토머스 루이스를 거쳐 라이쌘더 스푸너와 섀드래치 민킨스에게로, 그리고 다시 마틴 루터 킹 2세에게로 이어지는 계보에서, 노예의 몸을 노예선에서 빼오고 인신을 법정에서 빼오며 앨라배마주州 쎌마로 행진하는 직접 행동은 상위법이라는 사법적 맥락에서 진행되었다.

노예제를 폐지하기 위한 대서양 지역의 투쟁에서 남북전쟁을 거쳐 재건에 뒤이은 의회의 인종차별주의적 테러리즘에 이르기까지, 아프리카계 아메리카인들의 경험이라는 공성 망치가 (수탈당한 숲지대의 반환을 정한 몇몇 조항에서 발견되는 마그나카르타의 제2원칙인) 배상을 이끌어 냈던 것이다.

7조 (a)항

프롤레타리아의 노동이 가치의 원천이다. 프롤레타리아는 정의상 생산수단을 소유하지 않는다. 그러나 그것을 사용해야 한다. 같은 맥락에서 프롤레타리아는 생산수단을 잘못 사용한 수도 있고 남용할 수도 있으며 거부할 수도 있다. 또한 생산수단을 소유하고 있지 않으면, 그의 임금이 구입할 수 있는 것으로 생계를 유지해야 한다. 자본주의적 경제 체제의 이러한 근본구조로 인해 집단적 노동자들의 무기는 피켓, 파업, 보이콧, 혹은 팔지 않기, 일하지 않기, 사지 않기가 되었다.

유태인으로서 런던의 담배제조업자인 쌔뮤얼 곰퍼스와 광부이자 웨일스 이주민의 아들인 존 L. 루이스는 19세기 말과 20세기 전반부에 가장 강력한 노동계급 지도자였다. 곰퍼스는 〈미국노동연맹〉AFL을 창설하는 것을 도왔고, 루이스는 〈산업조직연합〉CIO을 창설했다. 두 사람 모두 활동적인 노동조직가였고 노동자의 권리를 위해 싸우는 운동가였으며 정부에 대한 로비스트였다. 그들은 혁명가라기보다는 개혁가였고 둘 다 미국 의회로부터 노동자들을 위해서 중요한 입법을 얻어 냈다. 그들은 그것을 마그나카르타에 비견했다. 그러나 이 입법은 모순적이었다.

1890년의 〈셔먼 반反트러스트법〉은 비록 독점자본주의에 제한을 가하려는 의도로 입법되었지만 법원에 의해서 전도되어, 노동자들에게 '거래를 제한하는'in restraint of trade 파업·피켓시위·보이콧을 금지하라는 명령을 발하는 등 노동계급에게 불리하게 사용되었다. 연방과 주의 판사들은 수백 개의 법원명령을 발하였다. 유진 뎁스는 미국 군대가 아니라 그러한 법원 명령들이 1894년의 풀먼 파업 이후에 조합들을 무너뜨렸다고 썼다. "문제의 핵심은 단 한 사람의 판사가 모든 실제적인 용도로 명령을 발하고 해석하고 명령 불복종을 선언하고 판결을 선고할 힘을 가지는 것이다."[27] 한 사람이 판사이자 배심원이자 간수였으니, 이는 '독점 자본주의'라는 말에 새로운 의미를 부여한 것이었다.

10년 동안의 투쟁이 있은 후 1914년 11월 의회는 〈클레이턴 반反트러스트법〉을 통과시켰다. 이는 파업·피켓·보이콧의 합법성을 되찾는 것처럼 보였다. "그 어떤 나라에도 이 예리하고 힘찬 조항에 비견할 만하게" 법의 심장부에서 "근본적인 원칙을 선언한 것은 없다"고 쌔뮤얼 곰퍼스는 썼다. "**인간의 노동은 상품 혹은 상업용 물품이 아니다**라는 선언적 입법은 산업의 마그나카르타로서, 앞으로 노동자들은 이것 위에 개인의 자유라는 건물을 짓게 될 것이다"라고 그는 계속해서 말했다.[28]

〈미국 탄광노동자연합〉의 의장인 존 L. 루이스는 1932년 여름에 미국 상원의 〈재정위원회〉에서 증언하면서 "노동계급의 마그나카르타라고 널리 알려진 7조 (a)항의 출생증명서인" 한 보고서를 읽었다. 〈국가회복법〉은 1933년 6월에 법으로 확정되었다. 그 7조 (a)항은 "피고용인들은 자신들이 선택한 대표자들을 통하여 집단적으로 조직하고 교섭할 권리를 가진다"라고 되어 있다. 대법원이 섹터 사건(1935년 5월 27일)에서 이 법에 대해 위헌 결정을 내린 이후 의회는 7조 (a)항을 복구하여 〈와그너법〉을 통과시켰다. 이 재빠른 대응에는 광부들이 이끄는 노동계급의 힘이 반영되어 있었다. 1932년에 조세핀 로치는 콜로라도 갈탄 탄광 소유주들과 이례적인 협정을 맺어 「산업의 마그나카르타처럼 들리는 원칙들의 선언」을 냈다. 1933년 10월에 〈미국탄광노동자연합〉은 역청 탄광 수유주들과 협정을 맺었다. "지하에서 이 인권에 대한 마그나카르타가 작성되었다"고 『뉴욕타임즈』는 말했다.[29] 미국의 광부들끼리 "대통령이 우리가 조합에 가입하기를 원한다네"라고 서로 말했다.[30] 어디에서나 산업노동자들이 광부들과 합류하였다. 1934년에 샌프란시스코 부두노동자들, 미니어폴리스 트럭운전사들, 톨레도 오토라이트 회사의 노동자들이 총파업을 하면서 전환점이 왔다.

쌔뮤얼 곰퍼스의 마그나카르타는 노동을 상품으로 취급하지 않았지만, 존 L. 루이스는 그렇게 취급했다. 우리는 마그나카르타에는 노동이 상품인지 아닌지를 명확히 하는 조항이 없다는 것을 안다. 그 대신 마그나카르타는 왕이나 그의 조신들이 커머너들에게 속한 것을 빼앗는 것을 금하고 있다. 생산 및 재생산 수단은 공동소유이며 마그나카르타의 목적은 이 수단에 대한 왕의 접근을 제한하는 것이었다. 이와 달리 7조 (a)항은 노동이, 한 논평자의 말을 빌자면, "행정 국가administrative state의 규제범위"에 포함되도록 도왔다.[31] 이 조항은 반트러스트법의 법적 왜곡에 예리하게 도전하고 있는 만큼이나, 대중노동자의 시대에 그 "힘찬 조항"을 로렌스의 섬유공장들에서 콜로라도의 탄광들을 거쳐 대평원의 떠돌이 노동자들에 이르기까지 현실화해야 했던 조합조직가들이 처한 현실과는 어긋났다.[32] 더욱이 그 힘참은 미국 노동자들의 재생산에 의존했는데, 이는 이주에 의해서 혹은 보수를 지급받지 못하는 비가시적 가사노동에 의해서 성취되었다.

인디애나에서 1930년대 초에 귀토歸土운동이 벌어졌다. 그리고 일단 토지를 확보하자 커머닝이 재개되었다. 암소를 방목하고 나무를 베었으며 정원을 가꾸고 철이 되면 사유재산 소유자들의 허락 아래 딸기류 혹은 호두와 히커리 열매를 땄다.[33] 인디애나의 테르오트에서는 외지에서 온 광부들이 〈콜럼비아 에나멜링앤스탬핑 회사〉에서 조합결성을 도왔으며 조합원들이 1935년 3월에 파업을 했다. 공동체 대표자들이 조직되었다. 7월에 그들은 "노동 휴일" 혹은 총파업을 이끌었다. (노동자들은 벽에서 시계들을 떼어 내고 상관들의 책상을 뒤엎었다.) 계엄령이 선포되었고 도시는 국민방위군에게 점령되었다. 공개발언 금지에 대한 응답으로 사회주의자 노먼 토머스는 시의 유지들을 "인디애나 히틀러들의 무리"라고 불렀다.

노동의 마그나카르타는 움직이는 노동자들의 힘을 필요로 했다. 인디애나주州 테르오트의 벽화들에서 이 힘이 명백히 표현되어 있었다. 우리는 1935년 9월 WPA 법원 건물에 완성된 프레더릭 웹 로스의 벽화에 대해 언급한 바 있다. 1935년 4월 또 하나의 강력한 벽화가 중학교 벽에 그려졌다. 이 그림은 계급투쟁을 유례없이 직접적으로 분석하고 있을 뿐만 아니라 — 다인종으로 구성된 보이스카우트 부대가 (「정글의 법칙」을 생각해 보라) 다이아몬드를 가슴에 달고 떨고 있는 뚱뚱한 자본가들에게 장총을 겨누고 있다 — 인디애나의 농부들과 과학자들의 지식과 노동에 크게 기여하고 있다. 세 벽의 중심에는 하늘의 신이 볕에 그을린 손으로 묘목을 가꾸고 있다. 중서부의 사람들은 옥수수가 마야족으로부터 왔다는 것을 안다. 원래 화가는 벽화에 "봄이 올 때마다 땅 위에 새로운 생명이 움트는 것을 막지 못하듯이, 혁명이 오는 것을 막지 못한다"라고 썼으

길버트 윌슨 작. 테르오트 중학교 벽화의 다이아몬드를 달고 있는 자본가들. 〈인디애나 역사학회〉 마틴 소장품.

나 학교 당국이 깃발로 이것을 덮어 버렸다. 벽화를 그린 길버트 윌슨은 멕시코 혁명에 감동했으며 데이빗 씨께이로스의 영향을 받았다.[34] 이 두 벽화는 총파업에 의해 중단된 일종의 대화를 하고 있다. 이 벽화들은 오늘날까지 그곳에 남아 있다.

프랭클린 D. 루즈벨트가 1934년 6월 8일 의회에 보내는 그의 메시지에서 말했듯이 뉴딜은 새로운 가치를 구현한 것이 아니라 "인류가 항상 쟁취하려고 하였던 예전의 신성한 소유권들 ─ 집, 생계, 개인의 안전 ─ 의 회복"이었다. 이 권리들은 "우리의 경제 발전과 팽창의 과정에서 상실된 가치들"이었다. 용어의 의미를 뒤집어 생각해 보면 경제발전과 팽창은 바로 커먼즈(공유지)의 파괴에 의거한 것이었다. 뉴딜 동안 연방정부는 노동계급의 가치를

증가시키는 방향으로나 그 재생산에 관여하는 방향으로나 대중
노동자의 요구에 부응했다. 이 경험으로 인해 많은 사람들이, 정
부가 커머닝이 역사적으로 해 왔던 많은 기능들을 대신할 수 있다
고 생각하게 되었다.

〈경제보장위원회 보고서〉(1935)는 "유년기·청년기·중년기·
노년기에 각 인간에게 아플 때에나 건강할 때에나 적절한 소득을
보장하는 것"을 주된 목표로 삼았다.[35] 이것을 이루기 위해 〈사회
보장법〉과 유자녀가구보조 프로그램이 만들어졌는데, 이때에는
복지라는 용어가 '마지못해 주는 것'을 의미하지 않고 좋은 삶을
의미했다. 사회보장 프로그램은 상부한 여성의 합당한 에스토버
스를 정한 마그나카르타의 조항을 닮았다. 미국 최초의 사회보장
보조금 지급수표가 〈마그나카르타 발라드〉가 발표되기 며칠 전
인 1940년 1월 30일에 발행되었다.

조합으로 조직된 산업노동자들의 용감한 투쟁 덕분에 뉴딜
은 노동자들을 궁핍으로부터 보호해 줄 사회·경제적 권리들을
공표하는 입법으로 가는 길을 〈와그너법〉의 7조 (a)항을 통해서
닦았다. 모든 사람의 생계자급이라는 원칙은 마그나카르타에 거
론된 여러 사용권들에서 파생되었다.

배심원석

1927년에는 미국의 반 이상의 주州들이 여성을 배심원으로

허용하지 않았다. 주는 여성이 사법행정을 돕는 것을 공동체가 필요로 하지 않는다고 규정해 버렸다. 여성들은 "투표와 배심원석은 스튜 냄비나 깃털 총채만큼이나 아이들에 대한 여성의 의무의 일부를 이룬다고 주장"했다. 그들은 존 왕과 영국 민중 사이에 분란이 벌어졌던 1215년에 남성들과 여성들로 이루어진 배심원단이 구성되지 않았던 것을 아쉬워했다.[36] 1940년에 버스의 뒤쪽에 앉아 있기를 거부한 바 있으며, 흑인 소작인들을 위해 기금을 모았고, 중벌에 반대한 폴리 머리는 짐 크로우와 제인 크로우에 반대하는 운동을 벌였다.[37] 그녀는 배심원 후보명단에 여성들이 포함되게 만들기 위해 싸웠다.[38] 그러나 미국에서는 1975년의 테일러 사건에 와서야 비로소 대법원이 배심원 후보자 명단을 뽑는 데 있어서 성이 차별의 수단이 되는 것은 수정조항 제14조의 적정절차 조항 위반이라고 판시했다. 공정한 배심원단은 공정하게 뽑은 배심원단이 되었다.

여성들에게는 배심원 써비스가 (마그나카르타의 '동등한 지위를 가진 사람들의 배심원단'처럼) **동등한 지위를 가진 사람**이 되는 것이 무엇을 의미하는가라는 문제를 제기한다. 동등한 지위란 형식적인 법적 지위인가, 아니면 여성들이 직접 몸으로 겪은 경험을 시민으로서의 의무를 이행하는 데 집중시키는 더 깊고 더 실체적인 것인가? 여성들은 진실을 말할 수 있다. 즉 평결verdict을 낼 수 있다. ('verdict'의 라틴어 어원은 '진실을 말하다'이다.[39]) 『옥스퍼드 영어사전』에서 'jury'(배심원단) 항목은 폴록과 메이틀랜드의 『영국법의 역사』에서 중요한 대목을 인용하고 있다.

[배심원단에게 맡겨지는 문제는 많은 상이한 형태를 띨 수 있다. 그것은 소송 과정에서 생긴 것일 수도 있고 아닐 수도 있다. 사실의 문제일 수도 있고 법의 문제일 수도 있으며 사실과 법의 혼합이라고 오늘날 불러야 할 것일 수도 있다. 당신이 사는 지역의 관습은 무엇인가? 당신이 사는 지역에서 왕은 무슨 권리를 가지고 있는가? 당신이 사는 지역의 모든 토지 소유자들을 열거해 보고 각자가 얼마만큼의 땅을 가졌는지 말해 보라.

영국법에서 오랫동안 인정된 것이지만, 여성 배심원단 써비스는 임신인지 아닌지를 결정하고 때로 강간인지 아닌지를 결정하는 데 부인들의 배심원단을 제공하는 형태로 이루어져 왔다. 여성들은 헌법 체제 중에서 대표들의 매개 없이 민중의 주권이 현존하는 유일한 장소에서, 즉 이웃공동체에 뿌리를 두는 배심원단에서 활동하고자 하였다. 우리는 배심원단을 집회assembly, 비밀집회conventicle, 평의회council, 쏘비에트, 파우와우40, 엔꾸엔트로41 같은 다른 민중 포럼들과의 관계에서 보아야 한다.

중세에 배심원단은 커먼즈의 규제에서 중심적 역할을 하였다. 배심원단은 핀다르pindar 즉 삼림감시인, 지방 장관, 공유가축 관리인 등의 관리들을 임명했으며, 분란을 판결하고 땅을 할당하였으며 윤작을 도왔다. 18세기에 배심원단은 도둑맞은 물건에 값을 매기는 힘을 가졌는데, 이는 중형을 정한 제정법들의 엄격함을 완화시켰다. 존 애덤스는, 배심원단의 의무는 "법원의 방향에 정반대되더라도 나름의 최선의 이해·판단·양심"에 따라 평결에 두

달하는 것이라고 말했다. 그리고 1735년에 피터 젠거는 한 배심원단으로 하여금, 진실은 선동적인 명예훼손이라는 죄목에 대한 방어가 되지 못한다는 기존의 확립된 법칙을 뒤엎도록 설득하였다.[42] 배심원단이야말로 군주국가에서든 공화국에서든 민중이 지배한 단 하나의 장소였다.

시카고 헐하우스Hull House의 창립자이자 〈평화와 자유를 위한 여성 국제동맹〉의 의장인 제인 애덤스는 1917년에 이렇게 썼다. "현재 벌어지고 있는 전쟁이 보여주는 붕괴의 참상 자체가, 국제적 인권에 대한 국제적 헌장이 ― 실로 마그나카르타가 ― 경제적 자유에 대한 굵직한 조항들을 담고 모든 국가에 의해서 반포될 필요가 있다는 평화주의자들의 주장을 강화시킨다." 그녀는 "국가들이 국제적 조직의 창출에 실패했다는 것은 말로 형언할 수 없이 어리석은 일"이라고 느꼈다.[43] 전지구적 마그나카르타에 대한 그녀의 요구는 이주한 대중노동자의 이웃공동체neighborhood라는 미시세계에 기원을 두는데, 여기서 그녀는 협동의 윤리가 작동하는 것을 보았던 것이다.

국가의 폭력은 배심원단에 의해, 고문의 금지에 의해, 인신보호영장에 의해, 그리고 법의 적정절차에 의해 제한된다. 이것들은 커머너들이 쟁취한 것이다. 여기서 파생된 것에는, 재판이 원고를 지지하는 증언들에 의해 이루어지는 **면책선서**compurgation 제도도 포함된다. 제한을 가하는 의도는 이웃공동체의 정의를 펴기 위해서이며, 권력과 민중의 관계는 미리 정해져 있지 않고 열려 있게 된다. 이것들은 또한 커머닝 경험의 특징들이다.

'남편의 보호를 받는 유부녀의 신분'coverture이라는 규정은 여성이 법에서는 온전한 개인으로 인정되지 않는다는 것을 의미한다. 여성들은 공적 영역에서는 존재하지 않는 것이다. 그런데 이것이 종종 실제 현실과 정반대임은 맨해튼의 로워이스트싸이드에 있는 테너먼트박물관에서 볼 수 있다. 이곳에 있는 사진들, 편지들, 잡지들, 정부보고서들, 여행안내자의 회고록들은 거리가 무산자들의 공적 영역이었음을, 혹은 도시의 공통터였음을 증언한다. 세탁소·상점·노점상들이 있는 곳, 구애하는 곳, 아이들 놀이터, 뷰티살롱, 주부들을 위한 야외 휴게소, 보육원, 양육원, 고아원, 구빈원, 사설구빈원 ― 이것들은 이웃공동체의 사회적 써비스들이었으며 학교, 음악대, 목욕탕, 체육관, 독서실, 화랑, 오케스트라와 함께 도시의 문명을 이루었다.

셋방과 거리 사이에는 비상탈출구, 현관 입구의 계단, 보도步道 등 중간적 단계의 건축적 요소들이 있었다. 제인 제이컵스는 **보도**를 도시 문명의 중심으로, (유토피아적 생각을 가진 중뿔난 이들의 계획에도 불구하고) 이웃공동체의 자립적 활동이 번영하는 곳으로 간주한다. 보도는 종획된 잔디밭과 대립된다. 보도는 프라이버시를 결합하며 낯선 이의 존재를 자산으로 만든다. 이곳이 바로 비공식적 소통의 포도덩굴이 자라는 곳이다. "평판·잡담·인정·불인정·승인의 망"이 둔함과 야만을 걸러낸다.[44]

1910년에 잉글랜드에서 〈여성자유연맹〉이 제안한 〈여성 헌장〉은 남성과 동등한 보수, 무료 우유, 아이들을 위한 놀이방, 모두가 갈 수 있는 공동목욕탕을 요구했다. 버지니아 울프는 "'친번

하면 기소됩니다'라는 표지가 보이는 곳이면 어디나 즉시 침범하라"는 그녀의 아버지(빅토리아조의 유명한 인사인 레슬리 스티븐)의 말을 인용했다. 그녀는 이런 행동을 추천했다. 전쟁 이후에는 "더 이상 계급이" 없을 것이며 "우리 사이에 울타리가 없으니 우리는 공동의 땅에 서게 될 것"이었다. 미국의 경우 샬롯 토울은 『인간의 공통된 욕구』(1935)에서, 전장에서의 승리를 예고했으며, 인간의 존엄이라는 생각이 전쟁 이후의 시기에 자리를 확실히 잡느냐 아니면 상실되느냐 하는 것은 "인간의 복지에 대한 책임감과 관련된 민주주의의 확고한 신념에서" 결판이 날 것이라고 주장했다.[45]

요크셔주州 반즐리Barnsley 출신의 극작가인 존 아든은 런던시로부터 마그나카르타 750주년을 기념하는 희곡을 써달라는 의뢰를 받았다. 이 희곡은 1965년 6월 14일 런던시 퍼들덕에 있는 머메이드씨어터에서 공개적으로 공연되었다. 그는 자신의 희곡을 『왼손잡이 자유』라고 불렀다. 아든은 젠더 갈등의 관점에서 마그나카르타에 접근한다. 귀천상혼貴賤相婚에서 신랑은 보통 신부에게 왼손을 내밀었다. 이 경우에 낮은 계층에 속하는 배우자는 상대의 재산을 공유할 권리가 없다. 존 왕의 어머니인 아키텐의 나이 든 엘리너는 존 왕에게 왼손에 가장 소중하게 여기는 보석을 차라고 조언한다. 그녀는 "늙은 흑마녀 여왕"이라고 칭해진다. 이는 그녀를 교황과 왕이 그토록 쳐부수려고 했던 알비의 이교도들과 연관시킨다. 이들이 남성과 여성의 평등성을 요구했기 때문이다.

드베스키 부인Lady de Vesci은 이렇게 말한다. "나는 자유로운 여성, 실로 고결한 여성이다. 만일 동등한 지위의 고결한 부인들로 이루어진 법원을 세울 수 있다면, 감히 말하건대 이 부인들이 나에게 죄가 있다고 하는 당신의 주장을 들을 준비가 되어 있을 것이며 증거에 따라 평결을 말할 준비가 되어 있을 것이다." 여기서 바탕에 깔린 것은, 판결이 피고인과 지위가 동등한 사람들에 의한 것이어야 한다는, 마그나카르타 39조의 내용이다. 이는 양방향으로 작용한다. 한편으로는 왕의 권력을 제한하는 수단으로서 잘 작용하며, 다른 한편으로는 여성들의 욕망을 해방시키는 수단으로서 작용한다. 왼손잡이인 자유가 역풍이 되어 남편의 권위를 무너뜨리는 쪽을 향해 다시 불어가는 것이다.

극의 마지막 장면에서 존 왕을 연기하는 배우는 칼·왕관·외투 등 권위를 나타내는 것을 내던지고 맨 몸으로 서서 자신의 존재를 정당화한다. "이 극은 마그나카르타와, 오직 마그나카르타 하고만 관련된 것이기에, 저 부인은 주변적이야…… 그러나 그럼에도 불구하고 그녀는 존재해." 그런 다음 그는 직접 관객을 향해 말한다. "당신들이 이것을 개작할 수는 없소. 이 양피지에 관해서 그런 말을 하지 마시오, 내가 경고하오! 당신들은 이곳에 일종의 경축하고 축하하는 마음으로 왔기에 나는 양피지에게도 경고를 하겠소. '모든 사람이 너에 대해서 좋은 말을 하는 때에는 네게 화가 미치리라'라고."

여성을 배심원석에 앉히려는 투쟁은 옛 이웃공동체 민주주의 ─ 이는 마그나카르타의 주된 원리이다 ─ 를 사법으로 가져간다. 그 사례를 우리는 튜더 왕조 시대에 땔감 가격의 바가지 씌우기를 중단시킨 지역 여성들의 비공식적 모임[46]에서, 그리고 제인 애덤스가 말한 평화와 자유의 국제주의를 구현한 공동주택 여성들의 공동체의 확대에서 보았다.

경계

미국 역사에 잠재해 있는 커먼즈가 현실화되려면 외부의 촉매를 필요로 한다. 그래서 경계의 중요성이 나온다.

오클라호마에 있는 부족 토지를 정부가 분할한 데 대한 무장저항이 1901년에 치토 하르호 즉 크레이지 스네이크Crazy Snake를 지도자로 하여 일어났다. 그는 석유도시인 털사에서 "지금 나는 1492년 이래 무슨 일이 있었는지에 대해 말하고 있다"라고 말했다. 그는 사건을 국제적 중재에 맡기고 싶어 했다. 1973년 운디드니Wounded Knee 포위공격에 의한 패주 이후에 미국 원주민 운동은 움츠러든 것이 결코 아니라 오히려 그 범위를 두 아메리카 대륙에 걸쳐 있는 토착민들 전체로 확대했다. 에히도 마을, 혹은 공유 토지의 최후의 흔적인 멕시코 헌법 27조가 나프타(1994)의 수용을 위해 폐지되었을 때, 토착민들에게서 숲공유지를 방어하려는 움직임이 일어났다. 땅을 잃은 까닭에 그들은 북쪽으로 이주했다.

1921년 런던에서 열린 〈범아프리카회의〉 모임은 일정을 마치면서 「세계에 고함」이라는 성명서를 냈다. 이 성명서는 무엇보다도 "토지 및 그 자연적 과실의 공동소유제의 복원과 투자 자본의 무제한적인 탐욕에 대한 방어"를 요구했다.⁴⁷ 전시의 정부들은 병사들에게 땅을 약속한다. 〈대서양헌장〉(1941)은 네 개의 자유 — 표현의 자유, 종교의 자유, 빈곤으로부터의 자유, 공포로부터의 자유 — 를 명시했다. 1942년 영국 노동당 총회 결의는 당이 탈식민화에 전념한다는 취지의 것이었다. "토지의 공동보유제도가 존재하는 아프리카를 비롯한 모든 식민지 지역에서 이 제도는 보존되어야 하며, 토지는 사적 매매행위에 의해서 양도될 수 없음이 선언되어야 한다. 모든 천연자원은 공공의 재산으로 선언되어야 하며 공공의 소유 아래 발전되어야 한다." 처칠은 나중에, 〈대서양 헌장〉은 "식민지 제국들의 유색 인종에게는 적용될 수" 없다고 썼다.⁴⁸

엘리너 루즈벨트는 1948년 유엔총회의 연설에서 〈인권보편선언〉의 채택을 역설하면서 그것이 마그나카르타 및 권리장전과 어깨를 나란히 하기를 희망했다. 〈유엔 인권위원회〉가 인권선언 준비작업을 시작했을 때, 듀보이스는 세계의 식민화된 민중을 위하여 개입하는 일에 앞장서고 있었다. 듀보이스는 IMF와 세계은행을 설립한 〈브레튼우즈 협정〉(1944)의 미국인 작성자들에게 정면으로 도전했다. "인류의 3분의 1인 7억5천만 명이 식민지에서 살고 있다. 싼 노동과 물자는 전후 산업과 금융의 기본 바탕이다. 이 문제가 〈브레튼우즈〉에 어떤 형태로든 언급되어 있는가?"⁴⁹

1955년에 "요하네스버그에서 남서쪽으로 몇 마일 떨어진 초원에 있는 다인종 마을"인 클립타운에서 사람들이 회의를 열어 자유의 헌장을 작성했다 이 헌장은 영어, 쎄쑤투어, ㅎ싸어로 낭독되었다. "사람들은 토지·자유·평화에 대한 생득권을 강탈당했다. 나라의 부는 민중에게 **되돌려져야 한다**. 토지는 거기서 일을 하는 사람들에게 **재분배되어야 한다**." 마을 공동체에는 개인적 토지소유와 같은 것이 없었다. 땅은 민중에게 속했다. 농작은 공동의 노력과 분담된 노동에 기반을 두었다. 교환은 호혜성과 상호성에 기반을 두었다. "우리는 이러한 방면의 인간관계가 결국에는 아프리카가 세계에 한 특별한 기여가 되리라고 믿는다."⁵⁰

넬슨 만델라는 1964년의 리보니아 재판에서 종신형을 선고받았는데, 선고받기 전에 그는 피고석에서 이렇게 말했다. "마그나카르타, 권리청원 그리고 권리장전은 세계 전역에서 민주주의자들이 존중해 마지않는 문서들이다." 만델라는 "무계급 사회라는 생각에" 끌렸는데, "이는 한편으로는 맑스주의 독서에서 나왔고 다른 한편으로는 내가 이 나라에 있었던 초기 아프리카 사회의 구조와 조직에 감탄한 데서 나왔다. 그 당시 토지 그리고 주된 생산수단은 부족에 속해 있었다. 빈부의 차이가 없었으며 착취가 없었다."

〈경제·사회·문화권에 관한 유엔 국제협약〉(1966)은 〈대서양헌장〉과 자유로운 인간이 빈곤으로부터의 자유와 공포로부터의 자유를 누린다는 이념에 직접적으로 준거한다. 조지 W. 부시는 2001년 9월 후반부에 "테러와의 전쟁"의 개시를 알리는 연설에서 바로 이러한 자유들을 누락하였다. 그 이후의 사건들은 마그나카르타의 각 장들을 산산이 찢어버렸다.

이 장이 제안하는 경로 — 즉 제임스 매디슨이 말한 재산 있는 사람들이 한때 스스로를 정치적 구성체로서 조직하였듯이 커먼즈를 정치적 구성체로서 현실화하는 것 — 는 모랄레스Evo Morales의 볼리비아인들에게는 이미 친숙한 경로이다. 토착적 가치들 — 여기서 가장 근본적인 것은 아일루Ayllu 즉 공유지이다 — 을 포함한 새로운 헌법을 작성할 제헌의회에 대한 논의가 시작되었다. "씨, 쎄 뿌에데!"51 여행의 자유라는 원칙이 마그나카르타 41조와 42조에 상인들 및 무역과 관련하여 분명히 명시되어 있다. 우리의 시대에 이 원칙은 경험들이 (범아프리카, 토착, 혁명, 제헌이라는) 경계를 가로질러 직접 유통되는 것에 적용되어야 한다.

12

결론

기억의 딸들은 영감의 딸들이 될 것이다.

윌리엄 블래이크(1808)

마그나카르타에 선행하는, 지금은 분실된 헌장이 하나 있었다. 1235년에 연대기작가 로저 웬도버는 1213년에 스티븐 랭턴 주교가 헨리 1세의 통치기에 속하는 "고래古來의 자유권들"의 헌장을 발견했다고 썼다. 랭턴은 이 헌장이 "(만일 그들이 원한다면) 고래의 권리들을 다시 확립할" 수단이 될 수 있다고 국왕봉신들에게 알렸다. 이것이 그들로 하여금 "목숨을 잃게 되더라도 저 자유권들을 위해 싸우겠다"고 맹세하게 만들었다. 러니미드에서 조인된 자유헌장이 그 결과였다. 우리의 최근 과거에서 커머닝의 벡터들은 마그나카르타를 고래의 자유권으로 간주해 왔다.

상실된 자유권들과 분실된 헌장의 관계는 실로 계속적으로 반복된다. 역사를 그저 우화로 보는 사람에게는 그것이 단지 로빈 훗에 관한 이야기를 지어 내는 데 쓰이는 수사나 비유로 보일지도 모른다. 그것은 정당성과 권리의 기적과도 같은 보증이 되는 것이다. 수사는 문자로 쓰인 단어에 존경을 표한다. 그것은 그것이 기록하는 것의 대체물로 받아들여질 수 있다. 기표가 기의보다 우월해지는 것이다. 만일 그 헌장이 복구된다면 과거도 복구될 것 같이 생각된다. 아메리카에서는 권리장전이 이와 유사한 기능을 한다. 코네티컷의 식민이주지에서 영국의 총독은 1662년에 찰스 2세가 부여한 한 특허장을 철회함으로서 통제를 주장하려고 시도했으나 식민이주자들은 특허장을 천 년된 오크나무로 만든 궤에 숨김으로써 자신들의 독립을 보존하고 있다고 믿었다.

　　포레스트오브딘의 광부들의 "법과 관습"은 13세기에 그 기원을 두고 있으나 1610년이 되어서야 비로소 『데니스서*』로 문자화되었다. 19세기에 와서 사유화와 종획이 저항을 유발하자 『데니스서』가 다시 반포되었다. 왕실 당국의 한 대변인이 『데니스서』를 "그들이 자신들의 마그나카르타로 간주하는 저 작은 책"이라고 지칭했을 때 아마도 그는 자신이 생각하는 것보다 더 솔직하게 말하고 있었을 것이다. 숲의 커머너들 중 하나인 워런 제임스는 책이나 헌장을 중하게 여기지 않았다. 상황이 어쩔 수 없게 되었을 때 그는 헌장이니 권리니 하고 말하는 것에 탐닉하지 않았다. "가장 침착하게 엄숙한 얼굴로 그는 그의 특권의 보증으로서 엄청나게 큰 곡괭이를 꺼내놓았다."[1] 그를 비롯한 수천 명의 사람들이 담을 도끼로 찍어서 무너뜨렸으며 그는 애쓴 보람이 없이 추방되었다

토머스 월씽엄은

아담이 땅을 갈고 이브가 실을 자을 때
그때 누가 신사였는가?

라는 고전적인 평등의 수수께끼를 제안했던 대규모 봉기인 1381년 농민반란 동안 쓴트올번즈St. Albans 대수도원의 왕실 사료편찬자였다.

　농민들을 수탈하고 그들에게서 세금을 쥐어짠 행위들이 기록되었다. 농민들이 쓴트올번즈를 공격했을 때 기록보관자인 월씽엄은 문서를 넘겨주었고 농민들이 그것을 태웠다. "이는 결코 사나운 대중을 만족시키지 못했다. 그들은 농노들의 자유권들을 확인하는, 하나는 황금색, 다른 하나는 하늘색azure의 대문자들로 쓰인 오래된 특허장을 요구했다. 그들은 그것이 없으면 자신들은 약속을 들어도 만족하지 않을 것이라고 주장했다."2 실제로 왕실 특허장들에 장식된 대문자들이 쓰인다. 그 당시에 황금색은 서아프리카에 기원을 둔다. 하늘색은 페르시아의 청금석에서 추출한 파란색 안료였다. 월씽엄은 농민들이 문맹이라고 생각했으나, 농민들은 단지 조심하고 있을 따름이었다. (이 당시에는 "잉크병을 가지고 있는 것이 발견"되면 위험했다.3)

　자유헌장들은 곧 힘의 아우라, 색의 매력, 종교의 근엄함을 얻었다. 왕이 헌장들에 맹세를 했다. "신이 도우사, 나는 사람이며 기독교인이고 기사이므로, 그리고 왕관을 쓰고 머리에 기름이 부어진 왕이므로, 이 모든 것이 위반되지 않도록 지킬 것이다." 만일 헌장들을 위반하면 파문과 추방의 선고가 내려졌으며, 그때 (블랙스톤의 말을 빌자면) "고위 성직자들은, 이 저주와 함께 꺼져서 연기를 내고 있는 초들을 바닥에 던졌다. '이러한 선고를 초래한 모든 것이 소멸되어 지옥에서 냄새를 피우도록' 한다는 취지였다." 1297년 10월에 에드워드 1세는 헌장들에 판례법과 제정법의 지위 모두를 확정적으로 부여했다. 한 달 전인 1297년 9월 11일에 스코틀랜드에서 윌리엄 월리스에게 패한 후에 자신의 군사력을 재충전하기 위해서였다. 나는 자유헌장들의 아우라, 매력, 근엄함에 날짜의 일치를 추가하고자 한다.[4] 크로노스의 사슬을 구성하는 고리들이 이루는 철鐵의 순서 — 한 해 한 해 순서대로 계속 지나가는 것 — 를 피하기 위해서이다.

법은 이데올로기적 상부구조의 일부이며 특정의 역사적 시기들에만 적용되는가? 혹은 역사를 관통하며 따라서 영원히 타당한 불변의 법적 원칙들이 발견되는가? 강행법규jus cogens, compelling law는 국제공동체에 최우선의 중요성을 가지는 상위법이다. 이 법은 대학살·고문·노예제를 금지한다. 1215년 이래 헌장들은 전성기와 쇠퇴기를 번갈아 누렸는데, 이는 1217년 9월 11일부터 시작된다. 1297년 9월 11일 이후에 이 헌장들은 **영국의** 법이었다. 헌장들은 공유지의 사유화에 반대했으며 1648년 9월 11일 수평파의 청원에서는 억압받은 자에게 배상을 해 줄 것을 요구했다. 이때 크롬웰과 영국 부르주아지는 삼림헌장을 마그나카르타로부터 분리하기 시작했다 자유헌장들은 1713년 9월 11일의 아씨엔또 이후 일어난 노예제의 재개시 및 영국 노예무역으로 인해 서로 분리되고 떨어졌다. 2001년 9월 11일에 뒤이은 "테러와의 전쟁"과 함께 한밤의 어둠이 자유의 헌장들에게 닥쳤다. 영장 없는 도청, 기소 없는 구금, 법의 변덕스런 시행, 여러 대륙에서 일어나는 고문 등. "테러와의 전쟁"은 그 당시 남아프리카 더반에서 일어나고 있던 배상에 관한 세계적 논의를 침묵시켰다. 그리고 이탈리아의 제노아에서 일어나고 있던, 다른 가능한 세계에 관한 세계적 논의를 침묵시켰다.

여러 세기에 걸친 고문서학의 방법론은 법 혹은 제헌과 관련된 공유지의 운명을 양피지의 변덕, 필사자의 실수, 설치류의 관심, 기록보관소의 신비에 맡겼다. 1930년대가 되어서야 중세연구자들이 과거의 연구에 실지조사fieldwork 테크닉을 채택하기 시작했다.5 계몽주의의 전문화된 고문서학은 더 이상 커먼즈에 대한 지식의 유일한 학술적 수단이 아니게 되었다. 고언어학, 방언학, 민속지식, 직접 관찰, 구비口碑역사, 그리고 무엇보다도 커머닝이 이루어지던 곳에서 하는 실지조사가 사회사를 특징지었다. 이는 아래로부터의 역사의 뿌리들 중 하나이다. 그러나 20세기의 마지막 30여 년 동안 사회사가 융성하는 가운데 어쩐 일인지 정치적 구성(제헌)의 문제들이 시야에서 사라졌다. 1990년대에 와서, 그리고 커먼즈를 되찾으려는 운동이 일어나고 나서 비로소, 아메리카의 토착민들의 투쟁 덕분에 그리고 사빠띠스따들의 투쟁 덕분에 비로소 그 문제가 다시 돌아왔다.

커먼즈에 대한 충분한 논쟁은 두 가지 협소해진 사고방식들

(이는 지적인 안면경련이 되었다)로 인해 방해를 받는다. 하나는 1790년대로 돌아가서 낭만주의 운동에 반대한 사고방식이다. 다른 하나는 20세기의 공산주의 운동에 반대하여 발전한 사고방식이다. 첫째는 유토피아를 조롱했고, 둘째는 전체주의를 비난했다. 하나는 어리석은 모든 것을 딱하다는 듯이 가리키는 용어가 되었고, 다른 하나는 끔찍한 모든 것을 거창하게 지칭하는 용어가 되었다. 커먼즈가 실질적으로 존재하는 상황에서는 이런 사고방식들이 부적절했다. 그런데도 이 사고방식들은 정신을 편리하게 식민화했고 논쟁이 시작될 필요가 있는 곳에서 논쟁을 차단했다.

E. P. 톰슨은 1968년에 집필을 하면서 잉글랜드에서 계급에 의한 계급의 문화적 종속을 이해하기 위해 1790년대와 워즈워스에게로 되돌아갔다. 그는 워즈워스가 "평민 남성의 가치를 긍정한 것에서, 어려움과 충격을 견뎌 나가는 보편적 동포애에 대한 신뢰의 진술"을 발견했다. 이 독해에서 평민 남성은 남편이자 아버지였으며, 절제하는 정신을 가지고 있었고, 어려운 와중에도 옳은 것에 대한 감각이 있었다. 이것이 평등에 대한 혁명적 주장에 테러가 가해진 이후에 남은 것이었다. 더 나아가 톰슨은 이렇게 논평한다. "평민 남성들에게서 고르게 발견되는 훌륭함은 …… 노동, 고통의 경험들을 통해서 그리고 주된 인간관계들을 통해서 발전된, 도덕적·정신적 속성들에 있었다."[6] 평민 남성은 평민 여성과, 그리고 공유지와 분리되었다. 호모 싸피엔스는 호모 이코노미쿠스가 되었다.

20세기의 급진적·혁명적 전통은 마그나카르타로부터 멀리 떨어져 있었다. 마그나카르타에 대한 19세기의 지배적 해석에는 증가된 앵글로-쌕슨 인종주의가 부착되어 있었기 때문이다. 그래서 스페인 내란 시 〈국제여단〉에서 활동하다가 사망하게 되는 재기 있는 청년 학생 공산주의자인 존 콘퍼드는 캠브리지 대학에 있는 빅토리아조의 중세연구자 스텁스를 이런 말로 경멸했다. "자본주의적 민주주의의 환상이 멀리 마그나카르타까지 소급된다."[7] 이러한 소홀함에 예외가 되는 것은 마을 꼬뮌을 찬양하는 아나키즘 전통의 몇 갈래들에서 발견될 수 있다. 표트르 크로포트킨은 프랑스 혁명을 연구하여, 공유지의 절도에 대한 농민들의 저항이 농촌에서 일어난 지역 에뫼뜨들émeutes — 이는 혁명 과정에 필수적이었다 — 의 기반이었음을 발견했다.[8] 맑스는 사망하기 얼마 전에 러시아에 있는 동지들에게, 미르 공동체(짜르 치하 러시아의 마을 공동체)가 코뮤니즘적 사회변형의 토대가 될 수 있다고 썼다.[9]

다른 경우, 커먼즈의 테마는 국가권력에 대한 제한의 긴 계보에서 소외된 채로 남아 있었다. 기술적인 것처럼 보일지라도 우리는 분명 그러한 제한을 필요로 한다. 마그나카르타가 비밀스런 국가를 개방시키는 데 필요하다. 마그나카르타가 관타나모베이에 갇힌 사람들에게 필요하다. 다른 나라에서 고문실로 끌려간 포로들에게 마그나카르타가 필요하다. 더 나아가 마그나카르타는 고문 자체를 폐기하는 데 필요하다. 고문 금지가 39조의 전통의 일부인 것이다. 마그나카르타의 바로 그 조항은 동등한 지위를 가진 사람들과 이웃공동체에 의거한 사법형태를 인정하는데, 이것이 바로 배심재판이다. 법의 적정절차는 이웃공동체에 내리고 있는 그 뿌리로 되돌려져야 한다. 이 네 가지 제한이 복구되어야 할 필요성이 절실하다.[10] "테러와의 전쟁"에 의해서 위협을 받아 왔기 때문이다. 이 책은 커머닝의 원칙들 — 반종획, 이웃공동체, 여행의 자유, 생계자급, 그리고 배상 — 이 병행되지 않고서는 이것이 성공할 수 없음을 보여준다. 자본주의적 민주주의의 주된 환상은 가치의 교환, 즉 등가교환이다. 이것이 환상인 것은, 재생산 조직과 노동시장, 그리고 생산 및 잉여가치의 조직화는 불과 피의 글자들에 의존하기 때문이다. 이 글자들은 성문화된 법에 의거하는 동시에 국가테러와 폭력의 실행에 의거한다. 두 헌장을 모두 온전하게 인식하는 가운데 우리는 더 많은 것을 되찾아야 한다. 우리는 하늘색과 황금색의 글자들을 원한다.

대공황 동안 커먼즈의 이념은 법의 지배나 법의 적정절차라는 거추장스러운 것이 없는 생계자급·공동체·협동의 욕망을 표현했다. 바로 이 때문에 20세기 초에는 퇴폐적인 부르주아 사회의 갱생이나 상업 및 산업 자본주의에 대한 비판과 같은 상이한 입장들이 심지어 파시즘적이고 우익적인 농업 프로그램을 택하기도 하면서 커먼즈에 호소하는 일이 일어날 수 있었다. 커먼즈가 파시즘의 민족주의적 안개 속에서 온통 희미해졌을 때, 커먼즈는 생계를 제공할 수 있는 실질적인 기반을 상실했다. 오히려 국가가 생계를 제공하는 것 같았다. '요람에서 무덤까지' 보장하는 영국의 복지정책, 미국의 뉴딜 입법, 소련의 5개년 계획의 약속들, 혹은 국가사회주의.

그러나 그럼에도 불구하고 커먼즈의 열망은 존속했으며 심지어는 에스토버스나 집수리권도 존속했다. 러니미드에는 겉으로 보기엔 마그나카르타와 무관한 소박하고 겸손한 기념비가 있다. 두 구술口述 역사가가 "러니미드에 사는 스물두 명의 보통사람들의 삶 이야기"를 담은 책을 출판하여 마그나카르타 찻집에서 팔고 있다. 이 책은 20세기 영국 노동계급을 미시적으로 들여다보고 있다. 아주 많은 사람들이 1차 대전 중에 혹은 그 전에 태어났으며 아주 많은 사람들이 어린 시절 병으로 고생했고 일부는 고아가 되었으며 일부는 집을 잃은 아이들을 수양 자식으로 키웠다. 어니 홀랜드는 "지독한" 전쟁을 겪었으며 전쟁 후에도 몇 십 년 동안 몸을 흔들며 눈물을 흘리는 증세에서 벗어나지 못했다. 로즈 빈쎈트는 "삶은 하나의 긴 재난인 것처럼 보인다"고 말했다. 많은 사람들이 영국 내에서 혹은 해외(버마, 북아프리카, 스페인, 오스트레일리아, 뉴질랜드, 아일랜드, 나폴리, 폴란드, 캐나다)에서 일했다. 많은 사람들이 전쟁 후의 공학 붐 시기에 비커스에서 스핏파이어 전투기, 웰링턴 폭격기 및 기타 무기들을 만드는 일을 했다.[11] 공동 우물에 대한 언급이 한 번 있긴 하지만, 이 증언에 등장하는 커머닝의 경험은 비상사태와 같은 종류 — 공중전이 벌어지는 동안 보통 사람들은 알아서 생존해야 하는데, 이때 스스로 가진 것을 나누게 되었다 — 이거나 간접적인 것, 그리고 전후 복지국가의 결과였다. 때때로 가장 행복한 순간, "가장 운이 좋은" 순간이 있었는데, 지방자치체가 제공하는 공영주택council house을 얻는 것이었다. 주택 획득은 1649년 디거파의 요구가 성취된 것이었다. 스물두 명 중 열네 명은 상부한 여성들이었고 이들에겐 에스토버스가 있었다. 땔감,

집, 먹을 식량이 결핍되지 않았다는 말이다.[12]

영국 고등법원 판사 로스Laws는 2000년 11월에 마그나카르타 42조를 언급하면서 법절차 없는 추방은 금지되어 있다고 선언했다. (팔레스타인에서는 이것을 "귀환권"right of return이라고 부를 것이다.) 사연은 이렇다. 미국이 영국 정부와 1966년에 비밀스런 거래를 하여 핵잠수함을 싼 가격에 내주고 그 대가로 (인도양 차고스 열도를 구성하는 섬들 중 하나인) 디에고가르시아를 갖기로 한다. 영국 정부는 이 섬에 사는 수천 명의 주민들을 속이거나 겁을 주어서 섬을 떠나게 만든다. 사람들을 싹 쓸어낸 후에 섬은 미국의 비행기들이 아프가니스탄을 공습하기 위해 이륙할 군사기지가 된다.[13]

약 2백 년 전인 1808년에 아프가니스탄에 보내는 영국 최초의 사절단이 인더스 강을 가로질러 페샤와르에 파견되었다. 이 사절단의 책임자는 29살의 군인이자 학자인 마운트스튜어트 엘핀스톤이었다. 그의 정신은 1791년 에든버러의 들뜬 계몽의 시대에 성장하였는데, 그는 로마 역사가 타키투스의 책을 한 권 가지고 있었다. 이 젊은 특사는 1세기 중앙 유럽에 있었던 커머닝 관습에 대한 타키투스의 관찰을 숙고했다. 아프가니스탄의 땅은 그가 아는 다른 어느 곳보다 더 균등하게 나뉘어 있었다. 그리고 이러한 균등함은 민주적 정치체제(엘핀스톤의 표현이다)와 와이쉬waish 즉 정기적 토지 재분배의 관습에 의해서 보존되었다.[14] 타키투스의 책의 해당 대목을 읽는 데에는 어려운 점이 있다. 그러나 그것은 번역이라는 고어어학적 문제나 텍스트의 상태가 온전하냐 아니냐의 문제가 아니다. 역사적 현실 혹은 커머닝의 수준을 이해하는 독자의 능력에 어려움이 있다. 맑스는 『자본론』(1867)을 출판한 지 얼마 안 되어서 바로 이 대목을 만나게 된다. 엥겔스에게 쓴 이례적인 편지에서 맑스는 어떻게 그 대목이 그림 형제들에 의해서 잘못 번역되었는가를 지적하고 나서, 그가 어릴 적에 그의 아버지가 그에게 한 말을 기억하고는, 동향인의 자긍심을 가지고 **"바로 내 이웃에"** 고래의 게르만 방식의 커머닝이 존속했다고 소리쳤다.[15]

　　"common"이란 말은 'common land'(공유지), 'common rights'(공통권), 'common people'(커머너, 평민), 'common sense'(공통감각 혹은 상식) 등 많은 의미를 가지고 있다. 1598년에 존 맨우드는 『삼림법 논고』를 출판했는데, 여기서 그는 "'common'이 무엇이고 무엇에 'common'이라는 이름이 붙는가"라는 물음에 답하려고 시도하였다.

> 'common', 'communitate'[16], 'community'(공동체), 'participation'(참여), 'fellowship'(같이 하기)라는 이름이 부여되는 이유는, 가장 일반적으로most commonly, 짐승과 가축을 먹일 공통의 목초지common of pasture가 있는 곳에서는 많은 사람들의 가축이 그곳에서 예사로 풀을 뜯어먹는다는 사실에 있다.

115년 후에 "수정되고 확대된" 4판이 출판되었는데, 여기서 이 대목은 "같이 하기"fellowship라는 단어 없이 제시되어 있다.[17] 이런 식으로 커머닝의 텍스트 코드화는 잘못되고 축소되었다. 공유하기·행동하기·평등을 나타내는 강력한 단어가 제거됨으로써 텍스트에 인쇄된 의미들이 더욱 폐쇄적이 된 것이었다.

커먼즈를 마치 천연자원인 듯이 말하는 것은 최선의 경우에라도 뜻을 오도하며 가장 나쁜 경우에는 위험하다. 커먼즈는 활동이며, 자연과의 관계로부터 분리될 수 없는 사회적 관계를 표현한다. 이 단어를 명사로 사용하기 보다는 활동을 나타내는 동사로 유지하는 것이 더 좋을지 모른다. 그러나 이 또한 함정이다. 자본가들과 세계은행은 우리가 커머닝을, 가난을 사회화하는 수단으로, 따라서 부를 사유화하는 수단으로 삼는 것을 좋아할 것이다. 과거의 커머닝, 즉 우리의 선조들의 노동은 **자본**의 형식 속에 유산으로 남아 있으며 이 또한 우리의 구성체의 일부로서 되찾아져야 한다. '나라 공동체 전체'에 자유를 허용하는 61조는 슬럼들, 경비원이 문에서 출입을 감시하는 주택단지들 그리고 끝없는 테러가 존재하는 이 지구의 현실에 대한 저항의 권리를 부여한다.

저 지구 공동체에 기여하는 주체, 아이디어들, 그리고 기꺼운 태도와 관련하여 세 가지 제안이 나온다. 첫째, 현재 지구상에는 (절대적으로 보나 상대적으로 보나) 역사상 그 어느 때보다 많은 프롤레타리아들이 있다. 그래서 보수주의자들이 "역사의 종말"을 떠들어대는 그만큼 모든 계급을 폐지할 수 있는 계급이 바로 민주주의의 가능성을 담지한다. 둘째, 도시에서 정원을 가꾸는 데서 대륙 간의 석유 교환, 실제적인 자율적 코뮤니즘의 노력들에 이르기까지, 모두 대륙에서 커머닝의 활발한 운동이 일어나고 있고 부를 공유하고 공동의 자원을 지켜야 한다는 요구가 일고 있다. 셋째, 미국 제국주의와 교전하는 전투적 운동이 존재한다. 이 세 제안은 방관하면 패배나 재난이 오기 때문에 우리가 일어나서 행동하기를 요구한다. 자유헌장들은 아쉬움이나 향수를 요구하지 않는다. 그리고 중세 찬미의 복구를 요구하는 것도 분명히 아니다. 물론 이 **헌장들의 약속**을 이행하는 것이 우리의 의무는 아니다. 다만 이 헌장들은 (이 책이 말하려고 노력했듯이) 우리가 **우리의 약속들**을 이행하는 것을 도울 준비가 늘 되어 있다.

잉글랜드의 자유대헌장 혹은
마그나카르타와 삼림헌장1

마그나카르타

마그나카르타의 세 개의 판들이 이 연구에서 중요한데, 1215년의 것, 1217년의 것, 그리고 1225년의 것이다. 맨 앞의 것은 63개의 조들로 되어 있으며 이것의 영어본이 여기에 부록으로 실렸다. 다만 1217년 판을 따라 한 군데 중요하게 수정한 곳이 있다. 7조의 상부한 여성의 에스토버스에 관한 부분이 추가되었다. 메이틀랜드가 말하듯이 "실질적으로 헌장이 최종적 형태를 취한 것은 1217년에 와서이"며 1225년의 헌장은 미래의 마그나카르타이다. 공유지의 에스토버스에 관한 대목은, 1215년 판에 나오는 다른 조항이 빠져서 조항의 숫자가 줄어들었음에도 불구하고 (1217년 판은 47개조, 1225년 판은 37개조) 1225년 테스트에 남아 있다. 별표(*)가 표시된 조항들은 헌장의 다른 모든 재 ^{再} 반포 판들에서 빠져 있다. 헌장 자체에서는 조항들에 숫자가 매겨져 있지 않아 텍스트가 연속적으로 읽히도록 되어 있다.

잉글랜드 왕이며 아일랜드의 영주이고 노르망디와 아껭뗀의 공작이며 앙주의 백작인 존이 신의 은총을 받아 그의 대주교들, 주교들, 대수도원장들, 백작들, 국왕봉신들, 판사들, 임정관들, 주장관들, 궁정집사들, 종복들 그리고 모든 관리들과 충성스런 신하들에게 인사를 하노라.

짐의 영혼의 건강과 짐의 선조들 및 후손들의 영혼의 건강을 위해, 신의 영광과 신성한 교회의 찬양 그리고 짐의 왕국의 더 나은 통치를 위해, 존경하는 성직자들인 캔터베리 대주교이며 전 잉글랜드의 대주교이고 신성한 로마교회의 추기경인 스티븐, 더블린 대주교 헨리, 런던 대주교 윌리엄, 윈치스터 대주교 피터, 바스와 글라스턴버리의 대주교 조슬린, 링컨 대주교 휴, 워스터 대주교 월터, 코번트리 대주교 윌리엄, 로치스터 대주교 베네딕트, 차부제 ^{次副祭} 이자 교황실의 일원인 팬덜프 선생, 잉글랜드 템플기사단장인 아이메릭, 펨브로크 백작 윌리엄 마샬, 쏠즈베리 백작 윌리엄, 워런 백작 윌리엄, 애런들 백작 윌리엄, 스코틀랜드 보안무관장 ^{保安武官長} 앨런 드 갤러웨이, 워린 핏츠 제랄드, 피터 핏츠 허버트, 빠뚜의 집사 휴버트 드 버러, 휴 드 네빌, 매슈 핏츠 허버트, 토머스 배씻, 앨런 배씻, 필립 도베니, 로버트 드 로플리, 존 마샬, 존 핏츠 휴 그리고 기타 충성스런 신하들의 조언으로 신 앞에 다음과 같이 알리노라.

[1] 먼저 **짐은** 잉글랜드의 교회를 자유롭게 할 것이며 그 권리가 감소되지 않고 그 자유권들이 손상받지 않게 할 것을 **신 앞에서 윤허했으며** 이 헌장으로 짐과 짐의 후손 대대로 영구히 확인하였다. 이것이 지켜지기를 짐이 원함은, 짐과 짐의 봉신들 사이에 불화가 발발하기 전에 짐의 자유로운 의지에 의하여 교회의 선거의 자유 ― 교회에 가장 필요하며 중요하다고 간주되는 권리 ― 를 헌장에 의해 윤허하고 확인하였으며 이것이 교황 이노쎈트 3세에 의하여 확인되도록 하였다는 사실로부터 분명해진다. 이 자유를 짐 자신도 준수할 것이며 짐의 후손에 의해서도 영구히 충실하게 준수되기를 바란다.

또한 짐은 **짐의 왕국의 모든 자유민들에게** 짐과 짐의 후손 대대로 영원히 아래 쓰인 모든 자유권들을 가지도록, 그리고 짐과 짐의 후손들로부터 자손 대대로 지키도록 윤허하였다.

[2] 만일 어떤 백작이나 봉신 혹은 군역에 대한 대가로 짐으로부터 직접 토지를 하사받은 사람이 죽고 그의 사망 시에 그의 상속자가 성인이며 '토지상속지불금'2을 내야 한다면 이 상속자는 물려받은 토지를 과거의 규모의 '토지상속지불금'을 지불하는 조건으로 가질 수 있다. 즉 백작의 상속자 혹은 상속자들은 백작의 영지 전체에 대해 1백 파운드를 지불하며, 기사의 상속자 혹은 상속자들은 기사의 '봉토'3 전체에 대해서 최대 1백 실링을 지불하고 이보다 덜 지불해야 하는 사람이라면 '봉토'의 과거의 사용에 맞추어 이보다 덜 지불한다

[3] 그러나 그러한 사람의 상속자가 미성년이어서 피보호자의 위치에 있다면, 그가 성년이 될 때 그가 물려받은 토지를 '토지 상속지불금' 혹은 상납금 없이 가진다.

[4] 미성년 상속자의 토지를 보호하는 사람은 토지에서 오는 합당한 수입, 관례적 수수료 그리고 봉건적 노역만을 받는다. 그 과정에서 보호자는 사람이나 재산을 파괴하거나 손상하지 말아야 한다. 만일 토지의 보호권을 주㎌장관에게 혹은 토지의 수입에 대해 짐에게 책임을 질 어떤 사람에게 주었는데 그가 파괴나 손상을 저질렀다면 짐은 그로부터 보상을 받아낼 것이며, 그 토지를 동일한 '봉토'를 가진 두 훌륭하고 신중한 사람들에게 맡길 것이며 이들이 토지의 수입에 대해서 짐에게 혹은 짐이 위임한 사람에게 책임을 질 것이다. 그러한 토지의 보호권을 어떤 사람에게 주거나 팔았는데 그가 파괴나 손상을 야기한다면 그는 그 보호권을 상실할 것이며 짐에게 마찬가지의 책임을 질, 동일한 '봉토'를 가진 두 훌륭하고 신중한 사람들에게 그 보호권이 양도될 것이다.

[5] 보호자가 그러한 토지의 보호권을 가지고 있는 동안에는 집들, 사냥터들, 물고기 저수지들, 연못들, 방앗간들, 그리고 부속된 다른 모든 것을 그 토지의 수입 자체로 유지해야 한다. 상속자가 성년이 되면 토지 전체를 돌려받는데, 밭을 가는 가축과 계절이 요구하고 토지에서 나오는 수입이 합당하게 감당할 수 있는 경작도구들을 갖춘 채로 물려받는다.

[6] 상속자는 결혼할 수 있지만, 사회적 지위가 낮은 사람과 결혼해서는 안 된다. 따라서 결혼하기 전에 가장 가까운 친척에게

알려야 한다.

[7] 남편이 죽으면 부인은 자신의 결혼지참금과 상속재산을 즉시, 그리고 아무런 번거로운 절차 없이 가질 수 있다. 상부喪夫한 여성은 자신의 상속몫과 결혼지참금, 혹은 남편이 사망하는 날 남편과 공동으로 소유했던 것 중 물려받은 것 어느 것에 대해서도 아무런 대가를 치르지 않는다. 상부한 여성은 남편의 사망 이후 40일 동안 남편의 집에 머물 수 있으며, 이 시기 동안에 상부한 여성에게 상속몫이 할당되고, 그 동안에 상부한 여성은 공유지에서 합당한 양의 에스토버스를 취한다. 상부한 여성의 상속몫으로서 남편이 생애 동안 가졌던 모든 토지의 3분의 1을 할당받는다.4 [1217년판과 1225년판] 그 어떤 상부한 여성도 남편 없이 살기를 원하는 한 결혼을 강제당하지 않는다. 단, 토지가 짐에게서 분봉된 경우에는 짐의 동의 없이는, 다른 영주에게서 분봉된 경우에는 그 영주의 동의 없이는 결혼하지 않겠다는 보증을 해 주어야 한다.

[8] 그 어떤 상부한 여성도 남편 없이 있기를 원하는 한 결혼을 강요받지 않는다. 그러나 그 토지의 보유권이 왕에게서 부여된 경우에는 왕의 동의 없이는, 다른 영주에게서 부여된 경우에는 그 영주의 동의 없이는 결혼하지 않겠다는 보증을 해 주어야 한다.

[9] 짐이나 짐의 관리들은 채무자가 빚을 변제하기에 충분한 동산動産을 가지고 있는 한 빚의 변제를 위해 토지나 지대를 몰수하지 않을 것이다. 채무자 자신이 자신의 빚을 변제할 수 있는 한 채무자의 담보물은 압류되지 않을 것이다. 만일 동산이 부족하여 채무자가 빚을 변제할 수 없다면 담보물이 책임을 진다. 원래의

채무자가 채무를 청산하여 담보를 해제하였다는 증거를 보여 줄 수 없다면, 채무자의 빚을 갚아 준 사람은 원할 경우 갚아 준 것에 대한 변상이 이루어질 때까지 채무자의 토지와 지대를 차지할 수 있다.

[*10] 만일 유태인으로부터 일정한 돈을 빌린 사람이 빚을 다 갚기 전에 사망한다면 그의 상속자는 미성년인 한에서는 그의 토지가 누구에게서 분봉되었느냐와 관계없이 그 빚에 대한 이자를 갚지 않아도 된다. 만일 그러한 채권이 왕실에 귀속된다면 왕실은 증서에 정해진 원금 말고는 아무 것도 받지 않을 것이다.

[*11] 어떤 사람이 유태인에게 빚을 지고 죽는 경우, 그의 아내는 자신의 상속분을 가질 수 있으며 그 돈을 빚을 갚는 데 쓰지 않는다. 만일 그에게 미성년의 자식들이 있다면, 그가 가지고 있는 토지의 크기에 적합한 규모로 이들에게 생활에 필요한 것들이 제공될 것이다. 빚은 남은 것으로 상환될 것이며, 그의 봉건 영주들에게 지는 노역은 건드리지 않고 그대로 둔다. 유태인이 아닌 사람들에게 진 빚도 이와 유사하게 처리된다.

[*12] '군역면제세'scutage나 '특별세'5는 짐의 몸값을 위해서나 짐의 장자長子를 기사로 만들기 위해서 혹은 짐의 장녀를 한 번 결혼시키기 위한 경우를 제외하고는 반드시 나라 전체의 협의를 거쳐 부과될 것이다. 이러한 목적들을 위해서도 오직 합당한 '특별세'만이 부과될 것이다. 런던시로부터 오는 '특별세'도 이와 유사하게 처리된다.

[13] 런던시는 땅에서나 바다에서나 그 모든 고래古來의 자유

권들과 자유로운 관습을 누릴 것이다. 또한 짐은 모든 다른 도시들, 자치도시들, 읍들, 항구들도 모든 자유권들과 자유로운 관습을 누릴 것을 원하고 윤허한다.

[*14] 위에서 말한 세 경우를 제외하면, '특별세'나 '군역면제세'의 부과와 관련하여 나라 전체의 협의를 구하기 위해서 짐은 대주교들, 주교들, 대수도원장들, 백작들, 그리고 대★국왕봉신들을 서한으로 개별적으로 소집할 것이다. 짐으로부터 직접 분봉된 토지를 보유하는 사람들에게는 주장관들 및 다른 관리들을 통해 일반적 소집장을 발급하여 정해진 날(적어도 40일 전에 통지될 것이다) 정해진 곳에 모이도록 할 것이다. 모든 소집장에는 소집의 이유가 명시될 것이다. 소집장이 발급되었을 때, 그 날 다루도록 정해진 사안은 소집된 모든 사람들이 참석하지 않았더라도 참석한 사람들의 결정에 따라 진행될 것이다.

[*15] 앞으로 짐은 그 누구도 자신의 자유민들에게 '특별세'를 부과하도록 허용하지 않을 것이다. 자신의 몸값을 대는 경우, 장자를 기사로 만드는 경우, 그리고 장녀를 결혼시키는 경우(한 번에 한하여)는 제외한다. 이러한 목적을 위해서도 합당한 '특별세'만이 부과될 것이다.

[16] 그 누구도 기사의 '봉토'에 대하여 혹은 기타 토지의 자유보유에 대하여 적절한 정도 이상의 노역을 행하도록 강요받아서는 안 된다.

[17] 보통의 소송들은 순회하는 왕실법원에서 다루지 않으며 정해진 장소에서 열린다

[18] '점유침탈'6, '조상의 죽음'7, '최후의 기부자'8에 대한 심리는 그 소속된 주州의 법원에서만 열릴 것이다. 짐은, 그리고 짐이 없는 경우에는 사법총리가,9 1년에 네 번 각 주에 판사들을 두 명 파견할 것이며, 이 판사들은 그 주에서 선출된 네 명의 기사들과 함께 주 법원에서 법원이 열리는 날에 열리는 장소에서 순회재판을 열 것이다.

[19] 만일 순회재판이 주 법원이 열리는 날에 열릴 수 없으면, 재판에 참석했던 기사들과 자유보유자들 중 해당 사안에 대하여 법을 집행하기에 충분한 만큼의 수가 나중에 뒤에 남아야 한다.

[20] 사소한 위반에 대해서는 위반의 정도에 상응하는 만큼만 자유민에게 벌금을 부과한다. 중대한 위반에 대해서는 그에 상응하여 부과하지만 그의 생계를 박탈할 정도로 과하게 부과하지는 않는다. 마찬가지로 상인이나 농노를 왕실법원이 담당하게 된다면 상인에게서는 상품을 박탈하지 않으며 농노에게서는 그의 농사도구를 박탈하지 않는다. 벌금들이 부과될 때에는 반드시 이웃의 존경할 만한 사람들이 맹세를 하고 그 액수를 산정한다.

[21] 백작들과 국왕봉신들에게는 그들과 동등한 지위의 사람들만 그 위반의 중대함에 상응하는 만큼 벌금을 부과할 수 있다.

[22] 성직자의 세속 재산에 부과되는 벌금도 그의 성직록의 가치와 관계없이 같은 원칙에 의거하여 산정된다.

[23] 마을이나 개인은 예부터 법에 의해 다리를 짓도록 정해져 있는 사람들 없이는 강 위에 다리를 짓도록 강요받지 않는다.

[24] 그 어떤 주장관이나 보안무관장(呆安武官長), 왕실재산관리관, 혹은 기타 왕실 관리들도 왕실판사들이 담당해야 할 소송을 대신 담당하지 못한다.

[*25] 모든 주, 헌드레드[10], 와펀테이크wapentake[주보다 하위의 행정단위], 그리고 십호반[11]에서 왕실소유지의 장원들을 제외하고는 지대를 증가시키지 않고 예전의 수준으로 받는다.

[26] 왕실의 세속 '봉토'를 보유한 사람이 사망했을 때 주장관 등의 관리가 왕실에 진 빚에 대하여 소환권을 가진 특허장을 제시한다면, 신망 있는 사람들이 산정한 빚의 액수에 맞추어 사망한 사람의 세속 '봉토'에 속하는 동산들을 압류하고 명부에 올려도 합법적이다. 다만, 빚 전체가 상환될 때까지 아무 것에도 손을 대지 않으며 잔여재산은 집행관에게 인도되어 사망한 자의 유언을 실행하도록 한다. 만일 왕실에 빚을 지고 있지 않다면 모든 동산은 아내와 자식들의 합당한 몫을 제외하고 사망한 자의 재산으로 간주된다.

[*27] 만일 어떤 자유민이 유언 없이 사망한다면 그의 동산(動産)은 교회의 감독 아래 가장 가까운 친척 및 친구들에 의해서 분배된다. 다만, 그의 채권자들의 몫은 따로 떼어 놓는다.

[28] 그 어떤 보안무관장이나 지방 행정관도 곡식이나 기타 동산을 직접 값을 지불하지 않고 다른 사람으로부터 취하지 못한다. 판매자가 자발적으로 지불의 유예를 허락하는 경우는 예외로 한다.

[29] 보안무관장은 만일 어떤 기사가 직접 성의 경계(警戒)를 담

당할 의지가 있다면, 혹은 그 일을 할 다른 적절한 사람을 마련할 합당한 이유가 있다면 그 기사로 하여금 성의 경계를 하지 않는 대신 돈을 내도록 강요하지 않는다. 군역을 하는 기사는 군역의 기간 동안 성의 경계를 면제받는다.

[30] 그 어떤 주장관이나 왕실 관리 및 기타 사람들도 자유민으로부터 그의 동의 없이 말이나 마차를 수송수단으로 징발하지 않는다.

[31] 짐이나 왕실 관리들은 소유자의 동의 없이 짐의 성城을 위해서 혹은 다른 목적으로 나무를 취하지 않는다.

[32] 짐은 중죄를 선고받은 사람들의 토지를 만 1년 이상 보유하지 않으며, 그 이후에 이 토지를 해당 '봉토'의 영주들에게로 돌려준다.

[33] 템스 강, 메드웨이 강, 그리고 잉글랜드 전역에서 모든 어살들이 철거된다. 해안은 예외로 한다.

[34] 만일 자유민이 프레키페12라고 불리는 문서로 인해 자신의 영주의 법원에서 재판받을 권리를 박탈당한다면, 앞으로 토지의 보유와 관련하여 그 문서가 발행되어서는 안 된다.

[35] 런던쿼터London quarter를 포도주, 맥주, 곡식을 재는 표준 척도로 정한다. 염색한 천, 러쎗천,13 하버젝트천14의 표준 넓이를 양끝이 마감된 상태에서 2엘el로 정한다. 무게도 이와 비슷하게 표준화된다.

[36] 앞으로 생명이나 사지四肢의 조사를 위한 문서를 발급하는 것과 관련하여 돈을 주고받지 아니한다. 이 영장은 무상으로

주어질 것이며 거부되는 일은 없을 것이다.

[37] 만일 어떤 사람이 왕실로부터 '영대 차지'[15]나 '미군역未軍役 토지보유'socage[16] 혹은 '자치읍 토지보유'[17]의 형태로 토지를 분봉 받아 보유할 경우, 그리고 또한 타인에게서 기사의 군역에 대한 대가로 토지를 분봉 받아 보유할 경우 짐은 그 상속인에 대하여, 혹은 다른 사람의 '봉토'에 속하는 토지에 대하여, '영대 차지', '미군역 토지보유' 혹은 '자치읍 토지보유'를 이유로 보호권을 갖지는 아니한다. '영대차지'가 기사의 군역을 필요로 하는 경우는 제외한다. 짐은 어떤 사람이 칼, 화살 등을 제공하는 노역의 대가로 왕실로부터 분봉 받아 보유한 작은 재산을 이유로 그 사람의 상속인에 대하여, 혹은 다른 사람으로부터 분봉 받아 보유하는 토지에 대하여 보호권을 갖지는 아니한다.

[38] 앞으로 그 어떤 관리도 사건의 진실에 관한 믿을 만한 증언을 제시함이 없이 자신의 입증되지 않은 진술을 근거로 해서 어떤 사람을 재판에 회부해서는 안 된다.

[39] 지위가 동등한 사람들의 합법적인 판단이나 나라의 법에 의한 것 말고는, 그 어떤 자유민도 체포 또는 구금되거나 점유한 것을 박탈당하거나 법의 보호를 박탈당하거나 추방되거나 어떤 식으로든 해를 입어서는 안 되며, 또한 짐도 직접 혹은 누군가를 보내서 그에게 강제로 법을 집행하지 않을 것이다.

[40] 짐은 권리나 정의를 누구에게도 팔지 않을 것이며, 누구에게도 권리나 정의를 부여하고 베풀기를 거부하거나 지연하지 않을 것이다

[41] 모든 상인들은 해를 입지 않고 두려움 없이 잉글랜드에 드나들 수 있으며, 잉글랜드 내에서는 모든 강탈로부터 자유롭게 고래의 합법적 관습에 따라 무역을 목적으로 머물거나 육로나 수로로 여행할 수 있다. 그러나 이는 전시에 짐과 전쟁을 하는 나라로부터 온 상인들에게는 적용되지 않는다. 전쟁 발발 시에 짐의 나라에서 발견되는 적국의 상인들은 짐이나 짐의 사법총리가 짐의 상인들이 짐의 적국에서 어떻게 취급당하는지를 확인할 때까지 그들의 신상이나 재산에 해로움을 끼치지 않은 상태로 억류된다. 만일 짐의 상인들이 안전하다면, 그들도 안전할 것이다.

[*42] 앞으로 정책상 필요한 전시의 짧은 기간을 제외하고는 누구나 짐에 대한 충성심을 갖고 해를 입지 않고 두려움 없이 육로나 수로로 짐의 나라를 드나드는 것이 합법적이 될 것이다. 나라의 법에 따라 구금되었거나 법의 보호를 박탈당한 사람들, 적국으로부터 온 사람들 그리고 상인들 — 이들은 위에서 정한 대로 다루어질 것이다 — 은 이러한 규정에서 제외된다.

[43] 만일 어떤 사람이 월링퍼드, 노팅엄, 불로뉴, 랭커스터의 '영지'와 같은 '몰수'18 토지를 분봉 받아 보유하거나, 혹은 짐의 수중에 있으며 또한 봉신 영지들인 다른 몰수 토지를 분봉 받아 보유하고 있다면, 그의 사망 시에 그의 상속인은 그 봉신 영지가 봉신의 수중에 있었다면 그 봉신에게 바쳤을 '토지상속지불금'과 노역만을 짐에게 바치면 된다. 짐은 '몰수' 토지를 그 봉신과 같은 방식으로 보유케 할 것이다.

[44] 삼림의 외부에 사는 사람들은 앞으로 실제로 사건에 연

루된 경우 말고는, 혹은 삼림법위반으로 입건된 사람의 보증인인 경우 말고는 법원출두명령에 응하여 삼림을 관리하는 왕실 판사들 앞에 출두할 필요가 없다.

[*45] 짐은 나라의 법을 알고 그 법을 잘 지킬 의향이 있는 사람들만을 판사, 보안무관장, 주장관 및 기타 관리로 임명할 것이다.

[46] 대수도원을 창립하고 잉글랜드 왕들의 특허장이나 고래의 보유를 그 증거로 가지고 있는 모든 국왕봉신들은 대수도원장이 없는 경우에 대수도원에 대한 보호권을 마땅히 가질 수 있다.

[47] 짐의 통치기에 만들어진 모든 삼림들은 즉시 폐림된다.19 짐의 통치시기에 종획된 모든 강둑들도 마찬가지로 처리될 것이다.

[*48] 삼림들과 야생 조수 사육 특허지들, 임정관들과 야생 조수 사육 특허지의 감독관들, 주장관들 및 그의 관리들, 강둑들 및 그 감독관들과 관련된 모든 악습들은 즉시 모든 주에서 열두 명의 맹세한 기사들에 의해서 조사될 것이며, 조사한 지 40일 이내에 악습들은 완전히 그리고 되돌릴 수 없이 폐지될 것이다. 그러나 짐 혹은 짐이 잉글랜드에 없다면 사법총리가 가장 먼저 보고를 받을 것이다.

[*49] 짐은 잉글랜드인들이 평화의 보장으로서 혹은 충성스러운 노역에 대한 보장으로서 짐에게 양도한 볼모들과 특허장들을 즉시 돌려줄 것이다.

[*50] 짐은 제라르 드 아르테이 친척들은 그들이 현지에서 완

전히 몰아낼 것이며, 앞으로 그들은 잉글랜드에서 어떤 직위도 갖지 못할 것이다. 문제가 되는 인물들은 앙젤라르 드 씨고녜, 피터, 기Guy, 안드류 드 샹소, 기 드 씨고녜, 제프리 드 마르티니 및 그의 형제들, 필립 마크 및 그의 형제들, 그의 조카인 제프리 그리고 그들을 추종하는 모든 자들이다.

[*51] 평화가 회복되자마자, 짐은 이 나라로부터 모든 외국의 기사들, 궁수들, 그들의 수행원들, 그리고 이 나라를 해치기 위해 말과 무기를 가지고 온 용병들을 내쫓을 것이다.

[*52] 만일 어떤 사람이 그와 지위가 동등한 사람들의 법적 판단 없이 짐에게 토지, 성城, 자유권 및 권리를 박탈당했다면 짐은 박탈한 것을 즉시 되돌려 줄 것이다. 분쟁이 이는 경우에는 아래에 평화의 보장과 관련된 조항[§61]에서 거론될 스물다섯 명의 봉신들의 판단에 의하여 해결될 것이다. 그러나 어떤 사람이 동등한 지위를 가진 사람들의 법적 판단 없이, 선왕인 헨리 왕이나 리처드 왕에게 박탈당해 짐의 수중에 있거나, 짐의 보증 아래 다른 사람의 수중에 있는 모든 것들에 대해서는 짐이 십자군들에게 일반적으로 허용되는 기간 동안 유예할 것이다. 짐이 십자군으로 나가기 전에 소송이 시작되었거나 짐의 명령으로 조사가 진행된 경우는 예외로 한다. 짐은 십자군원정에서 돌아오자마자, 혹은 십자군원정을 단념하면, 즉시 완전하게 정의를 행할 것이다.

[*53] 짐은 폐림될 삼림, 혹은 계속 삼림으로 남아 있을 삼림들과 관련하여 정의를 행하는 경우에도 이 삼림들이 선왕인 헨리 왕이나 리처드 왕에 의해 처음으로 전림되었다면 이와 유사한 유

예기간을 가질 것이다. 다른 사람의 '봉토'에 속하는 토지에 대한 보호권에 대해서도 그것이 누군가가 기사의 군역에 대한 대가로 짐으로부터 하사받은 '봉토'이기 때문에 짐이 지금까지 가지고 있던 보호권이라면 마찬가지로 유예기간을 가질 것이다. 그리고 다른 사람의 '봉토' 안에 창립된 대수도원들에 대해서도 그 '봉토'의 영주가 권리를 가지고 있다고 주장하는 경우에는 마찬가지로 유예기간을 가질 것이다. 십자군원정에서 돌아오자마자, 혹은 십자군원정을 단념하면 짐은 즉시 이 문제들에 관한 불만들을 완전히 정의롭게 해결할 것이다.

[54] 어떤 사람의 사망에 대해서 여성의 호소를 근거로 하여 사람을 체포하거나 구금하지 아니한다. 그 여성의 남편이 사망한 경우는 예외로 한다.

[*55] 부당하게 그리고 나라의 법에 어긋나게 짐에게 바쳐진 모든 벌금과 짐이 부당하게 거둔 모든 벌금은 완전히 반환되거나, 아래 평화의 보장에 관한 조항[§61]에 거론된 스물다섯 명의 봉신들과 여기에 덧붙여 만일 참석할 수 있다면 캔터베리 대주교인 스티븐, 그리고 그가 데려오고 싶은 사람들 중에서 다수결 판정으로 문제가 결정될 것이다. 만일 대주교가 참석할 수 없다면 대주교 없이 절차를 진행시킨다. 다만 스물다섯 명의 봉신들 중 누구라도 유사한 소송에 연루되어 있다면 그는 배제될 것이며 스물다섯 명 중 나머지 봉신들이 이 경우에 한해서 선발하고 맹세를 받은 다른 사람이 그 일을 대신할 것이다.

[56] 만일 짐이 잉글랜드나 웨일스에서 웨일스인들이 부유한

토지, 자유권들 및 기타의 것을 지위가 동등한 사람들의 법적 판단 없이 그들로부터 탈취하고 박탈했다면, 이것들은 즉시 그들에게 반환될 것이다. 이 점에 관한 분쟁은 지위가 동등한 사람들의 판단에 의해 마치스[20]에서 해결된다. 잉글랜드에 있는 보유물들에는 잉글랜드법이 적용될 것이며 웨일스에 있는 보유물들에는 웨일스법이 적용될 것이고 마치스에 있는 보유물들에는 마치스의 법이 적용될 것이다. 웨일스인들도 짐과 짐에 속하는 것을 마찬가지 방식으로 다룬다.

[*57] 웨일스인이 지위가 동등한 사람들의 법적 판단 없이 선왕인 헨리 왕이나 리처드 왕에 의해 무언가를 박탈당했고 그것이 짐의 수중에 있거나 짐의 보증 아래 다른 사람의 수중에 있다면, 짐은 짐이 십자군으로서 나가기 전에 소송이 시작되었거나 짐의 명령으로 조사가 진행되지 않았다면 십자군들에게 일반적으로 허용되는 기간 동안 유예할 것이다. 그러나 십자군원정에서 돌아오자마자, 혹은 십자군원정을 단념하면 짐은 즉시 웨일스와 앞에서 말한 지역들의 법에 따라 완전하게 정의를 행할 것이다.

[*58] 짐은 르웰린Llywelyn의 아들을 비롯한 모든 웨일스의 볼모들, 그리고 평화에 대한 보장으로 짐에게 양도된 특허장들을 즉시 돌려줄 것이다.

[*59] 스코틀랜드 왕 알렉산더의 누이들과 볼모들, 그의 자유권들과 권리들을 돌려주는 것에 관해서는, 잉글랜드의 짐의 봉신들의 경우와 마찬가지 방식으로 다룰 것이다. 다만 스코틀랜드의 이전 왕이었던 윌리엄으로부터 받은 특허장에 다른 식으로 다루

어지도록 정해진 경우는 제외한다. 이 문제는 짐의 법원에서 그와 동등한 지위의 사람들의 판단으로 해결된다.

[60] 짐이 윤허한 이 모든 관습들과 자유권들은 짐의 신민들과 짐의 관계에 관한 한 짐의 나라에서 지켜질 것이다. 성직자이든 속인이든 짐의 나라의 모든 사람들도 마찬가지로 자신의 아래 사람들과의 관계에서 이것들을 지켜야 한다.

[*61] 신을 위해서, 짐의 나라를 더 좋게 만들고 짐과 봉신들 사이에 일어난 불화를 더 잘 가라앉히기 위해서 **짐이 이 모든 것들을 윤허했으므로**, 그리고 짐은 이 모든 것들이 온전하게 영속적으로 향유되기를 바라므로, 짐은 봉신들에게 다음의 보장을 하노라.

봉신들은 이 헌장에 의하여 그들에게 윤허되고 확인된 평화와 자유권들을 온 힘을 다해서 지키고 또 지켜지도록 하기 위해서 스물다섯 명을 선출한다.

만일 짐이나 짐의 사법총리, 짐의 지방 행정관들 혹은 기타 관리들이 이 평화 혹은 보장의 조항들 중 어느 하나라도, 그 어느 점에서든, 그 누구에게든 어기거나 위반하고, 그 위반이 스물다섯 명의 봉신들 중 네 명에게 알려진다면, 이 봉신들은 짐에게 와서 ─ 짐의 부재 시에는 사법총리에게 와서 ─ 그것을 밝히고 즉각적인 시정을 요구한다. 만일 위반사실이 짐에게 혹은 짐의 부재 시에는 사법총리에게 밝혀진 지 40일 이내에 짐이나 사법총리가 시정하지 않으면, 그 네 명의 봉신들은 문제를 스물다섯 명 중 나머지 봉신들에게 맡기며 이들은 나라 공동체 전체의 도움을 받아 짐의 동산을 압류하는 등 가능한 모든 방식으로 짐을 압박할 수 있다. 즉

봉신들은 그들이 원하는 시정(是正)을 확보할 때까지 성들, 토지, 소유물들을 압류할 수 있으며, 다만 짐의 인신과 왕비 및 짐의 자식들의 인신은 건드리지 않는다. 시정을 확보하고 나면 짐에 대한 이전의 관계를 재개할 수 있다.

원하는 사람은 이러한 목적을 위해서 스물다섯 명의 봉신들의 명령에 따르겠다는 맹세를 하고 그들과 함께 온 힘을 다해 짐을 압박하는 데 참여할 수 있다. 짐은 원하는 누구라도 이 맹세를 자유롭게 하도록 공적으로 윤허하며 결코 맹세를 하지 못하도록 하지 않을 것이다. 실로 짐은 그러한 맹세를 스스로 하려 하지 않는 모든 신민에게 명령을 내려 맹세를 하도록 강요할 것이다.

스물다섯 명의 봉신들 중 어느 한 명이 사망하거나 나라를 떠나거나 기타의 이유로 자신의 의무를 이행할 수 없어서 앞에서 말한 절차를 진행할 수 없다면, 나머지 봉신들이 자신들의 재량으로 그를 대신할 봉신을 한 명 뽑으며, 뽑힌 봉신은 다른 봉신들이 그랬듯이 맹세를 하고 합류한다.

그들에게 결정이 맡겨진 어떤 문제에 대하여 스물다섯 명의 봉신들 사이에 의견이 일치하지 않을 때에는, 소환된 봉신들이 전부 출석하든 일부가 (자신의 의지로 혹은 피치 못할 상황으로) 결석한 상태든, 출석한 봉신들 중 다수의 평결이 스물다섯 명 전체의 만장일치 평결과 마찬가지의 유효성을 가진다.

스물다섯 명의 봉신들은 위의 모든 조항들을 충실하게 지킬 것을 맹세해야 하며, 온 힘을 다해서 그 조항들이 다른 사람들에 의해 지켜지도록 해야 한다.

짐은 이러한 윤허사항들 혹은 자유권들이 취소되거나 감소되게 만들 그 어떤 것을 직접적으로든 간접적으로든 그 누구로부터도 획득하려고 하지 않을 것이다. 그러한 일이 일어난다면, 그 것은 무효이며 짐은 스스로든 대리를 통해서든 획득한 것을 사용하지 않을 것이다.

[*62] 짐은 이 불화의 시작 이래 짐과 짐의 신민들(성직자든 속인이든) 사이에 생긴 악의, 분노, 혹은 원한과 관련하여 모두를 완전하게 사면하고 용서했노라. 또한 짐이 통치한 지 16년 되는 해[1215년]의 부활절에서 평화의 회복 사이의 기간에 예의 분쟁의 결과로 저질러진 모든 위반들과 관련하여 모든 성직자들과 속인들을 완전히 사면하고 짐의 편에서는 또한 용서했노라.

이에 덧붙여, 짐은 봉신들을 위해서 위에서 정해진 보장과 윤허사항을 캔터베리 대주교 스티븐, 더블린 대주교 헨리, 위에서 거론한 다른 주교들 및 팬덜프 선생의 증인證印을 받아 개봉칙허장이 작성되도록 했노라.

[*63] 따라서 다음은 짐이 바라는 바이자 명령이다. 잉글랜드 교회는 자유롭게 될 것이며, 짐의 나라의 모든 사람들은 짐과 그 상속인으로부터 이 자유권들, 권리들, 윤허사항들을 받아서 모든 일에서 그리고 모든 곳에서 영원히, 자신들에 대해서 그리고 자신의 상속인들에 대해서, 올바르고도 평화롭게, 자유롭고도 평온하게, 온전하고도 완전하게 간직하고 지켜야 하노라.

삼림대헌장21

다음은 1299년 에드워드 1세가 확인한, 1225년의 삼림대헌장을 1680년에 영어로 옮긴 것이다. 이 버전을 선택한 것은 에드워드 코크가 그의 『잉글랜드법 원론』 4권(1642)에서 이 버전을 사용했다는 점에서 권위를 가지고 있기 때문만은 아니다. 17세기 철자와 대문자 사용22 및 고어투는, 바라건대, 의미론적 이해의 작업을 하는 사람으로 하여금 다른 매끈한 버전들에서는 상실된 커머닝의 실제를 회복하는 데 관심을 가지게 만들 것이다.

잉글랜드 왕이며 아일랜드의 영주이고 노르망디와 기양 Guyan의 공작이며 앙주의 백작인 헨리가 이 헌장을 볼 그의 모든 대주교들, 주교들, 대수도원장들, 소수도원장들, 백작들, 국왕봉신들, 판사들, 임정관들, 주장관들, 궁정집사들, 종복들 그리고 모든 관리들과 충성스런 신하들에게 신의 은총으로 인사를 하노라. 경들은 짐이 전능한 신의 영광을 위해, 짐의 조상들과 후손들인 잉글랜드의 왕들의 영혼의 구원을 위해, 신성한 교회의 발전을 위해, 그리고 짐의 왕국의 개선을 위해 모든 대주교들, 주교들, 백작들, 봉신들, 그리고 나라의 모든 자유민들에게 짐의 자발적인 선의의 의지로 다음의 자유권들을 부여하였고, 이것들이 잉글랜드 왕국에서 영원히 지켜지도록 할 것임을 알라.

[1] 짐은 조부인 헨리 왕께서 전림한 모든 숲들을 훌륭하고 합법적인 사람들이 조사하기를 바란다. 만일 헨리 왕께서 자신의

영지 이외에 다른 숲을 전림하였고 그럼으로써 피해를 입혔다면 그 숲은 곧 폐림될 것이다. 그리고 만일 헨리 왕께서 자신의 숲을 전림하였다면 계속 삼림으로 남아 있을 것이다. 숲에 있는 공통의 초본과 기타의 것들은 이전에 그것을 사용했던 사람들이 계속 사용하도록 할 것이다.

[2] 삼림의 바깥에 사는 사람들은 앞으로 삼림에서 기소되는 경우 혹은 삼림과 관련하여 입건된 사람들의 보증인들인 경우 말고는 일반적 소환장에 의해 짐의 삼림의 판사들 앞으로 불려오지 않을 것이다.

[3] 짐의 첫 즉위식 전까지 숙부인 리처드 왕이나 부친인 존 왕에 의해 전림된 모든 숲들은 짐의 영지에 속하는 숲인 경우 말고는 즉시 폐림될 것이다.23

[4] 모든 대주교들, 주교들, 대수도원장들, 소수도원장들, 백작들, 봉신들, 기사들, 그리고 기타 삼림에 자신의 숲을 가진 자유보유자들은 조부인 헨리 왕의 즉위 첫 해에 가졌던 대로 그들의 숲을 가질 것이며, 따라서 그 해부터 짐의 즉위 둘째 해가 시작되기까지 그 숲 속에 조성된 모든 불법종획지, 황지, 아싸츠에 대해서는 영원히 면제받는다. 그리고 지금부터 짐의 허락 없이 불법종획지, 혹은 황지, 혹은 아싸츠를 그 숲에 만드는 사람들은 그 황지, 불법종획지, 아사츠에 대하여 짐에게 책임을 져야 한다.

[5] 짐의 삼림감시인들은 반드시 조부 헨리 왕의 즉위 첫 해의 관례대로 숲을 통과하며 감시를 할 것이다.

[6] 짐의 삼림 내에서 개들의 발톱 제거에 대한 조사 혹은 검

사는 지금부터 삼림감시가 있는 때에, 즉 3년마다 할 것이며, 반드시 합법적인 사람들의 검사와 증언을 토대로 이루어질 것이다. 그리고 개의 발톱을 제거하지 않은 사람은 적발되면 벌금으로 3실링을 내야 한다. 지금부터 개들의 발톱 제거를 위해 황소를 이용해서는 안 된다. 그리고 그러한 발톱 제거는 흔히 따르는 관례대로 행한다. 즉 앞발의 발톱 세 개를 발톱 부분만 잘라낸다. 그러나 지금부터 그러한 발톱 제거는 조부 헨리 왕의 즉위 첫 해부터 사용하던 장소에서만 행해야 한다.[24]

[7] 이제부터 임정관이나 지방 하급관리는 맥주를 만들어 팔아서도 안 되고 밀짚단이나 귀리 등의 곡식 혹은 양, 돼지를 걷거나 기타 다른 것들을 걷으면 안 된다. 열두 명의 삼림감시인들이 감시활동을 할 때 그들이 본 것과 그들의 맹세를 토대로, 합리적으로 충분하다고 간주되는 수만큼의 임정관들이 삼림의 감시에 할당될 것이다.

[8] 앞으로 짐의 왕국에서 삼림민회swanimote는 1년에 세 번만 열릴 것이다. 즉 짐의 방목담당관 혹은 삼림순찰원이 짐의 영지에 속하는 숲에서 숲개방을 하기 위해 모이는 때인 미가엘 축일로부터 15일 전이 되는 날에 열리고, 짐의 삼림순찰원이 방목료를 받는 겨울에는 성 마틴 축일 무렵에 열린다. 이 두 삼림민회에는 임정관들, 삼림사법관들, 방목담당관들이 참석할 것이며, 다른 사람들을 강제로 참석시키지는 않을 것이다. 세 번째 삼림재판은 방목담당관들이 사슴사냥을 위해서 모이는 성 세례 요한 축일로부터 15일 전이 되는 날에 열린다. 이 재판에는 짐의 임정관들, 삼림사

법관들이 모이며, 다른 사람들을 강제로 참석시키지는 않을 것이다. 더욱이 매해 40일마다 임정관들과 삼림사법관들이 모여서 사냥이나 초목채취와 관련하여 바로 그 임정관의 진술에 의해 입건된 사람들이 출석한 가운데 입건 심리를 할 것이다. 앞에서 말한 삼림민회는 이전에 늘 열리던 주들에서만 열릴 것이다.

[9] 모든 자유민은 짐의 삼림에 있는 자신의 숲을 마음대로 개방하여 방목료를 받을 수 있다. 또한 짐은 돼지들을 자신의 숲에서, 혹은 다른 어떤 곳이든 원하는 곳에서 방목하기 위해서 짐의 숲을 통과하여 방해받지 않고 자유롭게 몰고 가는 것을 모든 자유민에게 허용한다. 만일 어떤 자유민의 돼지들이 짐의 삼림에서 하룻밤을 보내게 되더라도 그 때문에 그가 자신이 가진 것을 잃는 일은 없을 것이다.

[10] 앞으로 누구도 짐의 사슴을 죽였다는 이유로 생명이나 사지를 잃는 일이 없을 것이다. 그러나 만일 어떤 사람이 잡혀서 짐의 사슴 고기를 취한 것에 대해 유죄를 선고받는다면 그는 가진 것이 있을 경우에는 그것으로 중한 벌금을 내야 한다. 만일 가진 것이 없으면 만 1년 동안 투옥될 것이다. 만 1년이 지난 후에 만일 그가 충분한 보증인들을 구할 수 있으면 방면될 것이다. 그러지 못하면 그는 이 나라로부터 추방된다.

[11] 짐의 명령으로 짐에게 불려 와서 짐의 삼림을 지나는 모든 대주교, 주교, 백작 혹은 봉신은 짐의 임정관이 그 자리에 있으면 그 임정관의 감독 아래 짐의 사슴 한, 두 마리를 합법적으로 잡을 수 있다. 만일 임정관이 그 자리에 없으면 짐의 사슴을 몰래 잡

지 않는다는 증거로 뿔피리를 불어야 한다. 짐을 만나고 돌아가는 길에도 마찬가지이다.

[12] 지금부터 모든 자유민은 이웃에게 피해를 끼치지 않는 조건에서 짐의 삼림 안에 있는 자신의 숲이나 땅에 물방앗간, 샘, 연못, 이회토 채취장, 도랑을 만들거나 둘러막지 않은 경지耕地를 만들어도 짐이 문제로 삼지 않는다.

[13] 모든 자유민은 자신의 숲에 있는 매, 새매, 송골매, 독수리, 왜가리의 둥지들을 가질 수 있다. 그리고 마찬가지로 자신의 숲에서 발견되는 꿀을 가질 수 있다.

[14] 지금부터 자신의 관할구역에 대하여 짐에게 지대를 내는 세습 임정관이 아닌 임정관은 자신의 관할구역에서 숲통행료를 받으면 안 된다. 그러나 자신의 관할구역에 대하여 짐에게 지대를 내는 세습 임정관은 숲통행료를 받는다. 숲통행료는 마차수송에 대하여 반년에 2페니를, 그리고 그 다음 반년에 또 2페니를 받는다. 짐을 실은 말에 대해서는 반년에 반페니를, 그리고 그 다음 반년에 또 반페니를 받는다. 그러나 외부의 상인들로서 허가를 받고 그 구역에 들어와서 관목, 수목, 나무껍질, 숯을 사서 다른 곳에 가서 마음대로 파는 사람들에게만 숲통행료를 받는다. 다른 마차나 짐에 대해서는 숲통행료를 받지 않는다. 또한 숲통행료는 예전에 받던 곳에서만 받는다. 등에 관목, 나무껍질, 숯을 지고 팔러가는 사람들은 그것이 벌이를 위한 것일지라도 임정관에게 숲통행료를 내지 않는다. 짐의 영지에 속한 숲에서 취한 경우는 제외한다.

[15] 조부인 헨리 왕 이래 짐의 즉위 첫 해까지 삼림과 관련해서만 짐에 의해 불법으로 판정받은 자들은 아무 장애 없이 짐과 화해하러 올 수 있으며 짐에게 앞으로 짐의 삼림에서 짐의 법을 위반하지 않겠다는 보증을 해야 한다.

[16] 그 어떤 성의 보안무관장이나 지방 행정관도 초목이나 사슴 고기와 관련된 삼림 소송을 다루지 않는다. 모든 세습 임정관이 초목이나 사슴 고기와 관련된 삼림 소송의 입건 업무를 한다. 그리고 입건사항들을 지역의 삼림사법관들에게 제출한다. 입건사항들이 삼림사법관의 증인印을 받아 등록되고 봉인되면 짐의 수석 임정관에게 제출된다. 수석 임정관이 삼림소송이 열리는 곳으로 오면 제출된 사건들에 대한 판정이 난다.

그리고 짐은 이 삼림의 자유권들을 모든 이에게 부여했노라. 대주교들, 주교들, 대수도원장들, 소수도원장들, 백작들, 봉신들, 기사들에게, 성직과 세속에 속한 사람들에게, 템플 기사단과 호스피틀 기사단에게, 삼림 안에서만이 아니라 삼림 바깥에서 그리고 야생 조수 사육 특허지 및 기타 그들이 이전에 가지고 있는 다른 곳들에서 그들이 누릴 자유권들과 자유로운 관습을 부여했노라. 짐은 …… **대헌장**의 끝에서처럼 …… 그리고 거기에도 명시된 것을 그대들이 보듯이 …… 이 자유권 부여를 확인하고 확증하노라 …….

:: 용어모음

　　다음의　정의들은　『옥스퍼드　영어사전』(*Oxford English Dictionary*)이나 *Oxford New English Dictionary on Historical Principles*, Raymond Williams, *Keywords : A Vocabulary of Culture and Society* (New York : Oxford University Press, 1976), Ambrose Bierce, *The Devils Dictionary* (New York : Dover, 1958), Captain Grose, *Classical Dictionary of the Vulgar Tongue*, 3rd edition (1796), 그리고 *The Battle of Seattle : The New Challenge to Capitalist Globalization*, ed. Eddie Yuen, Daniel Burton Rose, and George Katsiaficas (New York : Soft Skull Press, 2001)에 들어 있는 이언 보울의 용어풀이에 의거한다. 몇몇의 오래된 중세 용어들에는 그에 상응하는 현대 용어를 추가했는데, 이는 현대상응어라고 부를 것이다.[1]

afforest (전림하다) : 숲이나 사냥터로 전환시키다. 헨리2세는 많은 숲과 숲이 있는 황지를 전림하였다. 이는 본질적으로 식수행위라기보다는 사법적 과정 혹은 관리의 유형이다.

agistment (숲개방) : 일정　시간　동안　숲을　가축에게　개방하는　행위. "공통의 초본" (*Manwood, Treatise and Discourse of the Lawes of the Forrest* [1598]). 자유방목은 제한된 현대상응어이다. 우유, 베이컨, 쇠고기는 확대된 현대상응어이다.

amercements (인정벌금부과) : 부과하는 측의 '인정'(人情)에 맡겨진 벌금부과이다. 일반적으로 정해진 벌금보다 약하다.

anglophonophilia (영어권 편애) : 말 그대로 영어를 말하는 사람들에 대한 사랑이다 (anglophone +philia). 백인우월주의 성향이 이전에 썼던 가면이다.

asiento (아씨엔또) : 〈유트레히트협약〉(1716)이 허용한 특허 혹은 계약으로서 대영제국의 국민들로 하여금 아프리카 노예들을 스페인의 미국 식민지에 판매할 수 있도록 한 것이다.

assart (아싸츠) : 숲에서 나무와 관목들을 뽑아냄으로써 경작 가능하게 전환한 부분을 지칭하거나 그러한 행위를 지칭한다. 도시 스쾃이 현대상응어가 될 수 있다.

balks (끝두둑) : 경작하지 않고 남겨 두어 경작되는 두 땅 사이의 경계 역할을 하는 땅이다. 밭고랑의 끝부분에 있으며 여기서 쟁기와 쟁기를 멘 황소들을 돌린다. 탐욕스런 사람들은 "공통의 끝두둑과 샛길"을 쟁기질한다.

blacking (검게 칠하기, 검게 위장하기) : 어떤 재료를 발라서 무언가를 검게 칠하는 행위이다. 18세기에는 얼굴 검게 칠하기가 밀렵꾼들 및 커머너들이 아프리카의 노예들, 선원들 및 해적들에 공감을 표현함과 동시에 자신의 정체를 위장하는 수단이 되었다.

branks (머리굴레) : 말이 많은 여자에게 사용한 고문도구이다. 철로 된 틀을 머리에 씌우고 날카로운 금속 재갈을 입에 물려 혀의 움직임을 제한한다.

cabal (비밀결사) : 소수의 인원으로 이루어진 집단 혹은 도당으로서 그 정체가 불분명하고 비밀리에 은밀한 목적을 위해서 모의를 한다. 찰스 2세의 통치 시에 다섯 명의 귀족 휘그당원 — Clifford · Arlington · Buckingham · Ashley · Lauderdale — 의 이름의 첫 자를 따서 이 단어가 되었다. 역사가들이나 회의론자들 그리고 순진한 사람들은 모의의 존재를 의심하듯이 이 비밀결사의 존재도 의심한다.

cartbote (마차권) : 소작인이 마차를 만들고 고치는 데 숲의 자원을 사용하도록 허용하는 것이다. 권리, 관습이라기보다는 영주의 선물이라는 점을 시사하는 정의이다. 대중교통이 현대상응어의 한 형태이다.

camping (캠핑) : 캠핑은 야외에서 혹은 텐트 안에서 자는 것 이외에 초기 형태의 축구만이 아니라 다툼 혹은 싸움놀이도 의미했다. 『옥스퍼드 영어사전』에 나와 있는 한 게임이 그 예인데, 디스(Dis) 공유지에서 벌어진 노퍽주(州)와 써퍽주 사이의 게임으로서 한 편이 3백 명이었으며 열네 시간 동안 벌어졌고 몇 명이 사망하기도 했다.

chattels (동산) : 동적인 소유물, 재산, 재화, 화폐를 말한다. 원래 13세기에 노르만 계통의 불어에서 온 방언으로서 재산으로서의 가축(cattle, livestock)에서 파생되었다. 『옥스퍼드 영어사전』은 가축과 화폐라는 두 의미에 관하여 "이 단어를 역사적인 총체로 간주할 때 역사를 더 잘 이해할 수 있다"고 논평한다.

chiminage (숲통행료) : 예전에 숲을 지나가기 위해 지불한 요금으로서 커머너들에게 이익을 주기 위해서 특별히 숲헌장에 의해서 규정되었다. 현대상응어는 대중교통이다.

clouted shoon (누더기 신) : 조각을 대어 기운 신 혹은 바닥에 못을 박은 신을 말한다. 가난을 표현하고 동시에 야외의 거친 땅에서 하는 일을 표현한다. 레드넥2, 브라

뉘3, 쌍뀔로뜨4, 블루칼라 혹은 일손(hand) — 해당 항목 참조 — 과 같이 커머너를 일컫는 이름이다.

commodity (상품) : 무언가 유용하며 판매하기 위한 것을 말한다. 여성의 음부를 의미하기도 하는데, 이는 『자본론』에서는 간과되었으며 (그러나 『자본론』에서 제시된 연구는 다른 면에서는 필수적이다) 셰익스피어의 『존 왕의 삶과 죽음』에서 사생아가 하는 긴 연설에서는 분명하게 암시되고 있다.

common law (판례법)5 : 과거의 사법적 결정들이 많이 축적된 데서 파생된 법으로서 입법된 제정법(statute) —해당 항목 참조 — 에서 파생된 법 혹은 교역, 지역, 공유지의 관습에서 파생된 법과는 구분된다.

commons (커먼즈/공유지) : 기묘한 시골 마을의 공유지에서 전자기 스펙트럼의 우주적 공통재까지, 중세의 자급자족 경제에서 일반지성까지, 그 어떤 용어도 코뮤니즘과 같은 기원을 가진 이 용어만큼 그토록 무시당하는 동시에 논란이 된, 희극적인 동시에 비극적인 용어는 없었다. 이 용어는, 루소가 말한 바처럼, 사유화하는 자, 상품화하는 자, 그리고 자본가에게 점점 더 야만적으로 침범당한 보편적 지평을 제공해 왔다. 수도원 시대부터 이는 식량의 제공을 의미했다. 그로스 선장6은 그 이론적 의미에 해독제를 제공한다. 그는 이 용어가 의회를 지칭하거나 아니면 "필요한 집"(화장실)을 지칭한다고 말한다.

communism (코뮤니즘) : 'c'를 소문자로 쓰면 모든 재산을 공동체에 맡기는 동시에 노동을 모두의 공동의 이익을 위해서 조직하는 사회에 관한 이론이다. "각자는 그 능력에 따라서, 각자에게는 그 욕구에 따라서."7 아일랜드에 감자 기근이 든 1840년대에 이는 "유럽에 출몰하는 유령"이었다. 아일랜드인 브론테르 오브라이언은 바뵈프 음모(Babeuf Conspiracy, 1797)의 역사를 썼는데, 이는 일찍이 농민의 공통권의 옹호를 경험한 최초의 코뮤니즘 이론가의 이름을 딴 것이었다.

Communism (공산주의) : 'C'를 대문자로 쓰면 프롤레타리아 혁명을 통해 자본주의를 전복하려는 이데올로기를 가진 20세기의 정당을 지칭한다.

compurgation (면책선서) : 어떤 사람의 혐의를 다른 이들 즉 "선서 조력자들"의 선서나 증언을 통해서 벗겨 주는 과정을 말한다. 지역유대, 계층유대가 현대상응어이다.

constitution (제헌/정치적 구성/정치적 구성체) : 1689년과 1789년 사이에 생긴 정치적 개념으로서 문자화된 문서(미국) 혹은 문서들(영국)이 정치체의 통치원칙들을 표현하고 정하는 것을 말한다. 다른 의미도 있는데, (1) 총체를 구성하도록 부분들을 배열하는 것, (2) 정신의 성향, (3) 몸의 활력과 힘 등이다. 이 의미들 모두 제헌 개념을 확대하는 데 매우 필요하다. 이 개념은 **경제적** 관계들을 포함하고 나서야 효용을 가지게 된다.

coppice (잡목숲) : 정기적으로 잘라낼 목적으로 키우는 키가 작은 나무들로 이루어진 숲 혹은 덤불숲이다.

copyhold (등본보유) : 고대 잉글랜드의 토지보유의 한 형태로서 'freehold'(자유보유)와 대조된다. "장원의 관습에 따라 영주의 의지로" 혹은 "까마득하게 오래된 관습"에 의해 유지된다. 관습에 의해 유지되는 공통적인 혹은 관습적인 권리들이 이러한 토지보유의 가치 있는 부분이었다. 이러한 보유는 복사기가 나오기 이전의 시기에는 가장 나이 든 시민들의 기억 속에 보관되어 있었다.

court leet (영주법원) : 헌드레드(hundred)(중세의 행정단위)나 장원에서 공동의 일을 다루기 위해서 영주나 집사 앞에서, 그리고 모든 지역 주민들이 참석한 가운데 한 해에 한 번이나 두 번 열린 지역 기록법원이다. 볼리비아에서 오아하까에 걸쳐 구성된 이웃공동체 의회들이 현대상응어이다.

Diggers (디거파) : 수평파의 한 부분으로서 1649년에 공유지를 일구어 방풍나물·당근·콩을 심기 시작했다. 3세기 후에 같은 이름을 가진 히피들이 마리화나를 프로그램에 추가했다. "그대 고결한 디거파여, 모두 이제 일어나라, 이제 일어나라."⁸

diplomatics (고문서학/외교) : 공식적인 문서들 및 헌장들과 관련하여, 국제관계와 관련된 공식적 서류들의 성격과 관련하여, 그러한 서류들이 전달되는 외교행낭과 관련하여 사용된다.

disafforest (폐림[廢林]하다) : 삼림법의 작동으로부터 면제하다, 법으로 삼림으로 규정된 상태에서 보통의 땅으로 환원하다. '전림하다' 항목 참조. 현대상응어는 '커먼즈로 돌아가다'이다.

division of labor (분업) : 아담 스미스는 두 개의 의미를 부여했다. (1) 생산의 지역적·국가적·전지구적 특화, (2) 유명한 핀 제조 사례에서 묘사된 바와 같은, 작업장 내에서의 업무의 특화. 전자는 수출 부문을 위해 생산하여 단일 품목 생산을 초래하며, 후자는 노동을 파편화하며 그의 표현을 사용하자면 "어리석은" 노동자에 의해서 가장 순종적으로 그리고 가장 잘 행해질 수 있게 된다.

drifts (드리프트) : 특정한 날에 소유권을 결정하기 위해서 가축을 숲의 한 곳으로 몰아가는 행동을 가리키는데 여기에 공유지의 비극 ―'commons' 항목 참조 ― 을 알리는 떠버리들에 맞서 불평과 불만을 표시하는 외침들이 동반된다.

due process of law (법의 적정절차) : 정확한 서류양식들을 정확하게 작성하는 것, 혹은 『블랙의 법사전』(*Black's Law Dictionary*)을 인용하자면, "사적인 권리들의 보호를 위해서 정해진 규정에 따라 법적 절차를 진행시키는 것." 마그나카르타의 역사에서는 이 어구가 "나라의 법"을 대체했는데(39조), "나라의 법"이 가진 농업적 의미는 필연적으로 공유지를 포함했다. 따라서 적정절차와 커머닝은 서로 통한다.

ejido (에히도) : 1917년 멕시코 헌법 27조에 정해진 대로 국가가 개별 가족들 혹은 시골 마을들의 "경작자들"에게 분배한 토지로서 판매될 수 없다.

émeute (에뫼뜨) : 폭동을 의미하는 프랑스 용어인데, 간단하게 'riot'(폭동)라고만 옮기면 그 행동과 조직화에 이르는 감정들과 열정들의 복합성을 충분히 표현하지 못한다. 영국에서 'riot'라는 용어는 반란이 가장 많았던 시기에는 거의 채택되지 않았다. 그 대신에 'mutiny'(반란), 'commotion'(소요), 'turbulence' (정치적 소란) 같은 단어들이 사용되었다. 'émeute'와 'emotion'(정서)은 어원이 같다.

enclosure (종획) : 땅에 담이나 산울타리를 두르는 행위로서 공동의 토지를 사유재산으로 전환시키는 수단이다. 사법적으로는 의회의 법안에 의해서 이루어지며 측량사의 측쇄 혹은 "악마의 내장"(속어)에 의해서 실제적으로 측정된다. 자본주의의 원죄로 간주되기도 하는데, 이러한 견해에 도전한 페더리치는 토지 종획 이전에 몸 특히 자궁의 종획이 이루어졌다고 주장한다.

encuentro (엔꾸엔트로) : 온갖 모임을 지칭하는 스페인어 용어. 유럽과 북미에서 반지구화운동에 참가한 활동가들에 의해서 점증적으로 사용되었는데, 이들은 그들의 국제적 모임들을 지칭하는데 싸빠띠스따들을 정치적 준거점으로 삼았다.

estovers (에스토버스) : 노르만계 불어로서 "법에 의해 허용되는 생활필수품"이라고 옮겨질 수 있다. 『옥스퍼드 영어사전』은 이것이 소작인이 자신의 집·산울타리·도구들 등을 고치는 데 필요한 한에서 자신의 영주의 땅에서 가져올 "특권"을 가지는 나무를 지칭한다고 말한다. 'boot'에 대해서 『옥스퍼드 영어사전』은 "수선, 땔감 및 기타 필요한 목적으로 소작인이 목재 등을 가질 수 있는 권리"라고 한다. 앰브로우스 비어스는 『악마의 사전』에서 사전이란 "언어의 성장을 구속하고 언어를 딱딱하고 탄력 없게 만드는 악성 문학장치"라고 상기시키고 있다.

eyre (순회법원) : 삼림법원 등의 순회법원.

fellowship (우애, 같이 하기) : 참여, 나누기, 우정이 『옥스퍼드 영어사전』이 위클리프(Wycliff), 커버데일(Coverdale), 밀턴, 스위프트 등에서 따온 인용문들로 설명하는 핵심 개념들이다. 『옥스퍼드 영어사전』은 "공동으로 가지는 어떤 것"이라고 말하며 "빈자는 권력 있는 자와 우애를 나누어서는 안 된다"는 말을 계급예절의 금과옥조로서 제시하는, 캑스턴이 번역하여 출판한 『이솝 우화』를 인용한다.

fence (담) : 사원(私園), 밭, 마당, 혹은 침입자들을 막을 모든 장소의 경계를 둘러친 장벽, 벽, 산울타리, 난간, 울짱을 말함. 그 어원은 '방어'(defense)의 어원과 같다. 베를린 장벽, 이스라엘을 둘러싼 벽 혹은 미국과 멕시코 사이의 담처럼 풍경 혹은 건축물로 위장한 호전적 행위이다.

firebote (땔감[권]) : 영주에 의하여 소작인에게 허용되는 땔감 혹은 소작인이 영주의 사유지에서 장작을 해 올 권리. 적절한 현대상응어를 찾자면, 베네수엘라의 휘발유 값[9]과 나이지리아의 석유투쟁을 참고할 수 있다.

folk-mote (민회) : 주민들 전체의 모임으로서 쏘비에트, 대표자회의, 파우와우 혹은 기타 협의모임에 비견될 수 있다.

forest (삼림) : "외부 숲" 즉 "울타리를 치지 않은"을 의미하는 중세 라틴어 용어에 기반을 둔 단어. 사냥을 목적으로 하며 특별한 법이 적용되는 숲지대를 말한다.

frankpledge (십인조) : 십호반(tithing)의 주민들 전체의 모임을 의미하는 앵글로족 혹은 쌕슨족의 용어를 노르만족이 잘못 옮긴 것. 8백 년 후에는 인도, 프랑스, 아프리카에서 쉬기에 좋은 곳을 찾는 그랜빌 샤프에게 강박적 관심의 대상이 된다.[10]

freeman (자유민) : 마크 트웨인은 이 말을 빈정댐이라고 불렀다. 또한 이전에는 모든 학생들이 지나가야 했던, 수사(修辭)라는 것으로 열린 문이었다. "그대는 씨저가 죽고 모든 자유민이 살기보다는 씨저가 살고 모든 노예들이 죽는 것이 더 좋은가?"라고 브루투스는 아직 굳지 않은 피를 칼에서 훔쳐 내며 물었다. 현재 이 용어에 슬쩍 부여된 소유관계의 의미보다는 더 많은 것이 있다고 생각했을지도 모르는 학생들에게 남아 있는 이상들을 짓밟기 위해 영국의 역사학 교수들이 채택하는 현학적 수단이다.

fueros (푸에로스) : 잉글랜드 중세의 헌장들에 상응하는 스페인의 헌장들이다. 이 용어는 광장 즉 열린 공간, 만남의 장소, 시장, 법정을 의미하는 라틴어에 그 기원을 둔다. 이 용어는 특권을 부여하기보다는 권리를 인정한다. 입법과정을 우회하기 위해서 군사주의자들이나 통합주의자들(corporativists)이 사용한다.

Habeas Corpus (인신보호영장) : 라틴어로 "그대는 몸을 가져야 한다"는 의미이다. 지정된 사람을 판사 앞에 반드시 데려와야 한다고 정한 영장이다. 자유가 제한된 사람의 몸을 그 제한의 적법성을 조사하고 결정하기 위해서 법정으로 데려와야 한다고 정한 영장이다. 한때는 다소 당당하게 필수적인 것으로 간주되었으나, 지금은 점차로 한물간 것이 되었다.

a hand (일손) : 육체노동에 고용된 사람을 가리킨다. 노동자와 동의어이다. 17세기 중반에 소외를 나타내는 용어가 되었다. 제1인터내셔널은 "손과 뇌의 노동자들"을 언급하였다.

hangum tuum (한굼 투움) : 교살(絞殺). 라틴어 법률용어의 익살스러운 패러디로서 항상 2인칭으로 표현된다.[11] 둘러말하기에 해당하는 이 표현은 악덕이 미덕에 치르는 대가의 일반적 부류에 속한다. 또한 그 하위부류로서는, 건방진 말대답이 외국어로 표현되는 한에서 법조인 계층이 그것을 받아들이는 경우에 해당한다.

hauberk (미늘 갑주) : 처음에는 목과 어깨를 보호하기 위하여 사슬갑옷으로 만든 방어용 갑주였는데, 시간이 흐르고 유행이 바뀌면서 무릎까지 내려오는 가운 모양으로 발전하였다.

herbage (초본[草本], 목초) : 풀이나 식물. 풀이 자라는 땅과는 구분되는 목초(牧草).

housebote (집수리권) : "소작인이 집을 고치기 위하여 영주의 사유지에서 나무를 해올 권리." 공공주택이 현대상응어이다.

inspeximus (인스펙시무스) : 특허자가 자신이 낭독하고 확인하는 이전의 헌장을 검사하였음을 확인하는 헌장. "우리는 검사했다"라는 의미의 라틴어이다. 헌장을 확인하면서 왕이 사용하는 첫 표현이다.

jungle (정글) : 황무지나 사막, 사람의 손이 닿지 않은 "당황스러울 정도로 복잡한" 땅을 의미하는 북인도어에서 파생되었다. 미국에서는 방랑자들이나 부랑자들의 캠프를 가리킨다.

jury (배심원단) : 선서를 하고 평결을 내리거나 사실, 법, 사실과 법이 혼합된 것에 관하여 진실한 대답을 하는 일군의 사람들. 일반적으로 판사들에게 위협받고 법률가들에게 아첨받으며 고용자에게는 제대로 보수를 받지 못한다.

Levelers (수평파) : 재산을 사유화하는 담을 무너뜨리거나 산울타리를 파헤쳐서 평평하게 하는 활동. 찰스 1세 치하에서 신분이나 지위의 차이를 없애는 것을 목적으로는 하는 정치적 분파를 낳은 활동.

lops and tops (쳐낸 가지들) : 나무에서 불필요하게 자라난 가지들을 베어 내고 쳐낸 것들.

moral economy (도덕 경제) : '도덕 신학', '도덕 법', '도덕 심리학'이 『옥스퍼드 영어 사전』에서 발견되는 반면에 '도덕 경제'는 발견되지 않는다. 그러나 20세기 말에 이 용어는 자유방임주의와 '빠른 자가 장땡'이라는 풍토를 기반으로 하는 상품 경제에 대한 비(非)이데올로기적 대안으로서 널리 퍼진 것을 표현했다.

open field (공동경작지) : 울타리를 치지 않고 구획되지 않은 (따라서 개방된) 경작 가능한 토지. 땅을 좁고 긴 모양으로 경작자들에게 할당하는 마을경작법으로서 이것이 사라진 것에 대한 아쉬움이 표현되곤 했다. 골드스미스나 클레어는 이를 찬양하는 시를 지었다. 노샘프턴셔의 랙스턴(Laxton) 교구에 20세기 중반까지 잔존했었다.

Pan-African (범아프리카) : 아프리카에서 태어났거나 그로부터 유래한 사람들(따라서 현대 인류학에 따르면 모든 인간들)과 관련된다. 카리브해와 아프리카 반식민주의 활동가들이 20세기 전반부에 벌인 정치 운동.

pannage (돼지방목[권]) : 숲에서 돼지에게 먹이를 주는 것. 숲에서 돼지를 방목할 권리. 돼지의 먹이 혹은 음식은 '마스트'(mast)라고 불리는데, 도토리나 견과들 등으로 이루어져 있다.[12] 스펜스(Thomas Spence)는 1790년대에 『돼지의 음식』(Pig's Meat)이라는 코뮤니즘 신문을 낸 바 있는데, 이는 "노동하는 이들에게 그들의 상황, 그들의 중요성, 그들의 권리에 관한 올바른 생각을 증진시키기 위해서"였다. 이 저작은 이렇듯 역사적으로 근대 코뮤니즘 이론의 뿌리들 중 하나이다. 냉전 시기에 조지 오웰은 『동물농장』에서 이 관계를 뒤집어서 돼지들을 사유화하는 자들로 만들었다.

peer (귀족, 지위가 동등한 사람) : '자유민'처럼 지난 수 세기에 걸쳐 민주화를 겪은 또 하나의 용어이다. 이 용어는 여전히 영국 귀족층의 구성원('귀족')이라는 의미를 가지고 있다. 여전히 법적으로 논란이 되고 있는 근대의 둘째 의미는 배심원의 선발에서 사용되는데, 재판에서 피고와 동등한 지위, 소득을 가지며 동일한 민족에 속하는 사람을 일컫는다.

ploughbote (쟁기권) : 소작인이 쟁기를 만들고 수리하기 위해서 나무를 벨 권리, 또는 그 나무를 말한다. 차량 수리가 현대상응어이다.

pollard (가지를 잘라낸 나무) : 땅 위로 일정 높이 이상을 잘라낸 나무. 나뭇잎을 먹는 동물들이 닿지 않는 높이에 어린 가지들이 나오게 하는 것이 그 목적이다.

primitive communism (원시 공산주의) : 한 때 모건(Lewis Henry Morgan)에게는 쎄네카(Seneca) 사람들의 단순한 기술과 무계급적 소유관계를 명확하게 지칭하기 위한 용어였는데, 나중에 엥겔스와 맑스가 채택하였다. 이데올로기적 동기를 가진 비판

자들은 이 용어를 상대를 깔아뭉개기 위해서 사용하는, 종종 인종차별주의적 함축을 가진 학술적인 용어로 전환시켰다.

privatization (사유화, 민영화) : 상업적 기업을 공적으로 만들지 않고 정부의 통제나 규제로부터 자유로운 사적인 것으로 만드는 정책이나 과정이다. 모두에게 속했던 것을 소수의 기업이 향유하도록 하는 것. 보올은 원래 이 단어의 기원이 "탈취"와 연관되어 있음을 보여준다.

rundale (런데일) : 아일랜드의 토지보유방식. 좁고 긴 모양으로 나누어 경작되는 땅을 공동으로 보유한다. 이 용어는 동사로도 사용된다.

runrig (런릭) : 스코틀랜드의 토지보유의 한 형태. "lands were runrigged"(땅은 런릭되었다)에서처럼 토지를 이 방식으로 만드는 행동을 의미하는 동사로도 사용된다. 다른 두둑들 사이에 있는 두둑을 의미하기도 한다.

satyagraha (싸트야그라하) : 간디가 주창한 비폭력 저항의 철학. 진실과 힘을 의미하는 두 단어를 조합한 힌두어 단어이다. 킹 목사는 이를 조용한 힘 혹은 영혼의 힘이라고 풀었다. 『인도철학 소사전 : 영어로 정의한 싼스크리트용어들』은 '싸탸'(satya)에 절대적 진실성과 황금시대라는 두 의미를 부여한다. 하나는 미래에 해당하고, 다른 하나는 신화적인 과거와 연관된다.

scotale (스커테일) : 에일(ale) 맥주에 부과되는, 혹은 장원 영주나 임정관의 초청으로 에일 맥주를 마시는 축제에 부과되는 강제 세금. 스텁스는 『헌법사』에서 "이 강제 세금의 성격은 불분명하지만, 주장관이 자신의 이득을 위하여 부과하였다"라고 말한다. 즐거운 잉글랜드?

scutage (군역면제세) : 군역 대신에 내는 세금. 따라서 부로써 전쟁을 피하는 수단이다.

sidewalk (보도) : 주도로와 평행으로 난 길로서, 주도로는 바퀴 달린 탈것들이 사용하고 보도는 보행자들이 사용한다. 제이컵스는 이것을 도시문명의 본질로 보았다. 선거 시기에나 피켓시위를 비롯한 시위들이 벌어질 때에는 한발 한발 밀고 댕기는 강렬한 정치적 교섭이 보도에서 일어난다.

snap wood (꺾을 가지) : 1813년의 『햄프셔 농업 풍경』(*View of Agriculture in Hampshire*)이라는 책에는 "꺾을 가지라고 불리는 것, 즉 다 떨어져 있거나 아니면 손으로 꺾어낼 수 있는 가지들을 모두 차지할 …… 권리의 주장"이라는 대목이 들어 있다.

statute (제정법) : 주권적 권위에 의하여 만들어진 법이나 법령. 입법부에 의하여 만들어진 법규로서 공식적 문서로 표현된 것. 때로는 제정법에 의하여 인정되는 어떤 것을 꾸며 주는 형용어로 사용된다. 'a statute fair'가 그 사례인데, 이는 읍이나 시골 마을에서 농사짓는 하인들을 고용하기 위하여 해마다 열리는 장이다.

stint (할당량) : 제한이나 한정. 관례적 양. 토지의 각 부분에 할당된 가축의 양. 드리 프트(drifts) 항목 참조.

subsistence (생계, 생계자급) : 플라톤에게서 이 단어는 모든 물리적 질료와 영혼의 실재를 의미했다. 이 단어는 중세와 근대에는 플라톤의 형이상학적 높이로부터 내려 와서 생계수단을 의미하게 되었으며 더 나아가 생활을 유지할 수 있는 최소량의 음식 을, 근근이 살아갈 수 있는 양의 음식을 의미하게 되었다.

turbary (토탄채굴장, 토탄채굴권) : 이토(泥土)나 토탄을 캘 수 있는 땅. 그러한 권리. 사유화하는 자들에 의해서는 '야만적'이라고 불리는 권리이다. 현대상응어는 공공 연 료배급이다.

usufruct (사용권) : 다른 사람의 재산이 가진 이점(利點)을 임시적으로 차지하거나 사 용하는 것이다.

villein (농노)[13] : (덕의 시대에는 이 철자를 더 선호한다.) 농노들, 농민 차지(借地)자 들, 노예들 부류를 말하는데, 이들은 1549년 케틀의 반란을 따르는 사람들에 의하면 해방된 예수의 피였다.

waste (황지, 황지의) : 수사적으로는 '황폐하게 된, 손상된, 사람이 살지 않거나 야생 의'라는 의미이다. 법률용어로는 특정 개인이 차지하지 않고 공동으로 쓰이는 땅을 말 한다.

:: 보충문헌

이 책의 목적은 옛 텍스트들(1차 문헌들)에 새로운 독자를 얻어 주는 것이다. 이 옛 텍스트들이 과거 위급한 상황들에서 도움이 되었기 때문이다. 로버트 크로울리, 휴 래티모어, 존 릴번, 제라드 윈스턴리, 토머스 스펜스, 토머스 페인, 칼 맑스, 윌리엄 모리스가 여기 속한다. 이들의 저작이 이 책에 인용되었다.

출발점

Midnight Notes, *Auroras of the Zapatistas : Local and Global Struggles of the Fourth World War* (New York : Autonomedia, 2001)는 미국에서 나타난, 멕시코의 반란에 대한 집단적 반응이다. Maria Mies and Veronika Bennholdt-Thomsen, *The Subsistence Perspective : Beyond the Globalised Economy*, trans. Patrick Camiller, Marie Mies, and Gerd Wieh (New York : Zed Books, 1999)는 낡은 세계의 껍질 안에 들어 있는 새로운 세계를 제시한다. 또 하나의 집단적 노력인 Eddie Yuen, Daniel Burton Rose, and George Katsiaficas, eds., *The Battle of Seattle : The New Challenge to Capitalist Globalization* (New York : Soft Skull Press, 2001)은 이야기의 시작을 담당한다. Iain Boal et al., *Afflicted Powers : Capital and Spectacle in a New Age of War* (London : Verso, 2005)는 집단적으로 집필된 분석적 비탄이다. David McNally, *Another World Is Possible : Globalization and AntiCapitalism* (Winnipeg : Arbeiter Ring, 2002)은 반(反)지구화 운동을 요약한다. 다른 가능한 세계들이 저항하는 힘들로부터 구성되어야 하는데, C. Douglas Lummis, *Radical Democracy* (Ithaca : Cornell University Press, 1996)는 어떻게 이 일이 일어날 수 있는지 설명한다.

Christopher Hill, *Puritanism and Revolution* (New York : Schocken Books, 1958)에 재인쇄된 Christopher Hill, "The Norman Yoke"는 이 책과 어깨를 나란히 하는 훌륭한 연구이다 C. George Caffentzis, "The Scottish Origin of 'Civilization'," in *Enduring Western Civilization : The Construction of the Concept of Western*

Civilization and Its "Others," ed. Silvia Federici (Westport : Praeger, 1995)는 역사 단계론의 이데올로기적 취약성을 보여주며 사유화가 어떻게 문명으로 간주되는지를 설명한다.

중세 시대

맥스 비어(Max Beer)는 *Social Struggles in the Middle Ages*, trans. H. J. Stenning (Boston : Small, Maynard, 1924)에서 "공동체 법이 사유재산법으로 전화한 것 ······ 이 중세 역사의 본질을 이룬다"고 썼다. 법의 역사에서 이 주제는 F. W. Maitland, *The Constitutional History of England* (Cambridge : Cambridge University Press, 1926)나 William Stubbs, *The Constitutional History of England*, vol. 2 (Oxford : Clarendon Press, 1894)와 같은 빅토리아조의 연구에서 다루어진 후 뜸했다가 마침내 Silvia Federici, *Caliban and the Witch : Women, The Body, and Primitive Accumulation* (New York : Autonomedia, 2004)[실비아 페데리치, 『캘리번과 마녀』, 황성원·김민철 옮김, 갈무리 2011]에서 다시 다루어지고 그 젠더적 측면이 분명하게 된다. Anne Pallister, *Magna Carta : The Heritage of Liberty* (Oxford : Clarendon Press, 1971)는 대헌장에 대한 가장 명료한 짧은 소개이며, J. C. Holt, *Magna Carta*, 2nd ed. (Cambridge : Cambridge University Press, 1992)는 권위 있는 학술적 연구서이다. 그리고 William Sharp McKechnie, *Magna Carta : A Commentary on the Great Charter of King John* (Glasgow : J. Macklehose and Sons, 1914)은 주해로서 가장 실용적인 저서로 남아 있다.

시골

Richard Mabey, *Flora Britannica* (London : Chatto and Windus, 1996)는 겸손하고 철저하며 예쁘게 나온 책으로서 박물학자와 역사가 모두에게 필수적인 책이다. Gareth Lovell Jones and Richard Mabey, *The Wildwood : In Search of Britain's Ancient Forests* (London : Aurum Press, 1993). Oliver Rackham, *The History of the Countryside* (London : J. M. Dent, 1986)는 정수를 모아 놓은 매력적이고 과학적인 저작이다. J. C. Holt, *Robin Hood* (New York : Thames and Hudson, 1982)는 잘 읽히고 신뢰할 만하다. C. S. and C. S. Orwin, *The Open Field* (Oxford : Oxford University Press, 1938)는 종획 이전의 농경으로서 현재 남아 있는

것에 대한 고전적인, 직접 경험을 바탕으로 한 연구이다. Raymond Williams, *The Country and the City* (New York : Oxford University Press, 1973)는 저자 특유의 지성으로 영문학 분야가 해당 주제를 어떻게 다루는지를 개관한다.

영국 혁명

R. H. Tawney, *The Agrarian Problem in the Sixteenth-Century* (London: Longmans, 1912)는 시초 축적에 대한 웅대하고 당당한 연구이다. 이와 짝을 이루어 시골에서 이루어지는 무정한 수탈에 도시적 측면을 부여하는 연구로서 비정한 범죄 연구서인 A. V. Judges, ed., *The Elizabethan Underworld : A Collection of Tudor and Early Stuart Tracts and Ballads* (London : Routledge, 1930)가 있다. John U. Nef, *Industry and Government in France and England, 1540~1640* (Ithaca : Cornell University Press, 1957)은 짧고 명료한 비교연구이다. 그리고 Buchanan Sharp, *In Contempt of All Authority : Rural Artisans and Riot in the West of England, 1586~1660* (Berkeley : University of California Press, 1980)은 삼림과 관련된 소요를 경제적 구조의 맥락에서 파악한다. Pauline Gregg, *Free-born John : A Biography of John Lilburne* (London : George Harrap, 1961)은 이 민주주의 영웅의 일대기이며, A. S. P. Woodhouse, ed., *Puritanism and Liberty* (Chicago : University of Chicago Press, 1951)는 1차 자료들을 모아 놓았다.

영국 사회사

이 연구는 20세기 후반 영국 사회사 분야의 네 학파 ─ 러스킨, 버밍엄, 캠브리지, 워릭 ─ 중에 아무래도 워릭 학파로부터 (헌법 연구가 추가된 상태로) 발전되어 나왔다. 학자의 고심과 열정으로 쓰인 J. M. Neeson, *Commoners : Common Right, Enclosure and Social Change in England, 1700~1820* (New York : Cambridge University Press, 1993)이 참고해야 할 첫 번째 책이다. 톰슨의 많은 저작 중 둘인 *Customs in Common* (London : Merlin, 1991)에 실린 E. P. Thompson, "The Moral Economy of the English Crowd"와 *The Making of the English Working Class* (New York : Vintage Books, 1963)[에드워드 파머 톰슨, 『영국 노동계급의 형성』 상 · 하, 나종일 외, 창비, 2000]가 고전으로 남아 있다. Robert Malcolmson and Stephanos Mastoris, *The English Pig : A History* (London : Hambledon, 2001)는

다면체 보석이다. Steve Hindle, "'Not by bread only?' Common Right, Parish Relief, and Endowed Charity in a Forest Economy, c. 1600~1800," in *The Poor in England, 1700~1850 : An Economy of Makeshifts*, ed. Steven King and Alannah Tomkins (Manchester : Manchester University Press, 2003). 또한 탁월한 저작인 Steve Hindle, *The State and Social Change in Early Modern England, c. 1550~1640* (New York : St. Martin's, 2000) 참조. Chris Fisher, *Custom, Work and Market Capitalism : The Forest of Dean Colliers, 1788~1888* (London : Croom Helm, 1981)은 훌륭하고 깔끔한 지역 연구이다. Peter Linebaugh, *The London Hanged*, 2nd ed. (London : Verso, 2003)는 커머너들이 범죄자로 취급되는 과정을 서술한다.

Bob Bushaway, *By Rite* (London : Junction Books, 1982)는 수 세대에 걸친 영국 커머너들의 민속과 사회사에 대한 유용한 개관이다. Peter King, "Customary Rights and Women's Earnings : The Importance of Gleaning to the Rural Labouring Poor," *Economic History Review*, 2nd s, 44, no. 3 (1991)와 Jane Humphries, "Enclosures, Common Rights, and Women : The Proletarianization of Families in the Late Eighteenth and Early Nineteenth Centuries," *Journal of Economic History* 50, no. 1 (March 1990)은 여성들이 커먼즈와 맺는 연관에 역사적 깊이를 부여한다.

대서양 지역

E. P. Thompson, *Whigs and Hunters : The Origin of the Waltham Black Act* (New York : Pantheon, 1975)는 Marcus Rediker, *Villains of All Nations : Atlantic Pirates in the Golden Age* (Boston : Beacon Press, 2004)와 함께 읽을 수 있다. 에퀴아노의 전기는 현대판이 있으나, 그랜빌 샤프의 전기는 현대판이 없다는 것이 영국 학계의 특징 중 하나이다. 하지만 Peter Fryer, *Staying Power : The History of Black People in Britain* (London : Pluto, 1984)과 Adam Hochschild, *Bury the Chains : Prophets and Rebels in the Fight to Free an Empire's Slaves* (Boston : Houghton Mifflin, 2005)는 둘 다 이 노예폐지론자에 대해 명료한 생각을 가지는 데 필수적이다. Peter Linebaugh and Marcus Rediker, *The Many-Headed Hydra* (Beacon : Boston, 2000)[피터 라인보우·마커스 레디커, 『히드라』, 정남영·

손지태 옮김, 갈무리, 2008]는 "아래로부터" 쓴 대서양 지역의 역사를 제공한다. Thomas Clarkson, *History of the Rise, Progress, and Accomplishment of the Abolition of the African Slave Trade by the British Parliament* (London : Longman, Hurst, Rees, and Orme, 1808)는 한 민족의 마음을 움직이는 것을 도왔으며, 한편 David Roediger, *The Wages of Whiteness : Race and the Making of the American Working Class* (New York : Verso, 1991)는 중요한 논쟁을 불러일으켰다. Carl Becker, *The Declaration of Independence* (New York : Knopf, 1942)는 독립선언의 철학에 대해 "훌륭한 옛 영국의 교의"라고 쓰고 있는데, 이 견해는 Pauline Maier, *Scripture : Making of the Declaration of Independence* (New York : Knopf, 1997)에서는 그다지 받아들여지지 않고 있다. James A. Epstein, *Radical Expression : Political Language, Ritual, and Symbol in England, 1790~1850* (New York : Oxford University Press, 1994)는 그와 같은 종류로서는 최고의 책이다.

인도

Vandana Shiva, *Staying Alive : Women, Ecology, and Development* (London : Zed, 1989)[반다나 시바, 『살아남기』, 강수영 옮김, 솔출판사, 1998]는 국제적 논쟁을 불러일으켰다. 그리고 Arundhati Roy, *The Cost of Living* (New York : Modern Library, 1999)[아룬다티 로이, 『생존의 비용』, 최인숙 옮김, 문학과지성사, 2003]은 국제적으로 목소리를 내었다. Mike Davis, *Late Victorian Holocausts : El Niño Famines and the Making of the Third World* (London : Verso, 2001)[마이크 데이비스, 『엘니뇨와 제국주의로 본 빈곤의 역사』, 정병선 옮김, 이후, 2008]는 박식하고 현란한데, 기근을 다루지 않는 Madhav Gadgil and Ramachandra Guha, *This Fissured Land : An Ecological History of India* (Berkeley : University of California Press, 1993)와 함께 필수적이고 상호보완적인 저서이다. Ajay Skaria, *Hybrid Histories : Forests, Frontiers and Wildness in Western India* (Delhi : Oxford University Press, 1999)와 Sumit Sarkar, "Primitive Rebellion and Modern Nationalism : A Note on Forest Satyagraha in the Non-Cooperation and Civil Disobedience Movements," in *Critique of Colonial India* (Calcutta : Papyrus, 1985)는 결정적으로 중요한 저서이다. Ross A. Slotten, *The Heretic in Darwin's Court : The Life of Alfred Russel Wallace* (New York : Columbia University Press,

2004)는 진화와 커머닝 사이의 관계라는 문제를 제기한다.

아메리카

이 책의 많은 주제들을 한데 모으는 저서로서 일반 독자들이 읽기에 좋은 몇 권의 특별한 책들이 있다. John Hanson Mitchell, *Trespassing : An Inquiry into the Private Ownership of Land* (Reading, MA : Perseus Books, 1998)가 그중 하나이다. Daniel Worster, *Rivers of Empire : Water, Aridity, and the Growth of the American West* (New York : Pantheon Books, 1985), Rebecca Solnit, *River of Shadows : Eadweard Muybridge and the Technological Wild West* (New York : Viking, 2003), 그리고 Karl Jacoby, *Crimes Against Nature : Squatters, Poachers, Thieves and the Hidden History of American Conservatism* (Berkeley : University of California Press, 2001)은 커머닝과 생태에 대하여 중요한 이야기들을 한다. 커머닝의 도시적 모습들은 Jane Jacobs, *The Death and Life of Great American Cities* (New York : Random House, 1961)[제인 제이콥스, 『미국 대도시의 죽음과 삶』, 유강은 옮김, 그린비, 2010]에서 찾을 수 있다.

대법원에 대해서는 Robert G. McCloskey, *The American Supreme Court* (Chicago : University of Chicago Press, 1960), Eric Foner, *Reconstruction : Americas Unfinished Revolution, 1863~1877* (New York : Harper and Row, 1988), Bernard Schwartz, *A History of the Supreme Court* (NY : Oxford University Press, 1993), Joyce Kornbluh, ed., *Rebel Voices : An I. W. W. Anthology* (Ann Arbor : University of Michigan Press, 1964), David Montgomery, *Workers' Control in America* (New York : Cambridge University Press, 1979)가 기초적 저서이다. Saul Alinsky, *John L. Lewis : An Unauthorized Biography* (New York, 1949), Paul Avrich, *Sacco and Vanzetti : The Anarchist Background* (Princeton : Princeton University Press, 1991) 그리고 Christopher Tomlins, *The State and the Unions : Labor Relations, Law, and the Organized Labor Movement in America, 1880~1960* (New York : Cambridge University Press, 1985)가 좋은 책들이다.

로잰 던바-오티즈의 자서전 *Blood on the Border : A Memoir of the Contra War* (Cambridge, MA : South End Press, 2005)의 3권은 20세기에 일어난 원주민 권

리를 위한 투쟁의 연속성을 표현한다. 또한 그녀의 *Roots of Resistance : Land Tenure in New Mexico, 1680~1980* (Los Angeles : American Indian Studies Center, UCLA, 1980) 참조. Philip J. Deloria, *Playing Indian* (New Haven : Yale University Press, 1998)은 문화적 재현물들을 설명한다. 아프리카계 아메리카인들의 역사와 관련해서는 세 권의 책이 특히 유용하다. 즉 Julie Saville, *The Work of Reconstruction : From Slave to Wage Laborer in South Carolina, 1860~1870* (New York : Cambridge University Press, 1994), Penny Von Eschen, *Race against Empire : Black Americans and Anticolonialism, 1937~1957* (Ithaca : Cornell University Press, 1997) 그리고 Barbara Ransby, *Ella Baker and the Black Freedom Movement : A Radical Democratic Vision* (Chapel Hill : University of North Carolina Press, 2003)이다.

Linda K. Kerber, *No Constitutional Right to Be Ladies : Women and the Obligations of Citizenship* (New York : Hill and Wang, 1998)과 Linda Gordon, *Pitied but not Entitled : Single Mothers and the History of Welfare 1890~1935* (New York : Free Press, 1994)는 아메리카 여성들의 역사에 대한 필수적인 소개서들이다.

기타

Lord Eversley, *Commons, Forests, and Footpaths*, rev. ed. (New York : Cassell, 1910)는 공유지를 지키려는 빅토리아 시대의 투쟁을, 말하자면 제도의 틀 안에 위치시킨다. Susanna Hecht and Alexander Cockburn, *The Fate of the Forest : Developers, Destroyers and Defenders of the Amazon* (London : Verso, 1989)은 앞으로 우리가 다룰 주제들을 앞질러 보여준다. Petr Kropotkin, *The Great French Revolution*, trans. N. F. Dryhurst (1909; New York : Schocken Books, 1971)은 코뮤니즘과 커먼즈를 두려워하지 않는, 찬사를 받아 마땅한 내러티브이다. Albert Boime, *Art and the French Commune : Imagining Paris after War and Revolution* (Princeton : Princeton University Press, 1995)은 인상파 화가들의 인상 아래에서 범죄를 본다. Henry Miller, *The Air-Conditioned Nightmare* (1945; New York : New Directions, 1970)는 해당 주제를 이해하는 데 큰 도움을 줄 수 있다. Waiter Carruthers Sellar and Robert Julian Yeatman, *1066 and All That : A Memorable*

History of England (New York : E. P. Dutton, 1931)는 웃음으로 가득 차 있다. 그리고 Mary Poovey, *A History of the Modern Fact* (Chicago : University of Chicago Press, 1998)는 깊은 생각으로 가득 차 있다. 이 두 저서는 서로 다른 방식으로 "전문지식"과 정신의 종획 사이의 관계를 탐구한다.

커머니즘의 귀환

나는 이 책의 저자 피터 라인보우가 마커스 레디커와 함께 지은 『히드라』의 번역에 참여한 인연으로 이 책의 번역을 수락하였으며, 거작인 『히드라』의 존재 때문인지 번역을 시작할 때 이 책의 내용에 그렇게 큰 기대를 한 것은 아니었다. 그러나 번역을 시작한 지 얼마 안 되어서 이 책의 내용이 매우 중요하다는 생각을 점점 더 갖게 되었으며, 이 책의 내용을 가능한 한 빠르게 대중에게 소개하는 것이 중요하다고 생각하게 되었다. 그런데 안타깝게도 나의 개인적 상황으로 인해서 번역을 빨리 진행하지 못했다. 나는 '백수'의 위치를 스스로 선택하고 나서야 비로소 이 책의 번역에 집중할 수 있었으며, 그 결과로 드디어 이 책의 내용을 선보일 수 있게 되었다.

이 책의 전체 내용에 대한 간결하거나 포괄적이거나 자세한 소개는 서평자들과 연구자들 및 이론적 활동가들에게 맡긴다. 이 후기에서 나는 이 책에서 가장 의미심장하다고 생각되는 측면 하나를 말해 보고자 한다.

이 책에서 저자 라인보우는 마그나카르타 즉 자유대헌장과 그 짝인 삼림헌장이 1215년 잉글랜드에서 탄생한 이후로 잉글랜드를 비롯한 세계의 주된 지역들에서 겪은 운명을 서술한다. 이 서술을 통해 저자가 제시하고자 하는 것은, 적어도 마그나카르타를 탄생시킨 시대까지 살아 있었으며, 자본주의를 시동한 종획과 함께 파괴되기 시작했고, 현대 자본주의에 들어와서는 그 원래의 터전(공유지the commons)을 잃고 그 기억마저 흐려지고 왜곡되었지만 완전히 사라지지는 않고 미래에 새롭게 복원될 잠재적 형태로 존속해 온 삶의 방식이다. 우리는 이 삶의 방식을 '커머니즘'commonism 이라고 부를 수 있다. (라인보우가 커머니즘의 현재적 의미를 구성하는 원칙들로서 끌어내는 것은 한편으로는 고문금지, 인신보호영장, 법의 적정절차, 배심재판 등의 자유권들이며, 다른 한편으로는 특히 삼림헌장에서 파생되는 공유지 관련 5원칙 즉 생계자급, 반종획, 이웃공동체, 여행의 자유, 배상의 원칙들이다.)

라인보우가 제시하는 커머니즘이 가진 의미심장함은, 예컨대 네그리와 하트의 3부작 『제국』Empire·『다중』Multitude 1·『공통체』Commonwealth 에 의해 포괄적으로 제시되며 자율주의·다중·삶정치 등의 이름들과 긴밀하게 연관된 코뮤니즘 정치이론의 보완이자 진전으로 읽을 때 가장 잘 부각될 수 있을 것 같다.

우선 네그리와 하트에게서 중심적인 위치에 있는 '공통적인 것'the common이라는 개념에 대한 보완이 된다. 네그리와 하트에게서 공통적인 것은 한편으로는 재화의 측면에서 다루어지고 다른 한편으로는 주로 자본주의와의 내적 연관의 측면에서 다루어진다. 라인보우가 이 책에서 제시하는 '공통적인 것'은 한편으로는 삶의 방식 전체의 문제이며(재화는 당연히 포함된다), 다른 한편으로는 자본주의 이전에 실제로 존재했던 공유지the commons와 연관된다. ('common'이라는 단어와 그 파생어들에 대해서는 이 책의 앞에 달린 설명을 참조하라.) 바꾸어 말하자면, 네그리와 하트가 자본주의적 생산방식이 그 의도와 달리 구축하는 새로운 사회의 물적 토대를 분석하는 것 ─ 이는 맑스의 통찰에 따른 것이다 ─ 에 초점을 두었던 반면, 라인보우는 (자본이 완전히 파괴하지는 못한) 자본주의 이전의 삶의 방식이 가지는 현재적 의미에 더 초점을 맞춘다.

　　자본과 적대적인 동시에 유기적으로 짝을 이루는 노동계급은 역사적으로 자본주의 이전의 커머너들commoners의 후예들이다. 따라서 라인보우의 논의는 노동계급에 계보를 부여한다. 그러나 다른 한편으로 전통적 맑스주의에서 흔히 보이는 노동계급(특히 산업노동계급) 중심주의는 라인보우에게서는 사라진다. 커머너의 관점에서 볼 때 중요한 것은 노동을 하느냐 안 하느냐, 혹은 무슨 노동을 하느냐가 아니라 사적 소유와는 다른 원리에 기반을 둔 삶의 방식이기 때문이다. 네그리와 하트도 산업노동자가 노동자의 다른 층보다 (혹은 노동자 일반이 프롤레타리아의 다른 층보다) 우월하다는 생각은 탈근대의 자본주의에서는 더 이상 타당하지 않다는 결론을 내리는데, 이는 예의 계보적 관점에서가 아니라 자본주의의 진전으로 인하여 일어난 변형 ― 노동의 공통되기 ― 을 기반으로 한 결론이다. 이 점에서도 라인보우의 논의는 네그리와 하트의 견해에 대한 보완이 된다.

라인보우의 계보적 관점은 진보주의, 더 정확하게는 근대를 진보로 보는 입장 ― 이는 전통적 맑스주의자들을 포함한 좌파의 다수에게서 발견된다 ― 도 무력화시킨다. 라인보우의 입장에서 볼 때 공유지의 파괴는 당대의 주된 프롤레타리아인 커머너들의 패배이다. 이웃공동체에 기반을 둔 민주주의가 파괴되었고, 생계자급의 기반이 파괴되었던 것이다. 따라서 자본주의 성립의 역사는 패배의 역사요 후퇴의 역사이다. 산업혁명은 결코 진보적 사건이 아니요 그에 상응하는, 부르주아 민주주의의 확립과정도 결코 진보적인 사건이 아니다. (만일 진보적이라고 불릴 수 있는 것이 있다면, 그것은 커머니즘의 원칙들이 새로운 역사적 조건에서 현실화되는 경우들이리라!) 맑스가 자본의 "역사적 사명"(생산력의 일정한 증가)이라고 부른 것은 자본의 온전한 본질이 아니라 그 역설적인 측면 하나를 말한 것일 뿐이다. 네그리와 하트는 『공통체』 2부 2장에서 맑스에게서, 그리고 여러 형태의 맑스주의들에서 이 문제가 어떻게 나타나는지를 다루는데, 맑스의 경우 근대를 진보로 보는 견해와의 단절이 나타나는 사례로 러시아 농촌공동체에 대한 논쟁에서 맑스가 취한 입장을 들고 있다. 네그리와 하트는 맑스의 이러한 반(反)근대성이 (맑스가 명확하게 표현하고 있지는 못하고 직관의 형태로 파악하는 바이지만) 공통적인 것에 뿌리를 박고 있음을 지적한다. 바로 이런 점에서도 라인보우의 논의는 네그리와 하트의 견해에 대한 보완이 된다. 라인보우는 맑스의 코뮤니즘의 출발점이 바로 그 이전 시대의 공유지의 삶에 있음을 안다("어린 시절의 모젤 농민들의 공유지에서 자신의 코뮤니즘의 출발점을 본 맑스", 10장). 그리고 『자본론』이후에 맑스의 이러한 인식이 시작되었음을 지적한다.

> 맑스는 『자본론』(1867)을 출판한 지 얼마 안 되어서 바로 이 대목을 만나게 된다. 엥겔스에게 쓴 이례적인 편지에서 맑스는 어떻게 그 대목이 그림 형제들에 의해서 잘못 번역되었는가를 지적하고 나서, 그가 어릴 적에 그의 아버지가 그에게 한 말을 기억하고는, 동향인 의 자긍심을 가지고 "**바로 내** 이웃에" 고래의 게르만 방식의 커머닝 commoning이 존속했다고 소리쳤다.(12장)

이미 말했듯이, 라인보우가 이 책에서 하는 주된 일은, 근대를 거쳐 탈근대로 이르는 과정에서 커머니즘의 터전이 어떤 식으로 파괴당했는가, 또한 커머니즘을 구성하는 원칙들이 어떻게 축소되고 유실되고 변질되었는가를 보여주는 것이다. 라인보우는 근대를 진보로 보는 사고방식을 따를 수가 없는 것이다. 바로 이런 점에서 라인보우의 논의는 네그리와 하트의 논의에 대한 보완이 되는 것이다.

사실 맑스의 후기 견해를 꼭 거론하지 않더라도 우리의 시야를 『자본론』에 국한시키지 않고 『정치경제학 비판 요강』같은 저작에도 눈을 돌린다면, 맑스가 역사를 단순히 선형의 진보과정으로 보지 않는다는 것을 알 수 있다. 이 자리에서 자세하게 논의할 수는 없지만 맑스가 『정치경제학 비판 요강』의 일부 대목들[2]에서 제시하는 것은 현재 속에 과거와 미래가 이미 들어 있다는 통찰이다. (이러한 통찰이 함축하는 것은 시간이 직선 혹은 직렬의 형태가 아니라 중첩 혹은 병렬의 형태로 존재한다는 생각이다. 들뢰즈가 말하는 아이온의 시간이다.) 라인보우가 언급한 맑스의 편지에 나오는 "가장 오래된 것 속에서 가장 새로운 것을 발견하는 것"과 같은 대목이 이러한 중첩된 시간관을 확인해 준다. (라인보우는 이 대목을 원용하지는 않았다.) 라인보우가 이 책의 12장 「결론」의 제사로 뽑은 블레이크의 시행 "기억의 딸들은 영감의 딸들이 될 것이다"는 바로 이러한 시간관의 시적 표현이다.

앞에서 언급한 3부작에 나타난 네그리와 하트의 견해에 특징적인 것들 중 또 하나는 정치와 경제를 분리하지 않는 것이다. 네그리와 하트는 정치와 경제의 경계가 붕괴되었다는 것을 탈근대의 특징으로 단순히 지적하는 데 그치는 것이 아니다. 네그리와 하트는 경제 영역에서 일어난 (삶정치적 생산이라고 불리는) 변형에서 새로운 정치의 무기들을 찾는다. (사실 이 또한 맑스의 통찰에 따른 것이다.) 라인보우가 특히 삼림헌장을 부각시키면서 말하려는 것도 정치(상부구조)와 경제의 결합이다. "두 헌장들의 메시지와 이 책의 메시지는 명백하다. 정치적·사법적 권리는 경제적 토대 위에서만 존재할 수 있다는 것이다. 우리가 자유로운 시민들이 되려며, 그와 동시에 평등한 생산자이자 소비자가 되어야 한다."(1장) 이 점에서 또한 라인보우의 논의는 네그리와 하트의 견해에 대한 보완이 된다.

사실 정치와 경제의 분리는 공유지(커먼즈)의 파괴로 인해 시작되었다. 그리고 공유지를 파괴한 것은 자본주의적 사적 소유의 형성이다. 맑스는 「베라 자술리치에게 보내는 편지의 초안」(1881)에서 "개인의 노동에 기반을 둔 **사적 소유** …… 가 타인의 노동, 즉 임금노동에 기반을 둔 **자본주의적 사적 소유**에 의해 대체될 것이다"(『자본론』 1권, 32장)라는 부분을 인용한 다음 "이렇듯 궁극적으로 중요한 것은 **사적 소유의 한 형태가 다른 형태의 사적 소유로 변형되는 것**"임을 확실히 해 준다. 이어지는 문장 — "러시아 농민들의 손에 있는 땅은 그들의 사유재산이었던 적이 없으니 어떻게 이러한 전개[자본주의적 사적 소유로의 변형 — 인용자]가 적용될 수 있는가" — 은 자본주의적 사적 소유로의 변형이 역사적으로 필연적인 과정이 아님을 분명히 한다. 그리고 이러한 맑스의 생각에 따르면 이러한 변형이 이미 일어난 경우(자본주의 사회에 이미 진입한 경우)의 과제는 당연하게도 사적 소유의 폐지이다. 맑스가 "자본의 사명"이라고 자신이 부른 측면, 즉 자본이 생산력을 발전시키고 새로운 사회의 물적 토대를 구축하는 측면을 놓치지 않는 것도 바로 이 사적 소유의 폐지라는 관점에서이지, 자본주의적 생산방식을 역사적으로 필연적인 것으로, 반드시 거쳐야 할 것으로 보는 것과는 거리가 멀다.

자본주의적 사적 소유의 형성과정은 커머닝에 기반을 둔 삶이 파괴되는 과정이며 그럼으로써 생산자가 생산수단으로부터 분리되는 과정이다. 이러한 분리의 결과로 형성되는 것이 '공적인 것 / 사적인 것'이라는 짝이며, 바로 이것이 근대 국가 성립의 토대이고[3] 동시에 정치와 경제의 분리의 토대이다. 사적인 것은 경제의 영역이 되고 자본이 장악한다. 공적인 것은 정치와 법의 영역이 되고 국가가 장악한다. 그렇기 때문에 맑스가 제기하는 프롤레타리아의 과제는 국가권력의 장악이 될 수 없다. 맑스주의 전통의 일부가 국가권력의 장악을 혁명의 필수적 요소로서 간주한 것(노동자 국가가 가능하다고 생각한 것)은 매우 불행한 일이다. 이는 자신의 목을 감은 밧줄이 되면 그 밧줄이 사라진다고 믿는 것이나 다름없지 않은가! 예의 3부작의 세 번째 책인 『공통체』에서 네그리와 하트는 ('소유의 공화국'에 대한 비판의 형태로) 자본주의적 국가와 자본의 통치체제에 대한 가장 근본적인 비판을 가한다. 라인보우가 이 책에서 부각시키는 커먼즈의 역사는 바로 이 비판에 선명한 계보를 부여한다. 네그리와 하트에 의해 '다중'으로 지칭되는 현대의 프롤레타리아가 근대 이전의 커머너들의 후예라는 점이 명확히 될 때, 더 나아가 현대의 커머너라는 점이 명확히 될 때, 계급의 폐지·국가의 폐지·사적 소유의 폐지·생산자와 생산수단의 결합이라는 역사적 과제가 흐려지는 일은 일어나지 않는다.

요약하자면, 라인보우의 커머니즘은 (국가 및 정당과의 관계에 의해 종종 오염되는) 기존의 코뮤니즘을 치유하고 라인보우가 제시하는 커머너의 형상은 네그리와 하트가 제시하는 다중의 형상을 보완한다. 그런데 여기서 '보완'은 부족한 부분을 채워서 어떤 '완결'돼 (그렇기 때문에 고정될) 사고체계를 이루는 방향으로 기여함을 의미하지 않는다. 여기서 '보완'은 '진전'과 연속체를 이룬다. 이론의 완결은 곧 이론의 죽음을 의미한다. 현실의 변화를 따라잡지 못하기 때문이다. 모든 혁명적 이론은 끊임없는 진전으로 이루어진다. (한 이론가에 국한시켰을 때 이 끊임없는 진전의 가장 탁월한 사례 중 하나가 바로 맑스일 것이다.) 네그리와 하트에게서도 이 책에서 라인보우가 제시한 것과 같은 방향으로 진전이 일어나고 있다. (라인보우의 저작의 영향이 이와 무관하지 않을 것이며, 이러한 상호작용 또한 진전의 주요한 요소이다.) 최근에 나온 『선언』*Declaration*의 마지막 장 「다음 — 커머너의 사건」 Next : Event of the Commoner에서 네그리와 하트는 '커머너'의 형상을 의미심장하게 제시한다. 이 대목을 조금 길게 인용하면서 후기를 마친다.

우리가 여기서 택하는 '**커머너**'라는 용어는 중세 잉글랜드로 소급되는 생산적 성격을 보존하면서도 그것보다 더 나아가야 한다. 커머너들은 그저 그들이 일하기 때문에 '커먼'한 것이 아니라 더 중요하게는 공통적인 것에 입각하여 일하기 때문에 '커먼'하다. 바꾸어 말하자면 우리는 빵 굽는 사람baker, 옷감 짜는 사람weaver, 방아 돌리는 사람miller의 경우에 직업을 가리키는 말을 이해하듯이 '**커머너**'라는 용어를 이해해야 한다. 빵 굽는 사람이 빵을 굽고, 옷감 짜는 사람이 옷감을 짜고, 방아 돌리는 사람이 방아를 돌리듯이, 커머너는 커머닝을 한다. 다시 말하자면, 공통적인 것을 만든다.

따라서 커머너는 비범한 과제 — 사유재산을 모든 이의 접근과 향유가 가능하도록 개방하는 일, 국가의 권위에 의하여 통제되는 공적 재산을 공통적인 것으로 전환하는 일, 그리고 모든 경우마다 공통의 부를 민주적 참여를 통하여 관리하고 발전·지속시키는 메커니즘들을 발견하는 일 ─ 를 성취하는 보통사람이다. 그렇다면, 커머너의 과제는 빈자들이 자급할 수 있도록 들판과 강에 대한 접근을 제공하는 것만이 아니라 아이디어, 이미지, 코드, 음악, 정보의 자유로운 교환을 위한 수단을 창출하는 것이기도 하다. 우리는 이미 이 과제를 성취할 선결 조건들의 일부를 살펴보았다. 사회적 유대를 창출할 능력, 특이성들이 차이를 통해 소통할 능력, 공포가 없는 상태가 가져다 주는 진정한 안전, 그리고 민주적인 정치 행동을 할 능력이 그것이다. 커머너는 구성적 참여자이다. 즉 공통적인 것의 개방적 공유에 기반을 둔 민주적 사회를 구성하는 데 토대가 되고 필요한 주체성이다.

:: 후주

한국어판 서문

1. Jessica Mitford, *Hons and Rebels* (London : Gollancz, 1960), 191.

2. George Katsiaficas and Na Kahn-chae (eds.), *South Korean Democracy : Legacy of the Gwangju Uprising* (New York: Routledge, 2006).

3. [옮긴이] 'commonweal'(공통의 행복)은 'commonwealth'(공통의 부)처럼 어떤 공동체를 지칭할 수도 있다. 이런 경우 양자 모두 '공통체'로 옮겨질 수 있다. 이어지는 설명에서 보겠지만, '공통체'는 '공화국'과는 다른, 다시 말해서 근대 국가와는 다른 성격의 공동체이다.

4. David Rollison, *A Commonwealth of the People : Popular Politics and England's Long Social Revolution, 1066~1649* (Cambridge : Cambridge University Press, 2010).

5. 라틴어 원문은 "Nempe reverso domum, cum uxore fabulandum est, garriendum cum liberis, colloquendum cum ministris …… "이다.

6. [옮긴이] 케트의 반란은 1549년에 일어났다.

7. Silivia Federici, *Caliban and the Witch : Women, The Body, and Primitive Accumulation* (New York : Autonomedia, 2004) [실비아 페데리치, 『캘리번과 마녀』, 황성원·김민철 옮김, 갈무리, 2011].

8. T. Thomas Fortune, *Black and White : Land and Labor in the South* (New York : Fords, Howard & Hulbert, 1884), pp. 217, 233.

9. Carlos Bulosan, *America is in the Heart* (New York: Harcourt, Brace, & Co., 1946). [옮긴이] 불로싼은 영어로 소설을 쓴 필리핀 소설가이며 17세에 미국으로 건너가 나머지 생애를 미국에서 보냈다.

10. [옮긴이] 더스트보울 시기와 우디 거스리에 대해서는 이 책의 10장 참조.

11. Ronald Briley, "Woody Sez : The People's Daily World and Indigenous Radicalism," *California History*, vol. 84, no. 1 (fall 2006), p. 35.

12. *Wall Street Journal*, 8 March 2007.

13. Elinor Otrom, *Governing the Commons : Evolution of Institutions for Collective Action* (Cambridge University Press, 1993).

14. 혹은 전적으로 다른 의미 차원에서는 '커먼즈'가 의회나 오물, 하원이나 화장실을 가리킬 수 있다. Francis Grose, *A Dictionary of the Vulgar Tongue* (1785).

15. E. P. Thomson, "Christopher Caudwell," *Persons & Polemics* (London : Merlin Press, 1994) 참조. 그들은 코민테른 4차 총회(1922)에서 레닌의 말을 인용한 것이었다.

1. [옮긴이] 실에 매단 도토리를 상대편 것에 부딪쳐서 깨뜨린 사람이 이기는 놀이. 저자는 마로니에 열매로 이 놀이를 한 것임.

2. [옮긴이] 오아하까(Oaxaca)는 멕시코의 주이다.

3. [옮긴이] 〈몬티 파이손〉(Monty Python)은 〈몬티 파이손의 날아다니는 써커스〉(Monty Python's Flying Circus, 1969년 10월 5일 첫 방송)라는 프로그램을 제작한 영국의 초현실적 코미디 그룹이었다. 이 저서에 인용되는 것은 이 그룹이 제작한 영화 〈몬티 파이손과 성배〉(Monty Python and the Holy Grail, 1975)이다.

4. [옮긴이] 〈렉시스넥시스〉 그룹(LexisNexis Group)은 컴퓨터에 기반을 둔 법연구 써비스를 제공한다.

1장 서설

1. 「1994년 2월 회담 동안에 사빠띠스따들이 제출한 요구들」에서 마그나카르타가 언급된다. 이 문서는 인터넷에서 마르꼬스의 위대한 연설 「남동부에 부는 두 바람 : 폭풍과 예언」(The Southeast in Two Winds : A Storm and a Prophecy)이 올려져 있는 곳에서 쉽게 구해 볼 수 있다. 책으로는 *Zapatistas! Documents of the New Mexican Revolution* (New York : Autonomedia Press, 1994) 참조.

2. [옮긴이] '에히도'(ejido)는 멕시코에서 농업에 사용되는 공유지이다.

3. Normitsu Onishi, "As Oil Riches Flow, a Poor Village Rises UP," *New York Times*, 22 December 2002.

4. [옮긴이] '수탈'(expropriation)은 자본의 시초 축적 시기의 강탈 방식으로서 공유지에 집약된 공통재를 사유화하는 과정을 말한다. 이는 자본주의가 본격화되면서 자본주의적 생산방식에 고유한 축적방식인 '착취'(exploitation)에 자리를 내준다. 그러나 현대 자본주의에 와서는 '수탈'의 핵심인 '사유화'가 다시 시대를 뛰어넘어 우세해지고 있다.

5. [옮긴이] 스위든(swidden) 농업 : 우리의 '화전'과 비슷한 것으로 이해하면 될 것이다.

6. Tuong Vi Pham, "Gender and the Management of Nature Reserves in Vietnam," *Kyoto Review of Southeast Asia* (October 2002).

7. Karl Jacoby, *Crimes Against Nature : Squatters, Poachers, Thieves, and the Hidden History of American Conservation* (Berkeley : University of California Press, 2001), 2, 50.

8. Roy Tomlinson, "Forests and Woodlands" in *Atlas of the Irish Rural Landscape*, ed. F. H. A. Aalen, Kevin Whelan, and Matthew Stout (Cork : Cork University Press, 1997), 122.

9. [옮긴이] '아일링'(aisling)은 '꿈에서 보는 듯한 환상'(dream vision)을 의미하는 아일랜드어로서, 시의 한 장르를 지칭하기도 한다.

10. Atluri Murali, "Whose Tress? Forest Practices and Local Communities in Andhra, 1600~1922," in *Nature, Culture, Imperialism : Essays on the Environmental History of*

South Asia, ed. David Arnold and Ramachandra Guha (Delhi : Oxford University Press, 1995), 97. 또한 Ramachandra Guha, *The Unquiet Woods : Ecological Change and Peasant Resistance in the Himalaya* (Berkeley : University of California Press, 1989) 참조.

11. Susan Hecht and Alexander Cockburn, *The Fate of the Forest : Developers, Destroyers and Defenders of the Amazon* (London : Verso, 1989). [옮긴이] '엠빠떼'는 서양 언론이 보통 'standoff'(비기기)로 옮기지만, 실제로는 결코 뒤로 물러서지 않고 반드시 문제를 해결하겠다는 단호함에 기반을 둔 투쟁이라고 한다. 이에 대해서는 Andrew Revkin, *The Burning Season : The Murder of Chico Mendes and the Fight for the Amazon Rain Forest* (Washington D. C. : Island Press, 2004) 참조.

12. 특히 Midnight Notes, *Midnight Oil, Work, Energy, War, 1973~1992* (New York : Autonomedia, 1992), 303~33 참조.

13. Michael Watts, "Petro-Violence : Community, Extraction, and Political Ecology of a Mythic Commodity," in *Violent Environments*, ed. Michael Watts and Nancy Peluso (Ithaca : Cornell University Press, 2001), 189~212.

14. 고어 용어들 혹은 전문적 용어들은 책 후반부의 용어모음에서 설명될 것이다.

15. [옮긴이] 'common' 및 그로부터 파생된 여러 단어들의 번역에 관해서는 책 앞에 붙인 별도의 설명을 참고하라.

16. [옮긴이] 1215년의 마그나카르타는 3개월도 채 못가서 유야무야 되었다.

17. [옮긴이] 윌리엄 1세(1066년부터 1087년까지 재위)는 자신에게 충성을 맹세하여 자신으로부터 직접 땅(봉토)을 하사받은 자들을 구분하기 위해 'baron'이라는 지위를 도입했다. 처음에는 '백작들'(earls)도 땅을 직접 왕으로부터 하사받았으며 'baron'이라고 불렸다고 한다. 이 'baron'들의 회의로부터 상원이 발전해 나온다. 이 시기의 'baron'을 나중에 다섯 작위의 말석을 차지하는 '남작'과 구분하기 위하여 '국왕봉신'으로 옮긴다.

18. "Magna Carta Date Tops Poll as Best Choice for a National Day," *The Guardian*, 30 May 2006.

19. [옮긴이] '자유헌장들'(the Charters of Liberties)은 마그나카르타와 삼림헌장을 함께 지칭하는 말이다.

20. 엘리자베스 시대의 재정법원은 침해된 관습을 복구하여 "바람에 쓰러진 나무들, 뿌리가 약해서 쓰러진 나무 그리고 가지들"을 취할 수 있게 하는 법령을 반포하였는데, 후자는 "또한 벌들이 앉는 만큼, 그리고 나무에서 발견되는 꿀만큼이었고, 주된 나뭇가지나 나무줄기 자체를 통째로 베지는 않는 것"으로 정의되었다. Percival Lewis, *Historical Inquiries concerning Forests and Forest Laws with Topographical Remarks upon the Ancient and Modern State of New Forest* (London : T. Payne, 1811), 186. 또한 Clarence J. Glacken, *Traces on the Rhodian Shore : Nature and Culture in Western Thought from Ancient Times to the End of the Eighteen Century* (Berkeley : University of California Press, 1967), 322 참조.

마그나카르타와 삼림헌장의 텍스트 전체는 이 책에 부록으로 실려 있다. 여러 세기에 걸쳐 라틴어를 영어로 번역한 판본이 여럿 있으며, 그래서 철자와 단어사용에서 다소 서로 맞지 않는 것들이 있다.

21. D. Brandis, *Memorandum on the Demarcation of the Public Forests in the Madras Presidency* (Simla, 1878).

22. Garrett Hardin, "The Tragedy of the Commons," *Science* 162 (1968) : 1243~48.

23. [옮긴이] '자유권'(liberty)은 국왕 등이 부여하는 특권이다. '헌장'(charter)은 이러한 특권을 부여하는 문서이다.

24. [옮긴이] 자본의 시초 축적 단계의 이른바 '종획운동'(모두의 것에 울타리를 쳐서 사유재산으로 만드는 행동)에 해당하는 것이 우리 시대에 일어난 것을 말한다.

25. www.nacbs.org/report/html 참조. 또한 Antoinette Burton, "When Was Britain? Nostalgia for the Nation at the End of the 'American Century,' " *Journal of Modern History* 75 (June 2003). 잉글랜드의 사회사 학회지들인 *History Workshop*이나 *Past and Present*는 자유헌장들에 대해서 발표한 것이 거의 없다.

26. Silvia Federici, ed., *Enduring Western Civilization : The Construction of the Concept of Western Civilization and Its "Others"* (Westport : Praeger, 1995).

27. Maria Mies and Veronika Bennholdt-Thomsen, *The Subsistence Perspective : Beyond the Globalised Economy*, trans. Patrick Camiller, Mies and Gerd Wieh (New York : Zed Books, 1999).

28. "QC for Detainees Quits over Terror Law," *The Guardian*, 20 December 2004.

29. *Parliamentary Debates*, Lords, 5th ser., vol. 56 (2004).

30. [옮긴이] 레인보로우 대령(Colonel Thomas Rainborough, 1610~1648)은 앞에서도 언급된 바 있는 푸트니 논쟁의 주역이다. 이에 대해서는 피터 라인보우·마커스 레디커 지음, 『히드라』, 정남영·손지태 옮김, 갈무리, 2008의 4장 참조.

31. Michael Ratner, "From Magna Carta to Abu Ghraib : Detention, Summary Trial, Disappearances and Tortures in America," the Clara Boudin Lecture, City College of New York, spring 2005.

32. Hippolyte Delehaye, *The Legends of the Saints*, trans. V. M. Crawford (New York : Longmans, Green, 1907), 190, 212.

33. C. Wright Mills, *The Sociological Imagination* (New York : Oxford University Press, 1959) [C. 라이트 밀즈, 『사회학적 상상력』, 강희경·이해찬 옮김, 돌베개, 2004].

2장 두 개의 헌장

1. [옮긴이] 〈매사추세츠자유법〉(The Massachusetts Body of Liberties)은 뉴잉글랜드의 유럽 식민지 개척자들이 제정한 최초의 법이다.

2. 마그나카르타의 영향력에 대해서는 Alan Harding, *A Social History of English Law* (Baltimore : Penguin Books, 1966), 55 참조.

3. Winston Churchill, *The Birth of Britain*, vol. 1. of *A History of the English-Speaking Peoples* (New York : Dodd, Mead, 1956), vii, xvi.

4. Geoffrey Robertson, *Crimes Against Humanity : The Struggle for Global Justice* (New York : New Press, 1999), 2~3. 또한 Anne Pallister, *Magna Carta : The Heritage of Liberty* (Oxford : Clarendon Press, 1971) 참조.

5. Simon Schama, *A History of Britain : At the Edge of the World* (New York : Hyperion, 2000), 65. John Cleese et. al., *Monty Python and the Holy Grail* (1975)[존 클리스 외, 〈몬티 파이튼의 성배〉, 2010].

6. Silvia Federici, *Caliban and the Witch : Women, The Body, and Primitive Accumulation* (New York : Autonomedia, 2004) [실비아 페데리치, 『캘리번과 마녀 : 여성, 신체, 그리고 시초축적』, 황성원·김민철 옮김, 2011, 갈무리].

7. Norman Cohn, *The Pursuit of the Millennium : Revolutionary Millenarians and Mystical Anarchists of the Middle Ages*, rev. ed. (New York : Oxford University Press, 1970), 66~71.

8. [옮긴이] 카타리파(Cathars) : 이원론적이고 신비주의적인 중세 유럽의 기독교파. 가톨릭 교회의 알비젠스 십자군원정(Albigensian Crusade)에 의해 절멸당했다.

9. [옮긴이] 월든스파(Waldensians) : 중세 후기의 복음주의적 기독교파.

10. [옮긴이] 프라티첼리파(Fraticelli) : 프란체스코 수도회로 그 기원이 소급되는 중세 가톨릭 분파. 'Fraticelli'는 '작은 형제들'이라는 의미이다.

11. [옮긴이] '자유로운 정신의 형제들'(Brethren of the Free Spirit)은 13, 14세기에 북부 유럽에서 번성했던 평신도 기독교 운동이다.

12. Frances Gies and Joseph Gies, *Women in the Middle Ages* (New York : Crowell, 1978), 28.

13. Reinhold Röricht, "Ordinacio de predicatione S. Crucis, in Anglia," in *Quinti belli sacri scriptores* (Geneva, 1879), James M. Powell, *Anatomy of a Crusade, 1213~1221* (Philadelphia : University of Pennsylvania, 1986), 52에서 재인용.

14. [옮긴이] '화체'(transsubstantiation)는 성찬식에서 빵과 포도주가 예수의 살과 피로 변하는 것을 말한다.

15. 음유시인 싸라진(Sarrazin)의 *Histoire des ducs de Normandie et des rois d'Angleterre*는 1220년에 집필되었지만, 1840년에야 비로소 출판되었다. 여성들이 기피하는 남편들의 네 유형은 광인, 악당, 불구자, 성적으로 무기력한 자들이다.

16. J. C. Holt, *Magna Carta*, 2nd ed. (Cambridge : Cambridge University Press, 1992), 46.

17. Federici, *Caliban and the Witch*, 1장 [페데리치, 『캘리번과 마녀』, 1장] 참조. 또한 Terisa E. Turner and Leigh S. Brownhill, eds., "Gender, Feminism and the Civil Commons," *Canadian Journal of Development Studies* 22 (2001) 참조(중요한 글들을 모아 놓은 것이다).

18. [옮긴이] 이는 주권자가 자치도시의 창설 때 주는 것으로서 영어로는 '헌장'과 마찬가지로 'charter'이다. 사실 '헌장'도 봉건적 맥락에서는 왕이 부여하는 '특허장'의 한 형태이다 .

19. [옮긴이] 저자는 부록에 실은 것과는 다른 영어본을 본문에서 사용하기도 한다. 옮긴이는 혼동을 피하기 위해 부록에 번역된 것을 그대로 본문에서 사용할 것이다.

20. [옮긴이] 'meum'과 'tuum'은 각각 '나의 것'과 '너의 것'을 의미하는 라틴어이다.

21. [옮긴이] '폐림하다'(disafforest)의 반대말은 '전림하다'(afforest)이다. 본문에도 나오지만, 봉
    건 시대의 맥락에서 '삼림'(forest)은 '숲'(woods)의 단순한 유사어가 아니라 보통 왕의 관할 아
    래 둔 사냥터로서의 숲이라는 법적 의미를 가진다. 따라서 봉건 시대의 '삼림'의 의미와 근대 이후
    의 '삼림'의 의미가 다를 수 있다. (이 텍스트에서도 마찬가지이다.) 후자의 경우에는 '숲'과 의미
    가 거의 다르지 않다. '전림'과 '폐림'에 대해서는 뒤의 용어설명을 참조하라.

22. Maria Mies and Veronika Bennholdt-Thomsen, *The Subsistence Perspective : Beyond
    the Globalised Economy*, trans. Patrick Camiller, Maria Mies, and Gerd Wieh (New York : Zed,
    1999). [옮긴이] 한 글에서 마리아 미즈는 '생계자급'은 "상품생산과 정반대되는 것"이며 "삶의 생
    산"이라고 설명하고 있다. 상품을 통하지 않고 인간의 욕구를 직접적으로 충족시키는 것이 바로
    생계자급이라는 것이다. http://www.republicart.net/disc/aeas/mies01_en.htm 참조.

23. Marc Bloch, *French Rural History*, trans. Janet Sondheimer (Berkeley : University of
    California Press, 1966), 6 [마크 블로흐, 『프랑스 농촌사의 기본성격』, 이기영 옮김, 나남출판,
    2007].

24. [옮긴이] '클론'(clone)은 영양 생식에 의하여 모체로부터 분리 증식한 식물군.

25. Oliver Rackham, *The History of the Countryside* (London : J. M. Dent, 1986), 66.

26. Nancy Lee Peluso and Peter Vandergeest, "Genealogies of the Political Forest and
    Customary Rights in Indonesia, Malaysia, and Thailand," *Journal of Asian Studies* 60, no.
    I (August 2001) : 761~812.

27. J. R. Maddicott, "Magna Carta and the Local Community," *Past & Present* 102 (February
    1984) : 37, 72.

28. Holt, *Magna Carta*, 52.

29. Maddicott, "Magna Carta," 27.

30. William Sharp McKechnie, *Magna Carta : A Commentary on the Great Charter of King
    John* (Glasgow : J. Macklehose and Sons, 1914), 141.

31. William Stubbs, *The Constitutional History of England* (Oxford : Clarendon Press, 1894),
    2 : 25.

32. 삼림헌장의 원본들은 옥스퍼드의 보들리언 도서관(the Bodeleian Library)과 더럼 성당
    (Durham Cathedral)에 있으며 섭정의 증인(證印)은 초록색으로, 교황이 보낸 사절의 증인은 노
    란색으로 되어 있다.

33. Holt, *Magna Carta*, 275.

34. 네 개의 원본이 보존되어 남아 있는데, 하나는 쏠즈베리 성당(Salisbury Cathedral)에 있고 다
    른 하나는 링컨 성당(Lincoln Cathedral)에 있으며, 나머지 둘은 영국 국립도서관(the British
    Library)에 있다.

35. [옮긴이] 가로 17.75인치, 세로 18.25인치 크기에 해당하는 것은 링컨 성당 보관본이다.

36. Edward Coke, *The Second Part of the Institute of the Laws of England* (London : W. Clarke
    and Sons, 1809), proeme.

37. [옮긴이] 'Great Britain'은 잉글랜드, 스코틀랜드, 웨일스를 포함하는 섬 이름이다. 저자는 이 이름을 비틀어서 잉글랜드가 스코틀랜드에게 패배했을 때를 'greater Britain'이라고 부른 것이다. 잉글랜드와 스코틀랜드는 1707년에 통합되어 'The Kingdom of Great Britain'이 되었다. 지금의 영국은 북아일랜드가 추가된 'the United Kingdom of Great Britain and Northern Ireland'이다.

38. McKechnie, *A Commentary*, 415.

39. [옮긴이] '권'(bote)은 권리를 의미하기도 하고 권리에 따라 취해지는 대상(나무 등)을 나타내기도 한다.

40. Gerrard Winstanley, *Works*, ed. George H. Sabine (Ithaca : Cornell University Press, 1941), 519; *International Covenant on Economic, Social and Cultural Rights* (1966, 1976), pt. 1, art. 1, chap. 2; Edward Coke, *The Second Part of the Institute of the Laws of England*, 17.

41. McKechnie, *A Commentary*, 426.

42. [옮긴이] 1쿼터는 영국에서는 23파운드에 해당한다. 1파운드는 약 454그램이다.

43. [옮긴이] 맥주와 관련된 강제세금이다. 책 뒤의 용어설명을 참조하라.

44. [옮긴이] '돼지방목권'에 대해서는 책 뒤의 용어설명을 참조하라.

45. [옮긴이] '숲통행료'(chiminage)에 대해서는 책 뒤의 용어설명을 참조하라.

46. Gareth Lovell Jones and Richard Mabey, *The Wildwood : In Search of Britain's Ancient Forests* (London : Aurum Press, 1993).

47. [옮긴이] '숲개방'(agistment)에 대해서는 책 뒤의 용어설명을 참조하라.

48. J. M. Neeson, *Commoners : Common Right, Enclosure and Social Change in England, 1700~1820* (New York : Cambridge University Press, 1993), 165~70.

49. [옮긴이] '할당량'(stints)에 대해서는 책 뒤의 용어설명을 참조하라.

50. Jean Birrell, "Common Rights in the Medieval Forest : Disputes and Conflicts in the Thirteenth Century," *Past & Present*, no. 17 (1987) : 48. 1970년에 E. P. 톰슨은 그의 랜드로버를 타고 워릭으로 일을 하러 가면서 이 마을을 속도를 내어 달리곤 했다.

3장 상품과 커먼즈

1. [옮긴이] '피와 불로 쓰였다'는 표현은 맑스가 자본의 시초 축적 단계의 수탈의 역사에 대해서 사용한 것이다.

2. Herbert Butterfield, *The Englishman and His History* (Cambridge : Cambridge University Press, 1945), 10, 29.

3. [옮긴이] 링컨즈 인(Lincoln's Inn)은 런던의 유명한 네 법조학원들(Inns of Court) 중 하나이다.

4. [옮긴이] 토머스 크롬웰(Thomas Cromwell)은 1532년부터 1540년까지 헨리 8세의 각료를 지냈다.

5. [옮긴이] 1552년 써머씻 공작이 중죄로 사형을 받은 것을 말한다. 흄(David Hume)이 부당한 재판의 사례로 든 바 있다.

6. Dictionary of National Biography, s.v. "Ferrers, George."

7. William Cobbett, *A History of the Protestant Reformation in England and Ireland*, ed. Leonor Nattrass, with introduction by James Epstein (London : Pickering and Chatto, 1998), 108.

8. Boyd C. Barrington, *The Magna Charta and Other Great Charters of England* (Philadelphia : W. J. Campbell, 1900), 299~301.

9. R. H. Tawney, *The Agrarian Problem in the Sixteenth Century* (London : Longmans, 1912), 235.

10. [옮긴이] '황지'는 'waste'를 옮긴 것인데, 이는 경작을 하지 않고 그냥 놔둔 야생의 땅으로서 커머닝의 유용한 대상이 된다. 황폐하거나 광막한 땅이라는 느낌을 덜 주기 위해서 '황무지'를 피하고 '황지'로 옮겼다. 책 뒤의 용어설명을 참조하라.

11. J. M. Neeson, *Commoners : Common Right, Enclosure, and Social Change in England, 1700~1820* (New York : Cambridge University Press, 1993), 158~59.

12. [옮긴이] '공통체를 향한 은총의 순례'는 1536년 봉기한 반란군의 어구였다. 여기서는 이 반란운동을 지칭한다.

13. Adrienne Rich, "When We Dead Awaken : Writing as Re-Vision" (1971), in *On Lies, Secrets, and Silence* (New York : Norton, 1979).

14. Silvia Federici, *Caliban and the Witch : Women, the Body, and Primitive Accumulation* (New York : Autonomedia, 2004) [실비아 페데리치, 『캘리번과 마녀 : 여성, 신체, 그리고 시초축적』, 황성원·김민철 옮김, 2011, 갈무리].

15. [옮긴이] 케트는 부분적으로 지붕을 얹은 나무 아래에 본부를 차렸는데, 이후 이 나무는 '개혁의 오크나무'(the Oak of Reformation)라고 불렸다.

16. Anthony Fletcher and Diarmaid MacCulloch, *Tudor Rebellions*, 4th ed. (New York : Longman, 1997), 144~46.

17. Susan Brigden, *New Worlds, Lost Worlds : The Rule of the Tudors, 1485~1603* (New York : Penguin, 2000), 186.

18. [옮긴이] 노퍽(Norfolk)은 케트의 반란이 일어난 곳이다.

19. B. L. Beer, " 'The Commoyson in Norfolk, 1549' : A Narrative of Popular Rebellion in 16th century England," *Journal of Medieval and Renaissance Studies* 6 (1976).

20. [옮긴이] "누더기 신"(clouted shoone)은 '못을 박은 신'이라는 의미도 가질 수 있다. 책 뒤의 용어설명을 참조하라.

21. Robert Crowley, *An Information and Petition against the Oppressours of the Poor Commons of This Realm* (1548), in *The Select Works of Robert Crowley*, ed. J. M. Cowper, Early English Text Society, extra series, no. 15 (Millwood, NY : Kraus Reprint, 1973), 151~76.

22. A. V. Judges, ed., *The Elizabethan Underworld : A Collection of Tudor and Early Stuart Tracts and Ballads* (London : Routledge, 1930), xviii.

23. Crowley, *The Way to Wealth* (1550), in Cowper, *Select Works* (see note 12), 132~33.

24. Steve Hindle, *The State and Social Change in Early Modern England, c. 1550~1640* (New York : St. Martin's, 2000), 22, 55.

25. Robert Malcolmson and Stephanos Mastoris, *The English Pig : A History* (London : Hambledon, 2001), 36, 37, 56, 125.

26. [옮긴이] 혼합농업(mixed farming) : 가축을 키우는 일과 농작물 경작을 병행하는 농업을 말한다.

27. [옮긴이] 교살(hangum tuum)에 대해서는 책 뒤의 용어설명을 참조하라.

28. Allan G. Chester, ed., *Selected Sermons of Hugh Latimer* (Charlottesville : University of Virginia Press, 1968), 37, 149~50.

29. [옮긴이] '끝두둑(balks)에 애 대해서는 책 뒤의 용어설명을 참조하라.

30. Steve Hindle, " 'Not by bread only?' Common Right, Parish Relief, and Endowed Charity in a Forest Economy, c. 1600~1800," in *The Poor in England, 1700~1850 : An Economy of Makeshifts*, ed. Steven King and Alannah Tomkins (Manchester : Manchester University Press, 2003), 65.

31. Tawney, *Agrarian Problem*, 240.

32. E. P. Thompson, "The Moral Economy of the English Crowd," in *Customs in Common* (London : Merlin, 1991), 200에서 재인용.

33. [옮긴이] '기질'(humor)은 사람의 몸에 흐르는 액체이다. 동의학의 '사상'(四象)처럼 유럽의 고전적 의학에서도 네 개의 액체(four humors) — 'blood', 'black bile', 'yellow bile', 'phlegm' — 가 가장 흔한 것으로 제시되며, 이 액체가 우세한 네 개의 체질 — 'sanguine'(낙천적 성격), 'melancholic'(우울한 성격), 'choleric'(화를 잘 내는 성격), 'phlegmatic'(차분한 성격) — 이 제시된다.

34. Brigden, *New Worlds*, 176.

35. [옮긴이] 『존 왕』의 등장인물 중 하나이다.

36. [옮긴이] 저자는 여기서 '편리하다'는 의미를 가지고 있으며 '상품'을 의미하는 영어 'commodity' 와 같은 어근을 가진 'commodious'라는 형용사를 사용하고 있다.

37. [옮긴이] 앞의 문장의 '강탈'은 'rape'를 옮긴 것이다. 독자들도 알다시피 이 영어 단어에는 '강간' 의 의미도 있다.

38. [옮긴이] 둘 다 셰익스피어의 극을 상연한 극장이다.

39. [옮긴이] 『옥스퍼드 영어사전』의 설명에 보면 더 작은 부대를 사용했다고 한다.

40. Robert Greene, *A Notable Discovery of Cozenage* (1591), in Judges, *Elizabethan Underworld* (주석 25 참조), 146~48.

41. [옮긴이] 귀환권에 대해서는 이 책의 12장 중 디에고가르시아 섬에 관한 대목 참조.

4장 상실된 헌장과 발견된 헌장

1. [옮긴이] 리치는 1929년생으로 아직 생존해 있다. 브레히트는 1898년에 태어나 1956년에 사

망했다.

2. [옮긴이] '예배당'(meeting house)은 박해받는 사람들이 모이는 장소이기도 했다.

3. *The Kingdome's Weekly Intelligence*, 30 January 1648.

4. David Lagomarsino and Charles Wood, eds., *The Trial of Charles I : A Documentary History* (Hanover, NH : University Press of New England, 1989), 105, 114; Christopher Hill, *Puritanism and Revolution : Studies in Interpretation of the English Revolution of the 17th Century* (New York : Schocken Books, 1958), 69.

5. Keith Thomas, *Religion and the Decline of Magic* (New York : Scribner, 1971), 556.

6. John Manwood, *A Treatise and Discourse of the Lawes of the Forrest* (1598; New York : Garland, 1978). 이 책은 그가 6년 전에 쓴 삼림법에 관한 책의 확장판이다.

7. Edgar Peel and Pat Southern, *The Trials of the Lancashire Witches : A Study of Seventeenth-Century Witchcraft* (New York : Taplinger, 1969), 97, 151; Mary Brigg, "The Forest of Pendle in the 17th Century," *Transactions of the Historical Society of Lancashire and Cheshire* 113 (c. 1961).

8. George Hammersley, "The Revival of the Forest Laws Under Charles I," *History* 45, no. 154 (June 1960).

9. Andy Wood, "The Place of Custom in Plebeian Political Culture : England, 1550~1800," *Social History* 22, no. 1 (January 1997).

10. [옮긴이] 'faggot'이 섶나무들을 실가지 두 개로 묶은 단인 반면에 'bavin'은 실가지 하나로 묶은 것이다.

11. Donald Woodward, "Straw, Bracken and the Wicklow Whale : The Exploitation of Natural Resources in England since 1500," *Past and Present* 159 (May 1998).

12. [옮긴이] 흑체활자는 인쇄술의 초기에 사용되던 화려하게 꾸민 활자이다. 현재는 영국과 독일 등에서 장식용 활자로 아직도 사용된다.

13. [옮긴이] '선동적 명예훼손'은 영어로 'seditious libel'이다.

14. Kevin Sharpe, *The Personal Rule of Charles I* (New Haven : Yale University Press, 1992), 119.

15. Richard Mabey, *Flora Britannica* (London : Chatto and Windus, 1996), 371, 78, 그리고 Percival Lewis, *Historical Inquiries Concerning Forests and Forest Laws, with Topographical Remarks Upon the Ancient and Modern State of The New Forest* (London: T. Payne, 1811), 178.

16. Bob Bushaway, *By Rite* (London : Junction Books, 1982), 83.

17. Steve Hindle, " 'Not by bread only?' Common Right, Parish Relief and Endowed Charity in a Forest Economy, c. 1600~1800," in *The Poor in England, 1700~1850 : An Economy of Makeshifts.* ed. Steven King and Alannah Tomkins (Manchester : Manchester University Press, 2003), 52~53.

18. Buchanan Sharp, *In Contempt of All Authority : Rural Artisans and Riot in the West of*

England, 1586~1660 (Berkeley : University of California Press, 1980), 5.

19. Peter King, "Customary Rights and Women's Earnings : The Importance of Gleaning to the Rural Labouring Poor," *Economic History Review*, 2nd s., 44, no. 3 (1991) : 462.

20. Linda Merricks, " 'Without Violence and by Controlling the Poorer Sort' : The Enclosure of Ashdown Forest, 1640~1693," *Sussex Archaeological Collections* (1994) : 132.

21. Christopher Hill, *Intellectual Origins of the English Revolution* (Oxford : Clarendon Press, 1965).

22. *Cobbett's Complete Collection of State Trials* (London : R. Bagshaw, 1820), 3 : 194.

23. J. R. Tanner, *English Constitutional Conflicts of the Seventeenth Century, 1683~1689* (Cambridge : Cambridge University Press, 1928).

24. Michael E. Tigar and Madeleine R. Levy, *Law and the Rise of Capitalism* (New York : Monthly Review Press, 1977), 258.

25. [옮긴이] 장원 법원(manor court)은 잉글랜드에서 가장 하위의 법원이다. 장원의 영주가 관할권을 가지며, 장원에 살거나 장원에 땅을 가진 사람들에게만 효력을 가진다.

26. Edward Coke, *Complete Copyholder* (London : W. Lee, 1650), 203.

27. S. R. Gardiner, ed., *The Constitutional Documents of the Puritan Revolution, 1625~1660* (Oxford : Clarendon Press, 1906), 192~96.

28. John Milton, *Complete Poems and Major Prose*, ed. Merritt Hughes (New York : Odyssey, 1957), 685.

29. Pauline Gregg, *Free-born John : A Biography of John Lilburne* (London : George Harrap, 1961), 95.

30. William Walwyn, *England's Lamentable Slaverie* (1645), in *Tracts on Liberty in the Puritan Revolution, 1638~1647*, ed. William Haller (New York : Columbia University Press, 1933), 3:311~18.

31. John Lilburne, *Just Defense* (1653), 14; 그리고 그의 *Young Men's and the Apprentices Outcry* (1649), in *The English Levellers*, ed. Andrew Sharp (London : Cambridge University Press, 1998).

32. Richard Overton, *The Commoners Complaint : or, Dreadful Warning from Newgate to the Commons of England* (1646), reprinted in *Tracts on Liberty in the Puritan Revolution, 1638~1647*, ed. William Haller (New York : Columbia University Press, 1934), 3:385~86, 393. 코크와 동시대인인 로버트 코튼(Robert Cotton)은 잔존하는 원래의 헌장들을 수집하였다. 한 재단사가 옷의 본을 뜨려고 헌장이 적힌 양피지를 막 오리려고 할 때 그가 그것을 구한 이야기에는 시적 정의(正義)가 들어 있다. 양가죽, 즉 한때 공유지에서 키워지던 짐승의 외피가 지스러기를 취할 수 있는 재단사의 관습적 권리를 확보할 수단이 되었던 것이다.

33. A. S. P. Woodhouse, *Puritanism and Liberty* (Chicago : University of Chicago Press, 1951), 367~69.

34. John Warr, *The Privileges of the People; or, Principles of Common Right and Freedom*

(February 1649), in *A Spark in the Ashes : The Pamphlets of John Warr*, ed. Stephen Sedley and Lawrence Kaplan (London : Verso, 1992), 80.

35. *An Humble Request to the Ministers of Both Universities and to all Lawyers in every Inns-a-Court* (April 1650), in *The Works of Gerrard Winstanley*, ed. George H. Sabine with an introduction (Ithaca : Cornell University Press, 1941), 433.

36. Gerrard Winstanley, *An Appeal to the House of Commons. Desiring their Answer; Whether the Common People shall have the quiet enjoyment of the Commons and Waste Lands* (1649), in Sabine, Works, 274.

37. Thomas Tany, *The Nations Right in Magna Carta Discussed with the Thing called Parliament* (1650), ed. Andrew Hopton with an introduction (repr.; London : Aporia Press, 1988).

38. [옮긴이] 〈클래런던 형법〉(Clarendon Code)은 찰스 2세 때 만들어진 네 개의 제정법을 합해서 지칭하는 말이다.

39. Wood, "Place of Custom."

40. J. G. A. Pocock, *The Ancient Constitution and the Feudal Law* (Cambridge : Cambridge University Press, 1957)는 저자 포칵의 1952년 논문 「공유지의 기원에 관한 논쟁」(The Controversy over the Origin of the Commons)을 발전시킨 것인데, 이 논문은 공통권이나 공유지에 대한 연구가 아니라 브래디와 하원에 대한 연구를 담고 있다.

41. *The Craftsman*에 대한 *Daily Gazetteer*의 반박(1735)으로서 Anne Pallister, *Magna Carta : The Heritage of Liberty* (Oxford : Clarendon Press, 1971), 53에 재인용되어 있다.

42. Louise P. Kellogg, *The American Colonial Charter* (Washington DC : GPO, 1904).

43. [옮긴이] 해군의 선박은 목재로 만들어진다.

44. William Cronon, *Changes in the Land : Indians, Colonists, and the Ecology of New England* (New York : Hill and Wang, 1983), 48. [옮긴이] '스쿼'(squaw)는 북아메리카 원주민 여자를 가리키는 말이다.

45. John U. Nef, *Industry and Government in France and England, 1540~1640* (Ithaca : Cornell University Press, 1957), 92, 319.

46. Erasmus, *Adages* 3.1.86.

47. John Evelyn, *Sylva : or, A Discourse on Forest Trees and the Propagation of Timber in His Majesty's Dominions* (London : Royal Society, 1664), 206.

48. Robert W. Bushaway, "From Custom to Crime : Wood-Gathering in 18th and Early 19th Century England : A Focus for Conflict in Hampshire, Wiltshire and the South," in *Outside the Law : Studies in Crime and Order, 1650~1850*, ed. John Rule (Exeter : University of Exeter Press, 1982), 74.

49. Pallister, *Magna Carta*, 29~30. [옮긴이] '마그나파르타'(Magna Farta)는 'Cart'(헌장)부분을 'Fart'(방구)로 바꾸어 말한 것이다.

50. [옮긴이] 1마르크는 영화(英貨)로 3분의 2 파운드에 해당한다.

51. Robert L. Greaves, *Enemies Under His Feet : Radicals and Nonconformists in Britain, 1664~1677* (Palo Alto : Stanford University Press, 1900), 83.

5장 검은 얼굴의 헌장과 하얀 얼굴의 헌장

1. [옮긴이] '아씨엔또'(asiento, 영어의 "assent"에 해당한다)는 1543년에서 1834년까지 스페인 정부가 다른 나라들에게 스페인 식민지에 노예를 팔 수 있도록 허가해 준 것을 말한다.

2. David Roediger, *The Wages of Whiteness : Race and the Making of the American Working Class* (New York : Verso, 1991).

3. *Dictionary of National Biography*, s.v. "Blackstone, William,"

4. Marc Bloch, *The Historian's Craft*, trans. Peter Putnam (Manchester : Manchester University Press, 1954), 81. 블랙스톤은 엑씨터(Exeter) 컬리지의 학장이자 나중에 칼라일의 주교가 된 리틀턴 박사(Dr. Lyttleton)와 학문적 논쟁을 하였다. 리틀턴 박사는 두 헌장이 들어 있는 오래된 두루마리를 가지고 있었다. 블랙스톤은 그것을 원본으로 인정하지 않았으며, 고서연구학계에 거센 논쟁이 일었다.

5. [옮긴이] 카피툴라(capitula)는 'chapters'(조항들)라는 의미의 라틴어이다.

6. 관련된 문서들을 다시 인쇄한 J. C. Holt, *The Magna Carta*, 2nd ed. (Cambridge : Cambridge University Press, 1992) 덕택에 우리도 이 비교작업을 직접 할 수 있다. "Diploma"(고문서)라는 말은 어원상으로 양피지를 반으로 접은 것을 의미하는 그리스어에서 왔다. 홀트는 이전 문서의 32조를 조사하면서 "글자 몇 개가 원본을 접음으로써 닳아 없어졌음"을 발견했다. 이는 나중에 마그나카르타의 12조와 13조에 속한 것으로서, 그 어떤 군역면제세와 특별세도 "나라의 공동의 논의"에 의해서 말고는 부과되지 못하며 런던의 "오래된 자유권들과 자유로운 관습"을 보존하는 것을 내용으로 하고 있다.

7. [옮긴이] 인스펙시무스(inspeximus)에 대해서는 책 뒤의 용어설명을 참조하라.

8. *The History of the Blacks of Waltham in Hampshire and those under like Denomination in Berkshire* (1723).

9. [옮긴이] 알렉산더 포프(Alexander Pope, 1688~1744)는 풍자시로 유명한 영국 18세기의 시인이다.

10. Raymond Williams, *The Country and the City* (New York : Oxford University Press, 1973), chap. 11.

11. E. P. Thompson, *Whigs and Hunters : The Origin of the Waltham Black Act* (New York: Pantheon, 1975), 239. 나는, 범위는 좁지만 문제를 샅샅이 다룬 이 저작에 의존한다.

12. J. M. Neeson, *Commoners : Common Right, Enclosure, and Social Change in England, 1700~1820* (New York : Cambridge University Press, 1993), 163.

13. [옮긴이] '공동 방목'이라고 옮기는 것이 우리말로 더 자연스러울지 모른다. 그런데 '공동'이라는 말은 '공동 우물'에서처럼 사물을 나타내는 명사에 붙으면 '공통'과 같은 의미를 가질 수도 있지만, '방목'과 같이 행위를 나타내는 명사에 붙으면 '동시에 모두가 함께 하는 방목'으로 이해될 수 있다. 'common grazing'은 이런 의미가 아니라 '커머너라면 누구라도 자기가 원하는 시간(규정

된 시간을 어기지 않는 한에서)에 할 수 있는 '방목'을 말한다. '공동'보다 '공통'을 택하는 이유는
바로 이러한 미세하지만 중요한 차이를 부각시키기 위해서이다. '공통적인 것'의 본질은 '모두가
자유롭게 접근할 수 있음'이며 동시성은 그 양태 중 하나일 뿐이다.

14. Neeson, *Commoners*, 317, 283~84.

15. Thomas Rudge, *General View of the Agriculture of the County of Gloucester* (1807),
quoted in Neeson, *Commoners*, 29, 그리고 Richard Mabey, *Flora Britannica* (London :
Chatto and Windus, 1996), 209.

16. Thompson, *Whigs and Hunters*.

17. Timothy Nourse, *Campania Foelix, or a Discourse of the Benefits and Improvements of
Husbandry* (1700), English Landscape Garden series (New York : Garland, 1982), 15~16.

18. [옮긴이] 몰 플랜더스는 『로빈슨 크루소』를 쓴 데포의 소설 『몰 플랜더스』(*The Fortunes and
Misfortunes of the Famous Moll Flanders*, 1721)의 여주인공이다. 뒤에서 저자는 이 소설에
대해 논의한다.

19. 검게 위장하기의 주된 기능은 정체를 위장하는 것이다. 검게 위장하기의 경우가 위장을 금지당
한 최초의 사례는 아니다. 튜더 왕조의 첫 해에 "만일 앞으로 어떤 사람이 얼굴에 칠을 하거나 가
면을 쓰거나 아니면 …… 밤에 …… 기타의 방식으로 위장을 하고 사냥을 하면" 중죄를 범하는 것
이라고 정한 법이 만들어졌다(헨리 7세 칙령 7회[1485]) [옮긴이] 맥히스는 존 게이(John Gay)의
『거지의 오페라』(*Beggar's Opera*, 1728)에 나오는 등장인물이다.

20. [옮긴이] 흑인위장자들이 'parks'(사냥터 혹은 동물들이 사는 큰 정원들)를 공격하여 사슴 등
을 사냥해 갔기 때문이다. 리치몬드파크는 런던에서 두 번째로 큰 왕실 사냥터이다.

21. James A. Rawley, *Transatlantic Slave Trade : A History* (New York : Norton, 1981), 163.

22. [옮긴이] 케이프코스트캐슬(Cape Coast Castle)은 스웨덴의 무역상들이 목재와 금 무역을 위해
가나에 지은 요새이다. 나중에 이곳은 대서양 노예무역에 사용되었다.

23. Colin Palmer, *Human Cargoes : The British Slave Trade to Spanish America, 1700~1739*
(Urbana : University of Illinois Press, 1981), 59, 69.

24. Ted Allen, *The Origin of Racial Oppression in Anglo-America*, vol. 2 of *The Invention of
the White Race* (New York : Verso, 1997).

25. [옮긴이] 레디커(Marcus Rediker)는 이 책의 저자와 함께 『히드라』(*The Many-Headed
Hydra*)를 공동저술한 역사가이다.

26. Marcus Rediker, *Villains of All Nations : Atlantic Pirates in the Golden Age* (Boston :
Beacon Press, 2004), 140~41.

27. Percival Lewis, *Historical Inquiries, Concerning Forests and Forest Laws* (London : T.
Payne, 1811), 46.

28. Peter Linebaugh and Marcus Rediker, *The Many-Headed Hydra* (Boston : Beacon Press,
2000), chap. 6 [라인보우·레디커, 『히드라』, 정남영·손지태 옮김, 갈무리, 2008, 6장].

29. [옮긴이] 강배는 주로 강을 다니면서 바다를 다니는 배가 있는 곳으로 연결시켜 주는 역할을
한다.

30. Olaudah Equiano, *The Interesting Narrative and Other Writings*, ed. Vincent Carretta, with an introduction (London : Penguin Books, 1995), 93~94.

31. [옮긴이] 7월 4일은 미국의 독립기념일이다.

32. Granville Sharp, *A Representation of the Injustice and Dangerous Tendency of Tolerating Slavery* (London, 1769).

33. [옮긴이] 십인조(frankpledge)에 대해서는 책 뒤의 용어설명을 참조하라.

34. [옮긴이] 영주법원에 대해서도 책 뒤의 용어설명을 참조하라.

35. Adam Hochschild, *Bury the Chains : Prophets and Rebels in the Fight to Free an Empire's Slaves* (Boston : Houghton Mifflin, 2005), 146.

36. Granville Sharp, *A Declaration of the Peoples Natural Right to a Share in the Legislature* (London : B. White, 1774), 202~3.

37. Peter Fryer, *Staying Power : The History of Black People in Britain* (London : Pluto, 1984), 120.

38. Prince Hoare, *Memcirs of Granville Sharp*, Esq. (London : Henry Colburn, 1820), 92.

39. James Oldham, *The Mansfield Manuscripts and the Growth of English Law in the Eighteenth Century* (Chapel Hill : University of North Carolina Press, 1992), 2 : 1225.

40. 이에 관한 전문서적이 많다. Peter Linebaugh, *The London Hanged*, 2nd ed. (London : Verso, 2003) 참조.

41. Oldham, *Mansfield Manuscripts*. 그는 한 당대인의 말을 인용한다. "맨스필드는 '그녀를 좋아하는 모습을 보였다는 이유로 자신이 비난을 받아 왔음을 알고 있다. 범죄라고는 감히 말을 못하겠다' "(1239).

42. Equiano, *Interesting Narrative*, 179~81.

43. [옮긴이] "그대의 신체는 그대의 것이 될 것이다"는 인신보호영장을 의미하는 라틴어 "habeas corpus"의 원래 의미이다.

44. [옮긴이] 희년(jubilee)은 원래 성서에 등장하는 전통이다. 이 책의 저자 라인보우는 레디커와 공동저술한 『히드라』에서 이렇게 말한다. "이는 가난, 노예상태, 공장 및 농장의 문제들을 풀려는 시도를 나타낸다. 해방의 계획인 희년은 구약에서는 토지재분배의 법적 의식으로서 나타나고, 신약에서는 이사야의 예언의 실현으로서 나타난다. 이 개념은 여섯 개의 요소들을 포함했다. 첫째, 희년은 50년마다 왔다. 둘째, 토지를 원래의 소유주들에게 되돌려 주었다. 셋째, 부채를 탕감해 주었다. 넷째, 노예들과 종들을 자유인으로 풀어 주었다. 다섯째, 농사를 짓지 않는 해였다. 여섯째, 노동을 하지 않는 해였다"(레디커 · 라인보우, 『히드라』, 449~50쪽).

45. Alan Taylor, *Liberty Men and Great Proprietors : The Revolutionary Settlement on the Maine Frontier, 1760~1820* (Chapel Hill : University of North Carolina Press, 1990); Allan Kulikoff, *From British Peasants to Colonial American Farmers* (Chapel Hill : University of North Carolina Press, 2000).

6장 1776년과 러니미드

1. Thomas Paine, *Common Sense* (1776), in *Thomas Paine : Collected Writings*, ed. Eric Foner (New York : Library of America, 1995), 17, 33~34, 43 [토머스 페인, 『토머스 페인 상식』, 남경태 옮김, 효형출판, 2012].

2. Carl Becker, *The Declaration of Independence* (New York : Knopf, 1942), 86. 베커는, 독립선언문의 철학은 "훌륭한 옛 영국의 교의"였다고 썼다. 폴라인 메이어(Pauline Maier)는 그 세대의 어떤 식민지 이주자도 실제로 재판을 받기 위해 추방된 적은 없다고 한다. *American Scripture : Making of the Declaration of Independence* (New York : Knopf, 1997), 118.

3. [옮긴이] '공통 감각'은 영어 'common sense'를 옮긴 것인데, 이는 일반적으로는 '상식'으로 옮겨지며 페인의 책 제목도 이 일반적인 옮김에 따른 것이다. 사실 이 책에서 저자 라인보우가 서술하는 역사적 과정은 '공유'가 공통 감각인 세계에서 '사유'가 상식인 세계로 바뀐 것으로 보아도 될 것이다.

4. Ivy Pinchbeck, *Women Workers and the Industrial Revolution* (1930; repr. New York : A. M. Kelley, 1969)에 고전적인 설명이 들어 있다. J. M. Neeson, *Commoners : Common Right, Enclosure and Social Change in England, 1700~1820* (New York : Cambridge University Press, 1993)가 가장 자세하고 인간적이다. Jane Humphries, "Enclosures, Common Rights, and Women : The Proletarianization of Families in the Late Eighteenth and Early Nineteenth Centuries," *Journal of Economic History* 50, no. 1 (March 1990); John Barrel, *The Idea of Landscape and the Sense of Place, 1730~1840 : An Approach to the Poetry of John Clare* (London : Cambridge University Press, 1972).

5. [옮긴이] '런릭'(runrig)에 대해서는 책 뒤의 용어설명을 참조하라.

6. [옮긴이] 18세기에서 19세기에 걸쳐 스코틀랜드의 고원지대로부터 수만 명의 소작농들이 추방되었다. 양을 키우는 것이 더 수지가 맞는다는 이유에서였다. 자발적으로 떠난 사람들도 있지만 다수가 강제로 추방되었으며 그 중에는 집과 재산이 불태워져 쫓겨난 사람들도 있었다.

7. [옮긴이] 키케로에게 '상식'은 연설가가 군중에게 영향을 미치려면 고려해야 하는 군중의 일반적 관행, 습관, 언어, 견해, 정신적 태도를 말한다. 동시에 모든 사람들이 본성상 가지고 있으며 선과 악의 구분을 가능하게 해주는, 암묵적인 감각과 자연발생적 판단을 의미한다.

8. [옮긴이] '최대벌목점'(peak wood)은 벌목량이 최대에 도달하는 시점을 말한다. 이 이후에 벌목량은 점차로 줄게 된다.

9. [옮긴이] '고딕적'(Gothic)은 고트족을 의미하는 명사 'Goth'의 형용사형인데, 맥락에 따라서 '중세에 속하는'이라는 의미를 갖기도 하고, '야만적인, 미개한'의 의미를 가질 수도 있다.

10. Edward Countryman, " 'To Secure the Blessings of Liberty' : Language, the Revolution, and American Capitalism," in *Beyond the American Revolution : Explorations in the History of American Radicalism*, ed. Alfred F. Young (DeKalb : Northern Illinois University Press, 1993).

11. Harry S. Stout, *The New England Soul : Preaching and Religious Culture in Colonial New England* (New York : Oxford University Press, 1986), 267.

12. [옮긴이] 지명 '러니미드'를 나타내는 영어 단어의 철자는 'Runnymede' 이외에 'Runnamede'도 사용된다. 이 작품의 제목의 철자는 후자의 것이다.

13. [옮긴이] 초승달은 이슬람교의 상징이다.

14. [옮긴이] 이 대사는 랭턴이 존 왕에게 하는 조언이다.

15. J. L. Hammond and Barbara Hammond, *The Village Labourer, 1760~1852* (1911; repr. New York : A. M. Kelley, 1967), 30.

16. Christopher J. Berry, *Social Theory of the Scottish Enlightenment* (Edinburgh : Edinburgh University Press, 1997), 116; C. George Caffentzis, "The Scottish Origin of 'Civilization,' " in *Enduring Western Civilization : The Construction of the Concept of Western Civilization and Its "Others,"* ed. Silvia Federici (Wesport : Praeger, 1995).

17. David Hume, *The History of England* (1778; repr. Indianapolis, IN : Liberty Clarion, 1983), 1:450.

18. [옮긴이] 앵글로·쌕슨 왕들의 시대나 노르만 왕들의 시대에 주요 인물들이 모이는 큰 회합 (assembly)을 'council'이라고 불렀다. 이런 의미로 사용된 'council'은 '평의회'로 옮기지 않고 그냥 '의회'로 옮기기로 한다. 'council'의 어원은 '다 불러 모으다'의 의미를 가진 라틴어 'concilium'에서 왔다. 따라서 지금의 '총회'에 더 가깝다.

19. Owen Manning and W. Bray, *The History and Antiquities of the County of Surrey* (London : Printed by J. White, for J. Nichols, 1814), 3 : 249.

20. [옮긴이] '런데일'(rundale)에 관해서는 책 뒤의 용어설명을 참조하라.

21. "The Rights of Man" (1793), in *Pigs Meat : Selected Writings of Thomas Spence*, ed. G. I. Gallop (Nottingham : Spokesman, 1982), 59. 이는 1775년 강연을 실은 것이다.

22. Richard Mabey, *Flora Britannica* (London : Chatto and Windus, 1996), 88~91.

23. Anne Pallister, *Magna Carta : The Heritage of Liberty* (Oxford : Clarendon Press, 1971), 65.

24. Mary Thale, ed., *Selections from the Papers of the London Corresponding Society, 1792~1799* (Cambridge, Cambridge University Press, 1983), 106.

25. *Toasts and Sentiments : Adapted to the Times* (London, n.d.).

26. James A. Epstein, *Radical Expression : Political Language, Ritual, and Symbol in England, 1790~1850* (New York : Oxford University Press, 1994), 15, 21.

27. [옮긴이] 「이것은 잭이 지은 집이다」(This Is the House That Jack Built)는 영국의 인기 있는 동요로서 관계대명사절에 대한 감각을 익히게 한다. 「잭이 지은 정치 저택」은 이 동요를 활용한 것이다.

28. Thomas Clarkson, *History of the Rise, Progress, and Accomplishment of the Abolition of the African Slave Trade by the British Parliament* (London : Longman, Hurst, Rees, and Orme, 1808), 2:580.

29. Merle Curti, "Reformers Reconsider the Constitution," *American Journal of Sociology* 43, no. 6 (May 1938) : 881.

30. Karl Marx, *Capital*, trans. Samuel Moore and Edward Aveling, ed. Dona Torr (London : George Allen and Unwin, 1946), 1:288 [칼 마르크스 지음, 『자본론』 1~3, 비봉출판사, 2004~5]

31. [옮긴이] 이 시에서 혼자 사는 나이 들고 힘없고 가난한 여성 구디 블레이크는 겨울에 추위를 이기기 위해 해리 길(가축몰이를 하는 건장한 젊은 남성이다)의 산울타리에서 땔감을 해 오다가 벼르고 있던 해리 길에게 들켜 잡힌다. 잡히는 자리에서 구디 블레이크는 해리 길이 앞으로 추위에서 벗어나지 못하게 해달라고 신에게 기도하며, 그 이후 해리 길은 아무리 옷을 입어도 추위를 타고 여름에도 추위를 타는 저주를 받게 된다.

32. William Morris, *A Dream of John Ball* (New York : Oriole Chapbooks, n.d.), 12~13.

33. Anne Janowitz, "Land," in *An Oxford Companion to the Romantic Age : British Culture, 1776~1832*, ed. Iain McCalman (New York : Oxford University Press, 1999), 160.

7장 정글의 법칙

1. Karl Marx, *A Contribution to the Critique of Political Economy*, trans. N. I. Stone (Chicago: Charles H. Kerr, 1904) [카를 마르크스, 『정치경제학 비판 요강』 1~3, 김호균 옮김, 그린비, 2007].

2. John Roosa, "Orientalism, Political Economy, and the Canonization of Indian Civilization," in *Enduring Western Civilization : The Construction of the Concept of Western Civilization and Its "Others*," ed. Silvia Federici (Westport : Praeger, 1995), 138.

3. E. P. Thompson, preface to *The Making of the English Working Class* (New York : Vintage Books, 1963) [에드워드 파머 톰슨, 『영국 노동계급의 형성』 상·하, 나종일 외, 창비, 2000].

4. [옮긴이] 자메이카의 총독인 에어(Edward John Eyre)는 섬 전체로 봉기의 불길이 번질까 두려워서 머랜트베이 반란(1865)을 잔인하게 진압하였다.

5. Alexander James Edmund Cockburn, *Charge of the Lord Chief Justice of England to the Grand Jury at the Old Bailey* (April 1867); Bernard Semmel, *Jamaican Blood and Victorian Conscience : The Governor Eyre Controversy* (Boston : Houghton Mifflin, 1963).

6. Sumit Guha, *Environment and Ethnicity in India, 1200~1991* (Cambridge : Cambridge University Press, 1999), 40.

7. V. G. Kiernan, *The Lords of Human Kind* (Boston : Little, Brown, 1969).

8. [옮긴이] 머드래스 관구는 옛 인도의 3대 관구(Bombay, Bengal, Madras) 중 하나이다. 지금의 첸나이(Chennai)이다.

9. [옮긴이] 마라타족은 인도 서부·중부의 호전적 민족이다.

10. Mike Davis, *Late Victorian Holocausts : El Niño Famines and the Making of the Third World* (London : Verso, 2001) [마이크 데이비스, 『엘니뇨와 제국주의로 본 빈곤의 역사』, 정병선 옮김, 이후, 2008].

11. Madhav Gadgil and Ramachandra Guha, *This Fissured Land : An Ecological History of India* (Berkeley : University of California Press, 1993), 150.

12. Dadabhai Naoroji, *Essays, Speeches, Addresses and Writings* (Bombay : Caxton, 1887),

466, 473.

13. [옮긴이] '지하수면'(water table)은 지하수의 경계면의 수압이 대기압과 같은 경우 그 경계면을 말한다.

14. *Report of the Indian Famine Commission*, vol. 3, *Famine Histories* (London : HMSO, 1885), 181; and vol. 2, *Measures of Protection and Prevention*, 177~78.

15. Verrier Elwin, *The Muria and Their Ghotul*(Calcutta : Oxford University Press, 1947), 24.

16. [옮긴이] 석류씨를 싸고 있는 외피와 같은 것을 가종피(aril 혹은 arillus)라고 부른다.

17. James Sykes Gamble, *A Manual of Indian Timbers : An Account of the Growth, Distribution, and Uses of the Trees and Shrubs of India and Ceylon*, 2nd ed. (London : S. Low, Marston, 1902); 그리고 Dietrich Brandis, *Indian Trees : An Account of Trees, Shrubs, Woody Climbers, Bamboos and Palms Indigenous or Commonly Cultivated in the British Indian Empire* (London : Constable, 1911), 117.

18. Ajay Skaria, *Hybrid Histories : Forests, Frontiers and Wildness in Western India* (Oxford: Oxford University Press, 1999), 178.

19. [옮긴이] 존 불(John Bull)은 영국을 의인화한 인물이다.

20. Mary Poovey, *A History of the Modern Fact* (Chicago : University of Chicago Press, 1998), xiv.

21. Arundhati Roy, *The Cost of Living* (New York : Modern Library, 1999), 53~54 [아룬다티 로이, 『생존의 비용』, 최인숙 옮김, 문학과지성사, 2003].

22. Ramachandra Guha, "An Early Environmental Debate : The Making of the 1878 Forest Act," *Indian Economic and Social History Review* 27, no. 1 (1990) : 78.

23. 이 이론은 아마도 군주의 토지소유권 주장에서 나온다. 이 권리는 의도적으로 법적 권리로 인식되었다. 따라서 삼림을 이용할 관습적 "권리"는 군주가 자신의 왕국의 백성들에게 부여한 "특권"으로 간주되었다. 1800년에 토머스 먼로 경(Sir Thomas Munro)은 이렇게 말했다. "카나라(Kanara)에서 씨르카르(Sirkar)[정부 — 옮긴이]의 땅이라는 부류에 속할 수 있는 유일한 땅은 그 권리가 주장되지 않은 황무지이다." 1870년에 마이소르(Mysore)의 왕이 칼라나디(Kalanadi) 강 주위의 숲들에 대해 한 소송에서는, 그 숲들에 대한 "권리의 주장이 **처음에는** 티푸(Tippoo) 술탄이 주었다는 어떤 싸나직공식 문서들, 증서들]에 의거하여 이루어졌고, 그 **다음으로는** 권리 주장자들이 나무를 베고 숲에서 나는 것들을 채취하고 쿰리를 경작할 권리를 행사해 왔다는 점에 의거하여 이루어진" 것으로 되어 있다.

24. D. Brandis, *Memorandum on the Demarcation of the Public Forests in the Madras Presidency*, National Archives of India, Delhi, 1878, 이곳저곳.

25. 이 청원은 Indra Munshi Saldanha, "Colonial Forest Regulations and Collective Resistance: Nineteenth Century Thana District," in *Nature and the Orient : The Environmental History of South and Southeast Asia*, ed. Richard H. Grove, Vinita Damodaran, and Satpal Sangwan (New York : Oxford University Press, 1998), 730~32에 재수록되어 있다.

26. *The Indian Forester* (July 1875) : 4~5.

27. Madhav Gadgil and Ramachandra Guha, "State Forestry and Social Conflict in British India," *Past and Present*, no. 123 (May 1989) : 165.

28. B. H. Baden-Powell, *Forest Law* (1893), 184~5.

29. Brandis, *Public Forests in the Madras Presidency*.

30. [옮긴이] 큐가든스(Kew Gardens)는 영국의 국립식물원이다. 로도덴드론(rhododendron)은 철쭉속(屬)의 식물이다.

31. Charles Darwin, *The Origin of Species* (New York : Modern Library, 1993), 182, 205, 369 [찰스 다윈, 『종의 기원』, 송철용 옮김, 동서문화동판, 2009]. Adrian Desmond and James Moore, *Darwin* (New York : W. W. Norton, 1991), 343 [에이드리언 데스먼드 · 제임스 무어, 『다윈 평전』, 김명주 옮김, 뿌리와이파리, 2009].

32. Kavita Philip, *Civilizing Natures : Race, Resources, and Modernity in Colonial South India* (Rugers : New Brunswick, 2004), 29, 57. *The Indian Forester* (October 1876).

33. [옮긴이] 울프컵스(the Wolf Cubs)는 오늘날의 유년(幼年) 보이스카우트인 'Cub Scouts'의 옛 이름이다.

34. [옮긴이] 『정글북 속편』의 1장이다.

35. Harry Ricketts, *The Unforgiving Minute : A Life of Rudyard Kipling* (London : Chatto and Windus, 1999), 206.

36. John Lockwood Kipling, *Beast and Man in India : A Popular Sketch of Indian Animals in Their Relations with the People* (London : Macmillan, 1891), 10, 15, 19.

37. Angus Wilson, *The Strange Ride of Rudyard Kipling : His Life and Works* (New York : Viking, 1977), 42.

38. [옮긴이] 윔블턴커먼(Wimbledon Common)은 런던 남서부 윔블턴에 있는 넓은 개방지이다.

39. Lord Eversley [George Shaw-Lefevre], *Commons, Forests, and Footpaths*, rev. ed. (New York : Cassell, 1910), vii.

40. Tim Jeal, *Baden-Powell* (New Haven : Yale University Press, 1989), 54, 500.

41. Verrier Elwin, *Leaves from the Jungle : Life in a Gond Village*, 2nd ed. ([1936]; New York: Oxford University Press, 1958), 12, 23; Verrier Elwin, *The Tribal World of Verrier Elwin* (New York : Oxford University Press, 1964), 115~18. G. S. Ghurye, *The Aborigines ― So-Called ― and Their Future* (Bombay, 1943)는 엘윈의 생각들을 반대했으며 "부족들"이 힌두라는 이름 아래 통합되는 것을 지지했다.

42. Skaria, *Hybrid Histories*, 15, 63.

43. Zohreh T. Sullivan, *Narratives of Empire : The Fictions of Rudyard Kipling* (New York : Cambridge University Press, 1993), 11.

44. [옮긴이] 사실 라인보우가 인용하는 대목은 블랙스톤의 『잉글랜드법 주석』에 등장하는 구절이다. 라인보우의 실수라기보다는 브룸이 자신의 저서에서 이 구절을 인용했을 가능성이 있다. 이 인용문에서 삼림법은 존 왕의 삼림법을 말한다.

45. [옮긴이] 그레이즈 인(Gray's Inn)은 런던의 유명한 네 법조학원들(Inns of Court) 중 하나이다.

46. Herbert Broom and Edward A. Hadley, *Commentaries on the Laws of England* (London: W. Maxwell, 1869), 2:102.

47. Joshua Williams, *The Rights of Common and Other Prescriptive Rights : Twenty-Four Lectures* (London : H. Sweet, 1880), 230.

48. Mohandas Gandhi, *An Autobiography : The Story of My Experiments with Truth* (Boston : Beacon Press, 1957), 80 [마하트마 K. 간디, 『간디 자서전』, 함석헌 옮김, 한길사, 2002].

49. Williams, *Rights of Common*, 186.

50. [옮긴이] 싸트야그라하(satyagraha)는 비폭력 저항운동의 한 형태로서 간디가 만든 말이다. 영어로는 대략 "insistence on truth"(진리의 계속적 강조) — satya (truth), agraha (insistence) — "soul force"(영혼의 힘) 혹은 "truth force"(진리의 힘)로 옮겨진다고 한다.

51. Sumit Sarkar, "Primitive Rebellion and Modern Nationalism : A Note on Forest Satyagraha in the Non-Cooperation and Civil Disobedience Movements," in *A Critique of Colonial India* (Calcutta : Papyrus, 1985), 79~85.

52. Ramachandra Guha, *The Unquiet Woods : Ecological Change and Peasant Resistance in the Himalaya* (Berkeley : University of California Press, 1989), 121.

53. Skaria, *Hybrid Histories*, 269.

54. Skaria, *Hybrid Histories*, 75.

55. Masudu Hasan, *Murree Guide* (Lahore : Pakistan Social Service Foundation, 1958), 39.

56. Vandana Shiva, *Staying Alive : Women, Ecology, and Development* (London : Zed Books, 1988) [반다나 시바, 『살아남기』, 강수영 옮김, 솔출판사, 1998].

57. Gwyn A. Williams, *When Was Wales? A History of the Welsh* (London : Black Raven Press, 1985), 197.

58. [옮긴이] '파라다이스의 새'(the bird of paradise)는 풍조과(the family Paradiseidæ)의 새로서 뉴기니에 서식한다. 깃털이 아름다운 것이 특징이다.

59. Alfred Russel Wallace, *The Malay Archipelago, the Land of the Orangutan and the Bird of Paradise* (London : Macmillan, 1872), 597.

60. Alfred Russel Wallace, *Land Nationalisation : Its Necessity and Its Aims* (London : Sonnenschein, 1892), 22. [옮긴이] 'villein'은 중세 시대에 가장 일반적인 유형의 농노이다. 최하층 농노(the lowest serf)보다는 높은 위치에 있으며 '자유민'(freeman) 아래에 위치한 층을 가리킨다. 책 뒤의 용어설명을 참조하라.

61. Ross A. Slotten, *The Heretic in Darwin's Court : The Life of Alfred Russel Wallace* (New York : Columbia University Press, 2004).

8장 마그나카르타와 미국 대법원

1. [옮긴이] 5장에 나온, 토머스 루이스를 구출한 일을 말한다.

2. [옮긴이] 요크 공작의 땅이 다시 분할되어 24명의 소유자들에게 이전되었다.

3. [옮긴이] 인디언 부족들은 소유자가 아니라 "임시적인 점유자"(temporary occupants of the soil)일 뿐인 존재로 간주되었다.

4. [옮긴이] 이에 대해서는 이 책의 11장 참조.

5. Bernard Steiner, *Life of Roger Brooke Taney* (Baltimore : Williams and Wilkins, 1922); 그리고 Carl Swisher, *Roger B. Taney* (New York : Macmillan, 1936).

6. *Alaska Pacific Fisheries v. United States* (9 December 1918). 또한 *Appleby v. New York*, 1 June 1926; *McKee v. Gratz*, 13 November 1922; and *Missouri v. Holland*, 19 April 1920 참조. 이 사건들은 일리노이의 *Parker v. People* (111 Illinois 581, 27 September 1884)을 인용했는데, 이 시간에서 마그나카르타는 스물한 번 인용되었다.

7. [옮긴이] '인정벌금부과'(amercements)는 중세 잉글랜드에서 행해졌던 것이며 현대에는 '재량벌금(부과)'(discretionary fines)라고 불린다. 책 뒤의 용어설명을 참조하라.

8. 예를 들어 *BMW of N. Am. v. Gore*, 20 May 1996; *United States v. Baj*, 22 June 1998; *State Farm Mut. Auto. Ins. Co. v. Campbell*, 7 April 2003을 참조.

9. 또한 *Hyatt v. People*, 23 February 1903; *Hawaii v. Mankichi*, 1 June 1903; *Schick v. United States*, 31 May 1904; *Michaelson v. United States*, 20 October 1924; *Glasser v. United States*, 19 January 1942 참조. 신속한 재판에 관해서는 또한 *Moody v. Daggett*, 15 November 1976; and *Lafayette v. La. Power & Light Co.*, 4 October 1977 참조.

10. Thomas McIntyre Cooley, *A Treatise on the Constitutional Limitations Which Rest Upon the Legislative Power of the States of the American Union* (Boston : Little, Brown, 1868), 175.

11. *The Chinese Exclusion Case*, 13 May 1889; *Howard v. Kentucky*, 2 January 1906; *United States v. Line Material*, 8 March 1948; *Clinton v. Jones*, 27 May 1997; *TXO Prod. Crop. v. Alliance Resources Corp.*, 25 June 1993; *O'Bannon V. Town Court Nursing Center*, 23 June 1980; *Lafayette v. La. Power & Light Co.*, 29 March 1978; 그리고 *Peyton v. Rowe*, 20 May 1968.

12. [옮긴이] 파머 일제검속(the Palmer Raids)은 미국에서 1919년 11월에서 1920년 1월까지 당시 법무부장관 파머(A. Mitchell Palmer)의 지휘 아래 급진 좌파들, 특히 아나키스트들을 체포하고 추방하려한 한 일을 말한다.

13. 또한 *French v. Barber Asphalt Paving Co.*, 29 April 1901; *NLRB v. Stowe Spinning Co.*, 28 February 1949 참조.

14. *Brown v. United States*, 2 March 1814; *The Frances*, 12 March 1814; *The Nereide*, 11 March 1815; *The St. Nicholas*, 21 March 1816.

15. *Flood v. Kuhn*, 19 June 1972; *United States v. Lovasco*, 3 October 1977; *Cal. Retail Liquor Dealers Ass'n. v. Midcal Aluminum*, 3 March 1980; *Cmty. Communications Co. v. Boulder*, 13 January 1982; *Associated General Contractors v. Cal. State Council of Carpenters*, 22 February 1983; *Mitsubishi Motors Corp. v. Soler Chrysler-Plymouth*, 2 July 1985; *Atl. Richfield Co. V. United States Petroleum Co.*, 14 May 1990; *Verizon Communs., Inc. v.*

Law Offices of Curtis V. Trinko, LLP, 13 January 2004.

16. [옮긴이] '적정절차'는 두 가지 종류가 있다. 하나는 '절차적'(procedural)인 '적정절차'이고 다른 하나는 '실체적'(substantive)인 '적정절차'이다. 전자는 법적 절차의 공정함, 불편부당함과 연관된다. 후자는 표결상의 다수에 의해 이루어지지만 정부의 권위의 한계를 초과하는 정책시행으로부터 개인들을 보호하기 위한 것이다. 다시 말해서 아무리 절차상으로 정당하더라도 표결상의 다수에 기반을 둔 것이 모두에게 적용될 법이 될 수는 없다는 취지이다.

17. Bernard Schwartz, *A History of the Supreme Court* (New York : Oxford University Press, 1993), 110.

18. 28 Edward III, c.1 (1354); *Livingston v. Moore*, 25 February 1833; *Webster v. Reid*, 7 March 1851; *Munn v. Ill.*, 1 March 1877; *Davidson v. New Orleans*, October 1877; *Sinking-Fund Cases*, October 1878; *Bugajewitz v. Adams*, 12 May 1913; *United Gas Public Service Co. v. Texas*, 14 February 1938; *Poe v. Ullman*, 19 June 1961; *In re Gault*, 15 May 1967; *Stovall v. Denno*, 12 June 1967; *Carafas v. LaVallee*, 20 May 1968; *Murray v. Carrier*, 21 January 1986; *Pac. Mut. Life Ins. Co. v. Haslip*, 4 March 1991; *Albright v. Oliver*, 24 January 1994.

19. [옮긴이] '도금시대'(the gilded age)는 남북전쟁과 재건기에 뒤이은 시기, 즉 1860년대 후반에서 1896년까지를 지칭한다. 마크 트웨인의 소설에서 나온 말이며 '황금시대'(the golden age)를 비틀어 표현한 것이다. 미국은 이 시기를 거쳐 세계 최고의 산업국가들 중 하나가 되었다.

20. Robert G. McCloskey, *The American Supreme Court* (Chicago : University of Chicago Press, 1960), 170; and Jeffrey Lustig, *Corporate Liberalism : The Origins of Modern American Political Theory, 1890~1920* (Berkeley : University of California Press, 1982), 90~93.

21. [옮긴이] '북부파'는 형용어로 사용된 명사 'carpetbag'을 옮긴 것이다. 미국의 역사에서 'carpetbag'는 남부인들이 재건기(1865~1877) 동안에 남부로 내려온 북부인들을('양키들')을 조롱조로 부르는 말이었다. 이 북부인들이 대체로 그 당시에 흔한 짐가방인 'carpetbag'을 들고 내려온 데서 이런 이름이 나왔다.

22. [옮긴이] 수정조항 제14조는 원래 해방된 노예들을 보호하기 위해서 만들어졌다. 이것이 더 넓은 해석의 여지를 가지게 되었는데, 이 사건들에서 판결은 여전히 제14조를 좁게 해석하여 예의 독점권 부여의 편을 들어 주었다.

23. Eric Foner, *Reconstruction : America's Unfinished Revolution, 1863~1877* (New York : Harper and Row, 1988), 531.

24. 또한 *Transportation Co. v. Chicago*, 3 March 1879; *Sinking Fund Cases*, 5 May 1879; *Spring Valley Water Works v. Schottler*, 4 February 1884; *Chicago v. Taylor*, 19 March 1888; and *Marx v. Hanthorn*, 6 March 1893 참조.

25. Schwartz, *History of the Supreme Court*, 184~85.

26. 블랙은 Charles Collins, "The Corporations and the Twilight Zone," in *The Fourteenth Amendment and the States* (Boston : Little, Brown, 1912) 이곳저곳을 인용하고 있다.

9장 아이콘과 우상

1. Daniel T. Rodgers, *Atlantic Crossings : Social Politics in a Progressive Age* (Cambridge, MA : Harvard University Press, 1998), 139; and Frederick C. Howe, *The British City*, and *The City : The Hope of Democracy* (1905).

2. C. H. Cramer, *Newton D. Baker : A Biography* (Cleveland : World Publishing, 1961), 51.

3. William de Belleroche, *Brangwyn's Pilgrimage : The Life Story of an Artist* (London : Chapman and Hall, 1948), 28; Philip Macer-Wright, *Brangwyn : A Study of Genius at Close Quarters* (London : Hutchinson, 1940), 29~33.

4. Fred Thompson, *The Workers Who Built Cleveland* (Cleveland : Charles Kerr, 1987).

5. David Montgomery, *Workers' Control in America* (New York : Cambridge University Press, 1979), chap. 5.

6. Chris GoGwilt, "True West : The Changing Idea of the West from the 1880s to the 1920s," in *Enduring Western Civilization*, ed. Silvia Federici (London : Praeger, 1995), 38.

7. Nicholas Murray Butler, "Magna Carta, 1215~1915 : An Address Delivered before the Constitutional Convention of the State of New York in the Assembly Chamber" (Albany, New York, 15 June 1915); Boyd C. Barrington, *The Magna Charta and Other Great Charters of England* (Philadelphia : W. J. Campbell, 1900).

8. Rudyard Kipling, "The Reeds of Runnymede," in *Rudyard Kipling : Complete Verse* (New York : Doubleday, 1988), 719; Charles Weeks, *Egg Farming in California* (San Francisco : Schwabacher-Frey Stationery, 1922); Alan Michelson and Katherine Solomon, "Remnants of a Failed Utopia : Reconstructing Runnymede's Agricultural Landscape," in *Shaping Communities : Perspectives in Vernacular Architecture*, ed. Carter L. Hudgins and Elizabeth Collins Cromley (Knoxville : University of Tennessee Press, 1997); Daniel Worster, *Rivers of Empire : Water, Aridity, and the Growth of the American West* (New York : Pantheon Books, 1985); 그리고 Robert V. Hine, *California's Utopian Colonies* (New Haven : Yale University Press, 1953), 144.

9. [옮긴이] 〈내셔널트러스트〉(the National Trust)는 문화와 환경을 보존하는 일을 담당하는 단체이다.

10. 『뉴욕타임즈』의 기사들 "All English-Speaking Lands Observing Magna Carta Day," 17 June 1928; "June Roses Add to Garden Beauty," 7 May 1933; "5,000 Actors, 200 Horses in Pageant of Runnymede," 11 March 1934; 그리고 "Runnymede Is Saved," 19 September 1937 참조.

11. Walter Carruthers Sellar and Robert Julian Yeatman, *1066 and All That : A Memorable History of England* (New York : E. P. Dutton, 1931), 26.

12. Bernard Schwartz, *A History of the Supreme Court* (New York : Oxford University Press, 1993), 226.

13. Bertolt Brecht, *Selected Poems*, trans. H. R. Hayes (New York : Harcourt, 1947).

14. [옮긴이] 건축에서 프리즈(frieze)는 기둥 위에 얹혀 있는 건물의 상부구조 중에서 중앙 부분을 지칭하는데, 그냥 평평하게 되어 있는 것도 있고, 얕은 부조(浮彫)로 형상들이 새겨진 것도 있다.

15. *New York Times*, 13 August 1925.

16. [옮긴이] 웨스트민스터법(the statute of Westminster)은 1931년에 영국 의회에서 통과된 법으로서, 대영제국(British Empire)의 자치령들이 영국(United Kingdom)과 입법상으로 평등함을 확립하였다.

17. Taha Jaber al-Alwani, *Journal of Law and Religion* 1 (2000).

18. Mari Tomasi, "The Italian Story in Vermont," *Vermont History* 28 (January 1960) : 73~87.

19. Josef Vincent Lombardo, *Attilio Piccirilli : Life of an American Sculptor* (New York : Pitman, 1944).

20. Francis Pio Ruggiero, *State Capitols : Temples of Sovereignty* (Milford, PA : Excelsior, 2002), 454.

21. Doreen Yarwood, *English Costume from the Second Century B. C. to 1972* (London : B. T. Batsford, 1972), 51.

22. 이 연설은 *Journal of the American Bar Association* (October 1957) : 900~7에 실려 있다.

23. Albert Boirne, *Art and the French Commune : Imagining Paris after War and Revolution* (Princeton : Princeton University Press, 1995).

24. [옮긴이] 미국에서 육군장관(Secretary of the Army)은 국방부(Department of Defence)에 속한 민간인 관리로서 육군과 관련된 모든 사항을 담당한다.

25. James Podgers, obituary for Charles S. Rhyne, *Journal of the American Bar Association* (October 2003).

26. *Van Orden v. Perry*, 27 June 2005. [옮긴이] 재판기록을 보면 그 석비가 예술작품이 아니라는 말을 명시적으로 말한 사람은 판사 스티븐스(Justice Stevens)이다. 스티븐스는 쑤터 및 다른 두 판사와 함께 석비가 '위헌'이라는 견해를 냈다. 당시 '합헌'이라는 견해를 낸 판사는 다섯이었다.

27. [옮긴이] 쑤터 판사는 석비와 달리 프리즈의 그림은 종교적인 메시지가 두드러지지 않는다는 이유로 '합헌'이라고 보았다.

28. [옮긴이] 레이디 저스티스(Lady Justice)는 정의와 법을 담당하는 로마의 여신 유스티티아(Justitia)를 본떠서 만든, 법과 정의를 의인화한 인물이다.

29. *McCreary County v. ACLU*, 27 June 2005. [옮긴이] 석비 사건과 달리 이 사건은 '위헌'으로 다수결 판결되었다. 석비 사건에서는 '합헌'이라는 견해를 낸 브라이어 판사(Justice Breyer)가 이 사건에서는 '위헌'에 표를 던졌기 때문이다.

10장 이 땅은 그대와 나에 의해 만들어졌네

1. Henry George, *Progress and Poverty* (New York : Schalkenbach Foundation, 1985), 328~30; E. P. Thompson, *William Morris : Romantic to Revolutionary*, 2nd ed. (New York : Pantheon, 1977), 269 [에드워드 파머 톰슨, 『윌리엄 모리스』 1~2, 윤효녕 외(1권)·엄용희 외(2

권) 옮김, 한길사, 2012].

2. Frank Hamilton Cushing, *My Adventures in Zuni* (1882~83; repr. Palmer Lake, CO : Filter Press, 1967); James Green, *Death in the Haymarket* (New York : Pantheon, 2006).

3. J. C. Holt, *Robin Hood* (New York : Thames and Hudson, 1982).

4. William Morris, "Art and Industry in the Fourteenth Century" (1890), in *Art and Society : Lectures and Essays by William Morris, ed. Gary Zabel* (Boston : George's Hill, 1993), 158, 166.

5. Carl Sandburg, "Salvage," from *Chicago Poems* (New York : Henry Holt, 1915).

6. [옮긴이] 그리니치빌리지(Greenwich Village)는 뉴욕시 남부 맨해튼의 서쪽에 있는 마을이다. 19세기 말과 20세기 초에 예술가들이 모여 사는 예술인마을로 알려졌다.

7. Robert C. Cottrell, *Roger Nash Baldwin and the American Civil Liberties Union* (New York: Columbia University Press, 2000), 129. [옮긴이] '각자는 능력에 따라, 각자에게는 욕구에 따라'(Jeder nach seinen Fähigkeiten, jedem nach seinen Bedürfnissen)는 「고타강령비판」에서 맑스가 제시한 것이다. 능력에 따라 일하고 욕구에 따라 분배한다는 원리를 간명하게 표현하고 있다.

8. [옮긴이] 디에고 리베라(Diego Rivera, 1866~1957)는 멕시코의 화가이다. 그가 해고된 이유는 레닌의 초상화를 그렸기 때문이다.

9. David Worthen, *D. H. Lawrence : The Life of an Outsider* (London : Allen Lane, 2005), 315.

10. Carleton H. Parker, "The California Casual and His Revolt," *Quarterly Journal of Economics* 30, no. 1 (November 1915). Joyce Kornbluh, ed., *Rebel Voices, an I. W. W. Anthology* (Ann Arbor : University of Michigan Press, [1964]).

11. [옮긴이] '보떼가'(bottega)는 이탈리아어로 '작업장'의 의미이다.

12. Paul Avrich, *Sacco and Vanzetti : The Anarchist Background* (Princeton : Princeton University Press, 1991), 45.

13. Francis Winwar, ed., *Ruotolo : Man and Artist* (New York : Liveright Corporation, 1949).

14. Avrich, *Sacco and Vanzetti,* 176에서 재인용.

15. Bill Cartel and Mary Shelley Carroll, "The Piccirilli Studio," *Bronx County Historical Society Journal* (1999) : 1~12.

16. [옮긴이] '굿유머'(Good Humor)는 미국의 아이스크림 브랜드이다.

17. Martino Marazzi, *Voices of Italian America : A History of Early Italian American Literature with a Critical Anthology* (Teaneck, NJ : Farleigh Dickinson University Press, 2004), 242~53.

18. [옮긴이] '페러 학교'(the Ferrer school)는 교육자이자 아나키스트인 카탈로니아 사람 페러(Francesc Ferrer i Guàrdia, 1859~1909)의 이름을 딴 학교로서 급진적인 사회적 가치들을 가르쳤다. 미국에서도 페러의 생각을 따르는 사람들이 '근대적 학교들'(Modern Schools)을 세웠다.

19. Murray Bookchin, *The Spanish Anarchists : The Heroic Years, 1868-1936* (San

Francisco: AK Press, 1998).

20. John Adams, *A Defense of the Constitutions of the United States of America* (1786), in *The Works of John Adams* (Boston : Little, Brown, 1851), 4:310~13.

21. [옮긴이] '푸에로'(fuero)는 '특권'이라는 의미의 스페인어 단어이다. '헌장'(charter)은 사실 '특허장'이므로 '푸에로'와 의미가 같다.

22. William T. Strong, "The Fueros of Northern Spain," *Political Science Quarterly* 8, no. 2 (June 1893) : 326.

23. José Peirats, *Anarchists in the Spanish Revolution* (London : Freedom Press, 1990).

24. Iain Boal, T. J. Clark, Joseph Matthews, and Michael Watts, *Afflicted Powers : Capital and Spectacle in a New Age of War* (New York : Verso, 2005).

25. "우리가 문서라는 말로 진정으로 의미하는 바가 말하자면 '자국'이 아니고 무엇인가? 그 자체로는 접근할 수 없는 어떤 현상이 그것을 감각적으로 지각할 수 있게 뒤에 남긴 흔적이 아니고 무엇인가?"라고 블로흐는 *The Historian's Craft*, trans. Peter Putnam (Manchester : Manchester University Press, 1954), 55에서 물었다. 또한 *Les caracteres originaux de Phis toire rurale francaise* (1931)와 *Feudal Society*, vol. 2, *Social Classes and Political Organisation*, trans. L. A. Manyon (Chicago : University of Chicago Press, 1964), 452 참조.

26. *Handbook of Freedom : A Record of English Democracy Through Twelve Centuries* (London : Lawrence and Wishart, 1939), vii.

27. [옮긴이] 소문자 c의 'communism'과 대문자 C의 'Communism'에 대해서는 책 뒤의 용어설명을 참조하라.

28. Maxwell Anderson and Kurt Weill, *The Ballad of Magna Carta : Cantata for Solo Voices and Mixed Chorus* (New York : Chappell, 1940); Ronald Sanders, *The Days Grow Short : The Life and Music of Kurt Weill* (Los Angeles : Silman-James, 1991); 그리고 Ronald Taylor, *Kurt Weill : Composer in a Divided World* (Boston : Northeastern University Press, 1992).

29. [옮긴이] 허버트 버터필드(1900~1979)는 영국의 역사가이자 역사철학자이다.

30. Herbert Butterfield, *The Englishman and His History* (Cambridge : Cambridge University Press, 1945), 81~82.

31. Dona Torr, *Marxism, Nationality and War* (London : Lawrence and Wishart, 1940), D. K. Renton, "The History Woman," *The Socialist Review* 224 (November 1998) : 19.

32. Christopher Hill, *The English Revolution, 1640* (London : Lawrence and Wishart, 1968), 62.

33. William Sharp McKechnie, *Magna Carta : A Commentary on the Great Charter of King John* (Glasgow J. Macklehose and Sons, 1914), 228.

34. Henry Miller, *The Air-Conditioned Nightmare* (New York : New Directions, 1945~47), 25; C. Day Lewis, *The Georgics of Virgil* (London : Jonathan Cape, 1940), 11; Virginia Woolf, "The Leaning Tower," a paper read to the Workers' Educational Association, Brighton, May 1940, in *Collected Essays* (London : Hogarth Press, 1966), 2:162~81; C. L.

R. James, "Revolution and the Negro", in *C. L. R. James and Revolutionary Marxism : Selected Writings of C. L. R. James, 1939~1949*, ed. Scott McLemee and Paul Le Blanc (Atlantic Highlands, NJ : Humanities Press, 1994).

35. [옮긴이] '더스트보울'(Dust Bowl)은 1930년대에, 특히 1934년과 1936년에 미국과 캐나다의 평원지역에 모래폭풍(dust storm)이 심하게 불던 시기를 가리킨다.

36. Elizabeth Partridge, *This Land Was Made for You and Me : The Life and Songs of Woody Guthrie* (New York : Viking, 2002), 85.

11장 커먼즈의 구성

1. [옮긴이] 형용사 'peculiar'(고유한)은 명사 'peculium'(개인 재산)에서 왔다.

2. Philip J. Deloria, *Playing Indian* (New Haven : Yale University Press, 1998), 236.

3. [옮긴이] '신성한 고리'(sacred hoop)는 '치료 바퀴'(medicine wheel)라고도 불리는데, 땅에 돌을 일정한 모양으로 배열한 것이다. 보통 가운데의 원에서 여러 방향으로 바퀴살처럼 뻗어가는 모양으로 되어 있다. 공성 망치(battering ram)는 고대의 전투에서 돌로 된 성벽을 부수거나 나무로 된 성문을 박살내는 기계이다.

4. [옮긴이] '니거메이션'(niggermation)은 자동차 산업에서 자동화, 즉 오토메이션(automation) 이 들어서기 전 시대를 흑인 노동자들이 부르는 이름이다. 이 당시 한 명의 흑인이 이전에 세 명의 백인이 하던 일을 감당했다고 한다.

5. Edmund Wilson, *The American Jitters a Year of the Slump* (New York : C. Scribner's Sons, 1932), 199~206. Alfred A. Cave, *Prophets of the Great Spirit : Native American Revitalization Movements in Eastern North America* (Lincoln : University of Nebraska Press, 2006) 참조.

6. Frank Ernest Hill, "A New Pattern of Life for the Indian," *New York Times*, 14 July 1935.

7. [옮긴이] 콜리어를 다룬 글 중에 Schwartz, E. A. (1994). "Red Atlantis Revisited : Community and Culture in the Writings of John Collier," *American Indian Quarterly*, v18 n4 pp. 507~531이 있다.

8. [옮긴이] 테쿰쎄, 브랜트, '씨팅 불'은 모두 아메리카 인디언 지도자들이다.

9. [옮긴이] 1801년은 제퍼슨이 대통령직을 시작한 해이다.

10. Roxanne Dunbar-Ortiz, *Roots of Resistance : Land Tenure in New Mexico, 1680~1980* (Los Angeles : American Indian Studies Center, UCLA, 1980), 5.

11. Henry L. Dawes, "The Indian Territory," *The Independent* 52 (October 1900); Angie Debo, *And Still the Waters Run : The Betrayal of the Five Civilized Tribes* (Princeton : Princeton University Press, 1940), 5.

12. Roxanne Dunbar-Ortiz, *The Great Sioux Nation : Sitting in Judgment on America* (Berkeley : Moon Books, 1977), 44.

13. Carlotta R. Anderson, *All American Anarchist : Joseph A. Labadie and the Labor Movement* (Wayne State, 1998), 33.

14. Mary Austin, *The Flock* (Boston : Houghton Mifflin, 1906), 72.

15. [옮긴이] 성경의 「여호수아기」 6장 1~27절 참조.

16. William Goodell, *Slavery and Anti-Slavery : A History of Great Struggle in Both Hemispheres* (New York : W. Harned, 1852).

17. Lysander Spooner, *The Unconstitutionality of Slavery* (Boston : B. Marsh, 1845~47).

18. [옮긴이] '인신보호'의 라틴어 어구 'habeas corpus'는 '그대의 신체를 그대가 가지기를'이라는 의미이다.

19. Gary Collins, *Shadrach Minkins : From Fugitive Slave to Citizen* (Cambridge, MA : Harvard University Press, 1997), 52.

20. [옮긴이] 마틴 루터 킹은 1929년 1월 15일에 태어났다.

21. [옮긴이] 앞에 나온 아메리카 인디언 테쿰쎄와는 다른 인물로서 백인이다.

22. Julie Saville, *The Work of Reconstruction : From Slave to Wage Laborer in South Carolina, 1860~1870* (New York : Cambridge University Press, 1994), 38.

23. 재건 수정조항들(Reconstruction amendments)에 관한 논쟁이다. [옮긴이] 수정조항 제13·14·15조는 '재건 수정조항들'이라고도 불리고 '내전 수정조항들'(Civil War amendments)라고도 불린다. '재건'은 남북전쟁에 이어지는 시기의 정책 기조였다.

24. [옮긴이] 이 판결은 수정조항 제14조를 협소하게 해석했다.

25. Barbara Ransby, *Ella Baker and the Black Freedom Movement : A Radical Democratic Vision* (Chapel Hill : University of North Carolina Press, 2003), 37, 82~83, 86.

26. John W. Blassingame, ed., *The Frederick Douglass Papers. Series One : Speeches, Debates, and Interviews*, vol. 2 *(1847~54)* (New Haven : Yale University Press, 1982), 467.

27. Felix Frankfurter and Nathaniel Green, *The Labor Injunction* (New York : Macmillan, 1930), 190.

28. Samuel Gompers, "The Charter of Industrial Freedom," *American Federationist* 21, no. 11 (November 1914) : 957~74.

29. Louis Stark, "A Woman Unravels an Industrial Knot," *New York Times*, 7 February 1932; Malcolm Ross, "Lifting the Coal Miner Out of the Murk," *New York Times*, 1 October 1933.

30. Saul Alinsky, *John L. Lewis, an Unauthorized Biography* (New York : Putnam, 1949), 65~66.

31. Christopher Tomlins, *The State and the Unions : Labor Relations, Law, and the Organized Labor Movement in America, 1880~1960* (New York : Cambridge University Press, 1985).

32. [옮긴이] 예리함과 힘참에 관한 논의는 저자가 앞에 인용된 쌔뮤얼 곰퍼스의 말에 사용된 표현을 받은 것이다.

33. Ralph D. Gray, ed., *Indiana History : A Book of Readings* (Bloomington : Indiana University Press, 1994), 343~49.

34. Edward K. Spann and Graeme Reid, "The Terre Haute Murals of Gilbert Wilson," *Traces*

of Indiana and Midwestern History (winter 2002). [옮긴이] 씨께이로스(David Alfaro Siqueiros)는 멕시코의 사회주의 리얼리즘 화가이며, 커다란 프레스코 벽화들이 유명하다.

35. The Report of the Committee on Economic Security and Other Basic Documents Relating to the Development of the Social Security Act, 50th anniversary ed. (Washington DC : National Conference on Social Welfare, 1985). 또한 Linda Gordon, Pitied But Not Entitled : Single Mothers and the History of Welfare, 1890~1935 (New York : Free Press, 1994) 참조.

36. Burnita Shelton Matthews, "The Woman Juror," Women Lawyers' Journal 15, no. 2 (April 1927); and Gretchen Ritter, "Jury Service and Women's Citizenship Before and After the Nineteenth Amendment," Law and History Review 20, no. 3 (autumn 2002) : 479~515.

37. [옮긴이] 짐 크로우(Jim Crow)는 흑인을 비하해서 부르는 이름이다. 1876년에서 1965년까지 시행된 흑인차별법에 바로 이 이름이 붙어 있다. 폴리 머리는 '짐'을 '제인'으로 바꾸어 흑인의 여성 젠더를 가시화한 것이다.

38. Linda K. Kerber, No Constitutional Right to Be Ladies : Women and the Obligations of Citizenship (New York : Hill and Wang, 1998), chap. 4.

39. [옮긴이] 'verus'(진실한)+'dictum'(말)

40. [옮긴이] 파우와우(powwow)는 북아메리카 원주민의 협의 모임이다.

41. [옮긴이] '엔꾸엔트로'(encuentro)는 스페인어로 '모임'을 의미한다.

42. [옮긴이] 이 이전에는 비록 사실(진실)이더라도 상대를 비방하는 내용이면 명예훼손으로 인정 되었다. 이 이후에는 비록 상대의 명예를 훼손하더라도 사실이라면 명예훼손죄가 성립되지 못하 게 되었다. 이것으로 미국 언론 자유의 초석이 놓여졌다.

43. Jean Bethke Elshtain, ed., The Jane Addams Reader (New York : Basic Books, 2002), 355. 이 자료에 관심을 가지게 해 준 톰 치숄름(Tom Chisholm)에게 감사한다.

44. Jane Jacobs, The Death and Life of Great American Cities (New York : Random House, 1961), 35 [제인 제이콥스, 『미국 대도시의 죽음과 삶』, 유강은 옮김, 그린비, 2010].

45. Antoinette Burton, Burdens of History (Chapel Hill : University of North Carolina Press, 1994), 5; Claire Hirshfield, "Fractured Faith," Gender and History 2, no. 2 (summer 1950): 192; Charlotte Towle, Common Human Needs (Washington DC : National Association of Social Workers, 1945), 1.

46. [옮긴이] 이 책의 3장에 이 일화가 소개되어 있다.

47. J. Ayodele Langley, Pan-Africanism and Nationalism in West Africa, 1900~1945 : A Study in Ideology and Social Classes (Oxford : Clarendon Press, 1973), 76~7.

48. Penny Von Eschen, Race against Empire : Black Americans and Anticolonialism, 1937~1957 (Ithaca : Cornell University Press, 1997), 25.

49. Allida M. Black, Courage in a Dangerous World : The Political Writings of Eleanor Roosevelt (New York : Columbia University Press, 1999), 10; David Levering Lewis, W. E. B. DuBois : The Fight for Equality and the American Century, 1919~1963 (New York :

Henry Holt, 2000), 504.

50. 영국에서 신좌파가 〈클립타운 헌장〉을 "영국 차티스트들 이래 일어난 정치운동에 의해 작성된 문서들 중에서 가장 훌륭한 것들 중 하나"라고 하며 환영했다. John Rex, "Africa's National Congresses," *The New Reasoner : A Quarterly Journal of Socialist Humanism*, no.2 (autumn 1957) : 64.

51. [옮긴이] "씨, 쎄 뿌에데"(¡Si, se puede!, 그렇다, 그것은 가능하다)는 〈미국 농업노동자연합〉(the United Farm Workers)의 모토이다. 1972년에 차베스가 피닉스에서 24일 동안 단식을 할 때 이것을 슬로건으로 세웠다.

12장 결론

1. Chris Fisher, *Custom, Work and Market Capitalism : The Forest of Dean Colliers, 1788~1888* (London : Croom Helm, 1981), 38. 1백 년 뒤에 삼림 주변에서 오래된 돌들과 나무들 사이에서 자란 에드나 힐리(Edna Healey)는 시끄러운 아이를 지칭하는 "도끼꾼 제임스"라는 별명을 기억해 냈다. Edna Healey, introduction to Fay Godwin, *The Secret Forest of Dean* (London : Redcliffe Press, 1986).

2. Thomas Walsingham, *Gesta abbatum monasterii Sancti Albani*, ed. Henry Thomas Riley, Rolls Series 28 (London : Longmans, Green, 1869).

3. Steven Justice, *Writing and Rebellion : England in 1381* (Berkeley : University of California Press, 1994), 256~7.

4. [옮긴이] 9월 11일이라는 날짜의 일치에 대해서는 이미 2장에서 저자가 다룬 바 있다.

5. C. S. Orwin and C. S. Orwin, *The Open Fields* (Oxford : Clarendon Press, 1938).

6. E. P. Thompson, *The Romantics : England in a Revolutionary Age* (New York : New Press, 1997), 11~13.

7. John Cornford, "Notes on the Teaching of History at Cambridge," in *Collected Writings*, ed. Jonathan Galassi (Manchester : Carcaent, 1976), 77.

8. [옮긴이] '에뫼뜨'에 대해서는 책 뒤의 용어설명을 참조하라.

9. Petr Kropotkin, *The Great French Revolution*, trans. N. F. Dryhurst (New York : Vanguard Press, 1929); 그리고 Teodor Shanin, ed., *Late Marx and the Russian Road : Marx and "the Peripheries of Capitalism"* (New York : Monthly Review Press, 1983).

10. [옮긴이] 독자의 편의를 위해 정리하자면, 국가권력에 대한 네 가지 제한은 인신보호영장, 고문 금지, 배심재판, 법의 적정절차이다.

11. [옮긴이] 비커스(Vickers)는 영국의 공학과 관련된 유명한 이름인데, 1828년부터 1999년까지 여러 세대를 겪으면서 상황에 따라 조금씩 바뀐 여러 회사의 이름(Naylor Vickers and Company, Vickers, Sons & Company, Vickers, Sons & Maxim, Vickers Limited, Vickers Shipbuilding and Engineering Ltd, Vickers plc.)의 일부로 사용되었다.

12. Ray Ward and Jean Simpson, *Harvest of Lives : The Life Stories of Twenty — two Ordinary People of Runnymede Spanning almost One Hundred Years* (Surrey : R. and H.

Ward Systems, 2003).

13. John Pilger, *Freedom Next Time* (London : Bantam Press, 2006); 그리고 *The Guardian*, 29 May 2006.

14. Mountstuart Elphinstone, *An Account of the Kingdom of Caubul* (London : Longman, Rees, Orme, Brown, and J. Murray, 1815), 2:16~18.

15. 논란이 된 타키투스의 대목은 그의 『게르마니아』(*Germania*)의 28장이다. Marx to Engels, 25 March 1868, in Karl Marx and Frederick Engels, *Selected Correspondence*, trans. I. Lasker, ed. S. Ryazanskaya (Moscow : Progress Publishers, 1965), 201.

16. [옮긴이] 'communitate'는 'community'(공동체)의 라틴어이다. 이 대목에서는 우리말로 옮기지 않는 것이 더 중요하고 또 옮길 수도 없기 때문에 몇 단어를 그대로 원어대로 두었다.

17. John Manwood, *A Treatise and Discourse of the Lawes of the Forrest* (1598; New York: Garland, 1978); and *Manwood's Treatise of the Forest Laws*, ed. William Nelson ([London] Printed by E. Nutt for B. Lintott, 1717), 84.

부록 : 잉글랜드의 자유대헌장 혹은 마그나카르타와 삼림헌장

1. [옮긴이] 마그나카르타는 원래 라틴어가 원문이며 판도 하나가 아니고 영어번역본도 하나가 아니다. 아래 옮김은 이 책에 실린 영어본을 기본으로 했지만 그 외에도 라틴어본 및 다른 영어본 하나를 더 참조하였으며, 때에 따라 라틴어본을 따르기도 하고, 다른 영어본을 따르기도 했다. 두 영어본의 번역내용이 조금 어긋나는 경우에는 대체로 라틴어본에 충실한 쪽을 택했다.

2. [옮긴이] 토지상속지불금(relief)은 봉건 차지자의 상속자가 토지를 상속받아 취득할 때에 대군주(overlord) ― 영주의 위에 있는 사람 ― 에게 지불하는 돈을 말한다.

3. [옮긴이] '기사의 봉토'(knight's fee)란 기사로서 어엿하게 생활을 할 수 있을 만큼의 토지를 말한다. 수치가 고정된 것은 아니고 토지의 위치나, 비옥도, 기후 등의 차이로 인해서 변동될 수 있었다.

4. [옮긴이] 이상 강조체로 된 부분은 저자가 앞머리에서 말한 대로 1217년 판에서 가져와서 추가한 부분이다. 그리고 뒤에 이어지는 강조체로 된 부분은 1215년 판에서는 8조의 내용이었으나 1217년, 1225년판에서는 7조로 옮겨간 부분이다.

5. [옮긴이] 특별세(aid)는 왕에게 특별 보조금을 줄 목적으로 걷는 세금이다.

6. [옮긴이] 점유침탈(novel disseisin)은 박탈당한 토지를 되찾기 위해 제기하는 소송이다.

7. [옮긴이] 조상의 죽음(mort d'ancestor)은 원고의 조상이 사망한 경우 자유보유권을 놓고 제기되는 소송이다.

8. [옮긴이] 최후의 기부자(darrein presentment)는 교회에 성직록(聖職祿)을 기부하는 차례를 놓고 제기되는 소송이다.

9. [옮긴이] '사법총리'는 라틴어 'capitali justiciario'를 옮긴 것이며, 영어로는 'Chief Justiciar'(혹은 'Chief Justice')라고 옮긴다. 중세 노르만 왕조에 존재했던 이 직책은 모든 국무에서 왕을 대리하는 역할을 한다. 따라서 왕 다음가는 2인자의 지위에 해당하는데, 이 2인자의 지위는 곧 'Chancellor'(대법관)에게로 넘어가고 'Chief Justiciar'의 직책은 셋으로 나뉘게 된다. 존 왕이 마그나카르타를 작성할 당시 '사법총리'는 휴버트 드 버러(Hubert De Burgh)였다.

10. [옮긴이] 헌드레드(hundred)는 중세의 행정단위 중 하나이다.

11. [옮긴이] 십호반(tithing)은 10호를 한 반으로 한 행정 단위이다.

12. [옮긴이] 프레키페(precipe)는 '미리 취함'이라는 의미의 라틴어이다.

13. [옮긴이] 러쎗천은 양털실로 짠 황갈색의 거친 수직 천이다.

14. [옮긴이] 하버젝트천은 여러 형태로 철자되며 — 'haberget, halberget, hauberget, halberject' — 그 정확한 성질은 알려져 있지 않은 천이다.

15. [옮긴이] 영대 차지(永代借地, fee-farm)는 노역 없이 고정된 지대로 영속적으로 토지를 보유하는 형태이다.

16. [옮긴이] 토지보유자는 영주의 토지를 경작하여 생활하는 대가로 영주에게 일정한 농역(農役)을 제공하거나 지대(地代)를 지불했다.

17. [옮긴이] 자치읍 토지보유(burgage)는 잉글랜드와 스코틀랜드에서 자치도시(borough 또는 burgh) 경계 내의 재산에 적용되던 보유 형태이다.

18. [옮긴이] 'escheat'(몰수, 몰수 토지)는 상속인이 없는 토지·재산 따위가 국왕·영주에게 귀속되는 일, 또는 그러한 재산을 말한다.

19. [옮긴이] 폐림에 대해서는 책 뒤의 용어설명을 참조하라.

20. [옮긴이] 마치스(the Marches)는 잉글랜드와 스코틀랜드 또는 웨일스와의 경계 지방이다.

21. [옮긴이] 삼림대헌장의 번역은 주로 이 책에 실린 영어본을 따랐으며 간혹 라틴어 원문을 따랐다. 다른 영어본으로는 1217년본을 1975년에 번역한 것을 참조하였다.

22. [옮긴이] 여러 명사들이 현대 영어와는 달리 첫 글자가 대문자로 되어 있다.

23. [옮긴이] 헨리 3세는 즉위식을 두 번 했다. 첫 즉위식은 왕이 된 1216년에 있었으며, 이때 그는 9살이었다. 첫 즉위식이 교회의 의식을 따르지 않았다고 본 당시 교황의 명령으로 1220년에 두 번째 즉위식이 거행되었다.

24. [옮긴이] 발톱을 제거하는 이유는 사냥감을 쫓지 못하게 하는 것이었다.

용어모음

1. [옮긴이] 원래 텍스트대로 영어 원어의 알파벳 순서로 배치하고, 괄호 안에 이 텍스트에서의 우리말 번역어를 삽입하였다.

2. [옮긴이] 'redneck'은 미국 남부의 가난한 백인 노동자를 말한다.

3. [옮긴이] 'bras nus'는 웃옷을 안 입은 사람들이라는 의미이다.

4. [옮긴이] 'sansculottes'는 1790~92년에 프랑스에서 만들어진 말로서 '제3신분'의 가난한 사람들을 지칭한다. 무릎까지 오는 '뀔로뜨'를 입지 않고 긴 바지를 입은 데서 연유한 말이다.

5. [옮긴이] 'common law'에 대해서는 다른 옮김으로 '관습법'과 '보통법'이 있는데, 양자 모두 여기에서의 의미에 맞지 않는다.

6. [옮긴이] 그로스(Francis Grose : 1731~1791)는 영국의 고미술품연구가, 도안가, 사전편찬자이다.

7. [옮긴이] 맑스의 『고타강령 비판』에 나온 구절이다.

8. [옮긴이] 디거파의 노래(The Diggers' Song)의 가사 일부이다.

9. [옮긴이] 2011년 5월 현재 세계에서 가장 휘발유 값이 싼 나라는 베네수엘라로서, 리터 당 약 25원이다.

10. [옮긴이] 샤프(1735~1813)의 저작 중에 『조합 법원과 고대 영국의 십인조 구성』(*Congregational Courts and the ancient English Constitution of Frankpledge*)이란 이름의 저작이 있다.

11. [옮긴이] 정확히는 '너의 교살'이라는 의미이다.

12. [옮긴이] '마스트'는 너도밤나무, 밤나무, 참나무 등의 열매를 다 지칭한다. 본문에서는 종종 도토리와 같이 나오기 때문에 좁혀서 '너도밤나무 열매'라고 옮겼다.

13. [옮긴이] 발음이 같은 단어 'villain'은 '악인, 악당'의 의미를 가진다.

옮긴이 후기

1. [한국어판] 안또니오 네그리·마이클 하트, 『제국』, 윤수종 옮김, 이학사, 2001; 안또니오 네그리·마이클 하트, 『다중』, 조정환·정남영·서창현 옮김, 세종서적, 2008.

2. 예를 들어 Karl Marx, *Grundrisse : Foundations of Critique of Political Economy* (Rough Draught), trans. by Martin Nicolaus, Harmondsworth : Penguin Books, 1993, pp. 460~61 [카를 마르크스, 『정치경제학 비판 요강』 1~3, 김호균 옮김, 그린비, 2007] 참조.

3. 이에 대해서는 맑스의 『헤겔 법철학 비판』을 참조하라.